BEITRÄGE ZUR HISTORISCHEN THEOLOGIE

Herausgegeben von Johannes Wallmann

72

Zwischen Abwehr und Bekehrung

Die Stellung der deutschen evangelischen Theologie zum Judentum im 17. Jahrhundert

von

Martin Friedrich

J. C. B. Mohr (Paul Siebeck) Tübingen

CIP- Titelaufnahme der Deutschen Bibliothek

Friedrich Martin:
Zwischen Abwehr und Bekehrung: d. Stellung d. dt. evang.
Theologie zum Judentum im 17. Jh. / von Martin Friedrich. –
Tübingen: Mohr, 1988
   (Beiträge zur historischen Theologie; 72)
   Zugl.: Bochum, Univ., Diss., 1986
   ISBN 3-16-145318-2
   ISSN 0340-6741
NE: GT

© 1988 J. C. B. Mohr (Paul Siebeck) Tübingen.

Satz und Druck von Gulde-Druck GmbH in Tübingen. Einband von Heinrich Koch in
Tübingen.

Printed in Germany.

Vorwort

Die vorliegende Arbeit wurde im Sommersemester 1986 von der Evangelisch-Theologischen Fakultät der Ruhr-Universität Bochum als Dissertation angenommen. Für die Veröffentlichung wurde sie nur geringfügig
überarbeitet.

Herzlich danken möchte ich allen, von denen ich bei der Abfassung und
Drucklegung der Arbeit Hilfe erhalten habe: Herrn Prof. Dr. Johannes
Wallmann für die Anregung zur und die Förderung bei der Beschäftigung
mit diesem Thema, für die Erstellung des Erstgutachtens und die Aufnahme
meiner Arbeit in diese Reihe; Herrn Prof. Dr. Johannes Schreiber für die
Förderung, die ich als Wissenschaftlicher Mitarbeiter bei ihm erfahren habe;
Herrn Prof. Dr. Henning Graf Reventlow für die Erstellung des Zweitgut-
achtens; Herrn Dr. Udo Sträter, Bochum, und Herrn Dr. Rainer Erb,
Berlin, für mancherlei hilfreiche Hinweise; Herrn Udo Arnoldi und meinem
Bruder Norbert Friedrich für die Hilfen bei der Korrektur und der Erstellung der Register; der Evangelischen Kirche von Westfalen, der Lan-
deskirchlichen Stiftung für evangelische Theologen, begründet von Hermann L. Strack, und der Ruhr-Universität Bochum für großzügige Druck-
kostenzuschüsse; der Universitätsbibliothek Bochum, besonders der Fern-
leihabteilung, sowie den von mir gern besuchten Bibliotheken in Wolfenbüttel (Herzog August Bibliothek), Köln (Bibliothek Germania Judaica),
Gießen (Universitätsbibliothek), Frankfurt/Main (Stadt- und Universitätsbibliothek) und Stuttgart (Württembergische Landesbibliothek); und nicht
zuletzt dem Verlag J. C. B. Mohr für die gute Betreuung der Drucklegung.

Erst nach Fertigstellung des Manuskripts erschien ein neues Buch von
Paul Gerhard Aring zur Geschichte der Judenmission in Deutschland. In
einem Anhang möchte ich kurz auf Arings Ergebnisse eingehen.

Inhalt

Abkürzungsverzeichnis

Die in der Arbeit benutzten Abkürzungen sind dem Abkürzungsverzeichnis der Theologischen Realenzyklopädie, zusammengestellt von S. Schwertner, entnommen.

Zusätzlich werden folgende Abkürzungen verwendet:

AprGK   Altpreußische Geschlechterkunde, Hamburg

ASf   Archiv für Sippenforschung und alle verwandten Gebiete, Görlitz

DtRo   Der deutsche Roland, Berlin

FBl   Familiengeschichtliche Blätter, Leipzig

KB: Kirchenbucheintrag wird genannt oder zitiert in:

KiSy   Kirche und Synagoge. Handbuch zur Geschichte von Christen und Juden. Darstellung mit Quellen, hg. v. K. H. Rengstorf u. S. v. Kortzfleisch, Bde. I + II, Stuttgart 1968+1970

NdFk   Norddeutsche Familienkunde, Neustadt a. d. Aisch

SaH   Saat auf Hoffnung, Leipzig

ZGJD   Zeitschrift für die Geschichte der Juden in Deutschland, Berlin

ZVHaG   Zeitschrift des Vereins für Hamburgische Geschichte, Hamburg

In den Anmerkungen wird ein Buch in der Regel nur mit dem Verfassernamen zitiert, evtl. ergänzt durch den ersten Buchstaben des Vornamens, die Jahreszahl oder die Bandziffer. Sind von einem Autor in einem Jahr zwei Titel erschienen, so werden sie durch a und b unterschieden und auch im Literaturverzeichnis so gekennzeichnet. Nur bei Titeln von Spener ist immer ein Kurztitel angegeben. In jedem Fall sollte der gemeinte Titel im Quellen- bzw. Literaturverzeichnis unmißverständlich zu finden sein. (Für die im Quellenverzeichnis zusätzlich benutzten Abkürzungen s. u. S. 185).

1. Einleitung

1.1. Ausgangsfragen

Über das Thema »Christen und Juden« ist seit dem 2. Weltkrieg, besonders aber in den letzten Jahren, eine immer breitere Debatte in Gang gekommen[1]. Von evangelischer Seite beteiligten sich bisher vor allem Systematiker und Neutestamentler an der Diskussion; die Kirchenhistoriker beginnen erst allmählich, Aspekte des christlich-jüdischen Verhältnisses in der Geschichte aufzuarbeiten. Zwar ist anläßlich des Lutherjubiläums 1983 einiges zum Thema »Luther und die Juden« gesagt worden; man hat hierin sogar ein »typisches Thema« des Lutherjahres gesehen, das »überproportional ... traktiert« worden sei[2]. Viele Beiträge zum Thema gingen aber nicht über das Niveau der »Feuilletonkultur« hinaus[3], besonders wenn Wertung und Wirkung Luthers angesprochen waren. Immerhin liegen nun, nach Obermans Hinweis, Luther dürfe nicht isoliert betrachtet, sondern müsse in seine Zeit gestellt werden, einige Arbeiten vor, in denen die Stellung zu den Juden in der ersten Hälfte des 16. Jahrhunderts genauer untersucht wird[4].

Für die folgenden Epochen fehlen vergleichbare Untersuchungen. Selbst die wichtige Frage, welche Wirkung Luthers Judenschriften vom 16. bis 19. Jahrhundert hatten, ist noch kaum erforscht[5]. Aber nicht nur dieses Spezialthema, sondern das gesamte Verhältnis der evangelischen Theologie zum Judentum in der Zeit von Orthodoxie und Pietismus ist von den Kirchenhistorikern stiefmütterlich behandelt worden. Den höchsten Stand der Forschung repräsentieren immer noch Gerhard Müllers und Martin

---

[1] Statt vieler Literaturhinweise verweise ich nur auf den ausführlichen Bericht bei REVENTLOW, S. 67–125.

[2] GROTE, S. 63; vgl. auch die Literaturhinweise in LuJ 51 (1984), S. 165f.; LuJ 52 (1985), S. 357; LuJ 53 (1986), S. 197; LuJ 54 (1987), S. 190f.

[3] Vgl. OBERMAN, S. 125.

[4] Vgl. die Anregung bei OBERMAN, bes. S. 15f.; dazu die Arbeiten von KIRN (über Pfefferkorn), BÄUMER (Eck), G. P. WOLF (Osiander), ROWAN 1985 (Luther, Bucer und Eck) und FRIEDMAN (allgemein zum 16. Jahrhundert); des weiteren die (bisher wohl noch ungedruckten) Referate des Lutherkongresses in Erfurt 1983, vgl. LuJ 52 (1985), S. 256–258.

[5] Vgl. WALLMANN 1987, der aber selbst seinen Aufsatz als Einstieg in ein Niemandsland und erste Skizze sieht (S. 72); PFISTERER, S. 114. Auch im neuesten Sammelband zu Luther und den Juden (KREMERS [Hg.]), der ausdrücklich auch die Wirkungsgeschichte betrachten will, bleibt die Wirkung Luthers im 17./18. Jahrhundert ausgespart.

Schmidts Beiträge im Handbuch »Kirche und Synagoge« aus den Jahren
1968/70[6]. Beide Arbeiten sind durchaus konstruktiv, aber doch nur Hand-
buchartikel, die nur z. T. auf eigenständiger Forschung basierten. Über ihre
Schwächen wird ebenso wie über die weitere Literatur noch zu sprechen
sein.

Die vorliegende Arbeit will zu diesem Thema »Christen und Juden in der
Zeit von Orthodoxie und Pietismus« einen neuen Beitrag leisten. Erste
Aufgabe ist, das Thema einzugrenzen. Ich will mich auf das 17. Jahrhundert
beschränken, weil ich damit die Orthodoxie in der Phase ihrer Konsolidie-
rung ebenso behandeln kann wie den Spenerschen Pietismus in seiner Auseinandersetzung mit der Orthodoxie. Des weiteren will ich das Thema auf
einen Gesichtspunkt konzentrieren, der aber doch alle Grundlinien des
christlich-jüdischen Verhältnisses deutlich werden läßt. Friedman konnte
die erste Hälfte des 16. Jahrhunderts unter dem Leitthema des Hebräischstu-
diums und der wissenschaftlichen Auseinandersetzung darstellen, ohne die
anderen Aspekte ganz außer acht zu lassen[7]. Für das 17. Jahrhundert scheint
sich die Frage der Judenmission als koordinierendes Thema anzubieten.

Diese vorläufige Festlegung, die aber noch modifiziert werden muß und
deren Bewährung sich erst am Ende der Untersuchung zeigen kann, ist nicht
zuletzt auch von der Absicht geleitet, zur eingangs erwähnten aktuellen
Diskussion über das Verhältnis von Christen und Juden beizutragen.

Hier fällt auf, daß diejenigen, die anstelle der Judenmission einen Dialog
mit dem Judentum fordern[8], ihre Position oft mit einer bewußten Distanzierung von den gesamten Beziehungen des Christentums zu den Juden verbinden: Nachdem die lange Geschichte der Übergriffe von Christen gegen
Juden im Holocaust ihren Gipfel erreicht habe, müsse nun zuallererst die
Judenmission als Ausdruck christlichen Überlegenheitsgefühls aufgegeben
werden, um das Verhältnis zum Judentum zu erneuern[9]. Besonders die
Rücksichtnahme auf die jüdischen Dialogpartner, die zwischen Judenmission und Antisemitismus wenig Differenzen sahen, mochte diese Haltung
bestärken[10]. Weniger Berücksichtigung findet dagegen Selbstverständnis

---

    [6] Vgl. G. MÜLLER 1968 (und als Vorarbeit bzw. Nebenprodukt auch G. MÜLLER 1967; G.
MÜLLER 1969) und M. SCHMIDT.
    [7] Vgl. FRIEDMAN, bes. S. 5–7.
    [8] Einen guten Überblick über die Auseinandersetzung um Judenmission oder Dialog mit
dem Judentum gibt REVENTLOW, S. 77–80.101–111.
    [9] Vgl. bes. RENDTORFF, passim, bes. S. 173; KREMERS, bes. S. 63f.; ARING 1980b, S. 210f.
    [10] Vgl. RENDTORFF (Hg.), S. 259: »Für Juden . . . erscheinen die Verfolgungen und Zwangs-
bekehrungen des Mittelalters, der gesellschaftliche Druck zur Taufe und der Antisemitismus
am Ende des 19. Jahrhunderts, wie auch die speziell judenmissionarischen Bemühungen als
Ausfluß einer einheitlichen christlichen Haltung gegenüber den Juden, die von ihnen mit dem
Wort ›Judenmission‹ zusammenfassend umschrieben wird«; ähnlich BAUMANN 1981, S. 14f.;
ARING 1980a, S. 7. In diesem Duktus z. B. auch EHRLICH 1982, S. 20, der meint, daß Judenmis-
sionare »durch das Wegschaffen der Juden eigene Zweifel und Ängste zu betäuben« versuchten.

und Vorgehensweise der real existierenden protestantischen Judenmission in Geschichte und Gegenwart; auch sie wird oft pauschal abgelehnt. Selbst ein Kenner wie Aring, der den Judenmissionsgesellschaften auf der einen Seite bewundernswerte Arbeit bescheinigt[11], unterstellt andererseits jeder Judenmission als letzte Absicht die »Lösung der Judenfrage«[12] und behauptet, »Ergebnis missionarischen Drängens . . . [war] letztlich der ›Holocaust‹«[13].

Die (vor allem lutherischen) Anhänger der Judenmission betrachten die Geschichte der Judenmission dagegen differenzierter und entdecken auch positive Aspekte. Baumann z. B. sieht die in Mittelalter und Reformation praktizierte Form der Judenmission (»Durchsetzung der herrschenden Glaubensform«[14]) als »Triumphalismus«, der abzulehnen ist[15]. Erst die durch den Pietismus eingeleitete »Bekehrung des einzelnen«[16] gehört auch heute noch zu recht verstandener Judenmission[17], die dann auch »eine Art Anwalt des Judentums innerhalb der Kirche sein« wird[18]. Der Begriff »Mission« ist zwar fragwürdig, muß aber – wegen der Tradition, in die man sich stellen will – beibehalten werden[19].

Diese unterschiedliche Einschätzung verweist auf das Problem des richtigen Verhältnisses von historischer Objektivität und theologischer Bewertung. Dieses Verhältnis einzuhalten wird freilich beim Thema der Beziehung von Juden und Christen zur besonders heiklen Gratwanderung. Gewiß steht heutzutage jede Äußerung zum Thema unter dem Schatten des Holocaust. Auch dem Kirchenhistoriker muß bewußt sein, daß zur Vorgeschichte des beispiellosen Massenmordes an sechs Millionen Juden in Deutschland auch die christlich motivierte Judenfeindschaft gehört; er wird sich der Mitverantwortung dafür, die Beziehung zum jüdischen Volk auf eine neue Grundlage zu stellen, nicht entziehen dürfen. Aber dies – hier ist der Warnung Obermans unbedingt recht zu geben[20] – darf ihn nicht dazu verleiten, die nötige Objektivität vorschnell fallen zu lassen. Wie es die Aufgabe der

---

[11] Vgl. ARING 1980b, S. 209. 212, mit Verweis auf seine Monographie (ARING 1980a). Ähnlich übrigens auch KREMERS, bes. S. 29–31.

[12] ARING 1980b, S. 208. 210.

[13] AaO., S. 212f.

[14] BAUMANN 1977, S. 21.

[15] AaO., S. 33.

[16] AaO., S. 21; vgl. auch BAUMANN 1981, S. 18; DOBBERT, S. 45f.

[17] BAUMANN 1977, S. 34: »Recht verstandene Judenmission wird aber auch nach Wegen suchen, wie eine glaubhafte Bezeugung des Glaubens an Jesus als den Christus unter Juden geschehen kann«. BAUMANN 1982, S. 8, will sogar »zwischen landläufiger Judenbekehrung und organisierter Judenmission« unterscheiden, was der Unterscheidung zwischen »Durchsetzung des kirchlichen Machtanspruchs« und »Liebe zum jüdischen Volk als dem Bundesvolk Gottes« korrespondiert.

[18] BAUMANN 1977, S. 34 ähnlich DOBBERT, S. 51f.

[19] BAUMANN 1977, S. 36; DOBBERT, S. 63–67.

[20] Vgl. OBERMAN, S. 17f.

Christen weder sein kann, die eigene Schuldverstrickung abzuleugnen, noch eine Verurteilung anderer – und seien es frühere Generationen – auszusprechen, so sollte auch der Kirchenhistoriker sich weder zuerst als Pflichtverteidiger noch als Ankläger und Richter der Toten verstehen[21]. Gerade wenn wir Christen uns der eigenen Tradition gegenüber kritisch entgegenstellen wollen, muß diese zuerst klar herausgearbeitet werden, damit man dann abwägen kann, welche Traditionen überwunden werden müssen und an welche – vielleicht verschüttete, erst wieder freizulegende – heute neu angeknüpft werden kann. Im Sinne Obermans wird daher in dieser Arbeit versucht, »nicht schuldbewußt, sondern quellenbewußt Geschichte zu schreiben«[22]. So hoffe ich, gerade mit einer streng historischen Arbeit auch die gegenwärtige Diskussion zu befruchten.

1.2. Bisherige Forschungen

Auf den ersten Blick scheint die von Baumann in Anspruch genommene Traditionslinie vom lutherischen Pietismus her mit der vorherrschenden Meinung im Einklang zu stehen. Sie wurde schon früher von lutherischen Judenmissionaren wie Franz Delitzsch[23], Christian Kalkar[24], Otto von Harling[25] und Ernst Schaeffer[26] postuliert; und sie wurde noch 1984 durch eine Publikation, an der Baumann mitwirkte, unterstützt[27]. Entscheidend ist für alle Genannten die These, daß im Pietismus eine ganz neue Art des Umgangs mit den Juden aufgekommen sei, die sich von der negativen Einstellung der Orthodoxie abhebe. Nachdem auch die einschlägigen Artikel in den Lexika RE und RGG im Pietismus eine entscheidende Wende, wenn nicht gar den eigentlichen Anfang der evangelischen Judenmission konstatierten[28], wurde

---

[21] Ebd.

[22] AaO., S. 88. An diesem Prinzip möchte ich auch gegen Obermans Kritiker festhalten, die ihm – zu Unrecht – eine Ausblendung der Wirkungsgeschichte vorwerfen, vgl. SIEGELE-WENSCHKEWITZ, bes. S. 366f.; KLAPPERT, S. 376–379.

[23] Vgl. DELITZSCH 1890, S. 208: »Da kam Spener . . .«

[24] Vgl. KALKAR 1881, S. 267: »Missionen begynder egentligen med det 18de Aarhundrede«. Schon die frühere, auch ins Deutsche übersetzte Fassung des Buches enthielt dieses Urteil (vgl. KALKAR 1869, S. 110), die umfangreichere Neubearbeitung fügt der Zeit des 17./18. Jahrhunderts nichts entscheidend Neues hinzu.

[25] Vgl. VON HARLING, S. 159: »Es ist bekanntlich das Verdienst des deutschen Pietismus, daß neben der Heidenmission auch die Judenmission in der evangelischen Christenheit zum Leben erweckt wurde . . .«

[26] Vgl. SCHAEFFER, S. 60: ». . . durch den Pietismus die Judenmission zum ersten Male im großen Stile unternommen worden . . .«

[27] Vgl. BAUMANN/MAHN/SAEBØ, S. 20–22.

[28] Vgl. ¹RE Bd. 9 (1838), S. 635f.; ²RE Bd. 10 (1882), S. 109; ³RE Bd. 13 (1903), S. 178; ¹RGG Bd. 3 (1912), Sp. 802; ²RGG Bd. 3 (1929), Sp. 467; ³RGG Bd. 3 (1959), Sp. 976f.

diese Sicht nicht nur von einigen Theologen[29], sondern immer öfter auch von Nichttheologen[30] als vermeintliche communis opinio übernommen. Ihr entspricht auch die weit verbreitete Meinung, die Orthodoxie in Deutschland habe keine Hoffnung auf die Judenbekehrung gehegt, erst mit Spener habe sich eine optimistische Haltung durchgesetzt[31].

Aber schon eine genauere Betrachtung dieser Literatur offenbart innere Widersprüche in der These vom Pietismus als entscheidender Wende zur ›echten‹ Judenmission. So wird der Einschnitt z. T. bei Spener (z. B. Delitzsch, Mayer), z. T. bei Callenberg (z. B. von Harling, ³RGG, Rosenkranz), z. T. auch in zwei Schritten, bei Spener und Zinzendorf (Beyreuther) angesetzt, je nachdem ob man die neue theologische Verhältnisbestimmung oder die neue praktische Arbeitsform der Wandermission als entscheidend ansieht. Baumann scheint hinsichtlich dieser Frage zu schwanken[32]. Bei der Festlegung auf Spener als Begründer der evangelischen Judenmission können zudem völlig unterschiedliche Faktoren genannt werden, durch die seine Haltung zu den Juden sich gegenüber der Orthodoxie auszeichnete[33]. Weiterhin ist auffällig, daß zwar die Orthodoxie insgesamt mit dunkelsten Farben geschildert wird; dennoch kommt man nicht umhin, schon ›Vorläufer‹ der pietistischen Judenmission in der Zeit der Orthodoxie anzunehmen, wobei immer der Hamburger Esdras Edzard[34], oft auch der Altdorfer Professor Johann Christoph Wagenseil[35] genannt werden. Auch der Versuch, diese beiden kurzerhand zu Pietisten

---

[29] Vgl. RIEMER, S. 8; BEYREUTHER, S. 193; R. MAYER, S. 110f.; ROSENKRANZ, S. 492; RENDTORFF (Hg.), S. 178f.

[30] Vgl. VON UTHMANN, S. 123; SMITH, S. 28; GRAUPE, S. 73f.; BEIN II, S. 110; STRAUSS, S. 69.

[31] Vgl. DELITZSCH 1890, S. 207: Wenn Hunnius, Quistorp etc. aus Röm 11,25f. die allgemeine endzeitliche Bekehrung lehrten, so wurde dies »als Privatansichten ... von der herrschenden Doktrin ... nur geduldet«; aber »Da kam Philipp Jakob Spener ...«. Im selben Duktus M. SCHMIDT, S. 89, der nur Dannhauer nennt und aus dessen Deutung von Röm 11,25f. schließt, daß die Orthodoxie »das Judentum soteriologisch preisgab«. Offenbar abhängig von M. Schmidt ist auch KANTZENBACH, S. 78, der Schmidt allerdings nicht nennt. Etwas vorsichtiger formulieren KUPISCH, S. 98 (»... Pietismus, der mit seinem Missionssinn auch die Judenfrage in ein neues Licht rückte. Leitend hierfür war ein vertieftes, über Luther hinausgehendes eschatologisches Verständnis der Exegese von Röm 9–11«) und ALAND 1977/78, S. 181 (»Neu, bzw. partiell neu ist dagegen die Folgerung einer Bekehrung Israels aus Röm 9–11«). Noch eigentümlicher ist die Meinung, die Deutung von Röm 11 im Sinne einer künftigen Judenbekehrung sei nur im reformierten Bereich vertreten worden, so HEALEY, S. 75f.; angedeutet auch bei VAN DEN BERG 1970, S. 139f. 148.

[32] BAUMANN 1977, S. 21, u. BAUMANN 1981, S. 18, nennen nur Callenberg; nach BAUMANN/MAHN/SAEBØ, S. 21, gab Spener den »Anstoß zur neuzeitlichen Judenmission«.

[33] Näheres zu den Diskrepanzen in der Beurteilung Speners in dieser Arbeit, Kap. 6.1.

[34] Z. B. KALKAR 1881, S. 154; VON HARLING, S. 159; BEYREUTHER, S. 198; BAUMANN 1977, S. 20.

[35] Z. B. KALKAR 1881, S. 267; VON HARLING, S. 159; BEYREUTHER, S. 198.

zu erklären[36], hilft nicht weiter; die These eines absoluten Gegensatzes zwischen pietistischer und vorpietistischer Judenmission kann auf Anhieb kaum überzeugen.

Die weitere Literatur zur Geschichte der Judenmission zeichnet denn auch zum größten Teil ein differenzierteres Bild. 1871 versuchte *Gustav Plitt* die m. W. erste Zusammenstellung des judenmissionarischen Wirkens der Orthodoxie[37]. Er konstatierte schon »in der Mitte des siebzehnten Jahrhunderts... neue[n] Missionseifer«[38] und reihte Spener in diese ältere Epoche der Judenmission ein, die freilich durch Callenberg im 18. Jahrhundert entscheidend überboten wurde[39].

1884 faßte *J. F. A. de le Roi* in seiner umfangreichen Darstellung Orthodoxie und Pietismus in der Periode der »Herrschaft der christlichen Lebensanschauung unter den evangelischen Völkern« zusammen[40]. In der Orthodoxie dominierten jedoch ›gelehrte Beziehungen‹ zu den Juden[41], weil »über dem Eifer, die Menschen zu retten, der Eifer für den Sieg der reinen Lehre stand«[42]. Man betrachtete den Juden noch nicht in jenem »echt evangelische[n] [sc.: Missionssinn], welcher dem Menschen selbst vor allem in Treue, Liebe und Geduld nachgeht«, sondern sah in ihm »ein ganz besonders anziehendes Kampfobjekt« für den gelehrten Streit[43]. Hier brachte der Pietismus als »Zeit des Vorherrschens innerer Beziehungen zu den Juden«[44] einen Fortschritt; weil »das brennende Verlangen nach dem Heile ihrer Seelen«[45] in den Mittelpunkt trat, wandelte sich vor allem die Sprache der Christen gegenüber den Juden, so daß nun »eine wirkliche Missionsstellung«, »eine eigentliche Judenmission« festgestellt werden kann[46]. Klingt dies noch fast wie eine Präzisierung der Anschauung von Delitzsch bis Baumann, so wußte de le Roi doch um die Schwierigkeiten der Abgrenzung zwischen Orthodoxie und Pietismus[47] und erkannte auch die Grenzen des Pietismus in seinem Subjektivismus und seiner auf einzelne beschränkten

[36] Vgl. GRAUPE, S. 74, u. M. SCHMIDT, S. 103, zu Edzard; VON UTHMANN, S. 123, zu Wagenseil. M. SCHMIDT, S. 89 f. 97–99, stellt Wagenseil im Zusammenhang des Pietismus dar, ist sich aber dessen Sonderstellung durchaus bewußt.
[37] Vgl. PLITT 1871, S. 152–168.
[38] AaO., S. 159.
[39] AaO., S. 168: »Die Arbeit hatte begonnen, aber es fehlte noch viel daran, daß in ihr genug d. h. das, was man vermochte, geschehen wäre.« – AaO., S. 297 f., schreibt dann aber doch erst Callenberg »eine einheitliche, geordnete Missionsthätigkeit« zu.
[40] Vgl. DE LE ROI I, S. 7.
[41] Vgl. die Kapitelüberschrift »Zeitalter der gelehrten Beziehungen zu den Juden in der evangel. Christenheit« (aaO., S. 62).
[42] AaO., S. 68.
[43] Ebd.
[44] AaO., S. 200.
[45] AaO., S. 201.
[46] AaO., S. 202.
[47] AaO., S. 200.

Wirkung[48], so daß auch er die Kirche noch nicht »zur rechten Erfüllung ihrer Aufgabe geführt« hat[49]. Orthodoxie und Pietismus werden also als zwei deutlich voneinander abhebbare Entwicklungsstufen gesehen; der Pietismus ist aber noch nicht der epochale Neuansatz evangelischer Judenmission. (Hier schließt sich Moritzen an, der Orthodoxie und Pietismus nebeneinander als »Vorstufen« der erst Ende des 18. Jahrhunderts beginnenden Judenmission sieht[50].)

Die eigenständige Leistung der Orthodoxie auf dem Gebiet der Judenmission betonte auch *Wolfgang Größel* 1894/95[51], ohne das Verhältnis zum Pietismus eigens zu thematisieren. Zwar konstatierte auch er ein Fehlen der »eigentlichen Missionstätigkeit«, aber den Grund sah er in der »Ungunst der politischen und sozialen Verhältnisse«, ausdrücklich nicht »in einem Mangel an Missionssinn«[52].

Hatte aber bis dahin wenigstens Einigkeit über den Fortschritt des pietistischen Judenmissionssinnes gegenüber dem der Orthodoxie bestanden, so stellte *Wilhelm Diehl* 1900 die Gegenthese auf, »dass thatsächlich, was die Judenmission anlangt, im Zeitalter vor dem 30jährigen Krieg in den Gemeinden und Gemeindegliedern Hessens mehr Sinn für die heilige Missionspflicht vorhanden war, als der in Hessen-Gemeinden stets unpopulär gebliebene Pietismus jemals in diesen zu wecken fertig gebracht hat«[53]. Seine Begründung (neben dem Judentaufformular von Burg Friedberg um 1600 eigentlich nur der Hinweis auf besondere Predigten, an denen die Juden teilnehmen mußten[54]) erscheint zwar dürftig, ernstzunehmen ist aber die Unterscheidung, daß es sich »beim Pietismus um Thaten von einzelnen und von Gemeinschaften, dort um Werke von Gemeinden« handelte[55].

Heinrich Frick verallgemeinerte 1922 diese auf Hessen begrenzte These sogar noch: »Die im Zeichen der lutherischen Orthodoxie geleistete Missionsarbeit hat gewisse Vorzüge, die gerade der pietistischen Mission abgehen werden«[56]. Frick zog zwar auch fast nur Beispiele aus Hessen heran[57], über Diehl hinaus führt aber seine These, daß gerade die lutherische Definition der vocatio, die zur Vernachlässigung der Heidenmission führ-

[48] AaO., S. 202; vgl. auch aaO., S. 438f.
[49] AaO., S. 439.
[50] Vgl. MORITZEN, S. 26; vergleichbar ist auch LAMPARTER, S. 21f. 27.
[51] Vgl. GRÖSSEL 1894, S. 5; bes. GRÖSSEL 1895, S. 57: »... Judenmission, die im 17. Jahrhundert bereits zu ziemlicher Blüte gelangte ...«
[52] AaO., S. 58.
[53] DIEHL 1900, S. 302.
[54] AaO., S. 299f.
[55] AaO., S. 302.
[56] FRICK 1922, S. 116f.; vgl. auch FRICK 1923, S. 20f.
[57] FRICK 1922, S. 119–122.

te, gegenüber den im Amtsbereich lebenden Andersgläubigen, also vor
allem gegenüber den Juden, zum Postulat einer Missionspflicht führen
mußte[58].

Einen Ausgleich, der nicht befriedigen kann, versuchte *Dobbert* 1968. Er
sieht die Anfänge der eigentlichen Verkündigung der evangelisch-lu-
therischen Kirche an die Juden in der Zeit der Orthodoxie[59], vor allem in
wissenschaftlicher Auseinandersetzung, behandelt aber auch Edzards neue
Methode der Judenmission[60], um dann vom Pietismus auszusagen: »Er
übernahm die Fragestellung ›Kirche und Judentum‹ von der Orthodoxie
und fügte den missionarischen Impuls hinzu«[61]. Trotz dieser inkonsequen-
ten Begrifflichkeit ist doch ein bisher vernachlässigter Aspekt bei Dobbert
an eine zentrale Stelle gerückt, nämlich das Weiterwirken der Einstellung
Luthers zu den Juden. (Ob aber tatsächlich die Orthodoxie sich gegen die
judenfeindliche Einstellung des alten Luther entschied[62] oder ob sie diese
Einstellung aufgriff[63], wird noch zu untersuchen sein; ebenso die Frage, ob
erst der Pietismus das »Missionsprogramm« aus Luthers Schrift »Daß Jesus
Christus ein geborener Jude sei« von 1523 aufgriff[64].)

Auf die Beiträge im Handbuch »Kirche und Synagoge«, die ja nicht allein
die Judenmission behandeln, war schon hingewiesen worden. Hier hob
Müller, der nur die Orthodoxie behandelte, »starke Impulse zur Missionierung von Juden gerade in diesem Zeitalter« hervor[65]. Er folgte auch den
Thesen von Frick bzw. Größel, daß die Orthodoxie durch eine Betonung
der Missionspflicht gegenüber den in ihrem Territorium lebenden Nicht-
christen charakterisiert sei[66] und daß vor allem äußere Gründe einem Erfolg
der Missionsarbeit im Wege standen[67]. (1978 zeichnete er ein noch deutlicher
positives Bild der Orthodoxie und stellte »Neuansätze christlichen Verhal-
tens gegenüber den Juden« schon ab 1600 fest[68].) *Martin Schmidt* dagegen,
der nur den Pietismus darstellte, meinte, daß erst Spener »im Gegensatz zur

---

[58] AaO., S. 116; FRICK 1923, S. 20.

[59] DOBBERT, S. 43.

[60] AaO., S. 44f.

[61] AaO., S. 46.

[62] So aaO., S. 44.

[63] So STÖHR, S. 140.

[64] So MAURER 1953, S. 45; ähnlich SCHAEFFER, S. 60; EHRLICH 1983, S. 135. 146. Für HOLMIO,
S. 155, ist die Schrift von 1523 »the beginning proper of evangelical Jewish missions«; er
verzichtet leider darauf, die Fortwirkung dieses ›Beginns‹ über die 1540er Jahre hinaus zu
belegen.

[65] G. MÜLLER 1968, S. 453. DIENST 1970, S. 101; DIENST 1977, S. 153, folgt dieser Einschätzung.

[66] Vgl. G. MÜLLER 1968, S. 487.

[67] AaO., S. 454.497f., nennt die innere Stabilität der jüdischen Religion; aaO., S. 495.498,
verweist aber auch auf untaugliche Mittel, die einem grundsätzlichen Unverständnis gegenüber
Juden entsprangen.

[68] G. MÜLLER 1978, S. 151.

Orthodoxie [eine] hoffnungsvolle Haltung gegenüber der Judenmission«
einnahm[69] und sich durch »neuartigen Judenrespekt« auszeichnete[70].

Besonders Müller lenkt den Blick wieder darauf zurück, daß das Thema
der Judenmission nicht isoliert werden kann. Offenbar darf die Judenmission im 17. Jahrhundert nicht so sehr im Zusammenhang der allgemeinen
Missionstätigkeit betrachtet werden (weil ja der Gedanke der vocatio eine
ganz unterschiedliche Entwicklung der Juden- und Heidenmission brachte)[71], sondern muß als ein Aspekt in der Einstellung der Christen zu den
Juden gesehen werden.

Aber auch auf diesem Gebiet erfährt das 17. Jahrhundert ganz unterschiedliche Charakterisierungen, die hier nur in äußerster Knappheit angesprochen
werden können. In der jüdischen Periodisierung der Geschichte wird das
17. Jahrhundert noch eindeutig zum Mittelalter gerechnet, d. h. zur Zeit der
Unterdrückung unter den christlichen Völkern. Gerade Deutschland gilt als
Land mit besonders schlechten Lebensbedingungen für die Juden, im Gegensatz etwa zu den calvinistisch geprägten Niederlanden[72], was ja auch
durch die Ansiedlungsverbote in protestantischen Städten und Territorien
und die Pogrome in Frankfurt und Worms 1614–16 augenfällig bestätigt
wird[73]. Bei genauerem Hinsehen muß man jedoch feststellen, daß die Ansiedlungsverbote meist schon auf spätmittelalterliche Vertreibungen zu-
rückgingen und nach der Reformation kaum neue Ausweisungen aus protestantischen Territorien stattfanden[74]. In der zweiten Hälfte des 17. Jahrhunderts bildeten sich vor allem in evangelischen Gebieten neue Gemeinden[75].
Diese Neugründungen gelten als wichtiges Anzeichen einer langsamen Si-
tuationsverbesserung für die Juden, z. T. sogar als Vorzeichen der Emanzipation. Als Ursache dieser Entwicklung, die schon im 17. Jahrhundert zu
einer besseren Rechtsstellung führte, ist oft allein das wirtschaftliche Interesse der absolutistischen Herrscher vermutet worden; so erscheint der Auf-

---

[69] M. SCHMIDT, S. 91.

[70] AaO., S. 97.

[71] Vgl. diese Arbeit, Kap. 1, Anm. 58.66. Deshalb können auch die meisten neueren Darstellungen der Missionsgeschichte die Judenmission übergehen und der lutherischen Orthodoxie
weiter Mangel an Missionssinn vorwerfen, vgl. GENSICHEN, S. 10–12; WESTMAN/VON SICARD,
S. 63 f.

[72] Vgl. z. B. GRAETZ X, S. 29; POLIAKOV II, S. 126. 136.

[73] Über die Austreibungen im Spätmittelalter informiert knapp KOBER, S. 219–225; über die
Aufstände in Frankfurt und Worms, die auch den Hauptbeleg bei GRAETZ X, S. 30–37, abgeben,
am besten KRACAUER, S. 358–398.

[74] Vgl. KOBER, S. 219–225; BARON XIII, S. 247–258; OBERMAN, S. 127. ISRAEL 1983, S. 3–5,
nennt mehrere Vertreibungen aus protestantischen Gebieten, die aber bis auf die aus Kursachsen
nur vorübergehende Bedeutung hatten.

[75] Vgl. KOBER, S. 225. Eine Verbesserung der Situation der Juden kann aber schon vor und
besonders während des Dreißigjährigen Krieges beobachtet werden, vgl. ISRAEL 1983, S. 5 ff.;
ISRAEL 1985, S. 35 ff.

stieg der ›Hofjuden‹ als das zentrale Ereignis der Epoche[76]. Aber auch wenn man diese wirtschaftlichen Ursachen nicht leugnen will, muß man daneben auch die geistesgeschichtlichen Veränderungen beachten.

Schon lange anerkannt ist die Tatsache eines wachsenden Interesses an jüdischer Theologie und Literatur im 17. Jahrhundert, das weder allein aus wissenschaftlicher Neugier[77] noch allein aus »neue[m] Missionseifer«[78] hinreichend erklärt ist. Differenzierter urteilen m. E. Shmuel Ettinger, aber auch der NS-Historiker Grau, die verschiedene Ursachen für den Umschwung im Verhältnis der europäischen Gesellschaft zu den Juden aufführten. Dazu gehören die neuen Theorien von Staatsräson und Naturrecht[79], aber auch das größere Interesse am Judentum; hier hob Grau eher schwärmerisch-judenfreundliche Strömungen hervor, die im linken Flügel der Reformation und im Calvinismus wurzelten[80], während Ettinger das wissenschaftliche Interesse betonte[81]. Beide nannten aber auch missionarische Absichten als Bestandteil dieser Bewegung[82].

Grau, der diese Entwicklung zur Emanzipation der Juden natürlich als verderblich ansah und dem keine übermäßig sorgfältige historische Arbeit bescheinigt werden kann, hat dennoch wohl erstmalig auf das Phänomen eines »Philojudaismus« aufmerksam gemacht; Hans-Joachim Schoeps hat etwas später dasselbe Phänomen unter der Bezeichnung »*Philosemitismus*« in die wissenschaftliche Debatte eingeführt[83]. Zur Abgrenzung des eigenen Themas ist hier eine kurze Auseinandersetzung mit Begriff und Sache des »Philosemitismus« nötig; denn obwohl der Begriff sich großer Beliebtheit erfreut, ist der Sprachgebrauch keineswegs einheitlich.

Schoeps hatte gar keinen Hinweis zur Definition gegeben, sondern nur fünf »Typen« des Philosemitismus unterschieden: den »christlich-missionarischen«, den »biblisch-chiliastische[n]«, den »utilitaristische[n]« (Duldung der Juden aus Hoffnung auf »greifbare Vorteile«), den »liberal-humanitä-

---

[76] Vgl. ISRAËL 1985, S. 123 ff.; GRAUPE, S. 42 f.; STRAUSS, S. 78–82. Unverzichtbar zur Problematik ist immer noch PRIEBATSCH, bes. S. 576–601; ganz auf die wirtschaftlichen Aspekte konzentriert ist auch die vorzügliche Darstellung von S. STERN I/1, vgl. bes. S. VII f. 154 f.

[77] Vgl. MOORE, S. 215–221. 252; BARON 1972, S. 332–334; ähnlich schon GRAETZ X, S. 290–319.

[78] Vgl. PLITT 1871, S. 159 f.

[79] Vgl. GRAU, S. 200 f.; ETTINGER, S. 196–203.

[80] Vgl. GRAU, S. 1–16.

[81] Vgl. ETTINGER, S. 203–209.

[82] Vgl. aaO., S. 205–207 (Hinweis auf Wagenseil); GRAU, S. 7 f. 12–15.

[83] Vgl. SCHOEPS 1952; drei Studien waren bereits in ZRGG 1 (1948) erschienen. Schoeps behandelt dieselben Vertreter, die Grau kurz genannt hatte (vgl. SCHOEPS 1952, S. 3–18, mit GRAU, S. 8–10 [La Peyrère]; SCHOEPS 1952, S. 18–67, mit GRAU, S. 6 f. [Felgenhauer, Kempe, Paulli]), ohne den NS-Historiker zu nennen. Zur Begriffsgeschichte vgl. KANTZENBACH, S. 85–88; ihm entging übrigens, daß schon 1884 DE LE ROI I, S. VIII, von den »heutigen Philosemiten« im Gegensatz zu Antisemiten sprach.

ren« und den »religiösen« (Zuneigung zur jüdischen Religion)[84]. Offenbar war für ihn der Philosemitismus analog zum Antisemitismus eine zeitlose Erscheinung[85]. In der Darstellung beschränkte er sich aber auf theologische Außenseiter des 17. Jahrhunderts, die am ehesten dem zweiten Typus zuzurechnen sind. Gemeinsam ist den vier in »Philosemitismus im Barock« dargestellten Christen ebenso wie dem zum Judentum übergetretenen Moses Germanus eine akute Erwartung des Tausendjährigen Reiches und ein Bußruf an Juden *und* Christen[86].

Wolfgang Philipp nahm Schoeps' Anregungen auf und bemühte sich um eine genauere phänomenologische und historische Einordnung, die dem Philosemitismus einen entscheidenden Beitrag bei der Ablösung der Barockzeit durch die frühe Aufklärung einräumte[87]. Aber auch sein Sprachgebrauch blieb unklar. Neben »dem« Philosemitismus (was wohl die von Schoeps ausführlich beschriebenen Phänomene bezeichnen soll) erkannte er eine »philosemitische [sc.: Situation] (im weiteren Begriffssinne)« in Hamburg[88], wofür er die Ansiedlungserlaubnis, das Interesse an Literatur und Religion sowie Edzards Judenmission anführte. Auch sein Beitrag zum Handbuch »Kirche und Synagoge« behandelte neben den von Schoeps herausgestellten »Judenzern«[89] noch die Bemühungen um christlich-jüdischen Dialog in den Niederlanden, um Ansiedlung und Gleichstellung der Juden in England und um Judenmission in Deutschland (Edzard, Wagenseil)[90]. Dabei betonte Philipp, daß »fast alle Bezüge, die man in der Zeit zum Judentum aufnimmt, vom Missionsinteresse angerührt« seien[91], um dann im Schlußwort aber Philosemitismus mit »Kryptojudaismus« gleichzusetzen[92].

Siegfried Riemer setzte sich von Schoeps ab und erkannte Philosemitismus zunächst im Toleranzgedanken der Aufklärung, woraus für ihn klar ist, »daß andere als kirchliche Kräfte am Werk waren, philosemitische Neigungen unter den Deutschen wachzurufen«[93]. Philosemitismus ist für ihn allerdings auch ein »Bestandteil pietistischen Denkens«[94], was durch die missionari-

---

[84] SCHOEPS 1952, S. 1; SCHOEPS 1978, S. 261 f., hält an dieser Typisierung fest.

[85] Vgl. Schoeps' Artikel »Philosemitismus« in ³*RGG* V, Sp. 348 f., wo auch Beispiele aus anderen Epochen genannt sind.

[86] Vgl. diese Arbeit, S. 58 f.

[87] Vgl. W. PHILIPP 1958, bes. S. 227 f.

[88] AaO., S. 225.

[89] So wurde diese Strömung von den zeitgenössischen Christen polemisch genannt, vgl. SCHUDT I, S. 521–569; SCHUDT IV, S. 313–320.

[90] Vgl. W. PHILIPP 1970, S. 24–80.

[91] AaO., S. 73.

[92] AaO., S. 81.

[93] RIEMER, S. 19.

[94] AaO., S. 20. Dieser pietistische ›Philosemitismus‹ gilt als »Ausnahme« (ebd.; auch aaO., S. 15) von der ansonsten antijüdischen Grundströmung in der Kirche.

schen Ansätze Wagenseils, Speners, Franckes und Zinzendorfs belegt wird.
In »einem sehr viel bescheideneren Sinne« sind schließlich auch Kirchenlie-
der philosemitisch, wenn sie eine enge Identifizierung der christlichen Gemeinde mit dem alttestamentlichen Gottesvolk vornehmen[95]. Hatte Riemer
einleitend noch verheißen, »den Begriff des Philosemitismus zu deuten«[96],
so ist das Ergebnis die totale Konfusion; ich sehe jedenfalls nicht, wie die drei
Erscheinungen auf einen Nenner zu bringen sind, selbst wenn Riemer
ernsthaft behauptet, alle von ihm genannten Pietisten »stehen außerhalb der
eigentlichen Kirche«[97]. Tatsächlich kann doch kaum bestritten werden, daß
ihr Interesse primär der Bekehrung der Juden galt, während man nach
Riemer »die Glaubensfragen in den Hintergrund treten lassen mußte, wenn
man zu einem eigentlichen Philosemitismus kommen wollte«[98].
    Eine engere Begriffsbestimmung vertritt dann wieder *Kantzenbach*. Auch
er konstatiert im Pietismus eine »Vereinigung von Respekt und Mission«[99].
Er will aber missionarische Bemühungen nicht als Philosemitismus bezeichnen, sondern diesen Begriff den von Schoeps geschilderten nicht-konfessio-
nellen Vertretern vorbehalten.
    Offenbar ohne Kenntnisnahme dieser deutschsprachigen Diskussion legte
Alan Edelstein zuletzt eine Geschichte des Philosemitismus vom Mittelalter
bis zum 2. Weltkrieg vor. Er sieht durchaus die Probleme des Begriffes, der
nicht einfach als Gegenbegriff zum Antisemitismus gebraucht werden kann
und der eine Vielfalt an historischen Ausprägungen abdecken muß[100]. Dennoch hält er eine ›sozialgeschichtliche‹ Definition für praktikabel, die vor
allem von Handlungen zugunsten der Juden als Juden ausgeht, dabei aber
zwischen Philosemitismus als »attitude« und philosemitischem Verhalten
unterscheidet[101]. Aus dem 17. Jahrhundert kommt dabei nur die Wiederansiedlung der Juden in England in den Blick[102]; Bemühungen um Bekehrung
der Juden werden von der Definition gar nicht abgedeckt, auch wenn
Edelstein anerkennt, daß religiöse Interessen den Philosemitismus gefördert
haben können[103].
    Trotz der weiten Verbreitung erscheint mir der Begriff des Philosemitis-
mus problematisch[104] und für die vorliegende Untersuchung jedenfalls nicht

---

[95] AaO., S. 32; allein diesem Phänomen gilt dann die weitere Untersuchung.
[96] AaO., S. 8; vgl. auch aaO., S. 19.
[97] AaO., S. 32.
[98] AaO., S. 17.
[99] KANTZENBACH, S. 82.
[100] Vgl. EDELSTEIN, S. 12–16.
[101] Vgl. aaO., S. 16–21; aaO., S. 176–190, nennt dann als Fazit sechs Formen des Philosemitismus, arbeitet aber keine Gemeinsamkeit heraus.
[102] Vgl. aaO., S. 141–145.
[103] Vgl. aaO., S. 179–181.
[104] Auch BEIN II, S. 109, lehnt ihn ab.

brauchbar. Bevorzugt man, wie Philipp, Riemer und Edelstein, eine weite Definition, so ist es kaum möglich, das Verbindende am Phänomen des Philosemitismus herauszuarbeiten. (Übrigens wird man auch bei Anwendung einer weitgefaßten Definition den Pietismus kaum als philosemitisch einordnen können.) Beschränkt man den Begriff jedoch auf die von Schoeps und Kantzenbach charakterisierten Beispiele, so führt die Bezeichnung »Philosemitismus« ebenfalls in die Irre, da sie als primäres Merkmal die Zuwendung zum Judentum suggeriert. Tatsächlich ist dieser »Philosemitismus« aber eine Folge der chiliastischen Anschauungen des 17. Jahrhunderts, was schon Trevor-Roper herausgearbeitet hat[105]. Mit gewisser Berechtigung kann man wohl nur von einem Philosemitismus in England reden, da dort verschiedenste Motive (unter anderem auch die Bekehrungshoffnung) sich in den Jahren 1653–55 zu einem gemeinsamen Ziel, der Wiederansiedlung der Juden, vereinigten[106].

Für meine Untersuchung ergibt sich, daß das von Schoeps und Kantzenbach diskutierte Phänomen nur als Kontrastfolie zur kirchlichen Haltung gegenüber den Juden zu beachten ist. Wie noch genauer gezeigt werden wird, haben die chiliastischen Strömungen sich zunächst neben der orthodoxen Theologie entwickelt. (Nur für den angelsächsischen Bereich gilt wohl die These, der Chiliasmus hätte die Stellung der Kirche zu den Juden entscheidend geprägt[107].) In Deutschland wurde der Chiliasmus erst durch Spener zur anerkannten Lehre[108], so daß zu fragen wäre, wieweit damit doch »philosemitische« Tendenzen in den Pietismus eingeflossen sind[109]. Für die Orthodoxie wird man aber auf jeden Fall andere Motive berücksichtigen müssen.

---

[105] Vgl. TREVOR-ROPER, bes. S. 103: »Protestant philo-Semitism was a by-product of Protestant millenarism«.

[106] In diesem Sinne gebraucht D. KATZ den Begriff »Philo-Semitism«; er formuliert am Ende seiner anregenden Arbeit, daß ein Zusammenwirken von »Judaizers, Hebraists, millenarians, and tolerationists« (S. 244) das Resettlement durchsetzte. Das Missionsinteresse als wichtigen Motor dieser Entwicklung betonen auch OSTERMAN, bes. S. 311.313–316, und BOWMAN.

[107] Vgl. DE JONG, S. 37–78; TOON, S. 115–125; SCULT, S. XII.12–15; dessen Ansicht, diese These sei auch auf den Kontinent zu übertragen (S. X), ist wohl nicht zu bestätigen.

[108] Vgl. WALLMANN 1982, S. 205; vorher zeigt er allerdings auch eine langsame Hinwendung zu chiliastischem Gedankengut schon in der Orthodoxie.

[109] So G. MÜLLER 1978, S. 153. – Zur Bezeichnung der von Schoeps charakterisierten Strömung werde ich den Begriff sporadisch weiter verwenden, da er sich nun einmal eingebürgert hat.

1.3. Die Notwendigkeit einer Neubearbeitung des Themas

Zu den von Schoeps ins Gespräch gebrachten theologischen Außenseitern gibt es inzwischen eine kaum noch zu übersehende Fülle an Literatur[110]. Anders steht es mit der Haltung der protestantischen Orthodoxie und des frühen Pietismus zu den Juden. Die verschiedenen Beiträge zum Thema waren schon hinsichtlich ihrer widersprüchlichen Ergebnisse referiert worden. Ursache für die im ganzen wenig befriedigenden Ergebnisse ist in erster Linie eine mangelnde Vertrautheit mit der Zeit des 17. Jahrhunderts, die auf eine Vernachlässigung des Quellenstudiums zurückgeht.

Für Plitt gilt dies nur eingeschränkt; er kennt immerhin eine Reihe wichtiger Werke aus erster Hand, und seine Darstellung ist trotz ihrer Knappheit noch anregend. Vorsicht ist dagegen bei den Vertretern der Judenmission des 19. Jahrhunderts geboten; sie greifen zwar auch gern auf Quellen zurück, sind aber eher an einer erbaulichen Darstellung als an historischer Auseinandersetzung interessiert[111]. Auch de le Roi gehört in die Reihen der Judenmission, läßt aber daneben auch eine vom zeitgenössischen Antisemitismus beeinflußte Tendenz erkennen[112]. Schwerer noch wiegt die Tatsache, daß er das 17. (im Gegensatz zum 18.) Jahrhundert fast nur aus zweiter Hand kennt. Seine Darstellung basiert fast nur auf vier Werken des 17./18. Jahrhunderts[113].

Da diese Werke auch für die vorliegende Arbeit unentbehrliche Hilfsmittel waren, sollen sie kurz vorgestellt werden. Johann Christian Wolf hatte 1715–1733 seine mehrbändige »Bibliotheca Hebraea« veröffentlicht, eine vor allem biographisch orientierte Arbeit mit Nachrichten über Gelehrte (Juden und Konvertiten), daneben aber auch wertvollen Bibliographien zu Fragen des christlich-jüdischen Verhältnisses. Ähnlich umfangreich sind Johann Jakob Schudts »Jüdische Merkwürdigkeiten« von 1714–1718, eine Sammlung fast wahllos zusammengetragener Nachrichten über alles mögliche, was mit Juden zu tun hatte. Während diese beiden Werke nur gelegentlich etwas zum Thema der Judenbekehrung beitragen und ihre Nachrichten nicht immer zuverlässig sind, sind die beiden Bücher des Frankfurter Pfarrers Martin Difenbach »Judaeus Convertendus« (1696) und »Judaeus Conversus« (1709) um so wertvoller. Difenbach konzentrierte sich auf das Thema der Judenbekehrung und sammelte und diskutierte dazu alle Vor-

---

[110] Vgl. die Nachweise bei SCHOEPS 1978, S. 261–299; ferner diese Arbeit, Kap. 3, Anm. 4 f.; Kap. 4, Anm. 8 f.

[111] Hierzu gehören das Buch von Kalkar und die Arbeiten von Gleiß und Rinn über Edzard, bes. aber die zahlreichen Aufsätze in der Zeitschrift »Saat auf Hoffnung«.

[112] Vgl. DE LE ROI I, S. XIII (Mitarbeiter der Londoner Judenmissionsgesellschaft). V (»Kampfverhältnis mit den Juden . . ., das in steigendem Maasse die Art eines unversöhnlichen Krieges anzunehmen droht«; zur Art des Kampfes aaO., S. V–XII).

[113] AaO., S. 1–3.

schläge und Hinweise, deren er habhaft werden konnte (wobei er auch ausländische und katholische Autoren berücksichtigte). Er gab damit eine erste Einführung in die Problematik der orthodoxen Judenmission, auch wenn seine Werke wie die von Wolf und Schudt mehr nebeneinanderstellen als wirklich ordnen und verbinden.

Mit diesen Vorarbeiten begnügte sich de le Roi, und seine Kenntnis der Quellen bestimmt das Bild bis heute[114]. Auch Gerhard Müller, der sich um einen Neuansatz bemühte, hat anscheinend nur wenige Werke aus dem 17. Jahrhundert in Augenschein genommen[115] und die interessanten Persönlichkeiten der zweiten Hälfte des Jahrhunderts nicht mehr selbst behandelt[116]. Martin Schmidt dagegen stellte Wagenseil und Spener ohne Zusammenhang zur Orthodoxie dar.

Nach de le Roi sind im wesentlichen nur noch einzelne Quellen publiziert und eingeordnet[117] oder einzelne Männer gewürdigt worden[118]. Nicht einmal über Speners Stellung zum Judentum gibt es eine allseits befriedigende Arbeit, obwohl sich doch von der These der neuartigen pietistischen Judenmission eigentlich sofort Verbindungslinien zur neueren Debatte über die Anfänge des Pietismus ergäben[119]. Die reichhaltige regional- und ortsgeschichtliche Literatur über die deutschen Juden ist dagegen meist ohne kirchengeschichtliches Interesse[120]. Auch für das protestantische Ausland existieren nur wenig Arbeiten zum Thema[121].

---

[114] So begnügt sich noch R. BRUNNER damit, de le Rois Darstellung zu exzerpieren und als Apologie für die evangelische Theologie anzubieten. Auch G. MÜLLER 1968 bezieht sich noch oft auf de le Roi (vgl. aaO., Anm. 2 etc.).

[115] Vgl. aaO., S. 499–504 (Anmerkungen). Wenn man die dogmatischen Werke (vgl. dazu aaO., Anm. 60) wegläßt, so bleiben nur noch die Werke von Waldschmidt (Anm. 32), Gerson (Anm. 38), Molther (Anm. 62) und Müller (Anm. 80).

[116] Auch G. MÜLLER 1978, S. 153, nennt zwar den Pietismus, folgt hier aber nur M. Schmidt.

[117] Vgl. GRÖSSEL 1894; FRICK 1923; und die verschiedenen Titel von Diehl und Dienst.

[118] Vgl. HORNING 1892 (zu Schadäus, der noch ins 16. Jahrhundert gehört); PLITT 1872 (zu Havemann); G. MÜLLER 1967 und G. MÜLLER 1969 (zu J. Müller); GLEISS und RINN (zu Edzard); A. WAGNER und DICKMANN (zu Wagenseil); WALLMANN 1987 (zur Wirkung von Luthers Judenschriften).

[119] Diese Arbeit, Kap. 6.1., wird diese Debatte aufnehmen und auch die Arbeiten über Spener charakterisieren.

[120] Etwas mehr Berührung mit theologischen Fragen haben allein die Titel von Stock, Diehl und H. Brunner. Sonst werden nur die Nachrichten über Taufen und Zwangspredigten an geeigneter Stelle herangezogen.

[121] In Großbritannien fand natürlich die Wiederansiedlung der Juden mit all ihren Aspekten großes Interesse (vgl. diese Arbeit, Kap. 1, Anm. 106f.); explizit beschäftigt sich aber nur SCULT mit Judenmission. VALENTIN, S. 67–86, stellt Ansätze zur Judenmission in Schweden am Ende des 17. Jahrhunderts dar (wobei sich besonders der deutsche Pfarrer in Stockholm hervortat, vgl. S. 69.73; dazu auch die Taufpredigt von BEZEL). VAN DEN BERG 1969 und VAN DEN BERG 1970 berichten über Schriften niederländischer Autoren, die sich von denen der deutschen kaum zu unterscheiden scheinen. Eine neuere Arbeit von GOLDBERG über Polen-Litauen beschäftigt sich nur ganz am Rande mit protestantischer Missionstätigkeit (S. 61) und behandelt eher die Integration der Juden als die Stellung der Kirche.

1.4. Gegenstand und Verfahren der Arbeit

Die vorliegende Arbeit hat also zuerst die Aufgabe, eine Lücke auszufüllen und die Stellung der protestantischen Orthodoxie und des frühen Pietismus zum Judentum unter dem Gesichtspunkt der Mission aus den Quellen umfassend darzustellen.

Gegenstand sollen die missionarischen Bemühungen der evangelischen Kirche gegenüber den Juden sein. Der Begriff der Mission ist freilich problematisch, zumal er im 17. Jahrhundert als Selbstbezeichnung nicht auftritt. Damals wurde von conversio bzw. Bekehrung gesprochen, wobei Subjekt der Bekehrung der Juden sowohl Gott als auch die Christen als auch die Juden selbst sein können. Ich halte es aber für durchaus vertretbar, alle Tätigkeiten zur Bekehrung der Juden unter dem Begriff der Mission zusammenzufassen, also der Begriffsbestimmung zu folgen, die Browe in seiner Maßstäbe setzenden Arbeit zur »Judenmission in [!] Mittelalter« vorgenommen hat[122].

Grundlegend ist für mich aber die Unterscheidung zwischen missionarischer und apologetischer Tätigkeit, d. h. zwischen dem Bestreben, Juden zum Übertritt zur Kirche zu bewegen, und dem Bestreben, die christliche Wahrheit unangreifbar zu beweisen. Letzteres wurde zwar oft in den Darstellungen der Judenmission breit behandelt. Es gehört aber eher in den Bereich der interkonfessionellen ›Theologia Polemica‹. Im 17. Jahrhundert wurden die Unterschiede zwischen Polemik, Apologetik und Mission offenbar kaum empfunden[123], daher müssen alle Aspekte in der Arbeit beachtet werden. Schon im Titel habe ich versucht, diese Ambivalenz deutlich zu machen.

Neben den Maßnahmen zur Bekehrung muß auch noch das Umfeld der Bekehrung, vor allem die Durchführung der Taufen und die Behandlung der Konvertiten, beachtet werden, da hier theologische Urteile über die Judenbekehrung deutlich werden. Die Beurteilung der Judenbekehrung als theologisches Thema hat die orthodoxen Theologen enorm beschäftigt und sich auch auf die praktischen Fragen ausgewirkt, weswegen sie in meiner Arbeit ebenfalls eine besondere Rolle spielen muß.

Damit ist eine Fülle an recht disparaten Quellen zu berücksichtigen: Theologische Traktate, die die grundsätzlichen Fragen der Judenbekehrung behandeln, d. h. ihre prinzipielle Möglichkeit und die Erwartung einer allgemeinen Judenbekehrung in der Endzeit; Schriften, die sich grundsätzlich mit der richtigen Methode der Judenbekehrung beschäftigen; Schriften,

---

[122] Vgl. BROWE passim.
[123] Dies wird im Fortgang der Arbeit ausführlichst behandelt werden. Zur Charakteristik orthodoxer Apologetik sind ferner wertvolle Einsichten bei BARTH, bes. S. 136f. 151–171.301–317, zu finden.

die die Lehrgegensätze zwischen Juden und Christen auf wissenschaftlicher
Grundlage behandeln; deutsche Veröffentlichungen, die christliche Laien
über diese Lehrgegensätze und die richtigen christlichen Argumente unter-
richten; Missionspredigten oder -traktate sowie Katechismen für Juden;
Judentaufpredigten und Berichte über Judentaufen; Veröffentlichungen von
Konvertiten, die die Christen über das Judentum aufklären oder ihre ehema-
ligen Glaubensgenossen bekehren wollen. Allgemeine Literatur über »das
Judentum« gibt es erst am Ende des 17. Jahrhunderts aus der Feder von
Konvertiten[124]. Um die grundsätzliche Stellung zu den Juden kennenzuler-
nen, müssen deshalb für die Zeit davor Stellungnahmen zur Frage der
Duldung der Juden zu Rate gezogen werden.

Ein großer Teil der behandelten Werke – sogar ganze Gattungen wie die
sehr aufschlußreichen Taufpredigten[125] – waren in der bisherigen Literatur
nie genannt worden. Weil ich annehmen muß, daß viele Schriften auch in der
Fachwelt noch völlig unbekannt sind, habe ich in der Arbeit ausführlichere
Inhaltsangaben als sonst üblich gegeben. Wegen der unzureichenden Bibliographien[126] zum Thema habe ich auch viele Buchtitel einfach nur genannt,
ohne sie gründlich auszuwerten; ich hoffe, auf diese Weise weitere Untersuchungen anzuregen und bei der Vorarbeit zu helfen. (Die neuere Dissertation
von Brigitte Schanner, die ebenfalls eine Fülle von bisher z. T. unbekannten
Schriften ans Licht bringt, konnte bei der Materialsuche für diese Arbeit
noch nicht berücksichtigt werden. Bei nachträglicher Auswertung ergab
sich aber, daß für unser Thema keine gravierenden Erweiterungen nötig
gewesen wären.)

Ein besonderes Problem war die Gliederung des umfassenden Stoffes.
Weil die Ausgangsfrage dem möglichen Umschwung in der Einstellung der
evangelischen Theologie zu den Juden galt, bot sich eine chronologische
Einteilung an, die in der Orthodoxie die Zeit vor, während und nach dem
Dreißigjährigen Krieg unterscheidet. Bei dem Jahr 1680 wird ein Einschnitt
vorgenommen, da dann von einer unangefochtenen Position der Orthodoxie nicht mehr die Rede sein kann. Die Auseinandersetzungen von Orthodo-

---

[124] Mit den Schriften von C. P. Maier über die jüdischen Schlachtungen und Zeremonien
(Wittenberg 1677 u. 1687; vgl. FÜRST II, S. 341, und FREIMANN, S. 14, wo Jahreszahl und
Namensschreibung richtig sind) sowie F. A. Christiani über das Osterfest und die Fastnacht
(Leipzig 1677; vgl. FÜRST I, S. 178) begann diese Literaturgattung, die durch die Darstellung des
Judentums kein bestimmtes Verhalten mehr bei den Christen erreichen wollte, sondern nur
jüdische Kuriositäten zur Unterhaltung und Belehrung der Christen zusammentrug.
[125] In der neueren Literatur ist nur der schon genannte Predigtband von Waldschmidt bei G.
MÜLLER 1968, S. 462, erwähnt. DE LE ROI I, S. 128, schreibt allgemein über solche Predigten.
[126] Trotz ihrer Unzuverlässigkeit ist die Bibliographie von J. C. WOLF (vgl. diese Arbeit,
S. 14) noch unentbehrlich. Sie ist von FABRICIUS 1715 und von FÜRST mit allen Fehlern übernommen worden. Obwohl ich auch meist von J. C. WOLF ausgehend Literatur gesucht habe,
habe ich zur genaueren Identifizierung möglichst auf neuere, zuverlässigere Bibliographien
zurückgegriffen, die allerdings den Nachteil haben, daß sie nicht thematisch geordnet sind.

xie und Pietismus, die ja gerade auch eschatologische Fragen betrafen, können in der vorliegenden Arbeit nicht mehr behandelt werden. Dagegen werden Edzard und Spener je ein ganzes Kapitel gewidmet. Beide werden ja als Repräsentanten einer neuen Einstellung zum Judentum genannt und können daher nicht in die Kapitel über die orthodoxe Theologie eingearbeitet werden, lassen sich aber im Vergleich mit der Orthodoxie abhandeln. Auf weitere Stimmen zum Thema vom Ende des Jahrhunderts soll dann nur noch ein Ausblick gegeben werden.

Innerhalb der Kapitel habe ich die Sachfragen in einer Reihenfolge angeordnet, die von grundsätzlichen zu praktischen Fragen fortschreitet. Besonderes Gewicht hat der Abschnitt über die Zeit bis zum Dreißigjährigen Krieg. Hier wird schon die Grundposition der Orthodoxie herausgearbeitet, die dann weitgehend stabil blieb. In den folgenden Abschnitten sollen dann nur noch Abweichungen von der Grundposition ausführlich behandelt werden.

2. Die Zeit vor dem Dreißigjährigen Krieg

2.1. Duldung der Juden

Zu Beginn des 17. Jahrhunderts thematisieren nur wenige Veröffentlichungen ausdrücklich die Frage der Judenbekehrung. Auffällig ist dagegen eine große Zahl von Stellungnahmen zur Frage des Wohnrechts der Juden. Vor allem Juristen beteiligen sich an dieser Diskussion. *Wilhelm Güde* hat kürzlich die Stellungnahmen der deutschen Juristen zu dieser Frage untersucht und folgendermaßen charakterisiert[1]:

> »Die theoretische Grundsatzfrage, ob die Juden zu dulden sind, wird also klar zugunsten der Juden entschieden. Der Grundsatz wird aber dadurch entwertet, daß die Duldung der Juden von ihrem Wohlverhalten und davon abhängig gemacht wird, daß sich aus dem Zusammenleben mit ihnen für die Christen keine Unzuträglichkeiten ergeben. Dabei kann es dem Ermessen oder gar der Willkür des zur Entscheidung Berufenen überlassen bleiben, zu bestimmen, welche Anforderungen an dieses Wohlverhalten zu stellen sind und wann durch das Zusammenleben mit den Juden den Christen ›scandala‹ und Gefahren drohen.«

Diese – wenn auch eingeschränkte – Toleranz und andere Ergebnisse führen Güde zu der Schlußfolgerung, daß die »Benachteiligung der Juden . . . wesentlich auf außerrechtlichem Gebiet« gelegen habe[2]. Während die Juristen, gestützt vor allem auf das römische Recht, den Juden »wenigstens einen bescheidenen Lebensraum« sicherten, schlug diesen auf außerrechtlichem Gebiet »Haß, Feindschaft, Furcht und Verachtung« entgegen[3].

Güde hat wohl richtig beobachtet, daß in der frühen Neuzeit ein grundsätzliches Ja zur Duldung der Juden die herrschende Rechtsmeinung war, das Aufenthaltsrecht aber an zahlreiche Bedingungen geknüpft wurde. Dies schlug sich schon in den Reichspolizeiordnungen des 16. Jahrhunderts[4] und in zahlreichen Judenordnungen[5] nieder. Nicht überzeugend ist dagegen Güdes Ansicht, daß die Juristen – gegenüber einer sonst judenfeindlichen

---

[1] GÜDE, S. 32.
[2] AaO., S. 74; vgl. auch aaO., S. 15.
[3] AaO., S. 74. Die umwälzende Rolle, die die Einführung des römischen Rechts für die Stellung der Juden hatte, war übrigens schon von LANDAUER und von GRAU, S. 132–137, herausgestellt worden; beide fehlen in Güdes Literaturverzeichnis.
[4] Vgl. BATTENBERG 1979, S. 139 f. 163–165.
[5] Vgl. aaO., S. 141 f. 165–170; ROTH, passim; BATTENBERG 1983, passim.

Umwelt – mit ihrer eingeschränkt positiven Haltung allein standen. Battenberg hat – unabhängig von Güde – deutlich gemacht, daß politische und
wirtschaftliche Interessen gemeinsam mit den Rechtstraditionen zur Fixie-
rung der Duldungsbedingungen in den hessischen Judenordnungen beitru-
gen[6]. Die Juristen hatten auch religiöse Argumente für die Duldung angeführt[7]; das läßt bereits vermuten, daß auch die Theologen prinzipiell für die
Duldung eintraten, was die folgende Untersuchung bestätigen wird.

Die meisten Schriften zum Thema (übrigens auch von juristischer Seite[8])
wurden schon im ersten Viertel des 17. Jahrhunderts veröffentlicht. Eine
repräsentative Zusammenstellung theologischer Stellungnahmen enthält
die Schrift[9]

»Vier Theologische Bedencken/ Deren eines ist Etlicher Hessischer Theologen: Das
andere/ Doctoris Johannis Gerhardi, Professoris zu Jehna: Das dritte/ Doctoris
Tobiae Heroldi, Pastoris zu Halberstatt: Das vierdte/ Doctoris Christophori Helvici,
Professoris zu Gießen: Gestellet von der Frage/ Ob die Jüden in Christlicher Gemeinde von der Obrigkeit können vnd sollen geduldet werden?, Leipzig o. J.«.

Alle vier Bedenken waren einzeln schon vorher veröffentlicht worden. Das
erste stammt noch aus der Reformationszeit, ist aber für unser Thema so
bedeutsam, daß es kurz dargestellt werden muß[10]. Landgraf Philipp von
Hessen, der über eine dauerhafte Ansiedlung der Juden in seinem Land zu
entscheiden hatte, forderte ein Gutachten von seinen Theologen über die
von ihm geplanten Zulassungsbedingungen. Die Theologen, unter der Führung von *Bucer,* beantworteten die Frage auf grundsätzliche Weise: die
Duldung sei nur unter der Bedingung möglich, daß sie »an [ohne] verlet-
zung vnnser heiligen Religion vnnd auch sonst onn schaden vnnd nachtheil
der Christen«[11] geschehe.

Von dieser Maxime aus sind die meisten vorgesehenen Maßnahmen zu
verstehen, die auf eine Einschränkung der bürgerlichen und religiösen Rechte der Juden hinauslaufen. Um so mehr fällt eine Bestimmung zur Einführung von Zwangspredigten auf (die im mittelalterlichen Deutschland – im
Gegensatz zu Spanien – nur vereinzelt veranstaltet worden waren[12]). Zu
ihrer Begründung wird ein weiteres Ziel der Duldung genannt: »Zum

---

[6] Vgl. aaO., bes. S. 85–88; Battenberg 1986, passim.
[7] Vgl. Grau, S. 133–136; Güde, S. 24–26; außerdem hat das »kirchenrechtliche Gebot der
Nächstenliebe« (aaO., S. 27) doch zweifellos auch eine wichtige religiöse Dimension.
[8] Beispiele bei Güde, S. 22.
[9] Die unpaginierte 40seitige Schrift (*»Vier Bedencken«*) dürfte kaum später als 1621 gedruckt
worden sein.
[10] Die Schrift ist neu ediert in Bucer, S. 342–376; mit einer gründlichen Einleitung von
Ernst-Wilhelm Kohls (S. 321–340). Kohls behandelt auch die ältere Literatur; zu ergänzen sind
noch C. Cohen; Nijenhuis; Friedman, S. 197–201; Rowan 1985, S. 82–85.
[11] Bucer, S. 351.
[12] Vgl. die ausführliche Behandlung bei Browe, S. 13–54.

vierden, das sie zu den predigen, die man jnen jn sonnderheit verordenen soll (den nit alle predigen den jüden besserlich sein werden) sampt auch jrenn weibern vnd kindern kommen wollen, den man auch jnen, wie gesagt, zu jrem heil verhelffen soll so vill man kan«[13]. Die Bekehrungsaufgabe wird aber nicht unvermittelt nur zu diesem Punkt eingeführt; sie ist auch schon bei der Forderung des Verbots der »Thalmudischen gotlosen gedichte« herangezogen und klingt sogar bei der Forderung nach niedriger Arbeit für die Juden an[14], wenn auch diese Forderungen primär aus dem Wunsch nach Zurückdrängung des Judentums abzuleiten sind. (Übrigens wurde die Forderung nach besonderen Judenpredigten in die Judenordnung Philipps von 1539 aufgenommen[15], schon 1543 aber – offenbar wegen ihrer Undurchführbarkeit – in eine einfache Verpflichtung zum Gottesdienstbesuch umgewandelt[16].)

Als Äußerung Bucers wurde das Gutachten auch im 17. Jahrhundert noch hoch geachtet. Es wurde nicht nur mehrfach nachgedruckt[17], sondern spiegelt sich auch in Stellungnahmen zum Judenwohnrecht wider. Bestimmend für den genaueren Argumentationsgang wurde aber das Bedenken des angesehenen Gießener Orientalisten und Theologen *Christoph Helwig* (1581–1617) von 1611[18], das in einem geschlossenen Gedankengang auch die Bekehrungshoffnung mit den anderen Motiven verbindet.

Helwig beginnt mit der Abwägung, ob man die Juden dulden solle, und nennt als Contra-Argumente allerlei Gefahren für die christliche Religion, vor allem wieder die Lästerung, aber auch (Argum. IV) die Stärkung der jüdischen »pertinacia«, was

---

[13] Bucer, S. 352.

[14] Vgl. aaO., S. 351 f.

[15] Vgl. aaO., S. 391: »... zu den Predigern, die mann jnen insonderheit verordenen würdt, sampt jren weibern vnd kindern kommen vnd predig hören sollen ...«

[16] Vgl. Kopp 1799, S. 158: »... sollenn die Juden ... Inn alle predige gehenn vnnd das wort gots vleißig hören ...«

[17] Außer in den *Vier Bedencken* vor allem als *Bedencken 1612* von der Gießener Theologischen Fakultät (vgl. Bucer, S. 339 f.). Von dieser Veröffentlichung führt *DGK* XIV, Sp. 740, noch vier weitere Nachdrucke auf. Der Nachdruck »o. O. 1612« stammt – nach dem Druckbild zu urteilen – eher vom Ende des 17. Jahrhunderts. Die Nachdrucke »Gießen 1614« und »Marpurg 1626« sind mit dem von 1612 fast identisch; nur das kleinere Format führt zu einer größeren Seitenzahl. Schon diese Nachdrucke widerlegen übrigens die Ansicht von C. Cohen, S. 94: »His writings about the Jews remained virtually unknown ... [and] unsuitable for mass consumption«.

[18] Über Helwig vgl. Strieder V, S. 420–430, und *ADB* XI, S. 715–718 (vor allem über die pädagogische Tätigkeit, die größere Aufmerksamkeit gefunden hat; dazu auch Siebeck); speziell zu seiner Beziehung zum Judentum vgl. Diehl 1925, S. 582–584, und diese Arbeit, S. 30–33. Das »Bedenken« gehört zu einer Reihe von Disputationen, die Helwig 1609–13 in Gießen veranstaltete. Sie wurden nicht nur z. T. einzeln veröffentlicht, sondern auch alle zusammengefaßt als Helwig 1612 und wieder abgedruckt in *Disputationum IV*, S. 80–380 (wonach im folgenden zitiert ist), und als Helwig 1702, S. 1–315. – Das Gutachten zur Duldung der Juden wurde weiterhin in Dedeken II, S. 120–128, als repräsentatives Dokument abgedruckt und als Seltzer 1633a noch einmal auf deutsch veröffentlicht.

der Bekehrung entgegenwirkt (S. 268f.). Für die Duldung der Juden spricht neben
der Hoffnung auf Bekehrung, die als erstes genannt wird, noch ein Sammelsurium
an Argumenten: daß man sie unter den Christen besser unter Kontrolle halten könne,
als wenn sie unter Türken wohnten; daß man ihnen als Aufbewahrern der heiligen
Schriften und Nachkommen der Patriarchen Dank schulde; daß sie den Christen als
Spiegel des Zornes Gottes, aber auch als schnelle Geldlieferanten dienen können;
schließlich daß schon die Alte Kirche sie geduldet habe (S. 272f.). Daraus ergibt sich
als Lösung eine media via: Duldung nur unter Bedingungen, die die befürchteten
Nachteile möglichst ausschließen, die erhofften Vorteile – d. h. vor allem die Bekeh-
rung – dagegen sicherstellen. Die 19 z. T. noch eigens begründeten Bedingungen
(S. 274–285) hätten ähnlich auch von einem Juristen formuliert sein können: Verbot
der Lästerungen (II), der Sabbatdienste und Sonntagsarbeit (IX), der Synagogen
(XII) und des Besitzes jüdischer Bücher (XV) als Schutz der christlichen Religion,
Einschränkungen der wirtschaftlichen Tätigkeiten (III, VI–VIII, XI), statt dessen
Zwangsarbeit (X) als Schutz der christlichen Bürger, rechtliche Benachteiligungen
(IV, V, XVI, XVII) und Isolierung von den Christen (XIII, XVIII). Als einzige
direkt der Bekehrung dienende Maßnahme wird der Zwang zum Gottesdienstbesuch genannt (XIV: S. 283f.) und näher begründet: Da man die Juden nicht zuletzt
wegen der Hoffnung auf ihre Bekehrung dulde, müsse man auch die Mittel dazu
bereitstellen und die Hindernisse abbauen. Da aber der Glaube aus dem Hören
kommt, ist das Mittel das gepredigte Wort vom Messias, das Hindernis die Abhän-
gigkeit der Juden von den falschen Lehren ihrer Rabbiner, so daß der Zwang
offensichtlich nötig ist. Helwig kann aber nur die besonderen Judenpredigten in Rom
als Beispiel nennen.

Als letzte Bedingung forderte Helwig noch ein Verbot, bekehrungswillige Juden
am Übertritt zu hindern und Christen zum Judentum zu verführen (XIX). Zum
Abschluß betont er die Rechtmäßigkeit dieser Zwangsmaßnahmen, da die Juden den
Christen eindeutig unterzuordnen sind.

Die gleichen Elemente enthält auch der Beitrag von *Johann Gerhard,* ein
übersetzter und gekürzter Abschnitt aus dem 1621 erschienenen 6. Band der
ʾLoci Theologici, der allerdings auf eine Vorlage von 1608 zurückgeht[19]. Wie
Helwig verlangt Gerhard keine besonderen Judenpredigten, sondern den
Zwang zur Teilnahme am normalen Gottesdienst[20], zusätzlich noch das
Lesen einer deutschen Bibel anstelle des von den Rabbinern verfälschten
hebräischen Textes[21]. Die ursprüngliche Fassung von 1608 hatte Zwangspredigten noch nicht genannt, sonst aber ähnlich argumentiert[22].

Etwas aus dem Rahmen fallen die Ausführungen des Pfarrers *Tobias*

---

[19] Ich zitiere GERHARD VI, S. 380–384, wo auch (S. 380) deutlich wird, daß Gerhard Helwig
benutzt hat. – GERHARD 1608 ist eine Sammlung philosophischer Disputationen; eine davon
(S. N 4ʳ–Oʳ) fragt nach der Duldung der jüdischen Synagogen.
[20] Vgl. GERHARD VI, S. 383: »Ut cogantur adire Christianorum templa et conciones sacras
audire«.
[21] Ebd.: »Ut Biblia in aliis etiam linguis legant, praesertim in Germanica, et hac ratione a
superstitiosis glossis Rabbinorum ad genuinam et sinceram textus Biblici intelligentiam paula-
tim deducantur«.
[22] Vgl. GERHARD 1608, S. N 4ʳ–Oʳ.

Herold (gest. 1629)[23], der die Bekehrung der Juden als einzigen Duldungszweck besonders herausstellt[24], als Maßnahmen aber nur Einschränkungen von Religionsausübung und wirtschaftlicher Tätigkeit, als besten Rat sogar Luthers berüchtigte sieben Ratschläge aus »Von den Juden und ihren Lügen« empfiehlt[25]. All dies soll erst die Voraussetzung sein, um die Juden mit der christlichen Botschaft erreichen zu können[26].

Durchgehend ist also auch in diesen Stellungnahmen das Ja zur Duldung von Juden; beigefügt sind allerdings jeweils strenge Bedingungen, die auch Zwangsmaßnahmen einschließen. Damit entspricht die Haltung der Theologen der zeitgenössischen Juristen, wenn auch diese die religiösen Aspekte vielleicht nicht so stark betont hatten[27]. Die Argumentation blieb noch über die Jahrhundertmitte hinaus fast unverändert[28] und wurde ähnlich auch von niederländischen Theologen vertreten[29]. Unterschiedlich ist bei den einzelnen Stellungnahmen nur die Zusammenstellung der Aufenthaltsbedingungen, nicht aber das doppelte Ziel dieser Bedingungen: Abwehr der durch Juden drohenden Gefahren (ob es sich dabei um Lästerungen gegen die christliche Religion handelte

---

23 Ursprünglich: HEROLD, S. Nn 2^v–Pp 2^r.

24 AaO., S. Nn 2^v–Oo^r.

25 AaO., S. Oo 4^v–Pp^v.

26 AaO., S. Pp 2^r: »Durch ein solches Compelle möchten ihrer viel der Christen Kirchen/ Gottesdienst vnd conversation in glaubens geschefften zuersuchen/ gewillet werden/ die sonst durch vnziemlichen schutz der Regenten vnd gute tage nur immer mehr verhertet vnd verstecket werden«.

27 Vgl. aber GÜDE, S. 24 f. (zur Hoffnung auf die Bekehrung). 39–41 (zur Legitimation von Zwangspredigten). Besonders kennzeichnend ist das Werk des Frankfurter Syndikus Johann Baptist Cäsar (vgl. GÜDE, S. 18, der das Werk leider nicht berücksichtigen konnte). CÄSAR fordert 23 höchst unterschiedliche Einschränkungen und Bedingungen, darunter möglichst täglich Zwangspredigten bei gleichzeitigem Lehrverbot für die Rabbiner (S. 16 f.).

28 Vom Anfang des Jahrhunderts wäre noch *Bedencken* 1611 und die Schrift des Konvertiten OTTO, S. A^r–B 3^v, zu nennen (Zwangspredigten S. 11 bzw. S. B^r). Aus späterer Zeit ist z. B. SELTZER 1634 zu nennen, eine erweiterte Form von Seltzers Einleitung zur deutschen Fassung von Helwigs Gutachten (vgl. diese Arbeit, Kap. 2, Anm. 18); ferner POLLIO, der zuerst die Argumente des Nigrinus für die Austreibung zitiert (S. A^v–B^r), eine Duldung unter den Bedingungen Luthers und Bucers aber auch für möglich hält (S. D^r–D 3^r); der anonyme *Prodromus* 1634, bes. S. 3–17 (Beschuldigung der Obrigkeiten, die Juden zu gut zu behandeln). 68–75 (als konkrete Vorschläge vor allem Einschränkungen neben wöchentlichen Predigten); J. MÜLLER, der den kurzen Abschnitt »Von der Jüden Wohnung/ Ob die Christen mit vnverletztem Gewissen zugeben können/ daß Jüden vnter jhnen wohnen?« (S. 1385–1395) ganz im Duktus Helwigs hält; zuletzt LEMKE, S. 164–175. Noch FECHT, S. 85–92, zitiert in seiner Behandlung der ›Gewissensfragen‹ neben Gerhard und J. Müller auch das Gießener *Bedencken* 1612 mehrfach zustimmend. Auch der bei G. MÜLLER 1968, S. 493, zitierte Abschnitt aus Calovs Systema Locorum Theologicorum VIII von 1677 enthält Nachklänge dieser Argumentation.

29 Der Nachweis wäre anhand der Schriften zu führen; ich verweise hier aber nur auf die Darstellungen von MEIJER, bes. S. 93–96, und SCHRENK, S. 287 f.

oder um die von vielen Christen als bedrohlich empfundene wirtschaftliche Tätigkeit) auf der einen und Förderung der Judenbekehrung auf der anderen Seite.

Zwei Argumente fallen an diesem Argumentationsschema besonders auf: die Rolle der Bekehrungshoffnung und die Einstellung zu religiösem Zwang. Fast alle orthodoxen Theologen forderten Zwangspredigten, meist ohne sich groß um deren Rechtmäßigkeit zu sorgen. Eine noch ausführliche-re Legitimation als die schon behandelten Gutachten lieferte der Gießener Oberhofprediger *Haberkorn,* als 1642 die Berechtigung der hessischen Zwangspredigten zur Debatte stand[30]:

Nach den Hinweisen auf Präzedenzfälle in katholischen Gebieten und auf Landgraf Philipps Anordnung ist besonders der 4. Punkt interessant: Haberkorn unterscheidet die Bekehrung selbst als »donum et opus spiritus sancti« von den Predigten als »das Organon dazu«, das durchaus in menschlicher Verfügung steht. Sodann will er die Pflicht der Juden, das allgemeine Gesetz zu halten, auch auf »das externum exerci-tium nostrae religionis« ausgedehnt sehen; zuletzt verweist er auf die Pflicht der Obrigkeit, auch die Juden wie die anderen Untertanen »zu der rechten Weid der heylsamen Lehr« zu führen.

Die Zwangsausübung ist also eng verbunden mit der Ansicht, die Bekeh-rung sei obrigkeitliche Angelegenheit[31]. Glaubenszwang wurde aber in jedem Fall abgelehnt. Haberkorn (und ähnlich schon Johann Gerhard) hatten zwischen verbotenem Zwang (zur Bekehrung) und erlaubtem Zwang (zur Anwendung der Bekehrungsmittel) unterschieden[32]. Die Ablehnung von unerlaubtem Zwang konnte noch deutlicher ausfallen. So nannte der hoch-geachtete Konvertit Christian Gerson gleich zu Beginn seines Werkes als ersten Grund für das Ausbleiben der Judenbekehrung die falschen Zwangs-maßnahmen der Katholiken[33], auch wenn er dann für die obrigkeitlich veranstalteten Judenpredigten eintrat[34]. Gerson, der sich auf Luthers frühe Judenschrift »Daß Jesus Christus ein geboren Jüde sey« berief[35], ist es mit dieser Absage wohl ernst; bei anderen Autoren mutet das Nein zum Zwang dagegen merkwürdig an. Der Frankfurter Prediger Waldschmidt z. B. greift ebenfalls die in Spanien und Portugal üblichen Zwangsmittel (einschließlich

[30] Vgl. Diehl 1925a, S. 608; zur Einordnung vgl. die Darstellung der Zwangspredigten in dieser Arbeit, S. 164–166.

[31] Zu vergleichen ist auch die Begründung für das Recht der Obrigkeit, auch auf ihre christlichen Untertanen Zwang zur Einhaltung der religiösen Pflichten auszuüben; dazu P. Meyer, S. 279f.

[32] Vgl. Gerhard VI, S. 383: »Quamvis enim cogi non posserint, ut abjecta superstitione Judaica in Christum credant, tamen ad media fidei adhibenda et obstacula ejusdem removenda cogi possunt . . .« Zur mittelalterlichen Tradition dieser Unterscheidung vgl. Kirn, S. 72.182.

[33] Gerson, S. A 2ᵛ–A 3ᵛ; B 2 lehnt dann noch einmal Zwangspredigten überhaupt ab.

[34] AaO., S. B 3ᵛf.

[35] AaO., S. B 4ᵛf.

des Geldwegnehmens) scharf an[36]; vorher hatte er aber eine »Reformation« gefordert, die u. a. Zwangsarbeit, die Verbrennung von Synagogen und lästerlichen Schriften sowie Zwangspredigten einschließen sollte[37], und ausdrücklich den Maßnahmenkatalog aus Luthers Spätschrift »Von den Juden und ihren Lügen« als nützlich für die Bekehrung bezeichnet[38].

Ein ähnlich ambivalentes Bild ergibt sich, wenn die Rolle der Bekehrungshoffnung untersucht wird. Sie ist als Argument für die Duldung der Juden unverzichtbar und wird auch von Juristen genannt, von Theologen z. T. sogar als einziges Argument. Daher sollte man annehmen, diese Hoffnung müsse auch die Umstände der Duldung bestimmt haben. Unter den Bedingungen für die Zulassung ist aber die Zwangspredigt meist die einzige, die auf die Bekehrung zielt. Viele der anderen Zulassungsbedingungen, die etwa eine Isolierung der Juden von den Christen vorsehen, laufen aber diesem Zweck entgegen[39]. Zwar ist öfters betont, daß zu gute Lebensbedingungen die Juden nur noch in ihrem »Aberglauben« bestärkten[40]; den Umkehrschluß, daß eine möglichst schlechte Behandlung die Juden zur Bekehrung bringe, führt aber nur Herold aus[41], der auf diese Weise die ganze Judenpolitik vom Zwecke der Bekehrung ableiten kann. Diese Beweisführung klang aber offensichtlich schon zu seiner Zeit zu ideologisch, um zu überzeugen. Tatsächlich scheint die Ausgestaltung der einzelnen Aufenthaltsbedingungen im allgemeinen eher vom Motiv der Abwehr vermeintlicher jüdischer Bedrohungen bestimmt als von der Hoffnung auf die Bekehrung. Die Theologen begnügten sich meist mit einem stereotypen Hinweis auf Zwangspredigten und verwiesen die Obrigkeit auf ihre Zuständigkeit zu deren Durchsetzung[42]. Nur vereinzelt wurden solche Zwangsmaßnahmen dann in die Tat umgesetzt; ich will in Exkurs II darüber berichten. Die Diskrepanz zwischen überall betonter Bekehrungshoffnung und einer im allgemeinen wenig missionarischen Einstellung kann wohl erst verständlich werden, wenn diese Hoffnung genauer analysiert und eingeordnet ist.

---

[36] Vgl. WALDSCHMIDT, S. 121.
[37] Vgl. aaO., S. 7–12.
[38] Vgl. aaO., S. 72.
[39] Besonders deutlich ist dies bei der Forderung der hessischen Theologen, die Juden dürften nicht mit Christen über ihren Glauben disputieren, vgl. BUCER, S. 352.
[40] So z. B. Helwig in *Disputationum* IV, S. 268 f.
[41] Vgl. diese Arbeit, Kap. 2, Anm. 26.
[42] SELTZER 1633a, S. 6, stellt die Judenpredigten sogar ausdrücklich in die Verantwortung der Obrigkeit, nicht der Prediger. Dabei ist zu beachten, daß ähnliche obrigkeitliche Zwangsmaßnahmen im 17. Jahrhundert auch gegenüber den christlichen Untertanen ausgeübt wurden (vgl. dazu P. MEYER passim).

2.2. Hoffnung auf die Judenbekehrung

In vielen Stellungnahmen wurde die Bekehrungshoffnung als Argument angeführt; Gegenstand eigener Veröffentlichungen war sie jedoch kaum[43], wie überhaupt zu Beginn des Jahrhunderts die Judenbekehrung als prinzipielles Problem kaum erörtert wurde. Am ehesten geben daher die Taufpredigten Aufschluß über die Grundeinstellung der Theologen jener Zeit, auch wenn sie nur z. T. prinzipielle Fragen behandeln. Drei der vier mir bekannten Predigten aus der Zeit von 1600–1618 gehen auf dieses Thema ein.

Die erste Predigt wurde 1606 von *Sebastian Ritter* aus Anlaß der Taufe der Frankfurter Judenfamilie Meyer gehalten; gedruckt ist sie erst in Speners Leichenpredigtsammlung, neben der Leichenpredigt des damals getauften Knaben und späteren Frankfurter Predigers Georg Philipp Lichtstein[44].

Als Grundlage für das Exordium wählt Ritter Röm 11,7–10. Er widerspricht aber der Deutung, hier sei eine völlige Verstoßung und Verwerfung des jüdischen Volkes ausgesprochen, »daß unmüglich einer oder mehrere unter ihnen rechtschaffene wahre busse würcken/ und sich von hertzen zu GOtt bekehren mögten« (S. 287). Dagegen setzt er die Meinung, daß Gott sehr wohl auch noch die Seligkeit der Juden wollte, wenn die sich nicht selbst im Wege stünden (S. 287f.). Dies bestätigt die Verheißung der endzeitlichen Judenbekehrung in Röm 11,25f. (S. 288).

Nun nennt Ritter kurz den Anlaß, eine Judentaufe, die in der Predigt über einen besonderen Text (Act 2,37–47) besonders gewürdigt werden soll (S. 289). Die Wirkung von Petri erster Predigt an die Juden war, daß die sich fragten, was sie tun sollten; das sollten sich auch die heutigen Juden fragen (S. 289f.). Die richtige Antwort ist die Bereitschaft zur Buße und zur Taufe, die Anteil gibt an der satisfactio Christi und sogar die Sünde der Verwerfung des Messias überwindet (S. 290–292). Daraus ergeben sich die Lehrinhalte: die Mächtigkeit des gepredigten Gotteswortes (S. 293f.), die Heilsnotwendigkeit der Taufe gegenüber der überholten Beschneidung (S. 294–299; hier nutzt Ritter gleich die Gelegenheit, die lutherische Tauflehre auch gegen Papisten, Calvinisten und Schwärmer zu verteidigen) und der Aufruf, auch nach der Taufe ein beständiges, gottgefälliges Leben zu führen (S. 299–301).

Ritter, der angeblich erst wenige Stunden vorher den Auftrag zu dieser Predigt erhielt[45], geht also im Hauptteil kaum auf die Bekehrung der Juden oder das jüdisch-christliche Verhältnis ein; Fragen des christlichen Gemeindelebens schieben sich immer mehr in den Vordergrund. Dagegen thematisiert *Johannes Mülmann* 1607 in Leipzig ausdrücklich die bei Ritter nur im Exordium angeschnittene Frage nach der zukünftigen Bekehrung der Juden[46].

---

[43] Ich fand zwar den Titel »Raphael Eglin, Aphorismus theologicus de mysterio prophetico super conversione gentis Judaicae etc. Marpurgi, 1606« (genannt bei SCHRENK, S. 280), konnte dessen Existenz aber bisher nicht verifizieren.

[44] Sebastian Ritter, Sermon bey der Tauff eines gebohrnen Juden Meyers und seiner Kinder, in: SPENER Lpr, S. 286–301. Zu dieser Taufe vgl. auch Exkurs I, Anm. 19.

[45] AaO., S. 289.

[46] MÜLMANN; die »Jüden Predigt« umfaßt S. 7–22. Zur Person s. *AGL Erg* V, Sp. 127f.

Er konstatiert zuerst im Exordium, daß es, ablesbar an der Zerstörung Jerusalems, eine Verwerfung der Juden gebe (S. 7 f.); dennoch gibt es Hoffnung für einzelne, wie die heutige Taufe beweist (S. 9). Der Predigttext, Röm 11,25, wird zwar von einigen als Beleg für die zukünftige allgemeine Bekehrung der Juden genommen, andere, z. B. Luther, sehen aber nur Hoffnung für einige wenige Juden (S. 11 f.). Mülmann stützt die Ansicht des späten Luther durch etliche weitere Argumente: die dreifache Verfluchung und Halsstarrigkeit der Juden (S. 13–15), die Ankündigung des Antichrist für die Endzeit in 2. Thess 2 (S. 14) und der Gedankengang in Röm 11, wo Paulus die Römer vor Überhebung warnt; dagegen spricht er aber nur von einzelnen Bekehrungen (S. 15–19). Immerhin ruft Mülmann dann dazu auf, den einzelnen Juden als Menschen zu lieben (S. 19); wer sich bekehren will und lange genug unterrichtet worden ist, soll auch öffentlich getauft werden (S. 20 f.). Wie bei Ritter beendet ein Bittgebet für den Täufling die Predigt (S. 21 f.).

Melchior Bischoff betont bei einer Judentaufe 1612 in Coburg wieder die inhaltliche Auseinandersetzung[47].

Auch er weist im Eingang auf die Bedeutung der Taufe eines Juden hin, eines Verwandten Jesu nach dem Fleisch, der aber bisher sein Feind war nach dem Geist (S. 2). Nach einer kursorischen Erklärung des Predigttextes 2. Petr 1,16–19 (S. 4–7) greift er daraus ein Thema heraus: den »Unterscheid menschlicher Fabeln/ vnd Gottlicher Warheit« (S. 7). Die jüdischen Fabeln über die Heilige Schrift und den Messias werden mit Beispielen belegt (S. 8–17); für die Christen ergibt sich, daß sie sich selbst vor der Torheit hüten (S. 18 f.), mit den verstockten Juden aber »Gedult vnd Mitleiden haben/ auch für sie Gott hertzlich anrufen« sollen (S. 21). Gegen alle Fabeln steht das Evangelium von Jesus Christus, das in nuce im Predigttext enthalten ist (S. 22–29) und von Bischoff im Rückgriff auf Zeugnisse der alttestamentlichen Propheten weiter entfaltet wird (S. 30–38).
Allgemein hatte Bischoff schon in der Widmung zur Judentaufe Stellung genommen: Die Bekehrung eines Juden ist »ein allmächtig vnd sonderlich gnadenwerck« (S. X 4^r); Christen sind dazu verpflichtet, weil sie selbst das Heil von den Juden empfangen haben und diesen nach Röm 11,25 f. noch eine Bekehrung verheißen ist (S. XX 2^v).

Das Fehlen weiterer Literatur zu dieser Frage könnte ein Beweis für de le Rois These sein, daß es den Theologen wirklich nur um die Verteidigung des rechten Glaubens ging, weniger um die Bekehrung[48]. Tatsächlich äußert sich von den noch zu behandelnden Theologen, die den jüdischen Glauben widerlegen wollen (abgesehen von den Konvertiten), nur Molther explizit optimistisch über die bevorstehende Judenbekehrung[49]. Eine näherliegende Erklärung ist aber, daß die künftige Bekehrung der Juden ein kaum umstrittenes Thema war. Spener konnte gerade aus der Zeit des 16./beginnenden 17. Jahrhunderts besonders viele »nahmhaffte[n] Kirchen=lehrer« des Luthertums als Stützen seiner Lehre einer bevorstehenden allgemeinen Juden-

---

[47] M. BISCHOFF; die Predigt umfaßt S. 1–38. Zur Person vgl. *AGL* I, Sp. 1905.
[48] Vgl. DE LE ROI I, S. 68 f. (diese Arbeit, S. 6).
[49] Vgl. MOLTHER 1601, S. 41–44.

bekehrung anführen[50]. Plitt bestätigt, daß erst mit Johann Gerhard dieser Konsens ins Wanken geriet[51]. Auch der Theologe, der schon im 16. Jahrhundert die Frage nach der Begründung, der Verheißung und den richtigen Mitteln der Judenbekehrung gemeinsam behandelt hatte, Elias Schadäus, hielt 1592 als sicherste Aussage von Röm 11,25 f. fest, »daß nämlich vor dem jüngsten Tag eine große Menge der Juden zum christlichen Glauben sollte bekehrt werden«[52]. Eine ausgebaute Lehre wie bei Spener ist aber nicht einmal in der Predigtreihe des Schadäus intendiert. Wie seine Zeitgenossen spekulierte er nicht über den (möglicherweise nahen) Zeitpunkt der Judenbekehrung; sondern gab sich damit zufrieden, daß sie sich »vor der Welt Ende« vollziehen werde[53]. Ganz unproblematisch sieht er auch die Frage nach der Bedeutung von πᾶς Ἰσραὴλ: es heißt, daß »eine große und namhafte Bekehrung, wo nicht aller, doch einer großen Menge« von Juden bevorsteht[54]. Ebenso einfach ist es für Ritter: Unter »ganz Israel« wird »nicht eben alle und jede individua, sondern per Synecdochen nach der Schrifft gebrauch eine grosse anzahl verstanden«[55]. Wie es bei der endzeitlichen Bekehrung zugehen soll, wird also nicht thematisiert; Allgemeingut ist aber der Gedanke, daß die Christen die Bekehrung schon jetzt fördern sollen. In diesem Zusammenhang war die Hoffnung auf die Bekehrung als Argument für die Duldung der Juden in den schon behandelten Bedenken genannt worden[56]. Aber auch umgekehrt schließen Theologen, die diese Hoffnung aussprechen, gleich Vorschläge für Maßnahmen zur Judenmission an[57].

Sicherlich wäre es wichtig, die Behandlung dieser Frage in der weiteren exegetischen und dogmatischen Literatur, besonders den Römerbriefkommentaren, zu verfolgen. Im Rahmen dieser Arbeit war eine eingehende Untersuchung nicht möglich. Bis zum Erweis des Gegenteils genügen mir aber die von Spener gefundenen und von mir verifizierten Beispiele sowie das Urteil Plitts, um eine weitgehende Übereinstimmung in der Erwartung einer allgemeinen endzeitlichen Judenbekehrung anzunehmen. Insofern markiert Mülmann schon eine Abkehr vom allgemeinen Konsens, wenn er

---

[50] Vgl. SPENER PD lat., S. 152–198.
[51] Vgl. PLITT 1871, S. 160. Noch deutlicher betont DE LE ROI I, S. 98, den Konsens der Orthodoxie in dieser Frage; er hat aber offensichtlich nur Speners Liste zugrunde gelegt.
[52] SCHADÄUS, S. 36.
[53] AaO., S. 35.
[54] Ebd.
[55] SPENER Lpr, S. 288.
[56] Vgl. *Bedencken* 1611, S. 9; Helwig in *Disputationum* IV, S. 172; DEDEKEN II, S. 129 f.134.
[57] Vgl. SCHADÄUS, S. 49–53. Noch auffälliger sind solche Exkurse in einem exegetischen Werk wie HAFENREFFER, S. 312–314, und einem Predigtband wie WESENBECK, wo die Predigt über Röm 11,25–32 (S. 898–909) unter dem Thema »Ob christliche Oberkeiten mit gutem Gewissen/ vngetauffte Juden in ihren Gebieten leiden könden?« (S. 901) steht. Wesenbeck bejaht dies vor allem mit Hinweis auf die bevorstehende Bekehrung; die Vorschläge entsprechen denen anderer Theologen.

mit Berufung auf den alten Luther darauf insistiert, daß von einer Bekeh-rung *aller* Juden nicht die Rede sein dürfe. Er kann aber noch nicht so radikal wie Luther jede Judenbekehrung für unmöglich erklären[58]. Mülmanns Zeit-genossen hatten zwar stärker positiv die Verheißung der Bekehrung ins Gespräch gebracht, um für Bekehrungsmaßnahmen zu werben, aber auch nie die ausnahmslose Bekehrung aller Juden behauptet. So deutet sich hier ein Gegensatz an, der bisher aber nur in Nuancen spürbar ist.

2.3. Auseinandersetzung mit dem Judentum

Die Auseinandersetzungen um die Duldung der Juden und um ihre Be-kehrung am Ende der Zeiten waren rein innerchristliche Kontroversen. Dagegen sollen nun die Auseinandersetzungen behandelt werden, in denen die Juden zumindest gedachte Dialogpartner waren. Nach heutigem Ver-ständnis ist die Haltung der Christen als entweder polemisch oder apologe-tisch oder als missionarisch zu charakterisieren. Rein polemische Schriften gegen die Juden waren aber im 17. Jahrhundert erstaunlich selten; wir wer-den nur im Zusammenhang mit den Konvertiten einige Beispiele behan-deln. So bleiben als Grundhaltung die auf Widerlegung des Judentums ausgerichtete Apologetik, die freilich oft polemisch eingefärbt war, und die missionarische Ausrichtung. Im folgenden soll zuerst die apologetische Haltung grundsätzlich charakterisiert werden; dann werden die einzelnen Argumente der Apologeten dargestellt; und zuletzt werden Werke heraus-gegriffen, die eher von missionarischem als von apologetischem Geist ge-prägt sind.

2.3.1. Grundsätzliches: Vorherrschaft der Apologetik

Auch das Thema des rechten Umgangs mit den Juden wurde von den Theologen zunächst vernachlässigt. Einzige Quelle ist ein neunseitiger Traktat, den der Heidelberger Philologe *Baumbach* 1609 zusammen mit drei philologischen Schriften veröffentlicht hatte[59]. Er behandelt die Art, wie mit den Juden zu disputieren sei.

Baumbach schickt voraus, daß die Juden wegen ihres Starrsinns nur sehr schwer zu überzeugen seien. Der Versuch, sie aus den talmudischen Schriften zu widerlegen,

---

[58] Vgl. WA 53, S. 417: »Viel weniger gehe ich damit umb, das ich die Jüden bekeren wolle, Denn das ist unmüglich«. Dagegen vgl. allerdings die letzte Eislebener Predigt (WA 51, S. 195 f.), wo Luther wieder Hoffnung für einzelne Juden äußert. Wie differenziert Luthers Haltung insgesamt zu betrachten ist, zeigt Brosseder, S. 377–379.
[59] Baumbach; zur Person s. *AGL* I, Sp. 808.

kann nur dem besonders Gelehrten gelingen und gibt den Unkundigen der Lächerlichkeit preis (S. E 3ᵛ f.). Daher rät er, sich auf die Schrift, aus der man »facilius, et commodius, et firmius« argumentieren könne, zu beschränken (S. E 4ᵛ) und sich der von Maimonides aufgenommenen aristotelischen Logik zu bedienen. Bei strittigen Auslegungsfragen kann sich der Christ allerdings auf die Targume und die Auslegung der Rabbiner berufen (S. Fʳ). Am Beispiel von Gal 3,16/Gen 22,18 führt Baumbach seine Methodik schließlich vor.

Baumbach äußert sich nicht explizit, ob er an private oder öffentliche Disputationen oder an die schriftliche Auseinandersetzung denkt. Jedenfalls scheint er vorauszusetzen, daß der Christ souverän das Gespräch leiten und den Juden durch seine Argumentation in die Enge treiben kann. Besonders gut war dies natürlich möglich gegen einen papierenen Gegner, also in den gleich zu behandelnden apologetischen Schriften der Christen. Diese Schriften (von de le Roi gemäß seiner These, die Orthodoxie habe auf Überwindung statt auf Bekehrung der Juden gezielt, ins Zentrum der Darstellung gerückt[60]) scheinen eher daran interessiert, den christlichen Glauben gegenüber jüdischen Einwürfen abzusichern als die Juden zu überzeugen; einmal wird dies sogar offen ausgesprochen[61]. Auch wenn zunächst fraglich bleiben muß, ob diese Literatur auf Bekehrung in unserem Sinne abzielt, sollen doch einige Beispiele betrachtet werden, um die Argumente kennenzulernen, die den Juden vorgehalten wurden.

2.3.2. Argumentation gegen den jüdischen Glauben

Vor allem die Universitätstheologie setzte, sofern sie sich des Themas annahm, fast all ihre Energien darein, die Wahrheit des christlichen Glaubens auch gegenüber den Juden möglichst unanfechtbar zu beweisen. Dabei wurden, wie in der Orthodoxie üblich, ganze Lehrsysteme aufgestellt. Maßstäbe sollte wieder *Christoph Helwig* zu Beginn des Jahrhunderts setzen, der zwölf einzelne Disputationen als »Systema Controversiarum Theologicarum, Quae Christianis cum Judaeis intercedunt« zuerst 1612, dann nochmals 1616 erscheinen ließ[62].

Zu Beginn der Disputation gliedert er die »dogmatica controversia« (im Gegensatz zur ›practica‹): sie betrifft vor allem die Lehre vom Messias und – weniger wichtig – von der Trinität. Die Messiasfrage muß aufgeteilt werden in Adventus,

---

[60] DE LE ROI I, S. 75–98, behandelt fast ausschließlich apologetisch-polemische Literatur; für Katechismen und Predigten bleiben dagegen nur die Seiten 101–104.
[61] Vgl. STUMPFF, S. B 2ʳ: Wir handeln gegen die Juden, »damit ob wir gleich wenig Juden gewinnen/ doch die certitudinem & veritatem nostri Christianismi erhalten/ vnd andere/ so sich vielleicht an vielgedachten Jüdischen Lästerungen ergern möchten/ im Glauben stercken«; vgl. auch aaO., S. A 2ᵛ f.
[62] Vgl. diese Arbeit, Kap. 2, Anm. 18; zitiert wird wieder nach der Ausgabe von 1616 (*Disputationum* IV).

Persona und Officium Messiae (S. 80f.). Beginnend mit dem Adventus Messiae behandelt die erste Disputation dann zwei Fragen: »1. An Meßias promissus venerit? 2. An Iesus Nazarenus Dominus noster sit verus ille promißus Meßias?« (S. 81.85). Eine Reihe alttestamentlicher Belege soll nun beweisen, daß die Zeit, für die der Messias verheißen war, längst verstrichen ist: weil der Messias etwa nach Gen 49,10 kommen mußte, bevor das Szepter von Juda genommen ist, nun aber Stamm Juda nicht mehr besteht und die Juden nirgends mehr Herrschaft ausüben; weil er nach Hag 2,7–10 zur Zeit des zweiten Tempels kommen sollte, der doch nun zerstört ist, und weil er zu einer Heidenbekehrung führen soll, die schon geschehen ist; weil er nach Mi 5,1 aus Bethlehem stammen soll, das ebenfalls zerstört ist; weil er nach Dan 9,24–27 70 Wochen (hier gleich 490 Jahre) nach dieser Weissagung gekommen sein müsse (S. 81–83). Aber auch zwei talmudische Überlieferungen dienen als Argument. Die »traditio domus Eliae« besagt, daß die Welt 6000 Jahre bestehen werde, 2000 Jahre ohne das mosaische Gesetz, 2000 unter dem Gesetz und 2000 unter der Herrschaft des Messias (S. 83f.). Eine andere Überlieferung war, daß der Messias komme, wenn die Römer neun Monate über Israel geherrscht haben (S. 84). Ein historisches Argument rundet die Beweisführung ab: Zur Zeit des Bar Kochba haben die Juden selbst fest mit dem Erscheinen des Messias gerechnet; also war dies die rechte Zeit für sein Kommen (S. 84f.). Als Antwort auf die zweite Frage stellt Helwig die These voran: »At in nostrum Iesum omnia de Meßia vaticinia exactißime & ad amußim competunt. Ergo noster Iesus est verus ille promissus Meßias« (S. 86). Zum Beweis werden zunächst die Verheißungen über den Termin des Kommens des Messias wiederholt, da sie genau auf die Zeit des Auftretens Jesu passen. Aber auch andere Einzelzüge des verheißenen Messias, wie seine Jungfrauengeburt (S. 89–92; sie soll sogar von Rabbinern vorhergesagt worden sein), seine Reise nach Ägypten, sein Vorläufer, seine Lehre, seine Würde, sein Einzug in Jerusalem, seine Passion, Auferstehung und Himmelfahrt sind genau in Jesus erfüllt (S. 92–104). Neben den biblischen Belegen werden hier auch zahlreiche rabbinische Zitate gebraucht.

Wenn die Juden, durch diese Beweisführung überzeugt, Jesus als Messias annähmen, wäre die Bekehrung schon so gut wie vollzogen; die weiteren Disputationen behandeln nun nicht unwichtige, aber minderrangige Spezialthemen. In der zweiten, zur Persona Messiae, daß der Messias, und damit Jesus von Nazareth, der ›wahre und natürliche Gott‹ ist (S. 105; die Disputation umfaßt S. 104–124). Die Argumentation stützt sich auf das AT, unterstützt durch rabbinische Belege. Die dritte Disputation behandelt das prophetische und königliche Amt des Messias, wobei die Wahrheit der Lehre und Sakramentenstiftung Jesu gegen die Juden verteidigt (S. 125–136) und deren irdische Vorstellung vom Reich des Messias zurückgewiesen wird (S. 136–147).

Die nächsten drei Disputationen gehen vom priesterlichen Amt des Messias aus, erstrecken sich aber über weitere Fragen. Zunächst wird aus den gängigen alttestamentlichen Belegen (Jes 53; Dan 9,26; Gen 3,15; Jer 31,34; Sach 9,11; Sach 13,1; Hos 13,14) sowie aus Midrasch und Kabbala gezeigt, daß der Messias leiden und sterben mußte (S. 148–168). Dann wird weiter ausgeführt, daß wegen der Erbsünde nur ein göttlicher Mensch das Gesetz erfüllen konnte (S. 169–185) und auch nur er, keineswegs der jüdische Kult, expiatio und remissio ermöglicht hat (S. 185–196). Zuletzt wird noch die – im Grunde durch das Vorhergehende schon entschiedene – Frage nach der Gültigkeit des mosaischen Gesetzes geklärt (S. 196–211).

Die siebte Disputation (S. 211–254) greift als ganz neues Thema die Trinitätslehre auf. Ihre Richtigkeit wird zunächst aus den alttestamentlichen Pluralkonstruktionen dargelegt, sodann aus Aussagen, die Gott über sich selbst macht, aus den Belegen dafür, daß Gott einen Sohn hat (Ps 2,7; 72,17; Prov 30,4), aus den dreifachen Wiederholungen des göttlichen Namens (z. B. Jos 22,22) und schließlich aus den »testimoniis veterum Hebraeorum« (S. 251–254), wobei es sich offensichtlich um christliche Eintragungen in den Talmud handelt.

Die »controversia practica« wurde nur in der schon behandelten achten Disputation aufgenommen (S. 254–291). 1613 hat Helwig aber noch vier »Epelenchi seu Appendices« (S. 291–380) zugefügt, die die Aussagen der ersten Disputation vertiefen, indem sie jüdische Einwände gegen die Verheißung vom Adventus Messiae ausführlich diskutieren und widerlegen.

Die Bedeutung der Arbeit Helwigs liegt nicht so sehr im inhaltlichen Bereich. Seine Themen waren schon in der christlich-jüdischen Auseinandersetzung des Mittelalters, z. T. sogar schon in der Antike, angesprochen worden[63]. Bestimmte Argumente und Belege, besonders Gen 49,10 und Dan 9,24–27, wurden immer wieder vorgebracht[64]. Auch Luther hatte sich in diese Tradition eingefügt: 1523 zog er zur Darlegung der Messianität Jesu vor allem Gen 3,15 und Jes 7,14, dann Gen 49,10 und Dan 9,27 heran[65]. Der Termin des adventus nach Gen 49,10, Hag 2,6–9 und Dan 9,24–27 beschäftigte ihn 1543 ausführlich[66]. 1538 hatte die Auseinandersetzung um das Gesetz breiten Raum eingenommen[67].

So lassen sich wahrscheinlich für alle behandelten Themen und für die exegetische Beweisführung Vorbilder und Nachfolger finden. Helwigs Bedeutung liegt auch hier wieder in der Präsentation und Gliederung des Stoffes. Das betrifft zunächst die Zentralstellung der Messiaslehre. Im Mittelalter hatte man z. T. gemeinsam anerkannte Vernunftwahrheiten als Grundlage für das Gespräch nehmen wollen[68], man hatte mit der Trinitätslehre begonnen[69] oder die Juden davon überzeugen wollen, daß ihr jahrhun-

---

[63] Vgl. die Zusammenfassung der Inhalte der mittelalterlichen Streitschriften bei BROWE, S. 121–130; ferner Mutius zu einzelnen Argumenten (z. B. MUTIUS, S. 7, zur »traditio Domus Eliae«, die erstmals im 12. Jahrhundert gegen die Juden benutzt wurde).

[64] Vgl. DIFENBACH 1696, S. 21–31. Die Auslegungsgeschichte beider Stellen hat sogar monographische Bearbeitung erfahren: POZNANSKI behandelt zwar vor allem die jüdischen Ausleger, aber auch die Kirchenväter (S. 48ff.), die Disputationen des Mittelalters (S. 207.240f.), Raymund Martin (S. 357ff.) und andere. Auch die noch stärker auf die jüdische Exegese konzentrierte Arbeit von ZIMMELS bricht schon in der Zeit des Mittelalters ab. Zu Dan 9, bes. V. 24, vgl. FRAIDL; er sieht die Blütezeit der Auslegung dieser Stelle schon in patristischer Zeit. Zu Gen 3,15 vgl. GALLUS.

[65] WA 11, S. 325–336, nachdem er zuvor (S. 316–325) Gen 3,15 und Jes 7,14 behandelt hatte.

[66] WA 53, S. 450–462.476–511. Vgl. hierzu auch BROWE, S. 125; KRAUSE; MUTIUS, S. 41–44.183–192.

[67] WA 50, S. 323–337.

[68] Vgl. BROWE, S. 114f.

[69] Vgl. aaO., S. 122f.

dertelanges Exil nur als Strafe Gottes zu verstehen sei[70]. Helwig hat zwar nicht als erster die Messiaslehre als Ausgangspunkt genommen, aber er hat sie weiter konzentriert auf die Fragen, ob der Messias gekommen sei und ob Jesus dieser Messias sei. Für diese Beweisführung wird er noch bei Difenbach als erster Vertreter genannt[71]. Zur Darstellung der weiteren Kontroverspunkte bediente Helwig sich dann der Gliederung und Begrifflichkeit der altprotestantischen Christologie sowie der philosophischen Argumentationsweise, ein Vorgehen, das zwar eine strenge Systematik ermöglichte, die denkerischen Voraussetzungen der Juden aber trotz gemeinsamen aristotelischen Erbes überforderte. Auf der anderen Seite hatte er erkannt, daß die Juden nur solche Beweise gelten lassen konnten, die aus dem AT und aus der jüdischen Überlieferung stammten. Seine weitgehende Beschränkung auf diese Quellen ist daher als erster Ansatz zur Dialogbereitschaft zu werten, ebenso wie die ausführliche Behandlung der jüdischen Gegenargumente in den Appendices. Daß Helwig dabei das AT nur von seiner Erfüllung im NT verstehen konnte, mußte die Möglichkeit eines offenen Dialoges natürlich schmälern, aber nicht unbedingt ganz zunichte machen. Helwig, dessen Beweisführung 1633 durch deutsche Übersetzungen von Ludwig Seltzer noch populärer gemacht wurde[72], erwies sich im 17. Jahrhundert jedenfalls als einer der meistzitierten Autoren, z. B. bei so unterschiedlichen Autoren wie Waldschmidt[73], Johannes Müller[74], Wasmuth[75] und May[76].

Noch vor Helwig hatte sein Marburger Kollege *Johannes Molther* 1600 eine Widerlegung der beiden jüdischen Hauptirrtümer vorgelegt: zwei Disputationen mit dem neuen Titel »Malleus Obstinationis Iudaicae«[77].

Molther beweist zuerst die Trinität ähnlich wie Helwig; neu ist bei ihm die Verwendung kabbalistischer Zahlenkunststücke (S. 19–22). Die Messianität Jesu will er zugleich mit seiner Gottheit beweisen, mit dem Syllogismus »Deus talem Messiam promisit, qui simul esset verus Deus & homo. Iesus Nazarenus fuit verus Deus & homo. Ergo fuit idem quoque verus Messias« (S. 31). Für die Gottheit Jesu muß er natürlich noch neutestamentliche dicta anführen (S. 33–35); den größten Teil der Beweisführung bestreitet er allerdings mit dem Hinweis, daß adventus (S. 35–48) und officium et beneficia (S. 48–56) des Messias in Jesus genau erfüllt sind.

---

[70] Vgl. SCHUBERT, S. 172f.; vgl. auch Luther in »Wider die Sabbather« (WA 50, S. 313–323).

[71] Vgl. DIFENBACH 1696, S. 27 (dort ist zwar zuerst Havemann genannt; dessen Werk erschien aber erst 1633).

[72] Vgl. SELTZER 1633b und SELTZER 1633c; diese Schriften fassen die erste Disputation und die Appendices, also die entscheidenden Argumente Helwigs, zusammen.

[73] Vgl. WALDSCHMIDT, S. 25 u. ö.

[74] Vgl. J. MÜLLER, S. 127 u. ö.

[75] Vgl. WASMUTH 1668, S. B 4ʳ.

[76] Vgl. MAY, S. 314f.

[77] MOLTHER 1600; die erste Disputation war 1599 in Marburg gehalten worden (= MOLTHER 1599).

Molther ließ später noch einmal über die Trinität und den Messias disputieren[78], wobei er den Doppelschritt Helwigs schon vorwegnahm. Dennoch ist seine Nachwirkung im 17. Jahrhundert äußerst bescheiden, sofern man Zitierung in der einschlägigen Literatur als Maßstab nehmen kann[79]. Dies könnte an seiner reformierten Herkunft liegen, scheint mir aber auch durch die nicht so wirksame Strukturierung erklärbar. Beides trifft übrigens ebenso auf die Apologie des Hugenotten Philippe Mornay[80] zu, dessen umfangreiche Ausführungen gegen die Juden mehrfach separat ins Deutsche übersetzt wurden[81], ohne aber großen Einfluß zu gewinnen. Neben diesen z. T. kompendienartigen Gesamtdarstellungen der christlich-jüdischen Kontroversen wurden auch Teilgebiete bearbeitet, vor allem die Messiaslehre. So erschienen z. B. Disputationen von Johannes Scholl[82], Jakob Martini[83], Georg Calixt[84], Georg Stampel[85] und Wolfgang Franz[86], und sogar Monographien von Heinrich Rump[87] und Christoph Dauderstad[88], die aber

---

[78] Neben MOLTHER 1605 noch: »[Theses] de adventu Messiae in carnem, qua demonstratur: 1) promissum à Deo Messiam jam olim fuisse exhibitum. 2) Hunc ipsum esse dominum nostrum Jesum Christum, nec alium expectandum; Resp. M. Paul Stein, Sontran. Marp. 1607.4«; »[Disp.] triplex, de vero Messia, adversus Judaeos; prima asseritur persona Messiae: secunda, ejusdem officium: tertia, adventus ejus in carnem, et quae huic annexa sunt; Resp. Abdi. Widmar, Bremens. Marp. 1617.4.« (Titel nach STRIEDER IX, S. 172f.).

[79] Neben der sehr kurzen Behandlung bei DIFENBACH 1709, S. 142, fand ich nur zwei Zitate: in der anonymen Schrift *Prodromus* 1634, S. 54f., wird MOLTHER 1600 als Zeuge für die bevorstehende Judenbekehrung in Anspruch genommen. HEUNISCH, S. 22, beruft sich auf die Beweisführung zu Gen 49,10.

[80] MORNAY 1587; vgl. zu diesem Werk auch GELLINEK und A. WAGNER, S. 10–21.

[81] Vgl. MORNAY 1602; hier sind die Kapitel 6 (zur Trinität) und 27–31 (zur Messiaslehre) wiedergegeben (J. C. WOLF II, S. 1014, gibt unter ähnlichem Titel noch einen Abdruck Leipzig 1612 an, der mir nicht zugänglich war); und MORNAY 1611, wo nur Kapitel 27–31 enthalten sind. Die Beweisführung ist durch fleißige Benutzung von Talmud und Kabbala bestimmt.

[82] STRIEDER XIII, S. 184, nennt seinen Titel »Disp. de Messiae persona, officio & salutari adventu. Resp. Zach Vietor Marp. 1603«. Auch dieses Werk habe ich selbst nicht eingesehen.

[83] MARTINIS Disputationen folgen im Gesamtaufbau Helwigs Doppelschritt: Gen 49,10 und Dan 9,27 sind Gegenstand eigener Disputationen (II; IV), während die letzten vier Disputationen die Identität Jesu mit dem gekommenen Messias beweisen. Eingeschoben ist noch eine Disputation (V), in der aus talmudischen Schriften, z. B. mit der traditio domus Eliae, das Gekommensein Christi bewiesen wird.

[84] CALIXT 1616 behandelt nur Gen 3,15 und Gen 49,10 und weist auf andere Argumente pauschal hin.

[85] STAMPEL ist eine rein exegetische Arbeit, die anscheinend kaum die jüdische Argumentation als Gesprächspartner voraussetzt.

[86] FRANZ berührt in seinen Disputationen, die sich eigentlich gegen ›Arianer‹ und ›Photinianer‹ richten, nur beiläufig den jüdisch-christlichen Dialog und schildert Streitgespräche über Dan 9,24–27 (in Disp. Decima, S. E 2^v–F^v) und Gen 49,10 (Disp. Undecima, S. D^r–F^r; Disp. Duodecima, S. A 3^r–C 2^v).

[87] Rumps bei MOLLER I, S. 578 (oder J. C. WOLF II, S. 1041) genanntes Werk »vaticinia aliquot Biblica de Messia θεανθρώπῳ, Hebraeo-Latine, in usum φιλεβραίων collecta«, Hamburg 1614 (oder 1615) war mir leider nicht zugänglich.

[88] DAUDERSTAD ist eine Darstellung der alttestamentlichen Hinweise auf persona, officium und notae des Messias, wobei auch die jüdischen Einwände ausführlich zur Sprache kommen.

substantiell nichts Neues gegenüber Helwig bringen. Noch größer ist die Zahl der Veröffentlichungen, die sich mit den einzelnen, schon genannten alttestamentlichen dicta beschäftigen. Vor allem Gen 49,10 scheint die in der Orthodoxie meistbehandelte Bibelstelle zu sein[89]. Da die Argumentation sich im Laufe des Jahrhunderts kaum wandelt, sollen diese Schriften im folgenden übergangen werden.

Auch die deutschsprachigen Werke bringen wenig interessante Variationen dieser Argumentation, sondern wirken wie ein getreues Spiegelbild der lateinischen wissenschaftlichen Literatur. Einige waren ja direkt aus lateinischen Schriften hervorgegangen, wie die schon erwähnten Teilausgaben von Mornays Apologie[90] oder Molthers »Theologia Judaica«[91]. Keine Seltenheit sind auch Predigten, die vor einer christlichen Hörer- und Lesergemeinde eingehend beweisen, daß Jesus Christus der im AT verheißene Messias ist und die Juden daher verstockt sind, wenn sie noch einen anderen erwarten[92]. Von den lateinischen Werken unterscheiden sich diese Werke nur dadurch, daß sie noch weniger auf die jüdischen Anschauungen eingehen. Schließlich scheint auch die mir nicht zugängliche Schrift von Peter Ebelin[93] (nach dem Titel zu urteilen) mehr auf Überwindung als auf werbende Überzeugung ausgerichtet zu sein.

Als Gesamteindruck der meisten Schriften kann man festhalten, daß sie kaum noch etwas mit Judenbekehrung zu tun haben. Sie scheinen in der Tat nur an der Richtigkeit der eigenen exegetischen und dogmatischen Beweisführung interessiert; die Fragestellung hat sich gewissermaßen verselbständigt.

Grundlegend für die gesamte Argumentation ist die dogmatische Überzeugung von der Harmonie des Alten und Neuen Testament und der Suffizienz der gesamten Schrift[94]. Unklare Stellen, also z. B. die messianischen und trinitarischen Aussagen des AT, konnten von den klareren neute-

---

[89] In der Zusammenstellung evangelisch-theologischer Disputationen bei WILDESHAUSEN, S. 34–36, sind zu Gen 49,10 31 Titel aufgeführt, das sind mit Abstand die meisten (es folgt Jes 7,14 mit 16 Titeln).

[90] Vgl. diese Arbeit, Kap. 2, Anm. 81.

[91] MOLTHER 1601 bringt im zweiten Teil (S. 39–97) eine deutsche Übersetzung von MOLTHER 1600, nachdem der erste Teil eine Zusammenstellung jüdischer ›Albernheiten‹ enthielt.

[92] Vgl. VOLCK; STUMPFF und SCHALLER. Vgl. dazu auch D. LEHMANN, wo ausgeführt wird, wie die Predigt der Orthodoxie im AT nicht nur christologische Hinweise finden wollte (S. 54–57), sondern diese auch durch Auseinandersetzung mit jüdischer und calvinistischer Exegese lehrhaft dogmatisch darlegte (S. 60–62).

[93] Titel nach FABRICIUS 1715, S. 583: »Gründliche Beweisung (aus Prophetischen und Rabbinischen Schrifften) daß der gecreutzigte und auferstandene Jesus von Nazareth der wahre Messias sey. Ulssen 1601.8.«

[94] Vgl. zum orthodoxen Schriftprinzip und der daraus abgeleiteten Hermeneutik hier nur DIESTEL, S. 363–380; G. HORNIG, S. 77–81; neuerdings die treffende Analyse bei STEMMER, S. 34–52.

stamentlichen Stellen her zweifelsfrei gedeutet werden. Besonders das Konzept der analogia fidei[95] machte den orthodoxen Theologen einen echten
Dialog unmöglich; denn wenn sie auch ein Entgegenkommen versuchten
und sich auf die alttestamentlichen Schriften beschränkten, konnten sie diese
nicht so sehen, wie sie sich den Juden als nichtchristlichen Lesern darboten.
Die jüdische Auslegung aber war für die christlichen Theologen gar nicht
diskutabel; mußten doch die Juden wegen der Decke Mosis vor ihren Augen
das Gesetz und die Propheten in ihrem eigentlichen Zweck, auf Christus
hinzuweisen, verfehlen[96].

Dazu kommt, daß die evangelische Theologie natürlich nicht nur die
Juden als Gegner sah. Viele der behandelten dicta, ja ganze Beweisführun-
gen, konnten ebenso den Katholiken und Calvinisten, besonders aber den
»Photinianern«[97] entgegengehalten werden; eine Arbeit, an der sich auch
z. B. Helwig beteiligte[98]. Besonders hinsichtlich der Trinitätslehre galten die
Sozinianer als Hauptgegner[99]; in der Auseinandersetzung mit den Juden
wurde die Frage der Trinität mit Luther und Helwig meist als sekundär
angesehen[100]. Meines Wissens ist es nur Molther, der im behandelten Zeitabschnitt die Trinität besonders gegen die Juden verteidigt[101].

2.3.3. Missionarische Zuwendung

Zweifellos haben auch die im vorigen Abschnitt behandelten Autoren die
Hoffnung gehegt, durch ihre Argumente einzelne Juden zu überzeugen und
zur Bekehrung zu bewegen. Molther z. B. gab seinen Malleus Obstinationis
Judaicae ja dazu auf deutsch heraus, damit »sie zum Erkantnuß ihrer Vnwissenheit vnnd Irrthumb bekehret/ zur Wahrheit gebracht/ vnd zu dem eini-
gen/ rechten vnd wahren Volck Gottes/ der H. Christlichen Kirchen ver-

---

[95] Vgl. Diestel, S. 367–370; G. Hornig, S. 80; Stemmer, S. 42–44.

[96] Vgl. aaO., S. 36 f.

[97] Als neue Anhänger des häretischen Bischofs Photin von Sirmium wurden allgemein die
Sozinianer und andere Unitarier betrachtet; vgl. *GVUL* XXVII, Sp. 2208; Wrecionko 1977,
S. 244; eine große Zahl von Streitschriften bei Lipenius II, S. 492–495.

[98] Vgl. Helwig 1620. In diesem Werk behandelt Helwig Standardstellen wie Gen 49,10
(S. 122–125) und Mi 5,1 (S. 357 f.) kurz gegen die Juden, sonst aber oft eine Schriftstelle gleich
gegen Juden, Arianer, Photinianer etc. Ähnlich weit in der Anlage ist Helwigs Disputation über
die Trinität und die Person des Messias (in *Disputationum* V, S. 94–127).

[99] Als Beleg aus späterer Zeit mag Walch IV dienen, der die Juden auf drei (S. 5–8), die
Sozinianer auf 408 Seiten (S. 236–644) behandelt; aaO., S. 620–644 bietet eine Auswahl der
wichtigsten gegen die Sozinianer gerichteten Literatur; dazu auch Lipenius II, S. 771–775.
Allgemein zur Kontroverse der Orthodoxie mit dem Sozinianismus vgl. Scholder, S. 34–55,
bes. S. 34 f.; Wrzecionko 1972, bes. S. 173 f.; Wrzecionko 1977, S. 253–267.

[100] Vgl. WA 53, S. 417; *Disputationum* IV, S. 211 f.

[101] Vgl. Molther 1599; Molther 1600 stellt die Trinitätslehre (S. 2–27) vor die Messiaslehre
(S. 28–56); Molther 1605 ist dagegen nicht mehr explizit gegen die Juden gerichtet.

samlet werden mögen«[102]. Er wendet sich auch zum Abschluß mit einer persönlichen Mahnung an die Juden[103]. Man kann aber nicht sagen, daß die Schriften der Theologen sich primär an interessierte Juden wandten oder Laien für private Gespräche mit Juden schulen wollten, um so der Judenbekehrung direkt zu dienen. Als einzige »Missionsschrift« der Zeit vor dem Dreißigjährigen Krieg (neben den später zu behandelnden Konvertitenschriften) erscheint so die kurze Schrift des böhmischen Predigers *Christoph Crinesius* aus dem Jahr 1616[104], die die alte Tradition eines Dialogs im Dienste der Apologetik aufgreift[105] und sich durch einen außergewöhnlich freundlichen Ton auszeichnet.

Ein Christ trifft auf der Wanderung einen Juden und beginnt gleich ein freundliches Gespräch mit ihm, wie es wohl Reisende miteinander führen mochten. Bald ergibt sich das Thema des jüdischen Wuchers: Der Christ greift jüdische Wucherpraxis an, der Jude verteidigt sich mit Hinweisen auf christliche Wucherer und den Nutzen des Geldverleihens, und beide kommen sogar auf einen gemeinsamen Nenner (S. A 3^r–A 8^r). Auch als der Christ den Unterschied des christlichen und jüdischen Glaubens anspricht, sind sich beide zunächst einig, daß sie freundlich, ja sogar brüderlich miteinander umgehen sollten (S. B^v). Da der Jude die christliche Literatur zur Widerlegung der Juden mangels Sprachkenntnissen nicht kennt, will der Christ die christlichen Belege für die Messiaslehre referieren (S. B 2^r–B 3^r). Hier hört der Dialog auf, Dialog zu sein; der Christ beweist weit ausholend aus Gen 49,10, aus 2.Sam 7,14 (in Verbindung mit der Zerstreuung des Stammes Davids), aus Mi 5,1, aus Hag 2,8 und Dan 9,24 sowie aus dem Aufhören der jüdischen Prophetie, daß der Messias gekommen sein müsse: ferner deutet er an, daß Jesus der Messias sein müsse und das NT mit dem AT übereinstimme (S. B 3^v–B 7^v). Als der Jude rabbinische Auslegungen dagegen hält, bietet der Christ ein weiteres Argument an; das Aufhören der jüdischen Opfer sei auch ein Hinweis, daß der Messias gekommen sei und es der alten Opferpraxis daher nicht mehr bedürfe (S. C^r–C 4^r). Hiervon zeigt sich der Jude beeindruckt und verspricht Prüfung der Argumente; das Gespräch geht freundschaftlich zu Ende.

Für die Schrift des Crinesius, die sicherlich als Musterkatechese gedacht war und für eine zwar missionarisch ausgerichtete, aber dabei vom Geist der Brüderlichkeit getragene Auseinandersetzung, die auch den Andersgläubigen zuerst als Menschen sah, plädierte, war die Zeit aber offenbar noch nicht reif. Ansonsten beherrschten in diesen Jahren noch Pamphlete gegen die Juden die literarische Szene[106], und auch die Theologen, die die Juden über-

---

[102] MOLTHER 1601, S. 39 (= Titelblatt zum 2. Teil).

[103] AaO., S. 96 f.

[104] CRINESIUS; zur Person s. *ADB* IV, S. 597 f.

[105] Vgl. dazu vor allem ZÖCKLER, der aus unserer Zeit freilich nur Wolfgang Franz (S. 49) und den Niederländer Limborch (S. 54–56) behandelt.

[106] Eine auch nur annähernd erschöpfende Behandlung dieser Flugschriften kann hier natürlich nicht geleistet werden. Mangels eingehender Untersuchungen kann ich hier nur auf POLIAKOV II, S. 137.147, und GEIGER 1888, S. 331–341 (zum 16. Jahrhundert) verweisen; am

zeugen wollten, schalteten z. T. auf wüste Beschimpfungen und Angriffe um[107]. So geriet Crinesius' Ansatz völlig in Vergessenheit[108]. Wenn er aber auch nicht repräsentativ ist, sollte er dennoch nicht ganz übergangen werden[109]; ihm gebührt vielmehr ein Platz neben dem viel stärker beachteten Elias Schadäus, dessen missionarisch-dialogische Zuwendung zu den Juden auch zunächst keine Nachfolger fand.

Neben den obrigkeitlich veranstalteten Zwangspredigten und Disputationen muß es zu Beginn des 17. Jahrhunderts auch einzelne Privatgespräche zwischen Christen und Juden mit dem Ziel der Bekehrung gegeben haben. Wir sind aber nur über Gespräche von Franz unterrichtet[110], der sie in seinem Bericht auch eher stilisiert wiedergibt als Beispiel für die richtige Widerlegung der Juden. Dennoch gab es eine Reihe von Taufen, deren Durchführung und Bewertung uns im folgenden Abschnitt beschäftigen soll.

2.4. Die Judentaufe

Als Quellen stehen uns hier nicht nur die z. T. schon referierten Taufpredigten[111] zur Verfügung – nachzutragen wäre die Predigt Terells von 1605, die aber fast ausschließlich apologetisch orientiert ist[112] –, sondern auch handschriftliche Berichte über die Taufe in Chroniken und Kirchenbüchern sowie Taufformulare. Ich beschränke mich allerdings auf Material, das in der Literatur bereits behandelt wurde[113].

---

gründlichsten neuerdings SCHANNER. Ausführlich zitiert sei hier nur die Schrift von RECHT-ANUS. Sie ist insofern interessant, als der Autor (nach *AGL Erg.* II, Sp. 16) der schon erwähnte Frankfurter Syndikus Cäsar ist. Im ersten Teil hat Cäsar vor allem Reichsgesetze und Judenordnungen zusammengestellt, um seiner Forderung nach Reglementierung der Juden Nachdruck zu verleihen; der zweite Teil, »der Juden Badstub«, ist eine gereimte Schmähschrift, die vor allem die Vorwürfe des Wuchers und Betrugs erhebt. Weitere Beispiele für judenfeindliche Literatur sind die Neuauflage von Nigrinus' Jüdenfeind (vgl. dazu G. MÜLLER 1968, S. 458f.; GEIGER 1888, S. 335.338f.; F. MÜLLER) in Frankfurt 1605 sowie der antijüdischen Spätschriften Luthers 1613 (vgl. WALLMANN 1987, S. 77f.) und 1617 (aaO., S. 78.91).

[107] Vgl. etwa MORNAY 1602, S. 104–108; MOLTHER 1600, S. 56; auch Helwig, der in *Disputationum* IV, S. 268f., kritiklos die Vorwürfe der Lästerung und Kriminalität aufnimmt, wenn auch nicht die z. T. noch lange nachher erhobenen Vorwürfe des Kindermordes und Hostienfrevels.

[108] In der gesamten von mir gelesenen Literatur des 17. Jahrhunderts bin ich kein einziges Mal auf Crinesius' Namen gestoßen!

[109] Für die ältere und neuere Literatur zum Thema Judenmission scheint Crinesius auch nicht zu existieren. Ich fand nur einen kommentarlosen Hinweis auf die Schrift bei GEIGER 1888, S. 344.

[110] Vgl. diese Arbeit, Kap. 2, Anm. 86.

[111] Vgl. diese Arbeit, S. 26f.

[112] Vgl. TERELL; er widerlegt aus Gen 49 die falsche Messiaserwartung der Juden (S. C 2ʳ–Fʳ); nur beiläufig fügt er den Appell an die Christen ein, sich um die zu erwartende Bekehrung der Juden zu kümmern, auch wenn es unter den Konvertiten Betrüger gebe (S. Dᵛ–D 2ᵛ).

[113] Taufberichte u. a. bei HORNING 1887 u. ENGELHARDT. Zu den Taufformularen vgl. DIFEN-

Am wenigsten geben die Quellen über die Vorgänge vor der Judentaufe Auskunft. Es scheint aber ein allgemein übliches Schema gegeben zu haben. Wenn ein Jude sich taufwillig zeigte, wurde er zu einem Pfarrer vermittelt, der ihn einige Wochen bis Monate zu unterweisen hatte[114]. Vor der Festsetzung eines Tauftermins wurden meist Erkundigungen über den Täufling eingezogen, auf jeden Fall aber eine intensive Prüfung vor dem Ministerium angesetzt[115]; der Täufling mußte die Ernsthaftigkeit seines Taufwunsches und die Kenntnisse des christlichen Glaubens nachweisen.

Der Taufgottesdienst wurde dann zu einer prachtvollen Feier ausgestaltet. Für die Liturgie bildete sich ein stabiles Schema, das Karl Dienst schon herausgearbeitet hat. Uns sollen bei diesen Ausgestaltungen der Feier nicht die liturgiegeschichtlichen Abstammungsfragen interessieren, sondern nur die Einflüsse theologischer und populärer Anschauungen zur Judenbekehrung, die sich hinter dem Geschehen erkennen lassen.

Die Reihenfolge Taufpredigt – Glaubensverhör – Abrenuntiatio – Interrogatio de fide – Taufe – Anrede, Vermahnung, Votum – Segen[116] bildete das Gerüst der Tauffeier, die also weitgehend der Kindertaufe nachgebildet war. Zusätzlich wurde aber zwischen Predigt und Examen meist noch eine Belehrung an die Gemeinde über den besonderen Kasus der Judentaufe und eine Aufforderung zum Gebet für den Täufling eingeschoben[117]. Offenbar vermuteten die Theologen in ihren Gemeinden erhebliche Vorbehalte gegen die Judentaufe und versuchten, diese zu entkräften und die Taufe statt dessen als besonders erbaulich darzustellen[118]. Von daher erklärt sich auch die Thematisierung der Judenbekehrung in den Taufpredigten. Das Taufexamen behandelt in dieser Zeit meist nur kurz den Kleinen Katechismus und die

---

BACH 1709, S. 17–31; DIEHL 1900; DIENST 1955, Anlagen, S. 62f.166–173. Weitgehend ein Aufguß dieser Arbeit ist dann DIENST 1970 u. DIENST 1977 (eine Auswertung von DIEHL 1900). Obwohl das von Dienst behandelte Frankfurter Taufformular von 1644/1688 stammt, kann es hier schon behandelt werden, denn es geht auf ältere Vorlagen zurück.

[114] Vgl. HORNING 1887, S. 44f. (der taufwillige Jude wird laut Konventsbeschluß an zwei Theologen vermittelt, die ihn täglich eine Stunde lang unterweisen sollen; die Taufe ist dann erst nach drei Wochen) u. S. 46f. (Taufe nach acht Wochen); ENGELHARDT, S. 18f. (mehr als sechs Monate Taufunterricht); M. BISCHOFF, S. 41 (ohne Hinweis auf die Dauer des Unterrichts).

[115] Vgl. HORNING 1887, S. 41; HESHUSIUS, S. 16; TERELL, S. G^r–G 2^v; M. BISCHOFF, S. 42.

[116] Vgl. DIENST 1955, Anlagen, S. 63.170–172; ähnlich DIENST 1970, S. 105–107; DIENST 1977, S. 154–156.

[117] Vgl. DIENST 1970, S. 102.105–107 (zu Frankfurt/M. 1644/1688; dazu auch DIFENBACH 1709, S. 22–31); DIENST 1977, S. 149f.154 (Friedberg 1611); TERELL, S. F 2^v–F 3^v; M. BISCHOFF, S. 38–43. Bei der Taufe von Familie Brenz (vgl. ENGELHARDT, S. 20) ist schon die Taufpredigt dem Kasus gewidmet.

[118] Vgl. dazu besonders DIENST 1970, S. 103 (C als Mahnung an die Gemeinde, dem Juden die Bekehrung zu gönnen). 115; DIENST 1977, S. 154; TERELL, S. D^{v}f.F 2^v. Auch M. BISCHOFF, S. 42, und MÜLMANN, S. 21f., betonen, daß es richtig sei, die Juden zu taufen, weil die Bekehrung echt sei und sie lange genug unterrichtet wurden.

Hauptkontroversen zwischen Juden und Christen[119]. In der Abrenuntiatio
ist auffällig, daß verlangt wird, der Täufling möge neben dem Teufel vor
allem dem verfluchten Judentum widersagen[120]. Trotz der rational formu-
lierten Absage an die jüdische Lehre im Taufexamen galt das Judentum also
noch als eine Macht, die den Konvertiten weiterhin in ihrem Einflußbereich
halten konnte. Aus diesem Grunde schloß sich auch ein Gebet an, worin
besonders um die Standfestigkeit des Neugetauften gebeten wurde[121]. Zusätzlich wurde in Friedberg noch der Täufling zur Dankbarkeit, Standhaftig-
keit und Fürbitte für die noch ungetauften Juden vermahnt[122], während sich
in Frankfurt die Vermahnung an die Paten richtete, die den Täufling im
christlichen Lebenswandel zu unterstützen hatten[123].

Diese einzelnen Bestandteile der Liturgie werden uns noch weiter beschäftigen. Grundsätzlich ist aber für das ganze Jahrhundert hervorzuheben, daß
der Judentaufgottesdienst immer als Gemeindehandlung begangen wurde[124]; allerdings wohl nicht deshalb, weil in den Gemeinden der »Sinn für die
heilige Missionspflicht«[125] schon so fest verwurzelt war, sondern – im
Gegenteil – weil die Veranstaltung seelsorgerlich-erzieherische Zwecke ver-
folgte[126]. Diese Zielsetzung galt auch dem Täufling, der gleichfalls an der
Handlung beteiligt war[127]. Einerseits wurde ihm die Bekehrung zum christlichen Glauben gewissermaßen zum unvergeßlichen Erlebnis gemacht und
seine besondere Stellung durch Voten und Gebete, aber auch die Anwesenheit hochgestellter Paten hervorgehoben. Als »Christ zweiter Klasse« wie
die iberischen Marranen erschien er keineswegs. Andererseits wurde aber
seine jüdische Vergangenheit als schwere Sünde dargestellt und an mehreren

---

[119] Vgl. Dienst 1955, Anlagen, S. 62.168 f.; Terell, S. G^v–G 2^v. In Friedberg (vgl. Dienst
1977, S. 151.155) und in Frankfurt/M. 1588 (vgl. Difenbach 1709, S. 18–20) wurde nur der
Katechismus abgefragt.

[120] Vgl. Difenbach 1709, S. 20; Dienst 1970, S. 104; Dienst 1977, S. 151–155; Terell, S. G
2^v.

[121] Vgl. Dienst 1970, S. 105.107 (es handelt sich doch eindeutig nicht um ein Dankgebet,
wenn der zweite Satz beginnt mit »Wir bitten dich gantz demütiglich/ du wollest ihn bey der
empfangenen Gutthat gnädiglich bewahren …«); entsprechend Dienst 1977, S. 152.156;
ferner Difenbach 1709, S. 21. Mülmann (S. 21 f.) und Ritter (vgl. Spener Lpr, S. 300 f.) hatten
entsprechende Bitten schon an die Predigt angeschlossen.

[122] Vgl. Dienst 1977, S. 152.156; ähnliche Formulierungen übrigens auch bei Difenbach
1709, S. 21 f.

[123] Vgl. Dienst 1970, S. 105.107.

[124] Das stellten schon Diehl 1900, S. 302 f., und Dienst 1955, Anlagen, S. 172, heraus. Daß
dies im 18. Jahrhundert nicht mehr gelten sollte, zeigt aaO., S. 172 f., und (ausführlicher)
Dienst 1970, S. 115–117.

[125] So Diehl 1900, S. 302.

[126] So besonders Dienst 1970, S. 114. Neben dem hier genannten »›Exempel‹ dafür …, daß
man sich vor Unglaube und Verstocktheit hüten müsse« dienten sie aber m. E. – wie noch näher
nachzuweisen sein wird – auch dazu, den Gemeinden ihre Verantwortung für die noch ungetauften Juden einzuschärfen und den Vorurteilen gegen getaufte Juden entgegenzuwirken.

[127] Vgl. Diehl 1900, S. 303; Dienst 1977, S. 153.

Stellen ein völliger Bruch mit dem Judentum und eine besondere Bewährung im christlichen Glauben gefordert. Wieder überlagern sich hier zwei gleichzeitige Einstellungen zum Judentum, deren gegenläufigem Einfluß wir immer wieder begegnen.

2.5. Stellung und Selbstverständnis der Konvertiten

Zunächst sollen uns aber noch die Schriften der Konvertiten beschäftigen. Sie gehören zwar nicht im engeren Sinn in die Missionstätigkeit der evangelischen Theologen, da die meisten Konvertiten ohne theologische Ausbildung zur Feder griffen. Interessant sind ihre Veröffentlichungen aber, weil sie die Einstellungen ihrer theologischen Lehrer z. T. deutlich widerspiegeln und außerdem Aufschluß geben über die Motive und Empfindungen derer, die sich vom Judentum zum Christentum wandten. Hier sollen alle in Frage kommenden Werke referiert werden, zuerst die 1607 erschienene Schrift von *Johann Adrian*[128].

Adrian schwankt zwischen dem Versuch, die Juden zu überzeugen, die ja nicht »ganz vnd gar zu verdammen oder zu vertreiben« (S. 5), »weil ja noch etliche zu gewinnen« sind (S. 6), und dem Bedürfnis, die ahnungslosen Christen über die Lästerungen und Verdrehungen der Juden aufzuklären. Argumente gegen jüdische Glaubensaussagen bringt er aber nur zu Beginn; später überwiegen immer mehr scharfe Ausfälle gegen die Juden (S. 14: »grewliche vnd abschewliche Lästerer vnd Teuffelsmäuler«) sowie Erregung und Spott über den jüdischen Glauben (vgl. bes. S. 25 zur Messiashoffnung). Für christliche Leser bietet er eher Agitation als Argumentationshilfe; die Juden ruft er erst ganz zum Schluß nochmals zur Bekehrung auf (S. 29f.).

Eine noch deutlichere Schmähschrift ist der später vielzitierte »Abgestreifte Schlangenbalg« von *Samuel Friedrich Brenz* (1614)[129].

Zwar begründet auch Brenz sein Werk damit, nach seiner Bekehrung sei er es schuldig, »nach deß Herrn Christi meines nun geliebten vnd getrewen Brudern befelch Luc. 22. meine nach dem Fleisch liebe Vettern vnd Freund auch vber ihre Seligkeit eyfferig zumachen«; er schrieb aber dann »zu dem End diß Büchlein/ darinn ich ihre grosse lesterung . . . entdecke/ darauß alle Christenleut ersehen wie trewlich die Juden/ so in solchem ihrem verkehrten sinn verstockt/ täglich mit ihnen meinen« (S. 4). Den erstgenannten Zweck verliert Brenz anscheinend aber zunehmend aus den Augen. Vielmehr bittet er seine jüdischen Mitgenossen in einer besonderen Vorrede nur noch um Verständnis dafür, daß er die Christen über jüdische Machenschaften aufklären muß, auch wenn er eher mit Verfluchung durch die Juden rechnet (S. 6–9). Die ersten sechs Kapitel zählen dann unterschiedliche Schandtaten der Juden auf, von der Lästerung Gottes (S. 11–18) über Wucher und Mord (S. 24–29) bis zum

---

[128] Vgl. ADRIAN; z. T. nachgedruckt bei POLLIO, S. D 3^r–D 4^v.
[129] Vgl. BRENZ; eine 2. Aufl. erschien 1680 (Titelblatt bei J. WÜLFER).

›spöttlichen‹ Umgang des Talmuds mit der Juden eigenem Messiasglauben
(S. 46–55). Von der Bekehrungsabsicht zeugt erst das letzte Kapitel wieder, worin
»etliche Sprüch erzehlet [werden] auß dem alten Testament/ vnd auß ihren eygnen
Rabbinis in dem Talmut, das Gott einig im Wesen/ vnd dreyfältig in der Person sey«
(S. 56–62). Die Belegstellen werden aber nur kurz aufgezählt; für eine Erläuterung ist
kein Platz, zumal Brenz auch noch die Messianität Jesu beweisen will (S. 58–60). Die
abschließende Anrede an die Juden geht recht abrupt von scharfen Angriffen zur
Aufforderung zur Besinnung über.

Das Werk von Brenz wurde schon zu seiner Zeit wenig geachtet[130]. Wenig
angesehen war auch *Julius Konrad Otto,* was aber mehr auf der (angeblichen?)
Rückkehr ins Judentum und der Wertlosigkeit seiner Argumente beruht als
auf scharfer Judenfeindschaft[131].

Otto äußert die Absicht, aus Dankbarkeit über seine Bekehrung all seine rabbinischen Kenntnisse »den Christen mit zutheilen: Beneben auch meinen angebornen
gewesenen Brüdern den Jüdischen verblendten Volck zu einem Trost/ ob sie [!] Gott
villeicht ihrer möcht erbarmen vnnd zu Gnaden auff vnd annehmen/ für welche
Erleuchtung wir täglich bitten sollen/ welches mich dann etlicher massen bewogen
hat/ daß ich diß Büchlein auch inn Teutscher Sprach geschrieben/ damit sie etwan
dardurch möchten bekehrt werden/ dieweil dz wenigste theil bey den Jüden die
Hebraische Sprach/ will geschweigen den Talmud, oder andere schwere Rabinische
Bücher verstehen ...« (S. A 4). Ob Otto den Talmud verstanden hat, will ich
dahingestellt lassen; er schafft es jedenfalls, ausführlich darzulegen, »das die alten
Rabbinen auch sehr viel von dem Herrn Christo vnd seinem H. Evangelio geschri-
ben/ wie auch viel Parabeln vñ gleichnuß gebraucht vnd angezoge/ damit wir den
Jüdē gleichsam als mit jre eigē schwerdt die kehlen abstechen können« (S. B 2; dieser
Teil umfaßt dann S. C 3ʳ–Nᵛ). Trotz dieser blutrünstigen Metapher schreibt Otto
aber wie jemand, der die Juden gewinnen will, keineswegs so mißgünstig wie Brenz.
Er ist wohl subjektiv ehrlich, wenn er den jüdischen Lesern versichert, er habe
keineswegs zu ihrem Spott schreiben wollen (S. C 2ʳ). Dennoch hat auch er es sich
nicht verkneifen können, an die beiden missionarischen Hauptteile (in Buch II
werden dieselben Inhalte wie in Buch I mit alttestamentlichen Belegen abgehandelt)
noch »etliche falsche vnd erdichte Lehren vñ Fabeln« der Rabbinen anzuschließen
(S. B 2ᵛ; dieses Buch III dann S. Llʳ–Ss 2ʳ). Wie in der abschließenden Liste ›aller‹
Rabbiner (S. Ss 3ʳ–Ccc 2ᵛ) muß Otto hier aber auch seinen wissenschaftlichen Anspruch unterstreichen.

Auf die Judenbekehrung konzentriert sind die beiden Schriften des Altdorfer Dozenten und früheren Rabbiners *Paul Joseph*[132].

In der ersten Schrift verarbeitet Joseph zuerst seine noch nicht lange zurückliegen-
de Bekehrung; darauf wird noch zurückzukommen sein. Der Hauptteil enthält dann
weniger einen »gründlichen Beweis«, sondern richtiger »Etliche Sprüch Heiliger

---

[130] Vgl. J. C. Wolf I, S. 1116f.; zitiert wurde Brenz ebenso wie Adrian kaum.
[131] Vgl. Otto; eine zweite Auflage (Stetini 1613) ist BLC Vol. 243, S. 463, nachgewiesen.
Die Inhaltsangabe bei Stock, S. 267–270, ist recht unergiebig.
[132] Joseph 1612 u. Joseph 1615. Zur Person vgl. J. C. Wolf III, S. 909; *AGL* II, Sp. 1389f.

Göttlicher Schrifft/ von vnserm wahrem Messia/ vnd der heiligen Dreifaltigkeit«
(S. B^r). Die Gedankenführung ist Joseph recht chaotisch geraten, da er versucht, von
einem Bibelvers ausgehend eine Thematik mit vielen anderen Bibelversen und in
Auseinandersetzung mit der jüdischen Exegese zu entfalten. Ein Beispiel: Gen 49,10
beweist, daß der Messias gekommen sein muß (in diesem Zusammenhang ist die
Legende von Sabbathion zu widerlegen; dagegen wird die »traditio domus Eliae« als
Unterstützung herangezogen); daneben aber auch, daß das Messiasreich geistlicher
Natur ist (S. C^r–C 7^v). Die klare Formulierung der christlichen Position gelingt
Joseph in seinem Wust von Gelehrsamkeit nicht immer.

Didaktisch verbessert zeigt sich die Schrift von 1615. Joseph folgt der Gliederung
des Apostolikums und bringt zu jeder Aussage eine Reihe ausschließlich alttestamentlicher Belege. Natürlich gilt seine besondere Sorgfalt dem 2. Artikel, wozu erst
in langen Exkursen die Existenz eines Gottessohnes (S. A 8^r–B^r), die Göttlichkeit
(S. B^v–B 8^r) und die Titel bzw. Ämter dieses Sohnes (S. B 8^r–D 2^v) entfaltet werden.
Da das abschließende Amen einen Hinweis auf die Trinität gibt (S. F 4^v f.), beendet
eine Abhandlung zu Aufgaben und Verhältnissen der trinitarischen Personen diese
Art Katechismuslehre für Juden.

Keinem dieser fünf Bücher war jedoch große Popularität beschieden.
Adrian und Joseph waren bald nur noch wenigen Fachleuten bekannt. Brenz
und Otto, die ja auch je eine Neuauflage erreichten, wurden zwar oft als
Belege für Lästerungen und Christenfeindschaft der Juden zitiert; sie bestä-
tigten aber lediglich Vorurteile und entfalteten keine eigene Wirkung, vor
allem nicht bei den an der Bekehrung der Juden interessierten Theologen[133].
Dagegen brachte es »Der Jüden Thalmud« von 1607 (ein Werk des 1600
getauften *Christian Gerson*[134]) bis 1722 auf sieben Auflagen und gedieh neben
Helwig und Johannes Müller zum Standardwerk der evangelischen Judenbekehrer, und Gerson selbst zum Standardbeispiel für die Möglichkeit echter Judenbekehrung.

Einen hohen Anspruch macht auch Gerson gleich zu Beginn seiner Vorrede
deutlich: Die bisherige Judenbekehrung mußte erfolglos bleiben, wegen der falschen
Zwangsmaßnahmen (S. A 2^v–A 3^v), vor allem aber wegen der Unkenntnis der
jüdischen Schriften selbst bei den Apologeten (S. A 3^v–A 5^v). Aus einer Unkenntnis
jüdischer Eigenart folgt auch die falsche Durchführung der Bekehrungsmaßnahmen,
von unzureichender Vorbereitung bis zur falschen logischen Argumentation (S. A
5^v–B 3^r). Neben milder, den Juden entgegenkommender Disputationsweise (S. B
3^v–B 5^r; mit Berufung auf den jungen Luther) ist daher eine genaue Kenntnis der
jeweils anderen Religion vonnöten, die das vorliegende Buch Juden und Christen
vermitteln will (S. B 5^r–B 6^r). Einen Bericht über seine Bekehrung und Taufe schließt

---

[133] Auch die zeitgenössischen Urteile über Otto sind vernichtend; vgl. die Zusammenstel-
lungen bei MOLLER II, S. 606 f., und *GVUL* XIX, Sp. 1389 f.

[134] Benutzt wird die zweite Auflage, die Gerson selbst überarbeitet hat (vgl. GERSON,
S. D^r–D 4^v). Für die weiteren Auflagen (Gera 1613; Erfurt 1659; Leipzig 1685–1698–1722) vgl.
Klau Library X, S. 10 f. Dort ist auch eine weitere Schrift Gersons über den Talmud nachgewiesen. Einen Versuch, Gerson noch am Ende des 19. Jahrhunderts als Kronzeugen für antisemiti-
sche Vorwürfe zu benutzen, unternimmt die Auswahl von DECKERT.

Gerson vor allem dazu an, um für Vertrauen zu Täuflingen und Gewährung der Judentaufe zu werben, da doch die Verheißungen von Hos 3 und Röm 11 noch ausstehen (S. C 3ʳ). Zu diesem Zweck soll auch das ganze Buch ein Zeugnis von Gersons Beständigkeit sein (S. C 4ʳ). Wie Brenz bittet Gerson dann die Juden um Verständnis und ruhige Prüfung seiner Argumente: »ich widerlege einig vnnd allein in diesem Büchlein den Thalmud durch den Thalmud/ auf das die nichtigkeit des Thalmuds ans licht komme/ vnd jederman vrsache nehme/ sich einig vnd allein in Glaubens sachen/ auff Gottes Wort zuuerlassen« (S. C 8ʳ). Mit der Zuversicht, daß die Juden »mit mir vnd anderen außerwehleten Gottes/ in die ewige frewde einge-hen« (S. C 8ᵛ), endet diese zweite Vorrede.

Der erste Teil des Buches enthält dann in 37 Kapiteln eine Darstellung der jüdischen Schriften, Lehren und Gebräuche (S. 1–365). Obwohl Gerson sich gegen die Reduzierung der jüdisch-christlichen Kontroversen auf die Fragen des Messias und der Trinität wehrt (S. 32f.), stellt er die jüdische Messiaserwartung besonders ausführlich dar (S. 96–148). Dabei appelliert er auch an die Juden, doch die christliche Position anzunehmen. Ansonsten aber beschränkt er sich weitgehend auf Information, die auch durchaus fair ist, wenn er auch Anthropomorphismen und ähnliche Anstößigkeiten des Talmud besonders herausstellt (S. 39–61).

Dieser Teil endet mit einem Bittgebet für die Bekehrung der Juden und dem Hinweis, daß der zweite Teil nun die Irrtümer widerlegen will (S. 363–365). Dies geschieht durch eine systematische Entfaltung des christlichen Glaubens für die Juden. Am Beginn steht ein Beweis der Erbsünde (S. 367–389), woraus folgt, »Das der gebenedeyete Weibes Same/ welcher vns die verlornen Güter wiederbringt/ nach dem Form vnd Ebenbildt Gottes gewesen sein muss« (S. 389–392). Merkwürdiger-weise werden nun erst Jungfrauengeburt, Gottessohnschaft und Amt des Messias behandelt (S. 398–429), dann erst der Termin seines Kommens (S. 429–444). Die Argumente sind die schon lange bekannten, bis hin zur »traditio domus Eliae« (S. 435f.) und den falschen Messiassen der Juden (S. 453–464). Der Trinität widmet Gerson sich weniger eingehend (S. 464–471); dafür stellt er auch die Hoffnung auf einen neuen Tempel (S. 486–500), die Lehren von Hölle und ewigem Leben oder Engeln und Teufeln (S. 500–515) und die rituellen und wirtschaftlichen Gebote (S. 516–538) richtig. Eine Rekapitulation der Argumente führt zum Appell an die Juden, ihre Glaubensartikel aufzugeben oder christlich umzuformulieren und den Rabbinern nicht mehr zu trauen (S. 539–550). Zur Bekräftigung dieser Aufforderung schließt sich eine Beispielsammlung »Von der Rabinen ergerlichem Leben/ bösen thaten/ vnd endlicher verzweiffelung« (S. 550–574) an. Gegen die Juden beweist er auch den Unwert des Talmuds (S. 574–586), den er aber nicht verbieten lassen will, sondern den Christen zum Gebrauch bei der Judenbekehrung empfiehlt (S. 586–590). Am Schluß – nach einem Appell an die Juden und einer Erläuterung des Apostolikums – gibt Gerson nochmal ein persönliches Glaubensbekenntnis ab, um Juden und Christen von seinen lauteren Motiven zu überzeugen (S. 611–624).

In die Reihe der Konvertitenschriften gehört möglicherweise auch eine nur im Manuskript vorliegende Schrift, über die Schudt und Grunwald berichten[135]. Ausgangspunkt ist die Taufe von Johann Daniel Lichtenstein

---

[135] Vgl. SCHUDT IV/2, S. 292f.; GRUNWALD, S. 423–425. Vgl. zu der Taufe auch Exkurs I, Anm. 19.

1606 in Frankfurt. Wahrscheinlich ist Lichtenstein aber nicht selbst der Autor, sondern der als Autor auch genannte Prediger Kohler hat sich nur des Anlasses der Taufe bedient, um in der Form eines Gesprächs des Konvertiten mit seinen jüdischen Freunden Argumente für das Christentum zusammenzustellen. Ein Bericht über die Taufe schloß das Manuskript ab.

Die behandelten Schriften bringen keine Fortschritte in der Argumentationsweise gegen die Juden. Die offensichtlich gründliche Unterweisung hatte die Konvertiten die Argumentationsstruktur der christlichen Gelehrten übernehmen lassen; sie wurde nur durch Kenntnisse aus der jüdischen Tradition aufgefüllt. Wichtig sind die Schriften aber als Quellen für die Rolle, die Konvertiten im 17. Jahrhundert spielten.

Da fällt zuerst auf, daß keiner der Autoren aufgrund christlicher Anstrengungen bekehrt worden ist. Otto ist »durch vilfeltig lesen vnd nachdencken derselben (sc. der Heiligen Schrift)/ durch die gnad Gottes ... zum erkenntnuß der allein seeligmachenden Christlichen Religion kommen«[136]. Der Rabbiner Joseph wurde »durch Gottes Gnade« von Zweifeln an seiner Religion gequält, bis er sich dem Christentum zuwandte[137]. Auch der von Melchior Bischoff getaufte Jude gab an, durch Beschäftigung mit Gen 49 zum Zweifel am Judentum getrieben worden zu sein[138]. Brenz erklärte bei der Meldung zur Taufe, er habe »Mißfallen gehabt an der jüdischen Lehre, Lügen, Büberei und Gotteslästerung«[139]. Hier zeigt sich also deutlich, daß es oft Unzufriedenheit und Entfremdung von der eigenen Religion war, die die Juden dazu trieb, sich der herrschenden Religion anzuschließen. Eine eigene Anziehungskraft des Christentums wirkte sich nur bei Gerson und Lichtenstein aus. Lichtenstein war beeindruckt von der Frömmigkeit einer christlichen Familie, bei der er Untermieter war; Rebellion gegen jüdische Fastenpraxis ließ ihn dann den Schritt zur Bekehrung vollziehen[140]. Gersons oft nacherzählte Bekehrungsgeschichte begann damit, daß er als Pfandleiher ein Neues Testament in die Hände bekam und es lesen will, um herauszubekommen, »was es doch für ein krefftiger Irrtumb were/ dadurch so viel hundert tausent Seelen/ aller Christen verfürt«[141]. Er wurde aber durch die Lektüre so angerührt, daß er es noch einmal las, sich von der Übereinstimmung mit dem AT überzeugte und sich nach 14tägigem Überlegen zum Verlassen seiner Heimat und seiner Familie entschloß, um anderswo Christ zu werden. Gemeinsam mit seinem Bruder, der auch von sich aus zum Christentum kam, konnte er seinen Sohn aus der Obhut jüdischer Verwand-

---

[136] OTTO, S. (:) 2.
[137] JOSEPH 1612, S. A 9.
[138] Vgl. M. BISCHOFF, S. 39.
[139] ENGELHARDT, S. 18.
[140] Vgl. GRUNWALD, S. 424; SPENER Lpr, S. 277, weist bes. auf die ›gottseeligen‹ Gesänge hin.
[141] GERSON, S. B 6ᵛ f.; vgl. auch (schon vorher) RECHTANUS, S. 103–105.

ter zur Taufe führen[142]. Wenn man von den Taufen jüdischer Hinrichtungs-
kandidaten (z. B. in Lüneburg 1595 und Leipzig 1612) absieht, ist also vor
dem Dreißigjährigen Krieg kein Fall aktenkundig, in dem eine Taufe auf
christliche Bekehrungsanstrengungen zurückzuführen wäre.

Um die referierten Arbeiten besser würdigen zu können, ist ein kurzer
Rückblick auf das Mittelalter nötig. Schon seit Beginn des 12. Jahrhunderts
spielten Konvertiten in der jüdisch-christlichen Auseinandersetzung herausragende Rollen[143]. Der erste war Petrus Alfonsi (getauft 1106), der zur
Rechtfertigung seiner Bekehrung eine »dialogisierte Streitschrift«[144] erscheinen ließ. Hermann von Scheda berichtete 1137 autobiographisch über seine
Bekehrung und schloß daran Empfehlungen zum richtigen werbenden Umgang mit Juden an[145]. »Mit Nikolaus Donin von La Rochelle ... [getauft
1236] ... begegnen wir dem ersten Vertreter einer von nun an häufigen
Erscheinung, ... der des Denunzianten und Verleumders«[146].

Diese drei Grundtypen von Konvertitenschriften lassen sich bis ins
17. Jahrhundert hinein feststellen. Wichtige Werke der apologetisch-polemischen Literatur waren z. B. die Schriften von Paulus von Burgos[147] und
Alfons de Spina[148], die ihre Kenntnis der jüdischen Überlieferung in den
Dienst der christlichen Mission stellen wollten. Der Bekehrungsbericht aus
der Feder des Konvertiten ist seltener, wird uns aber im 17. Jahrhundert auch
wieder begegnen. Nachfolger des Donin, der zur Verfolgung seiner früheren Glaubensgenossen aufrief, sind sicherlich Johannes Pfefferkorn in den
meisten Schriften[149] sowie der unter Lutheranern erheblich beliebtere Anton
Margarita[150].

Hier knüpfen Adrian und Brenz an, wenn sie es für ihre Pflicht halten, die
Christen vor jüdischen Lästerungen und Machenschaften zu warnen und

---

[142] Vgl. TERELL, S. F^v; ausführlicher über die juristischen Auseinandersetzungen um Gersons
Sohn berichten RECHTANUS, S. 105–110; GERSON, S. C 6^r–C 7^r.

[143] Vgl. BLUMENKRANZ, bes. S. 271 f.; zum Gesamtbereich ferner BARON IX, S. 97–134.

[144] BLUMENKRANZ, S. 273; vgl. neuerdings auch KNIEWASSER.

[145] BLUMENKRANZ, S. 275; vgl. neuerdings aber auch DRABEK, die nur eine »aufrichtige
Schilderung der eigenen seelischen Entwicklung« (S. 223) als Zweck der Schrift sieht.

[146] BLUMENKRANZ, S. 279; vgl. dazu auch BARON IX, S. 64–66; SCHUBERT, S. 163–166.

[147] Vgl. ECKERT, S. 240 f.; J. C. WOLF III, S. 897–906.

[148] Vgl. J. C. WOLF II, S. 1115–1123; ECKERT, S. 256.

[149] Kürzlich hat KIRN eine sorgfältige Analyse der Schriften Pfefferkorns vorgelegt. Danach
sind es bes. die ›Judenbeichte‹ (S. 28–35) und die Schriften ab 1509 (S. 84 ff.), die in die Kategorie
der Warnschriften gehören.

[150] Über dessen Schrift »der gantz Jüdisch Glaub« von 1530 und die sich daran anschließende
Auseinandersetzung berichtet u. a. S. STERN 1959, S. 85–89. MARGARITAS Schrift wurde auch im
17. u. 18. Jahrhundert neu aufgelegt, zuletzt 1705, wo auch die früheren Auflagen erwähnt sind.
Sie wurde vom späten Luther (vgl. WA 53, S. 413; explizit S. 513, Z. 30) und von den
Judenbekehrern von Helwig (*Disputationum* IV, S. 257) bis WAGENSEIL 1707, S. 22 (1. Seitenzäh-
lung), gern herangezogen.

zum Kampf, aber eben auch zur Bekehrung aufzurufen[151]. Man wird ihnen sicher nicht gerecht, wenn man sie nur als fanatische Judenhasser sieht[152]. Gewiß schreiben beide mit dem besonderen Eifer der Neubekehrten. Zu Beginn steht bei beiden die Dankbarkeit über die Bekehrung und die damit gewonnene Seligkeit; von daher rührt ihr Sendungsbewußtsein, nun auch für die Seligkeit der Juden sorgen zu müssen[153]. Die Betonung der Dankbarkeit entspricht zwar der Gepflogenheit zeitgenössischer Widmungen, ist aber sicher ebenso ehrlich gemeint wie Brenz' Entschuldigung an die Juden in der zweiten Vorrede. Wenn beide dann das Schwergewicht ihrer Ausführungen nicht auf die Überzeugung, sondern auf die Anschuldigung der Juden legen, dann spricht daraus aber nicht in erster Linie der Haß gegen die eigene frühere Existenz, sondern die weitverbreitete Überzeugung, daß hartes Durchgreifen die beste Bekehrungsmethode sei[154] und die Juden, die sich nicht überzeugen lassen, selbst schuld seien. Diese Ansicht war immer wieder aufgetaucht und wird noch genau analysiert werden müssen. Die theologische Landschaft, in die Adrian und Brenz sich bekehrten, bot jedenfalls keinen Schutz davor, diffusen volkstümlichen Abneigungen gegen die Juden freien Lauf zu lassen. Dazu kam, daß Ermahnungen bei der Taufe die Konvertiten zur völligen Abkehr von ihrem bisherigen Glauben aufforderten. Ihre christliche Umwelt mißtraute ihnen, ließ sich aber vielleicht durch Schmähschriften überzeugen, daß ein Rückfall ins Judentum nicht zu befürchten war. Adrian und Brenz waren also m. E. (wie andere Konvertiten vor ihnen) nicht Wegbereiter, sondern Mitläufer einer Welle populärer Judenfeindschaft. Allerdings verstärkten sie diese, indem sie sich als kundige und unverdächtige Zeugen anboten.

Ganz anders verhält sich Christian Gerson. Zwar will auch er mißtrauische Christen von der Ehrlichkeit seiner Bekehrung überzeugen[155]; zwar weist auch er zuerst ausführlich nach, daß die jüdische Lehre »gegen Gott und die Menschen«[156] gerichtet ist; aber er verliert die anfangs geäußerte Absicht, zur Bekehrung der Juden beizutragen, nicht aus den Augen. Wie

---

[151] Auch Pfefferkorn, bes. im »Judenspiegel« (vgl. Kɪʀɴ, S. 11–27; auch S. 51–55), und Mᴀʀɢᴀʀɪᴛᴀ (vgl. S. 327–342) haben missionarische Ansprüche, was meist übersehen wurde.

[152] In der Ablehnung von Brenz treffen sich alle neueren Leser des Buches, der wohlmeinende Judenmissionar Kᴀʟᴋᴀʀ 1881, S. 150 (»Af Had . . . de gamle Pfefferkornske Argumenter«) und der antisemitisch angehauchte ᴅᴇ ʟᴇ Rᴏɪ I, S. 123 (»Schmähschrift«), der Jude Eᴛᴛɪɴɢᴇʀ, S. 205 (»a peak of libels, lies, and attacks«) und der Nazi Sᴛᴏᴄᴋ, S. 149 (»Dinge . . ., die selbst der haßerfüllteste Antisemitismus des Mittelalters nicht hätte überbieten können«); auch Adrian ist nach ᴅᴇ ʟᴇ Rᴏɪ I, S. 114, »sehr hart« gegen die Juden aufgetreten.

[153] Vgl. Aᴅʀɪᴀɴ, S. 1–5; Bʀᴇɴᴢ, S. 3–5.

[154] Bʀᴇɴᴢ, S. 35, wiederholt die schon bei Helwig auftauchende Befürchtung, daß Mitleid und gute Behandlung von seiten der Obrigkeit oder Privatleuten die Juden nur noch verstockter mache.

[155] Vgl. bes. Gᴇʀsᴏɴ, S. C 3ᵛ.620.

[156] AaO., S. 363.

Petrus Alfonsi, Paulus von Burgos u. a. versucht er, seine Talmudkenntnisse so aufzubereiten, daß Christen aus ihnen Argumente gegen die Juden gewinnen können. Dabei ist er möglicherweise dem Talmud nicht ganz gerecht geworden[157]. Er nimmt aber auch kritisch Stellung zur Praxis der Judenbekehrung und fordert eine zwangsfreie und von Verständnis geprägte Zuwendung zum Judentum[158]. Mit Recht kann daher die Judenmissionsbewegung des 19./20. Jahrhunderts an ihn anknüpfen und ihn herausstellen als »würdige[n] Anfänger jener großen Reihe von Geistlichen aus den Juden, die hernach das Wort Gottes in der evangelischen Kirche gepredigt haben«[159]; als einen, der sich aus seiner Zeit wie Schadäus und Crinesius heraushebt. Wenn er noch heute mit Pfefferkorn und Eisenmenger gleichgesetzt wird[160], so zeigt dies einen Mangel an historischer Differenzierung.

Mit dem Mißtrauen von Christen gegenüber seiner Bekehrung hatte sich auch Joseph auseinanderzusetzen. Wie schon die Taufpredigten zeigten, waren Widerstände in den Gemeinden in den beiden ersten Jahrzehnten des 17. Jahrhunderts noch besonders virulent. Dabei wurde offenbar häufig Luthers Äußerung herangezogen, einem taufwilligen Juden sollte man am besten einen Stein um den Hals hängen und ihn ersäufen[161]. Joseph beklagt sich, daß »Etliche« dies »wol ohne scheu vnd vnverschembt sagen« dürfen; mit dem Jesuswort Mt 18,6 läßt er diesen Wunsch auf den mißgünstigen Christen zurückfallen[162]. Gerson weiß sogar, daß die ihm auch vorgehaltene Wendung in Luthers Tischreden zu finden ist; aber er meint, daß sie »ohne zweiffel/ wie auch viel anders mehr/ von anderen Leuten darin geflicket ist/ vnd von dem Hocherleuchten Werckzeug Gottes nie gedacht/ viel weniger geredet worden«[163]. Auch in der Literatur, wenn auch seltener in der theologischen, waren die getauften Juden Objekte des Spotts[164]. Gerson und Joseph haben diese Anfeindungen aber offenbar bewußter verarbeitet als die anderen Konvertiten, die sich dann besonders verächtlich über die Juden

---

[157] GRAETZ X, S. 294, wiederholt eine entsprechende Anschuldigung von Richard Simon.
[158] Vgl. GERSON, S. A 2ʳ–B 6ʳ; dieses Zitat auch bei G. MÜLLER 1968, S. 489f.
[159] DE LE ROI 1879, S. 140. Von dieser Würdigung Gersons sind auch DE LE ROI I, S. 117–122, und KALKAR 1881, S. 151–153, abhängig; vgl. ferner *Bekenntnis Gerson;* DECKERT, S. V (Gerson unternahm einen »ehrliche[n] Conversionsversuch dictirt von der Liebe zum eigenen Stammesvolk«); ETTINGER, S. 205.
[160] Vgl. REUTER, S. 31.
[161] Vgl. WA TR 2, S. 566, Z. 11–14.
[162] JOSEPH 1612, S. A 10ᵛ.
[163] GERSON, S. Cᵛ.
[164] Beispiele z. B. bei FRANKL, S. 54–58. Aber auch eine theologische Streitschrift treibt ihren Spott mit der Judentaufe: *Judenspiegel* schildert ein Gespräch zwischen einem Juden, der gerade calvinisch getauft worden ist, und einem Teufel. Letzterer fragt den Konvertiten, warum er Calvinist geworden sei, worauf dieser zahlreiche beschwerliche Regeln und Glaubenssätze der anderen Konfessionen anführt. Der Calvinismus dagegen mit seinen vielen Sonderregeln und bösartigen Sitten entspreche genau dem Judentum (S. 34–38).

äußern. In seinem ausgesprochen persönlichen Bekenntnis will Gerson seinen christlichen Glauben gerade auch im Leiden und ohne Vorteile festhalten[165]; Joseph bekennt, daß Gersons Schrift ihm selbst über Anfechtungen hinweggeholfen hat[166]. Während Gerson aber sogar (ohne ordentliches Theologiestudium) zum Predigtamt in Bernburg berufen wurde und sich dort bewährte[167], blieb Joseph dem evangelischen Glauben nicht treu. Er trat später zum Katholizismus über und schrieb auch für diesen noch eine apologetische Schrift gegen die Juden[168].

2.6. *Zusammenfassung*

Es ist ein zwiespältiges Bild, das sich zu Beginn des 17. Jahrhunderts darbietet. Einer schon ansehnlichen Literatur über christlich-jüdische Kontroversen stehen nur wenige Werke gegenüber, in denen die Judenbekehrung thematisiert wird. Die Theologen erkannten zwar Judenbekehrung als Aufgabe, schoben diese aber weiter an die Obrigkeiten, die sich nicht interessiert zeigten, so daß es kaum Formen organisierter Judenmission gab[169].
Dennoch war die Hoffnung auf Bekehrung der Juden unumstritten; sie bildete sogar einen Grundkonsens, eine Klammer in den ansonsten divergierenden Einstellungen zum Judentum. Einhellige Übereinstimmung bestand darin, daß die Juden zum Christentum bekehrt werden sollten; weitgehende Übereinstimmung darin, daß diese Bekehrung möglich war und sofort begonnen werden sollte. Diese positive Zuwendung zum jüdischen Volk war allerdings durchmischt von negativen Einstellungen, z. T. aus mittelalterlicher volkstümlicher Judenfeindschaft[170] gespeist, z. T. aus den seit der Reformation stärker empfundenen theologischen Differenzen. Diese »grundsätzliche Ambivalenz zwischen Missionsauftrag unter den Juden und Schutz der Christen gegen die Juden«[171] hatte Oberman schon für das 16. Jahrhundert konstatiert. Dort äußerte sie sich in »Unschlüssigkeit« zwischen »Konversionsbemühungen« und »angstgesteuerte[m] Haß«[172]. Im

---

[165] GERSON, S. 608–624 (bei DE LE ROI 1879, S. 135–139; auch *Bekenntnis Gerson*, S. 105–111).
[166] Vgl. JOSEPH 1612, S. A 11ʳ.
[167] Vgl. DE LE ROI I, S. 119f.
[168] Vgl. WILL IV, S. 491f. Die Schrift (Wien 1628) ist in *BLC* Vol. 168, S. 363, nachgewiesen.
[169] Vgl. dazu diese Arbeit, Exkurs II; als Ausnahme wäre höchstens die Hanauer Disputation (S. 174) zu nennen.
[170] Mit der Frage eines volkstümlichen Antisemitismus im Spätmittelalter ist ein sehr schwieriges Thema angeschnitten; vgl. hier nur LuJ 52 (1985), S. 257 (Bubenheimer); OBERMAN, bes. S. 28.87–122; DEGANI, S. 12–37.
[171] OBERMAN, S. 43.
[172] Ebd.

17. Jahrhundert bildeten beide Einstellungen eher eine Synthese, da gegenläufige Empfindungen und unterschiedliche Äußerungen Luthers harmonisiert werden sollten[173].

Die Nachwirkung der Judenschriften Luthers kann hier nicht im einzelnen aufgeschlüsselt werden[174]; Luther wurde sehr häufig zitiert und stand wohl noch häufiger im Hintergrund der Vorstellungen. Zudem scheue ich mich, in die aktuelle Auseinandersetzung zur Interpretation Luthers einzugreifen. Eine Wandlung in der Art der Zuwendung zu den Juden scheint mir aber – auch abgesehen von der Frage einer Kontinuität in seiner Grundeinstellung[175] – nicht zu leugnen: So eindeutig, wie Luther 1523 die Judenbekehrung durch Überzeugung für erreichbar hielt und jeglichen Zwang ablehnte[176], so eindeutig hat er 1543 diese Bekehrung für unmöglich erklärt[177] und nur in der Steigerung des Elends der Juden eine indirekte Möglichkeit gesehen, sie ihres Unglaubens zu überführen[178]. Diese Überlegung dient auch zur Begründung seiner berüchtigten Ratschläge[179], die daneben aber religiösen und wirtschaftlichen Schutz der christlichen Bevölkerung in den Vordergrund stellen[180].

Die orthodoxen Theologen, denen Luthers Gesamtwerk als Richtschnur galt, konnten aber keiner der extremen Haltungen ganz folgen. Maßgeblich wurde daher die eigenartige Synthese, die eher bei Bucer vorbereitet ist: Die Bekehrung einzelner Juden ist möglich, wenn auch schwer; die Obrigkeit hat dazu durch Unterdrückung indirekt beizutragen, gleichzeitig aber auch durch Zwang die direkte Bekehrung durch das Wort Gottes zu fördern. (Den Einfluß Bucers hatte bereits Frick hervorgehoben[181]; gegen ihn wird

---

[173] Vgl. auch diese Arbeit, S. 24 f. 29. 32. 48 u. ö. Das Nebeneinander von zwei gegensätzlichen Motiven konstatiert auch WHALEY, S. 84 f., ohne es recht zu erklären.

[174] Vgl. den Überblick bei WALLMANN 1987, S. 78–83, der aber nur ausgewählte Quellen heranzieht.

[175] Vgl. BROSSEDER, S. 35 f., zu den Grundpositionen der Interpretation; zur neuesten Diskussion BÄUMER, S. 235–263; GROTE; PFISTERER, S. 100–108.

[176] WA 11, S. 315: »Ich hoff, wenn man mit den Juden freuntlich handelt und aus der heyligen schrifft sie seuberlich unterweyßet, es sollten yhr viel rechte Christen werden . . . «

[177] Vgl. diese Arbeit, Kap. 2, Anm. 58.

[178] WA 53, S. 541: »UNSern Ober Herrn, so Jüden unter sich haben, wündsche ich und bitte, das sie eine scharffe Barmherzigkeit wolten gegen diese elende leute uben, wie droben gesagt, obs doch etwas (wiewol es mislich ist) helffen wolte . . . Sie wissen warlich nicht was sie tun, Wollens dazu, wie die besessen Leute, nicht wissen, hören noch lernen. Darumb kan man hie keine barmhertzigkeit uben, sie in jrem wesen zu stercken.«

[179] AaO., S. 522: »Wir müssen mit gebet und Gottes Furcht eine scharffe barmhertzigkeit uben, ob wir doch etliche aus der flammen und glut erretten kündten . . .«

[180] Dies geht besonders aus den Einzelbegründungen zu den Forderungen hervor. Bes. bezeichnend WA 53, S. 529: »So rauben sie und saugen uns aus, liggen uns auf dem halse . . . fluchen zu lohn unserm Herrn Christo, Kirchen, Fürsten und uns allen . . .«

[181] Vgl. FRICK 1922, S. 49 (vgl. dagegen die schon zurückgewiesene Ansicht von C. COHEN, S. 94, diese Arbeit, Kap. 2, Anm. 17). Einen klaren Gegensatz zwischen Luther und Bucer nach der Art von BODENHEIMER, S. 28 (»Zwischen diesen beiden Polen, zwischen der Bedrängung

man allerdings feststellen müssen, daß Bucers Einfluß dem Missionsgedanken noch keineswegs die beherrschende Stellung in der Judenpolitik sicher-
te. Die einschränkenden Maßnahmen sind bei ihm nicht Zugeständnisse an
den Geist seiner intoleranten Zeit, sondern Ausdruck einer theologisch
begründeten Anschauung vom Judentum als Gefahr für den wahren Glauben[182].) Die Grundhaltung der orthodoxen Theologen, auf weiteren Ausgleich bedacht, läßt sich folgendermaßen systematisieren: Die Juden sind ein
halsstarriges, bösartiges Volk. Obwohl sie schon aus dem AT die Wahrheit
des Christentums klar erkennen könnten, ziehen sie es vor, diese Wahrheit
mittels talmudisch-rabbinischer Auslegungskniffe zu leugnen. Diese an sich
unerklärliche Blindheit ist nur als Verstockung durch Gott zu erklären (vgl.
bes. 2.Kor 3,14f.). Trotzdem sind die Juden selbst voll dafür verantwortlich
zu machen, zumal sie die Bosheit soweit treiben, den christlichen Glauben
offen zu schmähen und Christen überall Schaden zuzufügen. Hier muß die
Obrigkeit sie streng in die Schranken weisen. Die Verstockung, die z. Zt. die
Bekehrung verhindert, ist aber nicht ewig, sondern wird aufgehoben werden (vgl. 2.Kor 3,15); eine Bekehrung der Juden ist sicher verheißen (vgl.
Röm 11,25f.). Daraus folgt auf jeden Fall, daß die Bekehrung nicht von
christlicher Seite verhindert werden darf, etwa durch Vertreibung der Juden
unter die Ungläubigen, aber auch durch eine Politik, die die Juden in ihrem
Jude-Sein ganz zufrieden sein läßt. Eher sind Anstrengungen zur Bekehrung
der Juden geboten. Zwar kann nicht behauptet werden, daß eine allgemeine
Judenbekehrung unmittelbar bevorstünde; aber die Zusage einer Bekehrung
der Juden vor dem Jüngsten Tag beweist doch, daß Versuche zur Bekehrung
nicht vergeblich sein müssen. Das bestätigen auch Beispiele einzelner Juden,
die sich bekehren lassen. Da der Glaube aus der Predigt kommt, kann
Bekehrung aber nur durch Auslegung der Heiligen Schrift gelingen. Da die
Juden nur das AT anerkennen, muß man ihnen daraus die Richtigkeit des
christlichen und die Haltlosigkeit des jüdischen Glaubens beweisen, was an
sich – wegen der Harmonie der Schrift – auch gelingen müßte. Gelingt dies
trotz sorgfältiger Beweisführung nicht, so ist also weiter die Decke der
Verstockung vor Israels Herzen, die Zeit der Bekehrung noch nicht gekommen; Schutz der Christen vor jüdischer Bosheit hat Priorität. Gelingt die
Bekehrung in einzelnen Fällen, so muß man sich vergewissern, ob der
Konvertit die christliche Wahrheit wirklich begriffen und angenommen hat;
dann wird er durch die Taufe in das wahre Gottesvolk aufgenommen und
von schädlichen jüdischen Einflüssen möglichst ferngehalten.

---

der Juden und ihrer Bekehrung, zwischen Luther und Butzer ...«) kann ich allerdings nicht
feststellen.
    [182] In dieser Einschätzung treffen sich die Analysen von Kohls (in BUCER, S. 335), C. COHEN,
S. 96f., MAURER 1970 und NIJENHUIS, S. 70 (der allerdings diese Anschauung von den »biblical-
theological views« unterscheidet).

Die Gedankenreihe erklärt, warum das Bekenntnis zur Judenbekehrung
Allgemeingut evangelischer Theologen sein konnte, ohne in konkretes,
erfolgversprechendes Handeln umgesetzt zu werden. Bekehrung wurde
verengt als Übernahme des richtigen Systems von Glaubenswahrheiten
verstanden, so daß apologetische und polemische Schriften als ausreichende
Erfüllung der Missionspflicht angesehen werden konnten. Diese Schriften
waren zudem von ihren dogmatischen Voraussetzungen her nicht geeignet,
die Verstehensebene der Juden zu erreichen. Die Lehre von der Verstockung
der Juden machte den Judenbekehrern sogar ein gutes Gewissen, auch
Zwang und Benachteiligung als angebliche Missionsmittel einzusetzen,
auch wenn sich hier vielmehr unterschwellige Judenfeindschaft austobte.
Die tatsächlich wirksameren Motive, die Juden zur Bekehrung veranlassen
konnten, blieben weitgehend unbeachtet. Wenn aber der Erfolg aufgrund
verfehlter Mittel ausblieb, so führte dies nicht dazu, an diesem Konzept zu
zweifeln und angemessenere Versuche anzustrengen. Der Mißerfolg erklärte sich vielmehr bequem aus der anhaltenden Verstockung der Juden. Die
Bekehrung war zwar noch für die Zukunft verheißen; weil man dies jedoch
zwar als biblische Wahrheit anerkannte, aber Zeitpunkt und Art der Bekehrung ungewiß ließ, brauchte man für die Gegenwart keine Konsequenzen
daraus zu ziehen, sondern konnte den Juden die Verantwortung für die
Nicht-Bekehrung zuschreiben. Jeder Bekehrungsversuch barg also weiteren
Nährstoff für Judenfeindschaft in sich. Umgekehrt legte die Judenfeindschaft die Gedanken an die Bekehrung der Juden immer wieder nahe;
irgendwann einmal müßten die Juden doch ihr verstocktes Wesen ablegen
und zu nützlichen Gliedern der Gesellschaft werden. Bekehrung und Abwehr der Juden entsprangen derselben Grundeinstellung; Versuche der Bekehrung waren tatsächlich auch Versuche der Abwehr mit anderen Mitteln,
zur Lösung der Judenfrage. Diese Versuche geschahen jedoch in bester
Absicht auch für die Juden, und sie verhinderten oft eine Abwehr, die sich
ganz gegen die Juden gerichtet hätte. Nur der feste Glaube an die tatsächlich
bevorstehende Judenbekehrung konnte trotz aller Rückschläge immer wieder zu neuen Missionsansätzen stimulieren; er gestattete es nicht, die Juden
ganz aufzugeben und ungebremster Verfolgung auszusetzen. Im weniger
bibelfesten Volk konnte sich Judenfeindschaft daher viel einfacher auch in
Ablehnung der Judenbekehrung äußern und sehr viel radikaler auswirken als
bei den Theologen.

Das eben geschilderte Grundmuster der christlichen Einstellung zum
Judentum wird in reinster Form von Molther vertreten[183], übrigens auch

---

[183] Das belegen vor allem die Vorreden in MOLTHER 1601. In der ersten Vorrede (S. A 2^r–A 4^r)
führt er aus, daß die Juden an Fabeln hängen und blind und verstockt sind; die Zusammenstellung solcher Fabeln soll sie beschämen und gleichzeitig die Christen aufklären. Zu Beginn des
2. Teils wendet er sich aber in einer weiteren Vorrede an die Juden (S. 41–45). Er legt ihnen Hos

von Buxtorf d. Ä.[184]. Aber auch im Ton deutlich divergierende Autoren folgen dem Konzept und setzen höchstens die Akzente stärker in eine Richtung. So betont der Pionier der dialogorientierten Judenmission, Elias Schadäus, besonders wortreich, daß in Röm 11,25 ff. die Bekehrung der Juden verheißen ist, ohne dies allerdings zum Glaubensartikel erheben zu wollen[185]. »Ziel und Zweck dieser Worte und Vermahnung des hl. Apostels« ist u. a., daß Christen »ein herzliches Mitleiden mit ihnen [sc. den Juden] haben«, anstatt sie mit Haß zu verfolgen[186]. Aus dieser grundsätzlichen Überwindung der Judenfeindschaft erwachsen sogar revolutionäre Forderungen wie die Aufhebung der Isolation in Ghettos und des Verbots christlicher Berufe[187]. Dies alles geschieht aus der Hoffnung auf bessere Missionschancen, denn als Juden bleiben die Juden natürlich »im finstern Kerker, sehen die Gnade Gottes nicht . . .«[188]. Wenn Schadäus nicht deutlicher von der »verstockten Blindheit und derselben Früchte und Bubenstücke« schreibt, so nur, »damit nicht unverständige Christen solches mißbrauchen«[189]. Es ist nicht eine Absage an die Lehre von der Verwerfung und Verstockung Israels, die Schadäus zu außergewöhnlich freundlichen Tönen kommen läßt. Vielmehr ist das Vertrauen auf die künftige Aufhebung der Verstockung so stark, daß es die aus der Gegenwart eigentlich notwendige Feindschaft gegenüber den Juden um der Hoffnung auf die künftige Bekehrung willen überwindet. Auch die judenfreundlichen Gerson und Bischoff[190] leiten ihr Plädoyer für Judenmission vor allem aus Röm 11 ab.

Umgekehrt sprechen besonders judenfeindliche Autoren wie Brenz und Herold nicht von der Hoffnung auf künftige Bekehrung, sondern betonen ausdrücklich die Verstockung der Juden gegenüber allen Argumenten[191]

3,4, das Motto des 2. Teils, aus und äußert seine »Hoffnung/ ihr werdet euch auch/ auff vorgehende Erinnerung und Anmanung/ nunmehr zu dem HERRN vnd seinem Messia bekehren/ in dieser letzten Zeit« (S. 41). Obwohl die Verstockung, die Molther den Juden nun drastisch vorhält (S. 42 f.), eine Bekehrung unwahrscheinlich macht, will er mit christlichem Vertrauen in dieser Schrift einen Beitrag dazu leisten.
[184] Ich beziehe mich dabei auf die Inhaltsangabe der 1603 erstmals erschienenen »Synagoga Judaica« bei HEUTGER, S. 78–81. Heutger will dem ganzen Buch »missionarischen Charakter« zusprechen (S. 78); dieser reduziert sich aber auf die Hoffnung, die Juden mit Vernunftgründen von ihrem Glauben abzubringen. Ausführliche Beschreibungen jüdischen Glaubens und Lebens unter eindeutig negativem Vorzeichen bilden die Hauptmasse des Buches (eine ähnliche Einschätzung auch bei MEVORAH, S. 115).
[185] SCHADÄUS, S. 32–36; bes. S. 33.
[186] AaO., S. 47.49.
[187] AaO., S. 50.
[188] AaO., S. 45.
[189] AaO., S. 29.
[190] Vgl. GERSON, S. C 3ʳ; M. BISCHOFF, S. XX 2ᵛ.
[191] Vgl. BRENZ, S. 60 f., und HEROLDs Argumentation, daß die jüdische Religion ohne Lästerung kaum vorzustellen sei (S. Oo 2ʳ).

bzw. rufen (wie Cäsar) zum Mißtrauen gegenüber getauften Juden auf[192]. Bei ihnen ist die traditionelle Judenfeindschaft durch das Wahrnehmen der unüberbrückbaren theologischen Differenzen noch verschärft, aber nicht durch die Hoffnung auf die künftige Bekehrung weitgehend neutralisiert. Trotzdem wagen sie es nicht, die Bekehrung schlechthin für unmöglich zu erklären, sondern behaupten, die Bekehrung selbst auch anzustreben. Sie sind aber am wenigsten bemüht, den Juden echte Argumente entgegenzuhalten, geschweige denn ihre tatsächliche Situation ernstzunehmen und mit missionarischer Zuwendung dort anzusetzen.

---

[192] Vgl. RECHTANUS (alias Cäsar), S. 112.

3. Die Zeit des Dreißigjährigen Krieges

Der Krieg traf die verschiedenen deutschen Gebiete zu unterschiedlichen Zeitpunkten, brachte aber auf die Dauer überall Beeinträchtigungen der theologischen Arbeit mit sich. Daß trotzdem viele Schriften zum Thema erschienen, läßt sich auf eine Reihe neuer Gesichtspunkte zurückführen, die das Interesse an Fragen der Judenbekehrung weiter anfachten. Die folgende Darstellung soll sich daher auf die neuen Aspekte konzentrieren.

3.1. Hoffnung auf die Judenbekehrung

Am Beginn einer langen Reihe von Veröffentlichungen zur Frage einer endzeitlichen Bekehrung der Juden steht die Schrift eines Nicht-Theologen, des Tübinger Juristen und Philologen *Christoph Besold*[1].

Zunächst behandelt Besold philologische Fragen. Röm 11,25 f., das allgemein als Beleg gilt, ist für ihn nicht so eindeutig heranzuziehen (S. 3–5). Dafür führt er etliche prophetische Trostworte für Israel, z. B. Jes 11,11 ff.; 43,5 ff.; 59,20; Jer 16,14 ff.; Ez 36,16 ff. auf (S. 6–13), auch wenn dort meist nur von der Sammlung Israels aus der Zerstreuung, nicht von der Bekehrung die Rede ist. Eingehende philologische oder theologische Überlegungen stellt Besold dazu nicht an. Er konstatiert nur, die jetzige Verstockung zeige, daß Gott mit den Juden noch ein größeres Werk vorhabe; ein Gedanke, den er bei Hieronymus fand (S. 13–15). Ganz zum Schluß wird dann erst das eigentliche Anliegen der Schrift deutlich: Da die Ausbreitung des Christentums in alle Teile der Welt vollendet ist (S. 17), ist nun die Endzeit gekommen, in der die Juden eine besondere Rolle spielen. Besold erwartet nicht nur ihre Bekehrung, sondern zeichnet ein Endzeitszenario, in dem u. a. die Juden in ihre »gloria illustrior« eingesetzt werden und für die Völker nur das »atrium templi« bleibt (S. 19). Weil er aber eine ›fleischliche‹ Ausmalung dieser Hoffnungen ablehnt, hat er kein Verständnis dafür, daß Hoffnung für die Juden als chiliastische Lehre gebrandmarkt wird. Er beruft sich dagegen sogar auf die Hoffnung des jungen Luther für die Juden (S. 20).

Besold zitiert zwar einige Autoren (die Reformierten Heurnius und Cunäus sowie Keplers »De Stella Nova«), aber kein Werk speziell zur Judenbekehrung, so daß ich annehme, daß sein Schriftchen das erste mit dieser

---

[1] BESOLD; eine Schrift mit gleichem Titel ist anscheinend auch anonym publiziert worden, vgl. J. C. WOLF IV, S. 499. Zur Person Besolds vgl. *GVUL* III, Sp. 1499.

speziellen Thematik ist[2]. In der weiteren Literatur zur Judenbekehrung taucht sein Name nicht mehr auf. Möglicherweise waren die chiliastischen Anklänge (auch wenn der Begriff des Tausendjährigen Reiches nicht auftaucht) zu kompromittierend. Das Thema wird aber auch in einer (oder mehreren) anonymen Schrift(en) aufgegriffen[3].

Im »Prodromus Reconversionis Judaeorum« von 1634 schlägt die Vorrede zunächst eine andere Thematik an: die jetzige Christenheit begeht »schwere Sünden vnd Vnchristlichen vnverantwortlichen Vnfug« (S. 3), wenn sie nicht die Lästerungen der Juden unterbindet und die Bekehrung vorantreibt. Als Haupthindernis werden dann aber die Gefahren durch jüdischen Wucher, Sabbatdienste und Müßiggang am ausführlichsten behandelt (S. 7–16); der Autor fordert strenge Reglementierung. Erst auf S. 16 verbindet er diese Forderung wieder mit dem Aufruf zur Bekehrung: »Anlaß/ Vrsach vnd Mittel gebe man ihnen zur Bekehrung:/ vnd schneyd ihnen ab die Mittel der Verstockung. Man lege jhnen den grausamen vngeschlungenen Wucher. Man mässige die Vnchristliche vnverantwortliche Gotteslästerungen vnd Indulten. Man halte sie zu knechtischer Arbeit/ vnd thu in allen Stücken vnd Puncten groß vnd klein daß/ was zu jhrer Bekehrung/ Glauben vnd Seligkeit diene/ welche wir dann/ daß sie gewißlich kommen werde/ glauben vnd daß sie bald komme/ Gottbitten/ wie dieses Tractätlein mit mehrem außweiset«.

In der zweiten Vorrede warnt der Verfasser davor, wegen der Bedrängnisse der evangelischen Christen durch den Antichrist die Nähe des Jüngsten Tages für sicher zu halten. Dieser Schluß ist zwar naheliegend und z. T. auch berechtigt; aber der Jüngste Tag kommt »nicht, es sey dann/ daß zuvor auch der leibliche Fall deß letzten Occidentalischen Babels . . . geschehe . . . vnd wiederbekehret werden zu dem ewigen/ einigen/ wahren vnd lebendigen Gott/ die noch jetzo in blindheit vnd Irrthum lebende vnd schwebende verdüsterte Jüdischeit« (S. 21 f.).

Letzteres versucht der Hauptteil in einem langen Argumentationsgang zu beweisen. »Hauptsitz dieser Lehr« (S. 23) ist Röm 11, das mit Hilfe einiger anderer Bibelstellen ausgelegt wird (S. 23–28). Verschiedene alttestamentliche Verse verheißen ebenfalls eine Bekehrung der Juden, z. B. Dtn 4,27 ff.; Hos 3,4 f. etc. Ausführlich wird dargelegt, daß diese Verse nicht schon am Ende der babylonischen Gefangenschaft erfüllt sind (S. 28–33). Dtn 30,3 ff. steht an der Spitze weiterer Belege dafür, daß die Juden nicht ewig von Gott verworfen sind; hier wird wieder ein Appell zu

---

    [2] Vgl. aber diese Arbeit, Kap. 2, Anm. 43 (Eglin).
    [3] Referiert wird *Prodromus* 1634. Möglicherweise war diese Schrift mit pseudonymem Autor bereits früher erschienen; vgl. FÜRST III, S. 68: »Chr. Patienz: Dass die jetzige Judenschaft vor dem jüngsten Tage bekehrt werden solle: Ff. a/M., 1623.4«; LIPENIUS II, S. 145: »Christ. Patientis Vortrab der erwünschten Widerbekehrung derer Jüden/ darinnen angezeiget wird/ daß die Jüdenschafft noch vor den Jüngsten=Tag bekehret werden sol. Franckfurt 4.1629. & 1633.«; ähnlich auch J. C. WOLF II, S. 1070. Die Bemerkung in der Vorrede, zur Zeit wüte der Antichrist gegen die Protestanten (S. 21), paßt eigentlich besser in das Jahr 1623 mit dem Siegeszug der Ligaheere (zumal der Autor aus dem hessischen Raum zu stammen scheint) als in das Jahr 1634, wo höchstens an die Wochen nach der Schlacht von Nördlingen zu denken wäre. – In einigen Punkten mit dem *Prodromus* 1634 vergleichbar scheint übrigens auch eine anonyme »prophetische, apostolische und apokalyptische Betrachtung der Weissagung unseres Herrn Christi Matthäus 24,14« von 1623, die ich nur aus der Zusammenfassung bei DE LE ROI I, S. 87, kenne; der vollständige Titel ist bei FREIMANN, S. 417, zu finden.

Bekehrungsanstrengungen angeschlossen (S. 34–36). Weitere Zeugnisse entsprechen den von Besold genannten Belegen (S. 36–40). Jer 31 bzw. Apk 18,3f. dienen als dictum für die Wiederannahme als Bundesvolk (S. 40–42) bzw. Wiedererwählung durch Gott (S. 42–45). Die Überlegung, es »kan doch niemand verständiges in Abrede seyn/ daß Gott noch etwas sonderliches mit seinem Volck vorhabe« (S. 45), leitet über zur Aufzählung von altkirchlichen, katholischen und vor allem evangelischen Theologen, die die endzeitliche Bekehrung gelehrt haben (S. 47–56), eine Liste, die eine Vorlage für Spener gewesen sein könnte. Nebenbei distanziert sich der Autor allerdings von der Erwartung einer ausnahmslosen Bekehrung der Juden; die will er den Chiliasten Nagel und Felgenhauer überlassen (fehlpaginiert S. 57; gemeint 55). Zuletzt werden die Einwände gegen diese Beweisführung aufgezählt. Noch einmal distanziert sich der Verfasser dabei von der Erwartung einer ausnahmslosen Bekehrung (S. 57f.), auch von der Erwartung eines Wiedereinzugs der Juden in Jerusalem oder der Ausrechnung genauer Zeiten oder Umstände (S. 58–60). Dem Argument, die Bekehrung der Juden sei wegen ihrer übergroßen Verblendung nicht zu erwarten, setzt er eine Reihe von Widerlegungen entgegen (S. 60–62). Voraussetzung ist allerdings eine Verhaltensänderung der Christen, die den Juden vor allem Lästern, Wucher und Müßiggang nicht mehr gestatten dürfen (S. 62–74; hier kommen die Vorschläge von Luther, Bucer und Nigrinus zu Ehren, argumentiert wird aber durchgehend mit der verheißenen Bekehrung; vor allem S. 70.74). Nur ganz am Rande werden wöchentliche Zwangspredigten als positive Maßnahmen vorgeschlagen (S. 74).

Sowohl Besold als auch jener Anonymus hatten sich also von chiliastischen Anschauungen distanziert, die in derselben Zeit in der Literatur neu aufblühten. Dieser Chiliasmus, der im alten Reich (im Gegensatz zu England) zunächst außerhalb der verfaßten Kirche blieb, kann hier nicht als eigenes Thema behandelt werden, obwohl eine Darstellung der chiliastischen Hoffnungen auf dem Kontinent zu Beginn des 17. Jahrhunderts ein dringendes Desiderat wäre[4]. Einige Hinweise zur chiliastischen Erwartung der Judenbekehrung müssen aber gegeben werden, ohne jeden Anspruch, damit das komplexe und vielgestaltige Phänomen des Chiliasmus erfassen zu können. Ich beschränke mich auf einige holzschnittartige Ausführungen, die auf Werken von Alsted, Felgenhauer und Anna von Medem basieren[5].

---

[4] Allgemein zum Chiliasmus zu Beginn des 17. Jahrhunderts vgl. HAASE; H. LEHMANN, S. 129–134; BAUCKHAM, S. 740; eine erste Skizze der chiliastischen Lehren innerhalb der lutherischen Orthodoxie bei WALLMANN 1982. Über England berichten im Zusammenhang mit der Judenbekehrung z. B. DE JONG, S. 18–29; TOON, S. 26–30.56–65; SCULT, S. 18–34; D. KATZ, S. 90–93; vgl. auch dort jeweils angegebene Literatur. Die Verbindungen zum Kontinent wurden dagegen vernachlässigt (so zuletzt noch die Urteile von PULLAN und POPKIN 1983 in ihren Rezensionen von D. KATZ); nur die Wirkung Alsteds wird immer wieder genannt, z. B. bei DE JONG, S. 9–13; TOON, S. 42–56. – Einzelstudien enthält auch die unter dem Stichwort ›Philosemitismus‹ referierte Literatur (vgl. diese Arbeit, Kap. 1, Anm. 83–106.110).

[5] Bei Alsted beschränke ich mich auf sein Hauptwerk von 1627 und die Hinweise bei de Jong und Toon. Über Felgenhauer orientieren SCHOEPS 1952, S. 18–45, und WOLTERS, bes. 1957, S. 71–73 (zur Eschatologie). Ich benutze nicht das bekanntere Bonum Nuncium Israelis von 1655, sondern seine anonym erschienene Schrift *Prodromus* 1625, die möglicherweise schon der

Die künftige Judenbekehrung war für die Chiliasten kein eigenes Thema, sondern ein Bestandteil der erwarteten besseren Zeit für die Kirche. Diese Erwartung, der Motor der chiliastischen Bewegung, wurde offenbar durch den Dreißigjährigen Krieg intensiviert. Sowohl Alsted und Felgenhauer als auch die anonymen Verfasser des Prodromus von 1634 und der ›Betrachtung von Mt 24,14‹ nennen die Kriegsläufte explizit als Vorzeichen der Endzeit, fühlen sich dadurch aber zugleich auch zum Trost für die leidende Kirche herausgefordert[6]. Man versuchte, die Zeichen der Zeit zu deuten und aus den biblischen Verheißungen eine bald anbrechende bessere Zeit für die Kirche nachzuweisen. So wurde die allgemeine Bekehrung der Juden, die bisher als Ereignis einer unbestimmbaren Zukunft angesehen worden war, zum unmittelbar erwarteten Geschehen, da bereits die Gegenwart als endzeitlich qualifiziert galt. Röm 11, für die Orthodoxen die Zentralstelle, ist bei den Chiliasten nur ein Beleg unter vielen, der nur einen Teil ihrer Erwartung stützt. (Daher möchte ich auch die Überlegung, nach der erfolgten Bekehrung der Heidenvölker stehe gemäß Röm 11,25f. nur noch die Judenbekehrung aus und sei also dringend geboten, nur als Zusatzargument gelten lassen[7].) Für die Chiliasten charakteristisch ist daher eine intensive Erwartung, die sich aber weniger in verstärktem Werben für die Judenmission äußert als in einem Bußruf an Juden und Christen[8]. Judenbekehrung sollte durch Gottes Wirken bzw. seinen Plan in Gang gebracht und eher durch einen wunderbaren Eingriff ins Werk gesetzt werden als durch Eingliederung der Juden in die bestehende Kirche[9]. Dabei konnte sich sogar die Anschauung durchsetzen, Gott werde die Juden wieder in ihre größere Würde einsetzen, sie evtl. sogar nach Palästina, in ein Friedensreich zurück-

---

Anlaß für die Distanzierung in *Prodromus* 1634, S. 57 [55], auf jeden Fall aber bei WALDSCHMIDT, S. 111, und KOLB, S. 16, war; zur Verfasserschaft Felgenhauers vgl. WOLTERS 1956, S. 74. Über Anna von Medem gibt es nur kurze Hinweise bei DE LE ROI I, S. 100; SCHUDT II/2, S. 122; SCHUDT IV/2, S. 287; *AGL Erg.* IV, Sp. 1147. Mir lag nur die 1660 erschienene zweite Auflage ihrer Schrift vor. Da die erste aber 1646 erschienen und (nach VON MEDEM, S. 18) schon 1641 entstanden ist, gehört sie auch noch in diesen Zeitabschnitt.

[6] Allgemein zum Zusammenhang von Krieg und Chiliasmus vgl. HAASE, bes. S. 48–53, und TREVOR-ROPER, S. 101. Speziell vgl. *Prodromus* 1625, S. 3f.; ALSTED, S. 2f. (vgl. TOON, S. 49); *Prodromus* 1634, S. 20f.; DE LE ROI I, S. 87 (zur ›Betrachtung‹, vgl. diese Arbeit, Kap. 3, Anm. 3).

[7] Vgl. G. MÜLLER 1968, S. 473. Dessen Gewährsleute beziehen sich auf Coccejus, der aber als Niederländer in eine andere Traditionslinie gehört, und auf Nicolai, der aber den vermeintlichen Abschluß der Heidenmission noch nicht mit der Aufforderung zur Judenmission verbunden hatte (vgl. HESS, S. 22.127f.). Dies tut erst BESOLD, S. 17, und auch sonst eher die chiliastisch geprägten Autoren als der Hauptstrom der Orthodoxie.

[8] Bes. deutlich VON MEDEM, S. VIII; aber auch *Prodromus* 1625, S. 21–26.

[9] Vgl. aaO., S. 18–21; ALSTED, S. 26f.; vgl. auch DE JONG, S. 24f.; TOON, S. 60f., zu Brightman und Mede. Anna VON MEDEM sieht die Judenbekehrung zwar auch als unfaßbares, der Totenauferweckung vergleichbares Geschehen an (S. Iʳ), betont aber dennoch sehr die praktischen Fragen der Bekehrung, so die Forderung nach Abschaffung der Bilder (S. 16–28), milder Behandlung (S. 29–34) und Belehrung über die alttestamentlichen Verheißungen (S. 117–198).

führen – zusammen mit den Christen, die sich ihnen angeschlossen hatten[10].
Mit dieser Konzeption geraten wir aber wieder in Sonderbereiche, judaisie-
rende Tendenzen, die zwar oft aus chiliastischer Erwartung hervorgingen,
aber nicht notwendig aus ihr folgen. Daher hat die Typisierung von
Schoeps[11] ihr Recht: der biblisch-chiliastische Philosemitismus ist vom ›religiösen‹ zu unterscheiden, wenn auch der zweite oft aus dem ersten hervor-
ging.

Deutlich abzusetzen ist von beiden Typen Schoeps' erster Typ, der
»christlich-missionarische Philosemitismus«, wobei die Frage weiter offen-
bleiben muß, ob der Begriff des Philosemitismus hier überhaupt angemes-
sen ist. Zwischen der Hoffnung auf eine – gar nicht mal vollständige und
datierbare – Bekehrung der Juden und der chiliastischen Hoffnung auf »die
allgemeine Versamblung der Juden vnd Israeliten Leiblicherweise«[12] in
nächster Zukunft liegen Welten, auch wenn beide sich besonders auf Röm 11
berufen.

Dennoch konnte der Chiliasmus nicht ganz ohne Wirkung bleiben. Die
beiden anfangs referierten Schriften bemühen sich um vermittelnde Positionen. Dabei führt Besold mit seiner Betonung der schon erkennbaren Endzeit
und der bald wiederhergestellten größeren Würde der Juden weit über die
Orthodoxie hinaus. Vom »Chiliasmus crassus« unterscheidet ihn nur noch
die Anknüpfung an die Tradition, der Aufruf zur Judenbekehrung als
menschliche Aufgabe und die Distanzierung von allzu ›fleischlichen‹ Vorstellungen. Der Prodromus von 1634 hat als neues Element dagegen allein
die Botschaft, daß die Judenbekehrung bald bevorstehe. Der Gedanke einer
höheren Würde der Juden drängt sich zwar auf, wenn der Autor von der
Wiederaufnahme der Juden als Bundesvolk spricht[13]. Er unterdrückt ihn
aber wieder, indem er die allgemeine Bekehrung der Juden ohne Ausnahme
ablehnt[14] und in seinen praktischen Hinweisen ganz in den traditionellen
Bahnen bleibt[15]. Die theologische Ausführung sollte die Missionsbemühun-
gen unterstützen und intensivieren, indem sie die göttliche Verheißung
dieser Bemühungen unterstrich und die baldige Erfüllung der Hoffnungen
zusagte; ansonsten aber wurden keine neuen Lehren vertreten. Hier wäre
also ein Ansatz zur Weiterführung der traditionellen Haltung zum Judentum
gewesen, die, wie wir gesehen haben, darunter litt, daß zwar eine künftige
Bekehrung der Juden geglaubt wurde, die Hoffnung aber zu unbestimmt

---

[10] Solch chiliastischer Philosemitismus blühte bes. in England, vgl. DE JONG, S. 24 f.; D.
KATZ, S. 107–120.214 f.; vgl. aber auch SCHOEPS 1952, S. 40 f.48.60, zu Felgenhauer, Kempe
und Paulli.
[11] AaO., S. 1; vgl. diese Arbeit, S. 10 f.
[12] *Prodromus* 1625, S. 18.
[13] *Prodromus* 1634, S. 40–42.
[14] AaO., S. 55–58.
[15] AaO., S. 4–16.

blieb und nicht zum maßgebenden Motiv in der Einstellung zum Judentum wurde. Stärkere Gewißheit der allgemeinen endzeitlichen Bekehrung hätte nicht nur die Ansätze zur Judenbekehrung verstärken können (das geschah in jener Zeit offensichtlich, wie die Zwangspredigten und die verstärkte Literaturproduktion zeigen), sondern auch helfen können, die gegenwärtigen Juden nicht mehr nur unter dem Gesichtspunkt der Verstockung zu sehen. Diese Konsequenz wird aber schon im Prodromus von 1634 nicht gezogen. Weitere Veröffentlichungen zeigen eher ein Weiterwirken der alten Position. So unternahm 1637 (?) schon der Erfurter Professor *Grossehain* eine explizite Widerlegung der anonymen Schrift von 1634[16]. Er stellt zuerst einen Zusammenhang zwischen dem Prodromus und Alsteds Chiliasmus her[17]; dann widerlegt er die exegetischen Aussagen des Anonymus mit noch sehr viel komplizierteren Argumentationsgängen[18]. Seine Exegese von Röm 11,25 f. will diese Stelle nur auf das geistliche Israel gedeutet wissen[19]. Auch die Berufung auf den Konsens kirchlicher Lehre läßt Grossehain nicht gelten; ihm genügen die Autoritäten Luther, Daniel Cramer, Finck, Heshusius, Franz etc. als Gegner der Lehre von der ansehnlichen zukünftigen Bekehrung[20].

Noch kennzeichnendere Belege sind aber wiederum einige Taufpredigten, die die Einstellung der »Normaltheologie« wahrscheinlich besser repräsentieren als alle anderen Veröffentlichungen.

Georg Albrecht[21], Superintendent in Gaildorf, hielt 1641 eine Taufpredigt über Röm 11,25–28. Das Exordium zeigt mit einer allgemeinen Auslegung von Dtn 21,15–17, daß die Juden trotz ihrer gegenwärtigen Feindseligkeit das Erstgeburtsrecht behalten (S. 3–6). Schon vor der Texterklärung wird dann die Leitfrage formuliert: »Was von den Juden zu halten/ wie man dieselbe hassen/ vnnd doch auch lieben soll/ damit ihre arme Seelen zu dem Ewigen Leben mögen befördert werden« (S. 6). Feindschaft verdienen sie zwar, weil sie selbst Feinde Christi, der Christen und besonders der Konvertiten, die sie verfolgen, sind (S. 10–16); Freundschaft u. a. wegen ihrer Abstammung, der Aufbewahrung der Bibel, der Abstammung des Messias aus ihrem Geschlecht und der Hoffnung auf ihre Bekehrung (S. 16–22). Gegen die Zweifel des alten Luther an dieser Hoffnung setzt Albrecht die Verheißungen des AT und NT und die neuen Exempel (S. 19–22). Beides muß sich vereinbaren lassen: »Juden/ als Juden/ vnd/ so lang sie Juden bleiben ... soll man billich hassen/ aber Juden/ bey denen eine Bekehrung zu hoffen/ kan vnd soll man lieben« (S. 22). Dies ergibt den Rahmen für die konkreten Forderungen: Christen sollen für die Juden beten, sie über den Messias und die Bedeutung des NT unterrichten, die Überzeugten taufen, auch

[16] Vgl. GROSSEHAIN; zur Person vgl. *AGL* II, Sp. 1200f. Auch KOLB, S. 17f., griff den *Prodromus* 1634 an, der sonst anscheinend wenig Beachtung fand.
[17] Vgl. GROSSEHAIN, S. 4f.
[18] Vgl. aaO., S. 8–64.
[19] Vgl. aaO., S. 35.
[20] Vgl. aaO., S. 73. Luther wird schon früher, z. B. im Motto (S. 2) und S. 25 zitiert.
[21] Vgl. ALBRECHT; zur Person vgl. *AGL* I, Sp. 221 f.

wenn das Risiko eines Betruges bleibt, und die Konvertiten freundlich behandeln (S. 22–30). Als »Vsus« dieses Berichts ergeben sich aber noch weitere Lehren: Der Zustand der Juden ist ein Zeichen für Gottes Zorn; die Christen sollen sich warnen lassen, daß sie genauso bestraft werden könnten (S. 30–36). Sie sollen Gott auch für die Gnade der Bekehrung eines Juden danken (S. 36–38). Die Obrigkeit wird erinnert, die Bekehrung der Juden zu fördern. Hierbei spricht Albrecht sogar Luthers berüchtigten sieben Ratschlägen einen »hohen Werth« zu, auch wenn er »auff dißmal so scharpff nit verfahren« will (S. 38). Die Regenten sollen aber durch Zwangspredigt und -arbeit, Bücher-, Läster- und Wucherverbot ihren Teil beitragen, um nicht im Gericht von den Juden der Vernachlässigung angeklagt zu werden (S. 39–41). Ein Trost für die bedrängte evangelische Kirche schließt die Predigt ab (S. 41 f.).

Daniel Rücker[22] hatte 1647 in Breisach Apk 8,7–9 als Predigttext zur Judentaufe gewählt. Er kannte Albrechts Predigt und hat sie offensichtlich auch inhaltlich ausgewertet.

Die Erklärung des Textes ergibt, daß »Christus laut dieser seiner Wort die Juden bekehren werde. Nicht zwar alle/ wie etliche auß Rom. 11. in diese gedancken gerahten/ als müßten vor dem Jüngsten tag/ noch alle Juden bekehret werden/ sondern etliche/ je zu zeiten/ da oder dort/ einer oder der andere/ nach vnd nach« (S. B 3ᵛ). Daß diese Verheißung erfüllt wird, beweisen »die geschichten der Apostel vnd die Kirchen Historien« sowie »die tägliche erfahrung« (S. Cᵛ). Die Auslegung behandelt dann zuerst die Streitfrage der Tolerierung der Juden: Ihre Vertreibung wäre zwar wegen ihrer Lästerungen und mannigfachen Sünden (bis zum Ritualmord!) recht gut begründet (S. C 2ʳ–C 4ʳ); man sollte aber wegen der Möglichkeit der Bekehrung auch nur weniger davon absehen. Auch andere Argumente, z. B. ihre vornehme Herkunft, ihr Nutzen als Spiegel göttlicher Wahrheit etc. sprechen für die Duldung (S. C 4ʳ–Dʳ). Dabei sind allerdings schärfste Bedingungen angebracht, »daß es geschehe ... ohne schaden vnd nachtheil der Kirchen« (S. Dᵛ) bzw. des »gemeinen Wesens« und »deß gemeinē Manns« (S. D 2ʳ). Solche Bedingungen würden die Juden schnell vor die Alternative Bekehrung oder Auswanderung stellen (S. D 2ᵛ). Die zweite Streitfrage betrifft die Bekehrung der Juden: Ist sie mit Luther für unmöglich zu halten? Rücker hält es zwar auch für »gleichsam ein Miracul vnd Wunderwerck/ wann ein Jud recht bekehret wurd«, aber dennoch für »nicht allerdings vnmüglich« (S. D 3ʳ). Dies wird mit Gottes Willen, seiner Allmacht, aber auch den Beispielen durch christlichen Zuspruch bekehrter Juden begründet (S. D 3ʳ–D 4ʳ). Die Methode der Judenbekehrung beruht auf freundlichem Zureden (S. D 4ʳ f.; mit Berufung auf den jungen Luther), Unterrichtung über den Messias, Gewährung der Taufe bei guten Ansätzen und gutem Vorbild der Christen durch christlichen Lebenswandel (S. Eʳ–E 2ʳ). Besonders wichtig ist, die getauften Juden freundlich aufzunehmen und zu bestärken (S. E 2ʳ–E 3ʳ). In der Anwendung widerlegt Rücker noch einmal ausführlich mögliche Einwände gegen die Taufe der Jüdin (S. E 3ᵛ–Fᵛ) und fordert statt dessen ihre Unterstützung (S. Fᵛ–F 2ᵛ). Auch er schließt mit dem Trost für die evangelische Kirche (S. F 2ᵛ f.).

---

[22] Vgl. RÜCKER; zur Person vgl. *AGL* III, Sp. 2291.

Noch eindeutiger ist das Festhalten an alten Einstellungen in den Taufpredigten *Waldschmidts*[23]. Hier sollen nur zwei der acht Predigten ausführlicher
dargestellt werden.

In der ersten Predigt von 1641 unterscheidet er mit Röm 9,6–9 Israel nach dem
Fleisch und Israel nach dem Geist (S. 4 f.). Ersteres sind die heutigen Juden. Sie sind
nun mal leider geduldet; man sollte dann aber wenigstens eine »Reformation«
machen, die harte Arbeit, Wucher- und Lästerverbot und Verbrennung der Synagogen und jüdischen Schriften einschließt (S. 6–12). Zusätzlich sollte die Bekehrung
durch Gebet, Zwangspredigt und bereitwillig gewährte Taufe gefördert werden
(S. 12 f.). Die Obrigkeit trägt eine hohe Verantwortung; sie muß sich im Jüngsten
Gericht von den verdammten Juden der Nachlässigkeit beschuldigen lassen (S. 13 f.).
Geistliches Israel sind die Konvertiten; über sie sollen sich die Christen freuen und sie
vor Nachstellungen der Juden schützen (S. 14–16).

Die Bosheit der Juden ist auch in anderen Predigten das Hauptthema (vgl. bes.
S. 29–36. 44–54. 60–70). Die 7. Predigt von 1646 über Röm 11,25 f. geht näher auf das
Thema der Bekehrung ein. Danach gilt die Blindheit, die Israel widerfahren ist, dem
fleischlichen Israel, d. h. den heutigen Juden (S. 109 f.); die Bekehrung dem geistlichen Israel, d. h. der Kirche aus Juden und Heiden (S. 110 f.). Die Erwartung einer
allgemeinen Judenbekehrung ist chiliastisch und daher abzulehnen (S. 111 f.). Auch
den alten und neuen Kirchenlehrern, die sie vertraten, ist mit Luther zu widersprechen (S. 112–114). Dennoch können mit Gottes Allmacht viele bekehrt werden
(S. 114–117). Dazu müssen Christen die Hindernisse beiseite räumen; die Vernachlässigung von Gebet und Unterweisung, aber auch den schlechten Lebenswandel
und die Sabbatdienste (S. 117–120).

Während Albrecht ein Musterbeispiel der oben geschilderten ambivalen-
ten Haltung zum Judentum bietet (er ist sich dieser Tatsache sogar bewußt
und baut seine Darstellung explizit dialektisch auf), ist bei Rücker und – viel
deutlicher – bei Waldschmidt und Grossehain sogar ein Rückschritt, eine
Abkehr von der Lehre der endzeitlichen Bekehrung der Juden festzustellen.
Diese Lehre war nun als chiliastisch verdächtig; die Orthodoxie reagierte mit
Abgrenzung und betonte stärker (oder ausschließlich), daß Bekehrungen
Einzelereignisse seien und eine allgemeine Bekehrung zur Endzeit nicht
verheißen sein könne. Die praktischen Folgerungen aber blieben zunächst
unverändert; selbst Waldschmidt hielt daran fest, daß Judenbekehrung ein
gottgefälliges und von den Christen (mit den konventionellen Methoden) zu
betreibendes Werk sei. Stärker aber wirkten bei ihm die massiven Anschul-
digungen gegen die Juden, die sich immer wieder auf den alten Luther
beriefen; ein weiterer Beleg dafür, daß das Fehlen einer Hoffnung auf die
künftige Bekehrung eine Radikalisierung der Judenfeindschaft mit sich
brachte[24].

---

[23] Vgl. WALDSCHMIDT, S. 1–17. 105–122; zum gesamten Werk auch FRICK 1923, S. 19 f.

[24] Als weiterer Beleg aus diesem Zeitraum ist wieder POLLIO anzuführen, der sich sehr

3.2. Auseinandersetzung mit dem Judentum

3.2.1. Weiterentwicklung der Apologetik

3.2.1.1. Georg Calixt

Im Bereich der Auseinandersetzung mit den Juden sind es vor allem zwei akademische Reden von *Georg Calixt,* die einen Fortschritt gegenüber früheren Überlegungen anzeigen[25].

Die erste Rede, 1629 gehalten, handelt von »populis a nobis in religione dissentibus, Iudaeis, Paganis et Muhammedanis, ad veritatis agnitionem ducendis« (S. 69–77). Zunächst proklamiert Calixt quasi eine allgemeine Missionspflicht, abgeleitet aus der Gottes- und Nächstenliebe: »Sic enim unâ eademque opera & gloria divinae illustrandae & humanae salutis procurandae atque adeo caritatis tum Deo tum proximo debitae ratio habebitur« (S. 71). Die Heiden scheiden jedoch mangels Missionsgelegenheit aus (ebd.). Eine direkte Einflußnahme auf Moslems ist ebenfalls ausgeschlossen; christliche Fürsten sollten aber versuchen, ihre islamischen Kollegen zu überzeugen (S. 72–74). Für die Juden ist aber eine Bekehrung vor dem Weltende in Röm 11 verheißen. Auch die Gelegenheit, sie zu unterweisen, ist besser (S. 75 f.). Außerdem gebührt ihnen als Volk, aus dem Christus und die ersten Heidenmissionare stammen, besondere Zuwendung. Deshalb muß man ihnen unbedingt das Aufenthaltsrecht geben und sie »humaniter« behandeln (S. 76). Damit sie sich aber nicht wie Herren fühlen, sollen ihnen Lästerungen, Wucher und christliche Bedienstete verboten werden (S. 77). Wöchentliche Predigten (nicht in bildgeschmückten Kirchen!) besonders über den Messias wären eine gute Maßnahme. Für die Kosten sollten die Juden selbst aufkommen; wenn sie zu arm sind, hat der Magistrat einzuspringen (ebd.).

Wie eine Anleitung zu solchen Predigten wirkt dann die Festrede »De Veritate Religionis contra Judaeos« von 1636 (S. 51–68). Zu Beginn hebt Calixt noch einmal hervor, daß man sich nur mit dem Judentum, nicht aber mit den polytheistischen Religionen oder dem Islam ernsthaft beschäftigen könne (S. 56 f.). Das Judentum kann zwar nicht die vera religio sein, ist aber wegen des hohen Alters und der offenbarten Bücher zu ehren (S. 57). Da die Philosophen den Ursprung der Welt nicht ergründen können, sind diese Bücher Fundament und Autorität für die vera religio (S. 58 f.). Die Juden haben aber dem jüngeren Talmud größere Autorität beigelegt, dessen Albernheit Calixt mit Beispielen belegt (S. 59–63). Daher kann nur das AT Diskussionsgrundlage in den Kontroversen sein, deren wichtigste das Gekommensein des Messias betrifft; Fragen wie Trinität, Inkarnation und Eucharistie sollten dagegen später behandelt werden, da sie die Juden eher abschrecken (S. 63 f.). Eigentlich müßten die Juden ja einsehen, daß keiner den Messiastitel mit Recht beanspruchen kann, wenn nicht der Messias der Christen. Statt dessen glauben sie aber an zwei Messiasse und erwarten eine wunderbare Führung nach Palästina, was Calixt widerlegen kann (S. 64 f.). Die Christen glauben dagegen an einen Messias,

---

skeptisch über die Bekehrung äußert (S. C 4ᵛ f.) und sehr harte Vorschläge macht, z. B. Luthers sieben Ratschläge wiederholt (S. Dᵛ f.).

[25] Vgl. CALIXT 1660, S. 51–68.69–77.

der von den Sünden befreit; der ist aus Jes 53 zu belegen (S. 65 f.). Das Gekommensein ist mit einem Hinweis auf Dan 9,27 und Gen 49,10 erledigt (S. 66 f.). Auch der
elende Zustand ist ein Argument gegen die Juden; würden sie an der wahren Religion
festhalten, so müßten sie (nach Dan 7,12–16) vor allen Völkern der Welt prosperie-
ren. So kann nur das Christentum die vera religio sein, wenn auch dem Judentum die
Würde des Alters zusteht (S. 68).

Auch Calixt bleibt also im Rahmen der allgemeinen ambivalenten Anschauung, wenn er die Bekehrung für möglich, aber auch für unbedingt
erforderlich hält, wenn er die Duldung fordert, aber strenge Bedingungen
befürwortet. Seine Argumentationsweise ist ebensowenig originell. Zwei
Aspekte sind aber besonders hervorzuheben, da sie daran mitwirken, das
alte System zu sprengen. Das erste ist die Begründung der Missionspflicht
aus der Nächstenliebe. Zwar war auch schon vorher, besonders in den
Taufpredigten, die Nächstenliebe als ein Argument für die Zuwendung zu
den Juden genannt worden. Hier wird aber erstmals in einer akademischen
Rede explizit nach einer Begründung gefragt und die Nächstenliebe ausdrücklich vor die Hoffnung auf die künftige Bekehrung (als Zusatzargument) gestellt[26]. Daraus ergibt sich die Forderung nach einer humanen
Behandlung: Wenn die Juden als Nächste angesehen werden, kann man sie
nicht mehr nur als Objekte betrachten, die zu bekehren sind, um die End-
zeitereignisse voranzutreiben, um für eine einheitliche Religion zu sorgen
oder um Gottes Gebote auszuführen. Zwar blieb die Bekehrung das primäre
Ziel, sogar das einzige, das Calixt sich wirklich vorstellen konnte; aber
dieses Ziel heiligte nicht mehr jedes Mittel, wenn die Bekehrung ausschließlich um des Wohles der Juden willen angestrebt wurde. Bei Calixt ist dieses
Denken von der zentralen Stellung der Nächstenliebe her noch nicht in
letzter Konsequenz durchgeführt, wie die durchaus konventionellen Forderungen zur Judenmission zeigen, in Ansätzen aber zusammen mit der anderen neuen Entwicklung wirksam.

Das zweite ist die Hervorhebung des Wertes der jüdischen Religion vor
den anderen Religionen, das Christentum natürlich ausgeschlossen. Das
Judentum bleibt zwar Hauptgegner der christlichen Apologetik, aber nicht,
weil es die gefährlichste Verwirrung darstellt, sondern weil sich mit ihm
allein die Auseinandersetzung überhaupt lohnt. Der Christ wird das Judentum nicht als wahre Religion anerkennen können, aber er muß sich damit
auseinandersetzen, daß die Juden als Bewahrer der Heiligen Schrift so lange
ihrem Glauben treu geblieben sind. Die ältere Orthodoxie in der Nachfolge
Luthers sah sich natürlich auch dadurch herausgefordert, daß die Juden das
Christentum weiter ablehnten, obwohl sie es doch aus ihrer Bibel als richtig

---

[26] Auch der kurze Abschnitt aus »De supremo iudicio« (vgl. CALIXT 1972, S. 269–272) zeigt,
daß Calixt durchaus traditionell die Judenbekehrung vor dem Weltende aus Röm 11 und Hos 3
herausliest, daraus aber nun primär eine Missionspflicht gegenüber den Muslimen ableitet!

erkennen mußten. Vor dieser Tatsache stand sie genauso ratlos wie Calixt. Während sie aber als Lösung dieses Rätsels eine Verstockung der Juden annahm, war dies für Calixt nicht möglich, offenbar deshalb, weil er von einem überkonfessionellen Standpunkt aus nichts für absolut und a priori richtig halten konnte[27]. Wenn die Juden trotz stimmender Voraussetzungen (Besitz der offenbarten Bücher) die christliche Religion nicht annahmen, so ergab sich daraus zuerst ein Verständigungsproblem: Christliche Theologie muß den Juden den christlichen Glauben evident machen, mit allgemeingültigen rationalen Argumenten. Engel hat nun im einzelnen gezeigt, wie sich aus dieser Ansicht theologische, besonders exegetische Prinzipien ergaben. In der Auseinandersetzung mit dem Judentum folgt daraus das radikale Bemühen, den Juden keine unakzeptablen christlichen Voraussetzungen zuzumuten, sondern nach gemeinsamen Anknüpfungspunkten für Argumente zu suchen.

Bisher war dies immer nur ansatzweise versucht worden, wenn etwa Luther zuerst nur die Messianität Jesu und später die Göttlichkeit beweisen will[28] oder wenn Baumbach und Helwig eindeutig nur die jüdisch anerkannten Schriften als Argumentationsgrundlage nehmen wollen[29]. Dies waren aber mehr vordergründig-taktische Überlegungen, die eher widerwillig versuchten, jüdische Voraussetzungen in Rechnung zu stellen. Erst bei Calixt ist eine tiefere Einsicht vorhanden, daß gemeinsames Bemühen um die Wahrheit von gemeinsamen Grundlagen ausgehen muß und daß die Juden neben allen Christen Partner bei diesem Bemühen sein sollen. Diese von mir recht geradlinig skizzierte Haltung Calixts ist allerdings in den beiden Reden immer noch von der traditionellen »besserwisserischen« Haltung durchmischt. Leider hat er sich nicht intensiver mit dem Verhältnis zum Judentum befaßt und die begonnenen Linien ausgezogen, die auch von anderen kaum aufgegriffen wurden[30]. Daher sind die beiden Reden in der Literatur zur Judenmission meist übersehen[31]; leider aber auch, soweit ich sehe, in der neueren Literatur über Calixt[32].

Nur in einem Punkt spielte die Auseinandersetzung später noch eine

---

[27] Diese Ansicht wird in den beiden Reden nicht explizit ausgeführt; sie ist aber bei ENGEL, bes. S. 33–43.150–153, herausgearbeitet.

[28] Vgl. WA 11, S. 336: ». . . laß sie tzuvor milch saugen und auffs erst dißen menschen Jhesum für den rechten Messiah erkennen. Darnach sollen sie wein trincken und auch lernen, wie er warhafftiger Gott sey.«

[29] Vgl. diese Arbeit, S. 29–33.

[30] Allerdings berichtet AUFGEBAUER, S. 150, von dem Hildesheimer Rektor Johann Lüders, der als Calixt-Schüler 1660 die Juden gegen den Vorwurf des Götzendienstes verteidigte und dafür von der orthodoxen Geistlichkeit vom Abendmahl ausgeschlossen wurde.

[31] Die einzigen Ausnahmen sind GRÖSSEL 1895, S. 5 (und danach HARDELAND, S. 265), die das Werk aber auch kaum zu kennen scheinen.

[32] So fehlt eine Behandlung bei ENGEL. HENKE I, S. 450 f., referiert nur kurz die erste Rede.

Rolle. Als 1645 Calixts Schüler Latermann mit dessen Einverständnis behauptet hatte, die Trinität lasse sich allein aus dem AT, ohne das NT, nicht
klar erkennen oder beweisen, führte dies zu einer heftigen Auseinandersetzung mit streng lutherischen Theologen, besonders mit Jakob Weller[33].
Inwieweit Calixts Überlegungen schon von der Auseinandersetzung mit
dem Judentum bestimmt waren, ist nicht deutlich (Latermanns Disputation
war gegen die Sozinianer gerichtet); aber Weller warf Calixt u. a. vor, nach
seiner Lehre könnten die Juden nicht bekehrt werden, da sie das NT verwür-
fen, das AT aber nun angeblich nicht klar genug sei[34]. Calixt hielt die Juden
dagegen sehr wohl für bekehrbar und führte seinen Argumentationsgang
noch einmal kurz vor[35]: Aus ihrem gegenwärtigen Elend können die Juden
überführt werden, daß nur die Verwerfung des Messias Grund dieser schwe-
ren Strafe sein könne. Aus dem AT zeigt man ihnen, daß der Messias
gekommen sein müsse und kein anderer als Jesus sei. Wenn sie das annehmen, müssen sie auch seine Lehre, also das NT annehmen und können
daraus von der Trinität überzeugt werden. Auf den ersten Blick fällt also
wieder die Anlehnung an die traditionelle Methode der Argumentation auf:
Zweifel sollen mit Hinweis auf das Elend der Juden geweckt, die Bekehrung
mit den beiden Hauptfragen der Messiaslehre vollzogen werden. Wieder
wird aber deutlich, daß Calixts Überlegungen nicht rein taktisch sind; es ist
einfach nicht möglich, mehr als die christliche Messiaslehre aus dem AT zu
beweisen. Die Juden müssen nicht, ja können gar nicht das ganze Christentum auf einmal annehmen; sondern sie müssen, da gemeinsame Wahrheitsfindung nur auf gemeinsamen Fundamenten geschehen kann, Schritt für
Schritt an die Voraussetzungen der Christen herangeführt werden.

Aber wie schon erwähnt, wurden auch diese vorsichtigen Ansätze Calixts
zur neuen Deutung des AT von der Orthodoxie scharf abgelehnt[36]. Die hier
schon keimhaft angelegte Überlegung, daß das AT nicht das Christentum
exklusiv bestätigt, sondern auch die Juden mit ihrer Auslegung ein gewisses
Recht haben können, wurde nicht mal von Calixt selbst deutlich formuliert.
Die wichtigsten Wortführer der lutherischen Orthodoxie hielten nun zunächst noch starrer daran fest, daß alle Elemente des christlichen Glaubens
schon im AT deutlich offenbart seien und die Juden dies sehen müßten,
wenn sie nur wollten bzw. nicht verstockt wären.

---

[33] Nachgezeichnet bei HENKE II/2, S. 113 ff., bes. S. 151 f. 182 f. 203. 212 f.; ENGEL, S. 104–109.
[34] Zitiert bei DIFENBACH 1696, S. 32.
[35] In der »Widerlegung Wellers« von 1651, zitiert bei DIFENBACH 1696, S. 31 f.
[36] Vgl. DIFENBACH 1696, S. 33 f.; ENGEL, S. 104–109.

3.2.1.2. Die christlichen Hebraisten

Berührungspunkte gab es aber zwischen Calixt und dem nun besonders intensiv einsetzenden Interesse an hebräischer Sprache und Literatur. Es gelangte zwar erst gegen Ende des Jahrhunderts zur vollen Entfaltung; die jüdischen Schriften wurden aber schon vor der Jahrhundertmitte an vielen Stellen im deutschen Sprachraum studiert, nachdem zu Jahrhundertbeginn der Einzelgänger Buxtorf d. Ä. der große Anreger war[37]. Das Interesse galt z. T. den »biblischen Altertümern«, für die nun auch jüdische Quellen als wichtig galten[38], z. T. aber sicher auch der Judenmission; die Motive lassen sich nicht immer genau auseinanderhalten. Nur ganz am Rande kann auf dieses Phänomen eingegangen werden[39].

Neben den Bemühungen um die hebräische Grammatik[40] fällt besonders die Beschäftigung mit dem Talmud auf, die sogar zu Übersetzungen und Monographien führte[41]. Ein weiterer Schwerpunkt war die Edition von rabbinischen Schriften, vor allem solchen, die gegen das Christentum gerichtet waren. Neben Schickard[42], Schnell[43], Gorlov[44] u. a. ragt besonders der Altdorfer Professor *Theodor Hackspan* hervor, der u. a. die erste lateinische Fassung des Buches Nizzachon von Rabbi Jomtob Lipmann Mühlhausen herausgab[45]. Für uns sind weder Mühlhausens Polemik gegen das Christentum noch Hackspans Anmerkungen dazu von vorrangigem Interesse, sondern der umfangreiche Anhang über den Gebrauch der jüdischen Schriften in der Theologie, der geradezu als Programmschrift für die wissenschaftliche Beschäftigung mit talmudisch-rabbinischer Literatur bezeichnet werden kann. An verschiedenen Stellen geht Hackspan dabei auf deren Verwendung in der jüdisch-christlichen Auseinandersetzung ein; ich kann nur einige

---

[37] Vgl. neben HEUTGER nur KAYSERLING, S. 263–265, und BOX, S. 349f.; am ausführlichsten DIESTEL, S. 317 ff.

[38] Vgl. DIESTEL, S. 468.

[39] Auch dieses Gebiet weist noch viele Forschungslücken auf. Vgl. neben GRAETZ X, S. 290–319, vor allem BOX, MEVORAH und KAYSERLING. Als Ausgangspunkt nützlich, wenn auch nicht ohne Fehler, ist die Liste von christlichen Hebraisten bei PARKES.

[40] Vgl. DIESTEL, S. 448–450; über Schickard als einen der wichtigsten Vertreter vgl. W. MÜLLER, bes. S. 50–59.67–74.89–95.

[41] Vgl. E. BISCHOFF, S. 8.83 (»kurz vor der Mitte des 17. Jahrhunderts beginnt . . . die Blütezeit der [älteren] wissenschaftlichen Thalmudübersetzungen«); dort auch Einzelnachweise. Weiteres bei DE LE ROI I, S. 72 f.

[42] Vgl. W. MÜLLER, bes. S. 76–78; auch auf S. 79–88 sind Werke referiert, die dem Talmud gewidmet sind und sich z. T. auch um Judenbekehrung bemühen, vgl. bes. S. 85 f.

[43] Vgl. seine Werke zur Widerlegung von Abravanel und Lipmann nach *Klau Library* XXII, S. 636; ähnlich *GVUL* XXXVIII, Sp. 131 f. (»Snellius«).

[44] Vgl. FABRICIUS 1715, S. 593.

[45] Vgl. HACKSPAN 1644. Der ›Anhang‹ umfaßt allein die S. 215–512, wovon nur S. 215–251 ausdrücklich Lipmanns Werk gewidmet sind. Zum Werk vgl. auch STOCK, S. 188–193, zur Person *ADB* X, S. 299 f.

Aspekte hervorheben. So zeigt er sich, wie Calixt, skeptisch gegenüber der Beweisbarkeit der Trinität aus den jüdischen Büchern einschließlich des AT[46]. Dagegen plädiert er auch für einen Beweisgang, der zuerst den Konsens mit den Juden sucht über die messianischen Stellen des AT und daraus Schritt für Schritt die Richtigkeit der christlichen Ansicht entwickelt[47]. Positiv wirkt sich dabei aus, daß auch den jüdischen Schriften ein eigener Wert eingeräumt wird und sie zur Diskussion herangezogen werden können[48]. Hinter dieser Haltung dürfte aber weniger die theologische Grundüberzeugung Calixts stehen, sondern eher die größere Fähigkeit zum Einfühlen in jüdisches Denken. Aus den zahlreich in das Buch eingestreuten Beispielen wird deutlich, wie sehr Hackspan in die jüdische Literatur eingedrungen ist; er gab sich nicht mehr mit der Weitergabe der schon seit Jahrhunderten immer wieder benutzten Belegstellen zufrieden. Dennoch kann auch er im gegenwärtigen Judentum letztlich nur einen grandiosen Irrtum sehen, der durch die christliche Lehre in einer vor dem Weltende stattfindenden Bekehrung aber überwunden wird[49].

Über den Wert oder Unwert des Talmuds und anderer rabbinischer Schriften in der Judenbekehrung wurde spätestens seit dieser Schrift Hackspans heftig debattiert. Ich will hier nur die Hauptaspekte aus dieser Zeit hervorheben[50].

Zu Beginn des Jahrhunderts (vgl. Baumbach, Helwig etc.) schien der Gebrauch des Talmuds kein Problem gewesen zu sein. Ganz selbstverständlich wurde er herangezogen, soweit einzelne Aussagen die christliche Lehre bestätigen konnten, da die Juden ja an ihn gebunden waren; insgesamt aber galt er als wertlos, ja widergöttlich. So wurden in der Regel auch immer dieselben zwei, drei Belegstellen von Werk zu Werk weitertradiert; Talmudkenner gab es unter den Christen noch kaum. Aber auch die rabbinisch ausgebildeten Konvertiten sahen den Talmud nur als Instrument, das im Kampf gegen die jüdische Lehre eingesetzt wurde, um sich letztlich überflüssig zu machen[51]. Diese Haltung prägte auch die Judenbekehrer im Drei-

---

[46] Vgl. HACKSPAN 1644, S. 358–360; vgl. auch DIESTEL, S. 403, der darin den Einfluß Calixts sieht.

[47] Vgl. HACKSPAN 1644, S. 395 f.; vgl. auch DIFENBACH 1696, S. 78 f.

[48] Vgl. HACKSPAN 1644, S. 396; auch S. 512: »Verum denique non Novo solum foederi confirmando serviunt Rabbini, sed verò hinc inde largiuntur scripturarum expositiones, quas disputator ignorare non debet«.

[49] Zu Hackspans Hoffnung auf die Judenbekehrung vgl. SPENER KGS, S. 327.

[50] Weitere Aspekte bei DIFENBACH 1696, S. 86–93; DIFENBACH 1706, S. 174–179; J. C. WOLF II, S. 962–988; DE LE ROI I, S. 73–76.

[51] Vgl. GERSON, S. C 8ʳ: »ich wiederlege einig vnnd allein in diesem Büchlein den Thalmud durch den Thalmud/ auff das die nichtigkeit des Thalmuds ans licht komme . . .«; ähnlich OTTO, S. B 2 (vgl. diese Arbeit, S. 42). BRENZ schafft es sogar, einerseits die Verbrennung der Talmudexemplare mitsamt deren Besitzern vorzuschlagen (S. F 4ᵛ), andererseits aber auch die traditio domus Eliae als Argument heranzuziehen (S. G 2ᵛ f.).

ßigjährigen Krieg[52]. Mit dem wachsenden Interesse bei den Christen bildeten sich zwar allmählich Talmudkenner heraus; gerade die äußerten aber
auch Skepsis, ob sich die Juden wirklich auf diese Weise bekehren lassen[53].
Zu einem ähnlichen Ergebnis kam auch Calixt, der meinte, da der Talmud
so voller Absurditäten stecke, könne er überhaupt nicht als Diskussionsgrundlage dienen[54]. Daneben wurde – in Ausnahmefällen – immer noch ein
Talmudverbot gefordert[55]. Deutlichere Auseinandersetzungen werden auch
hier in der zweiten Jahrhunderthälfte auftreten.

Langsamer als der Talmud trat die Kabbala in das Gesichtsfeld der evangelischen Theologen. Wenn in diesem Zeitraum von Kabbala die Rede ist, so
wird darunter nicht ein kabbalistisches Lehrsystem verstanden, sondern
allein eine Methode der Schriftauslegung. Besonders deutlich wird dies bei
Johannes Müller, der grundsätzlich zwischen Cabbala Contemplativa und
Cabbala Practica unterscheidet. Während die Cabbala Practica als Zauberei
und Aberglaube abzulehnen ist (hier beruft man sich immer wieder auf
Luthers Schrift »Vom Schem Hamphoras«[56]), birgt die Cabbala Contemplativa große Möglichkeiten[57]. Müller versteht darunter im wesentlichen die
alten rabbinischen Methoden ›Gematria‹ und ›Notarikon‹, die freilich in der
kabbalistischen Literatur besonders ausgiebig angewendet worden waren[58].
Ein Standardbeispiel für die Anwendung der Gematria, dieses mit dem
Zahlenwert von Buchstaben operierenden Verfahrens, ist etwa die Maßan-
gabe für Noahs Arche nach *Schickard*[59].

»Nach Genesis 6,15 ist die Arche des Noah 300 Ellen lang, 50 Ellen breit und 30
Ellen hoch. Teilt man nun die Länge durch die Höhe, so ergibt es zehn, den
Zahlenwert des Buchstabens Jod; sodann fügt man die Länge hinzu, das sind 300,
was dem Buchstaben Schin entspricht, und schließlich teilt man die Länge durch die
Breite und erhält die Zahl sechs, die durch den Buchstaben Waw bezeichnet wird. Als
Resultat ergibt sich somit yšw, Yēšū, der Name des Messias.«

Notarikon, die Vertauschung eines Wortes mit einer Wortfolge, deren
einzelne Wörter mit den Buchstaben des einen Wortes beginnen, wird z. B.

---

[52] Vgl. (als bes. angesehenes Beispiel) HAVEMANN 1633, S. 6–16.
[53] Vgl. z. B. HACKSPAN 1644, S. 382, und Schickard (nach DIFENBACH 1696, S. 92), die vor
allem praktische Probleme sehen.
[54] Vgl. CALIXT 1660, bes. S. 62 f.
[55] Vgl. FABRONIUS, S. 83; POLLIO, S. D (nach Luther und Bucer); *Prodromus* 1634, S. 69 f.
[56] Vgl. J. MÜLLER, S. 54–58. – Diese Ablehnung der Cabbala Practica benutzt der Musikwis-
senschaftler U. MEYER, um eine »klare antikabbalistische Tradition« im Luthertum zu postulie-
ren (S. 15). Er übersieht allerdings, daß sogar der von ihm zitierte Glass die spekulative
Benutzung einzelner kabbalistischer Methoden keineswegs ablehnen will (S. 18), so daß
ebensogut eine durchgehend positive Haltung zur Kabbala belegt werden könnte.
[57] Vgl. J. MÜLLER, S. 51–54.
[58] Vgl. die Artikel in *EJ* VII, Sp. 369–374, und *EJ* XII, Sp. 1231 f.
[59] W. MÜLLER, S. 80. – Ähnlich, nur komplizierter, J. MÜLLER, S. 51.

bei der Kardinalstelle Gen 49,10 zusätzlich angewendet: Die Anfangsbuch-
staben der drei Wörter »yāb'o šiloh w'lo« ergeben wieder den Messiasnamen
Yēšū[60]. Neben Müller und Schickard hatten auch Molther, Helwig, Glass
und Fabronius ähnliche Beispiele aufgeführt[61]. Sie alle kennen sich aber auf
dem Gebiet der Kabbala nicht weiter aus, sondern haben ihre Beispiele
offensichtlich von dem Konvertiten Elchanan Paulus übernommen, der
1580 in seinem Buch »Mysterium Novum« 75 solcher Beispiele zusammengestellt hat[62]. Was hier als positive Aufnahme der Kabbala skizziert wurde,
hat daher kaum etwas zu tun mit der Tradition der »christlichen Kabbala« als
»Verschmelzung jüdisch-kabbalistischer und christlich-mystischer Traditionen«, wie sie z. B. Benz geschildert hat[63]. Wer etwas mehr von der Kabbala
verstand, wie der Konvertit Gerson, beurteilte eine erfolgreiche Nutzung
zur Mission eher skeptisch[64]; nur Rittangel und später Knorr von Rosenroth
versuchten, sich in die kabbalistische Literatur einzuarbeiten und sie auch zur
Überzeugung der Juden einzusetzen[65].

Grundsätzlich herrschte also auch gegenüber der Kabbala eine eigentüm-
lich ambivalente Haltung zwischen gewissermaßen »naiver« Nutzbarma-
chung und der Bekämpfung als Zauberei. Gegenüber dem Talmud wurde
diese »naive« Betrachtungsweise früher aufgegeben und die Möglichkeit der
Verwendung rabbinischer Schriften zur Judenbekehrung differenzierter diskutiert. Aber auch er gilt, sofern man nur den jüdischen Gebrauch betrachtet, als wertlos, sogar bekämpfenswert. Erst beim Einsatz zur christlichen
Verkündigung, also gewissermaßen unter dem Lichte der den Juden verheißenen Bekehrung, können die Theologen in ihm einen Wert entdecken. Die
Haltung, den Juden als Juden nichts, als potentiellen Christen aber sehr viel
gelten zu lassen, beeinflußte also unmittelbar auch die Haltung zur jüdischen
Literatur. Auch zaghafte Ansätze von Calixt und den Hebraisten führten
noch nicht dazu, jüdischem Glauben und jüdischer Tradition eine eigene
Geltung einzuräumen.

---

[60] Vgl. aaO., S. 52.

[61] Vgl. MOLTHER 1600, S. 19–22; *Disputationum* IV, S. 168; U. MEYER, S. 18f. (zu Glass);
FABRONIUS, S. 11–13.

[62] J. MÜLLER, S. 53; GERSON, S. 300, nennen das Buch als Quelle. Zu Paulus vgl. P. J.
DIAMANT, der aber nur S. 18f. kurz das Buch behandelt.

[63] Vgl. BENZ, S. 8; ähnlich neuerdings FRIEDMAN, S. 71–98, zu Reuchlins Kabbala-Studien.
Auf das hauptsächlich philologische, z. T. aber auch missionarische Interesse weist dagegen
BLAU, S. 107–112.

[64] Vgl. GERSON, S. A 5ʳ.

[65] Beide sollen im Rahmen dieser Arbeit nicht mehr behandelt werden. Ich verweise statt
dessen auf BENZ, S. 18–25, und (auch als Zugang zu früheren Veröffentlichungen) auf FINKE,
S. 206–209 (zu Knorr); RANKIN, S. 89–159 (zu Rittangel). – Allgemein zur Bewertung der
Kabbala im Zusammenhang mit der Judenmission auch DIFENBACH 1696, S. 93–98; DIFENBACH
1709, S. 144–156.

3.2.2. Fortführung der Argumentation gegen den jüdischen Glauben

In diesem Kapitel sind eine Reihe weiterer Schriften zu behandeln, die aber insgesamt wenig Abwandlung gegenüber dem früheren Zeitabschnitt zeigen. Weiterhin herrscht eine z. T. auf hohem Niveau stehende intellektuelle Auseinandersetzung um das richtige Bibelverständnis und die daraus abzuleitenden Glaubenswahrheiten vor. Dabei versuchen die Christen weiterhin eher, sich ihres Glaubens zu vergewissern, als die Juden von deren Denkvoraussetzungen her zu überzeugen.

Die lateinischen Werke behandeln wieder vorwiegend die alttestamentlichen Belege für die Messianität Jesu. Zu nennen sind Werke von Hackspan[66], Glass[67], Ludwig Crocius und Ananias Weber[68]. Beispielhaft sei hier *Dannhauers* ΧΡΙΣΤΟΣΟΦΙΑ referiert[69].

Erst nachdem Dannhauer die alttestamentlichen Belege exegetisch-systematisch behandelt hat, kommt er auf die Juden und ›Judaizantes‹ zu sprechen, die statt des Messias Jesus von Nazareth einen zukünftigen Messias erwarten (S. 369). Das wirft die Frage nach der Bekehrung der Juden auf, die nach Dannhauer wegen der Verstockung nur partiell gelingen kann (S. 370–375). Die Obrigkeit soll die Juden zur Disputation zwingen (S. 375 f.); ansonsten müssen die Juden aber menschlich behandelt werden, denn oberstes Ziel ist die »conscientiarum convictio« (S. 377). Gegenstand der Disputationen soll zuerst das Elend und die unnütze Messiaserwartung sein (S. 378 f.). Danach soll der christliche Messiasglaube mit den üblichen Schriftzitaten bewiesen werden (S. 380–416), wobei allerdings die Gottheit des Messias, die aus Ps 2,7 und Jes 9,6 bewiesen wird, am Anfang steht.

Auf die apologetischen Entgegnungen von rabbinischen Schriften, in denen größtenteils dieselben Argumente auftauchen, war schon hingewiesen worden[70]. Eine neue Art des Zugangs zu den Juden scheint eine Veröffentlichung von *Franz Simon* zu repräsentieren[71].

Sie enthält eine Abhandlung über den Messias in hebräischer Sprache, mit lateinischer Übersetzung. Ihr Zweck ist aber weniger, eine Lektüre für Juden bereitzustellen, sondern nur die Beherrschung der heiligen Sprache zu beweisen (S. A 2ʳ). Die Argumente dafür, daß der Messias schon gekommen und mit Jesus identisch ist (S. A 3ᵛ–C 2ʳ), sind altbekannt; die Ermahnungen an die Juden (S. C 2ᵛ–D 4ʳ) beschränken

---

[66] Vgl. Hackspan 1642; ein Gespräch zwischen Christ, Jude und Türke, gespickt mit philologischen Kabinettstückchen.

[67] Seine Darstellungen der ›Christologie‹ des Pentateuch, der Propheten und der Psalmen erschienen 1624–1649 (vgl. *ADB* IX, S. 219). Ein direkter Bezug zum Judentum ist hier aber anscheinend nicht beabsichtigt.

[68] Deren Werke »Apodixis paraenetica ad Iudaeos de Messia, Brem. 1624.8« (nach J. C. Wolf II, S. 1022) und »Adventus Messianus dudum factus, & contra Judaeos … demonstratus, Lips. 1645.4« (aaO., S. 1047) konnte ich bisher nicht einsehen.

[69] Dannhauer 1638; vgl. auch diese Arbeit, Exkurs II, Anm. 80.

[70] Vgl. diese Arbeit, Kap. 3, Anm. 42–45.

[71] Vgl. Simon; zur Person vgl. Moller II, S. 834.

sich darauf, doch die Verstockung abzulegen und sich der Botschaft des NT zuzuwenden.

Auffällig ist eine größere Zahl der Veröffentlichungen in deutscher Sprache. Neben den auch früher schon üblichen Übersetzungen von wissenschaftlichen lateinischen Werken (hier sind die schon erwähnten Übersetzungen von Helwig 1633[72] zu nennen) erschienen nun auch Darstellungen aus der Feder amtierender Pfarrer, denen es offensichtlich daran gelegen war, dem Gemeindevolk die Streitfragen der jüdisch-christlichen Kontroverse deutlich zu machen. Solche mehr an der Glaubensstärkung der Christen interessierte Schriften sind z. B. die der hessischen Geistlichen Theodor Wagner und Hermann Fabronius (alias Mosemann). Beide stellen zunächst die Argumente für die christliche Lehre vom Messias und der Trinität zusammen[73], belehren ihre Leser dann aber auch ausführlich über die heutigen Juden, die als zugleich kurios und gefährlich porträtiert werden[74]. Erst zum Schluß machen sie Vorschläge zur Förderung der Judenbekehrung, die für beide nach Röm 11 gewiß ist[75]. Beiden fallen dazu aber nur Zwangsmaßnahmen wie Isolation von den Christen (!)[76], Zwangspredigten[77], Talmudverbot[78] und Zwangsarbeit[79] ein. Die von Wagner dann noch angehängte »Vermahnung« an die Juden, die Bekehrung nun zu vollziehen[80], wirkt zwar gut gemeint, aber ohne Kenntnis des Judentums geschrieben. Die deutschen Schriften von Sohn und Groß waren mir nicht zugänglich; ich vermute aber, daß sie ähnlich aussehen[81].

Hervorzuheben sind vier große Kompendien, die die Tradition von Helwig, Mornay und Gerson fortsetzen und sich umfassend mit der jüdisch-christlichen Auseinandersetzung beschäftigen. Allerdings heben auch sie

---

[72] Vgl. diese Arbeit, Kap. 2, Anm. 72.

[73] Vgl. T. WAGNER, S. Cʳ–Gᵛ (unter bes. Heranziehung der Kabbala, von der Wagner aber augenscheinlich nicht sehr viel versteht); FABRONIUS, S. 3–40, der sich auf das AT konzentriert, ausführlich aber auch einen historischen Beweis aus dem Ablauf des Jüdischen Krieges entfaltet (S. 27–40), worauf er dann noch die jüdischen Entgegnungen widerlegt (S. 41–57). – Vgl. zur Person (und zum Namen Mosemann, den er sich hier zulegt) auch STRIEDER IV, S. 48–66.

[74] Beide behandeln zuerst jüdischen Gottesdienst, Fastenpraxis, und andere Riten (T. WAGNER, S. G 7ʳ–H 8ʳ; FABRONIUS, S. 57–79). Während T. WAGNER dann aber auch alle schlimmen Vorwürfe bis zum Hostienfrevel vorbringt (S. H 8ʳ–I 6ʳ), begnügt sich FABRONIUS mit einer Verurteilung des Wuchers (S. 79–81).

[75] Vgl. T. WAGNER, S. B 14ʳ; FABRONIUS, S. 81 f.

[76] Vgl. T. WAGNER, S. I 11.

[77] AaO., S. I 7; FABRONIUS, S. 84 f.

[78] Vgl. aaO., S. 84.

[79] Vgl. aaO., S. 86 f.

[80] Vgl. T. WAGNER, S. K 6ʳ–K 12ʳ.

[81] Vgl. die Titel: »Sohnii (Frid. Casimiri) Muster und Formular des uhralten und wahren Jüdischen Glaubens aus Mose und den Propheten denen jetzigen Juden zur Nachrichtung vorgestellet. Francof. 1629. 4« (nach J. C. WOLF II, S. 1043) und »Christ. Groß Prophetische Cur und Heilung des krancken Israels. AltenStettin 4. 1643« (nach LIPENIUS II, S. 132).

sich weniger wegen neuer Ansichten als höchstens wegen ihres Umfangs von ihren Zeitgenossen ab. Das erste ist die 1633 erschienene erste Auflage der »Wegeleuchte« von *Michael Havemann,* damals Pfarrer in Stade[82]. Im Gegensatz zur 2. Auflage ist dieses Werk noch fast ausschließlich apologetisch orientiert[83].

Als Ziel nennt Havemann eine Stärkung der »einfeltigen Christen/ die mit den Jüden conversiren vnd vmbgehen«, da diese oft Gefahr laufen, »in ihrem Glauben . . . jrre gemacht . . . auch/ wie die Erfahrung bezeüget/ gantz in das faule finstere Jüdenthuɱ hinein gestürtzet« zu werden (S. [*] 4ᵛ). Dagegen wird ihnen eine zusammenfassende Behandlung der prophetischen Weissagungen vom Messias angeboten, die sie »stattlich wider die Jüden gebrauchen/ vnd damit das gantze Judenthumb nach Beliebung stürmen vñ auffs glaßeyß setzen können« (S. [*] 5ᵛ). Vorausgeschickt wird nun die richtige Methode der Disputation mit den Juden (S. 1–16): Man muß sich erst auf die vier Hauptfragen – betreffend Zahl (ein oder zwei Messiasse), Ankunftstermin, Identität und Amt des Messias – festlegen, denn mit diesen »muß notwendig das gantze Jüdenthumb vbern hauffen fallen/ weiln andere Streitigkeiten mehrenteils von denselben dependiren vnd herfließen« (S. 6). Dann ist die Einigung über die Quellen der Wahrheitsfindung nötig, also AT, Targume und Talmud als die für Juden maßgeblichen Bücher (S. 6–10); der Talmud kann allerdings nicht gegen die Christen benutzt werden, da er voller Grillen steckt (S. 11–16). Gemäß diesen Prinzipien legt Havemann nun dar, daß nur ein Messias kommen sollte (S. 16–21) und daß er – nach den Standardbelegen, aber auch nach jüdischen Schriften (S. 148–156) – schon gekommen sein muß (S. 21–156), wobei auch die jüdischen Einwände behandelt werden. Im zweiten Teil zeigt er, daß nach Gen 49,10 (S. 158–175) und anderen prophetischen Weissagungen (S. 175–217) nur Jesus dieser Messias sein kann, dessen Aufgabe mit der Lehre vom triplex munus beschrieben wird (S. 217–284). Ausführungen zur Gottheit des Messias und des Heiligen Geistes (S. 284–358) und zu neutestamentlichen Stellen, die von den Juden angegriffen werden (S. 358–366), machen die apologetische Ausrichtung vollends deutlich.

Einen ähnlichen Aufbau weisen auch Werke des Stralsunder Seniors Friedlieb und des ostfriesischen Generalsuperintendenten Walther auf[84]. Friedlieb hat seine Schrift zwar in Dialogform verfaßt; der Jude hat jedoch einen sehr passiven Part; der Christ führt ihm schulmäßig mit vielen gelehrten Anmerkungen die christliche Argumentation vor.
Höhepunkt dieser Gattung war wohl *Johannes Müllers* berühmtes Werk »Judaismus oder Jüdenthumb« von 1644. Es soll wegen seiner überragenden

---

[82] Über die Person unterrichtet STEINMETZ, S. 157–175, besser als PLITT 1872.

[83] Vgl. HAVEMANN 1633 mit HAVEMANN 1663; letzteres Werk zitiert PLITT 1872 vor allem, ohne die andere Tendenz dieser Ausgabe hinreichend zu beachten. Deutlicher in der Unterscheidung ist dagegen PLITT 1871, S. 162.

[84] Vgl. FRIEDLIEB (S. 21–128: AT, Talmud, Targume, NT; S. 129–201: Trinitätslehre; S. 201–512: Messiaslehre; S. 512–617: weitere teils dogmatische, teils ethische Fragen). WALTHER, der sich allgemeiner zur Bekehrung äußert und eher zur Erbauung der Christen schreibt, geht unsystematischer vor, aber auch bei ihm steht die Messiaslehre im Mittelpunkt (S. 159–176.248–307).

Bedeutung erst in der Zusammenfassung abschließend behandelt werden. Der Argumentationsgang sei trotzdem schon hier referiert.

Wiederum beschäftigen sich lange Prolegomena mit den Grundlagen der Kontroverse, der Geltung des AT und der jüdischen Schriften (S. 1–64. 83–86). Dann folgen zwei Hauptteile, wovon der erste die ›vornehmsten‹ Unterschiede in Glaubensfragen behandelt (S. 87–1384), der zweite, ungleich kürzere, einige christliche »Gewissens-=Fragen« bezüglich der Behandlung der Juden (S. 1385–1490). Im ersten Hauptteil ist wiederum das erste Buch über den Messias überdimensioniert (S. 87–1141). Verschiedene alttestamentliche Stellen verheißen den Messias (S. 91–170); die Juden leugnen aber (wenn auch mit widersprüchlichen Argumenten), daß er gekommen sei (S. 170–181). Dagegen hält Müller Gen 49,10 (S. 182–237), Hag 2,6–9 (S. 238–290), Dan 9,24–27 (S. 291–398), Mi 5,1 (S. 399–420) und weitere alttestamentliche Hinweise (S. 421–496), bis hin zu den Zeugnissen der Juden selbst (S. 497–512). Jüdische Gegenargumente nennt Müller zwar, erklärt sie aber mit Hinweis auf seine klaren Beweise schnell für widerlegt (S. 512–546). Dann werden die Gottheit (S. 547–613), die Jungfrauengeburt (S. 613–669) und die drei Ämter des Messias (S. 669–944) dargestellt, die jüdische »Ertichtung« von zwei Messiassen zurückgewiesen (S. 945–952). Erst dann wird der Nachweis geführt, daß der verheißene Messias nur Jesus von Nazareth gewesen sein kann, in ausführlicher Auseinandersetzung mit jüdischen Argumenten gegen die Messianität Jesu und die kirchliche Lehre von Jesus (S. 952–1141). Das zweite Buch behandelt die christlichen Belege für die Trinität, ebenfalls mit Zurückweisung jüdischer Gegenargumente (S. 1142–1236), das dritte begegnet jüdischen Angriffen auf die Glaubwürdigkeit und Harmonie des NT (S. 1237–1384).

Müllers Empfehlungen zu den »Gewissens=Fragen« werden an anderer Stelle behandelt (vgl. diese Arbeit S. 23 [Anm. 28]; S. 179); insgesamt repräsentieren sie die durchschnittliche Haltung der Orthodoxie. Die Judenbekehrung ist nicht eigens thematisiert, bildet aber oft die Begründung für die Empfehlungen.

Müllers Schrift wird noch einmal Gelegenheit geben, in der Zusammenfassung das Verhältnis von Mission und Apologetik exakter zu bestimmen. Vorher müssen aber noch einige andere Aspekte untersucht werden.

3.2.3. Missionarische Zuwendung

In die Zeit des Dreißigjährigen Krieges fällt zwar der Höhepunkt der Zwangspredigten (die Exkurs II behandeln soll), und auch die Literaturproduktion nahm trotz der Kriegszeit zu. Dennoch kann man eigentlich kein Werk nennen, das speziell an Juden gerichtet war, auch wenn sie z. T. als Leser mit einbezogen wurden[85]. Als literarische Ergebnisse der missionarischen Bemühungen können daher nur die beiden Werke behandelt werden, die im Zusammenhang mit den Kasseler Zwangspredigten entstanden, wenn auch ihre Veröffentlichung schon in die Zeit nach dem Krieg fällt.

---

[85] Vgl. z. B. T. WAGNER, S. K 6^{v}ff.; J. MÜLLER, S. XXXX 2^r.

Soldans Kasseler Predigten, 1650 gedruckt[86], präsentieren einen einzigen geschlossenen Argumentationsgang: nach dem Beweis, daß die Juden wegen der Erbsünde weder durch Gesetzesgehorsam noch durch Opfer gerechtfertigt werden können (Predigt 1 + 2), sondern nur durch einen Mittler (Predigt 3), behandelt Soldan kurz die alttestamentlichen Hinweise auf die Trinitätslehre (Predigt 4 + 5). Der größte Teil des Buches ist der Messiaslehre gewidmet: in den Predigten 6–17 erklärt Soldan alttestamentliche Verheißungen über Amt, Erscheinungszeit und -art des Messias; im zweiten Hauptteil (Predigt 18–22) beweist er, daß Jesus der Messias sein muß, weil in ihm alle Verheißungen erfüllt sind. Angeschlossen ist dann noch eine Schlußermahnung an die Juden, ihr gegenwärtiges Elend doch als Strafe Gottes anzusehen und sich zum wahren Messias zu bekehren. Soldan folgt also den Vorbildern Helwig und Müller, die auch neben den Reformierten Gerson und Mornay häufig zitiert sind. So weisen nur die ersten beiden Predigten und die »Schließliche Vermahnung an die Juden« über die ansonsten dominierende apologetische Tendenz hinaus. Sie verbinden den gebräuchlichen Hinweis auf das selbstverschuldete Elend der Juden mit einer knappen Entfaltung der christlichen Botschaft für die Juden, die ansonsten oft in der Fülle der Gelehrsamkeit unterging. Dieser positiven Zuwendung entspricht es, daß Soldan zwar in der Vorrede die Decke der Unwissenheit über den Juden beklagt, eine allgemeine Bekehrung (wenn auch in ungewisser Zukunft) aber für gewiß hält[87].

Auch *Curtius* widmet sich in der Vorrede zu seinem »JudenCatechismus« kurz allgemeinen Fragen der Judenbekehrung, besonders ihrer Behinderung durch die Verstockung der Juden[88]. Der Katechismus selbst beschränkt sich dann aber ganz auf eine Darstellung »der Christlichen Lehre von der Person und Ampt des Messiae auß dem alten Testament«[89]; eine Widerlegung der Einwürfe der Rabbinen könnte vielleicht noch folgen. Der Aufbau der 92 Fragen ist traditionell; auffällig, wenn auch inzwischen schon als normal erkannt, ist die ausführliche Behandlung des dreifachen Amts des Messias (Frage 43–92). Seinem Vorhaben entsprechend geht Curtius geschickt vor: eine Frage zieht die andere nach sich; vermutete Einwände der Juden werden als Fragen formuliert; die Antworten enthalten sich des gelehrten Prunks und der Polemik; die Belege sind nur dem AT entnommen; nach jedem Abschnitt wird in einer Frage der Nutzen dieser Lehre entfaltet. Gerade in diesen Fragen wird aber auch deutlich, daß Curtius kaum mit jüdischen Lesern rechnet, sondern zweifelnde Christen bestärken will[90].

---

[86] SOLDAN; vgl. zur Einordnung diese Arbeit, S. 167.
[87] Vgl. SOLDAN, S. B 3^r–B 4^v.
[88] Vgl. CURTIUS, S. A 7^r–A 8^v; zur Einordnung vgl. auch diese Arbeit, S. 167 f.
[89] CURTIUS, S. A 6^r.
[90] Am offenkundigsten ist aaO., S. H 3^v f.: »Was haben wir dann nun vor einen sonderbahren

Beide Schriften können also – auch abgesehen von ihrer Sprache – nur eingeschränkt als ›echte Missionsschriften‹ bezeichnet werden. Schriften in jüdisch-deutscher Sprache gibt es noch nicht, die hebräischen sind eher gelehrte Abhandlungen als eingängige Katechismen[91]. Auch über private Konversation mit den Juden erfahren wir nur wenig[92], obwohl diese als gutes Missionsmittel nun häufiger empfohlen wird[93]. In dieser Dominanz der apologetischen Tendenz und der Vernachlässigung einer Mission, die wirklich auf die Juden zuging, spiegelt sich also der Mangel an eindeutig ›missionarischer‹ Gesinnung; die Ansätze von Schadäus, Gerson und Crinesius wurden nicht aufgenommen.

3.3. Die Judentaufe

Trotz leichter Zunahme der Zahl der Judentaufen haben wir für diesen Zeitraum weniger Nachrichten über die Vorgänge vor und während des Taufgottesdienstes. Bei diesen wenigen Fällen sind nur in den Details der Durchführung Unterschiede zu beobachten.

Die Unterweisung des Täuflings dauerte im Minimalfall nur vierzehn Tage[94]; sie konnte aber auch noch ein halbes Jahr betragen[95]. Unbedingte Voraussetzung für die Ansetzung des Tauftermins blieb die Prüfung vor dem Ministerium[96]. Die Festlichkeit des Taufgottesdienstes konnte durch viele mitwirkende Geistliche[97] oder hochgestellte Paten[98] unterstrichen werden. Die Taufpredigt hatte nun nicht mehr so deutlich die Tendenz, Einwände der Gemeinde gegen die Judentaufe zu entkräften[99]. Überwiegend wurde

---

Nutzen von diesem allem? Antwort. Daß wir erstlich uns dessen trösten/ daß auch wir die wir auß den Heiden sind gemeinschafft an dem Reich des Messiae haben« (Frage 12). Vgl. auch seine Zweckangabe in der Vorrede (S. A 6ʳ).

[91] Vgl. die Werke von SIMON und NAPHTHALI (diese Arbeit, S. 71 f. 78).

[92] Vgl. J. MÜLLER, S. XX 3ᵛ–XX 4ᵛ; A. CRAMER, S. X 8ᵛ f. (die Vorrede ist 1636 datiert).

[93] Vgl. z. B. RÜCKER, S. D 4ᵛ; WALDSCHMIDT, S. X 3ʳ.

[94] Vgl. ALBRECHT, S. 45 f.; die Unterweisung wurde allerdings auch von mehreren Pfarrern täglich ausgeübt.

[95] Vgl. *Breidenbach*, S. 139. Dazwischen liegt die Zeit von einem Monat bei J. WAGNER, S. A 4ʳ, 13 Wochen bei NAPHTHALI, S. C 3ᵛ, und etlichen Wochen bei RÜCKER, S. B 2ʳ.

[96] Vgl. J. WAGNER, S. A 4ᵛ f.; ALBRECHT, S. 46; H. ELERT, S. 29; WALDSCHMIDT, passim.

[97] Vgl. ALBRECHT, S. 43 f.; RÜCKER, S. F 3ᵛ.

[98] Z. T. die Landesfürsten, so in Homburg 1624 u. Frankfurt 1646 (vgl. Exkurs I). Die meisten Paten (40!) gab es anscheinend bei der Taufe in *Breidenbach*.

[99] Dies steht allerdings noch im Vordergrund bei J. WAGNER, S. A 4ʳ: »damit nicht jemand gedencke/ wir heten dieses Werck mit der Tauffe dieses Juden leichtfertiger weise/ oder ohne Rath fürgenommen/ muß ewer Liebe ich mit wenigem berichten/ wie wir dazu kommen«. Das Thema ist dann nach der Vorgeschichte der Taufe nur die wunderbare Bedeutung einer Bekehrung und die Taufe als sichtbares Zeichen der Bekehrung. – Allerdings setzt sich auch RÜCKER, S. E 4ʳ–Fᵛ, mit Kritikern aus der Gemeinde auseinander.

sie jetzt benutzt, um die Gemeinde umfassend über das richtige Verhältnis zu den Juden zu unterrichten[100]. Die sonst in den Predigten getrennt behandelten Fragen nach der Möglichkeit echter Bekehrung, nach dem rechten Umgang mit Juden und nach Argumenten zu ihrer Überzeugung sind nun in einer Predigt bzw. Predigtreihe zusammengefaßt. Die besondere Vermahnung an die Gemeinde über den Kasus der Judentaufe behält allerdings ihren Platz hinter der Predigt[101]. Auch die Taufexamina unterscheiden sich nur wenig von früheren Beispielen[102]. Zur Vorbereitung der Taufe wird bei Albrecht, Rücker und Elert das Gebet um gnädige Aufnahme des Konvertiten gesprochen, das im Frankfurter Formular schon vor dem Examen vorgesehen war[103]. Das bei Albrecht und Rücker ebenfalls übereinstimmende Schlußgebet dankt für die Bekehrung[104]; Vermahnungen finden nicht mehr statt.

Wenn die wenigen Beispiele eine signifikante Weiterentwicklung belegen können, dann scheint mir dies die größere Gewöhnung an den Kasus der Judentaufe zu sein. Die Taufe war zwar weiterhin ein herausragendes Ereignis, aber nicht mehr geradezu analogielos. Dies wird besonders an den Predigten deutlich, die nicht mehr die Bekehrung an sich erklären und verteidigen müssen, sondern sie in ein größeres Thema eingliedern. Auch das festliche Beiwerk ist herabgestuft (was allerdings auch an den Kriegseinflüssen liegen kann), die Vermahnungen an Paten und Gemeinde allgemeiner gehalten und z. T. von Vorlagen übernommen.

An der theologischen Einschätzung der Taufe als Herauslösung aus dem Judentum und Eingliederung in die christliche Kirche (als gleichberechtigtes, aber noch schwaches Glied) hatte sich offensichtlich nichts geändert. Durch das Fehlen von Hinweisen auf weitere, noch nicht bekehrte Juden ist

---

[100] Vgl. die Berichte über die Predigten von ALBRECHT, RÜCKER und WALDSCHMIDT in dieser Arbeit, S. 60–62. – Eine Schwarz-Weiß-Malerei im besten Sinne des Wortes bietet H. ELERT anläßlich einer Mindener Judentaufe von 1648. Er schildert die jüdische Finsternis in den dunkelsten Farben mit vielen Beispielen (S. 16–27) und stellt die lichtvollen Vorzüge der Christen geradezu enthusiastisch dagegen, weshalb er sogar auf die sonst üblichen Ermahnungen an die Gemeinde verzichten muß (S. 27 f.). Der Täufling wird dargestellt als einer, der nun den Übergang zum Licht geschafft hat, womit zur Taufhandlung übergeleitet ist (S. 28 f.).

[101] Vgl. ALBRECHT, S. 44–46; RÜCKER, S. F 4^r; H. ELERT, S. 29–31.

[102] Nach bloßen Hinweisen auf Jesus als den Messias und die Trinität wird bei RÜCKER, S. F 4^v f., nur noch der Kleine Katechismus abgefragt. Bei ALBRECHT, S. 47 f., stehen die Hauptbelege für die Messiaslehre im Mittelpunkt; ähnlich H. ELERT, S. 31–40, wo kurze Aussagen über Messias und Trinität in die Katechismusfragen eingestreut sind. Ausführlicher und persönlicher ist das Examen des gelernten Rabbis bei J. WAGNER, S. E^r–G 2^r, auch wenn die Elemente dieselben sind. Bei der Messiaslehre (S. E 2^v–F^r) geht es wirklich um die Auseinandersetzung mit dem Judentum, später aber auch um abstrakte Gebetslehre (S. F 4^r) und die Verteidigung der lutherischen Tauflehre gegen Katholiken und Calvinisten (S. F 4^v f.).

[103] Vgl. ALBRECHT, S. 49; RÜCKER, S. G 2^v f.; H. ELERT, S. 43; vgl. auch DIENST 1955, Anlagen, S. 168.

[104] Vgl. ALBRECHT, S. 51 f.; RÜCKER, S. G 4.

die Ansicht von der Bekehrung als Einzelschicksal vielleicht absichtlich noch
unterstrichen, entsprechend der Ablehnung einer Lehre von der allgemeinen
Judenbekehrung.

3.4. Stellung und Selbstverständnis der Konvertiten

Nur von zwei Konvertiten aus diesem Zeitraum standen mir Werke zur
Verfügung[105]. Das erste stammt von dem von Wagner getauften Rabbiner
Malachias Ben-Samuel mit dem Taufnamen *Paul Christian*[106].

Er legt 1621 eine Lebensgeschichte in Knittelversen vor, die zuerst von seiner
Ausbildung als Rabbi berichtet. Darin gibt er Kostproben der auch von ihm geteilten
jüdischen Bosheit und talmudischen Verblendung (S. A 3^v–B 2^r). Die Wende bringt
ein durch göttliche Fügung in seine Hände gelangtes Exemplar der vier Evangelien,
die er aus Interesse liest (S. B 2^v). Da er sofort eine Harmonie mit dem AT feststellt,
gerät er in Zweifel, die sich bald auch auf das Gekommensein des Messias erstrecken
(S. B 2^v–B 3^v). Er beschafft sich ein ganzes NT und entschließt sich zum Übertritt,
den er dann aber aus Rücksichtnahme auf seine Familie und Sorge um Leib und Leben
zunächst doch nicht vollzieht (S. B 3^v–C^r). 1621 ergreift er dann doch eine günstige
Gelegenheit und entweicht von Altona nach Lüneburg, wird weiter nach Braunschweig empfohlen und dort nach gründlichem Examen und Wartezeit getauft
(S. C^v–D^r). Ein Dank- und Bittgebet beschließt die Schrift (S. D^v f.).

Wirkt auch vor allem die Schilderung der Glaubenszweifel wieder sehr
idealtypisch, so lassen sich insgesamt doch Rückschlüsse auf das Selbstverständnis dieses Konvertiten ziehen. Zunächst sei aber noch auf eine andere
Schrift gleichsam als Kuriosum hingewiesen: Eine lateinisch-hebräische
Abhandlung zum Beweis der Messianität Jesu aus Jes 9,6 f., in Auseinandersetzung mit der rabbinischen Exegese verfaßt vom Rabbiner Joseph Naphthali, der aber laut einer der Schrift beigefügten Nachrede nach Taufunterricht und Zurücklassung dieses Werkes wieder verschwand, bevor er getauft
werden konnte[107].

Der Anstoß zum Verlassen des Judentums scheint wieder überwiegend
von eigenen Zweifeln ausgegangen zu sein[108]. Auch die unsicheren Kriegs-

---

[105] Nicht erhältlich war mir die bei FREIMANN, S. 419, genannte und bei DIFENBACH 1709,
S. 169, kurz referierte Schrift des Badener Arztes Fortunatus von 1639.

[106] Vgl. P. CHRISTIAN; ich benutze die 2. Auflage, die gegenüber der ersten nur um die ersten
16 Zeilen erweitert ist.

[107] Vgl. NAPHTHALI; das Nachwort umfaßt S. C 2^r–C 4^v. Damit ist auch KESSLER, Sp. 224, zu
korrigieren, der (Pisanski folgend) den Rabbiner als bereits getauft betrachtet.

[108] Ausdrücklich nennen P. CHRISTIAN, S. B 2^v–B 4^r; Fortunatus (nach DIFENBACH 1709,
S. 169); NAPHTHALI, S. C 2^v f., und ein Täufling WALDSCHMIDTS (S. 76) die Beschäftigung mit
den alttestamentlichen Messiasverheißungen bzw. mit neutestamentlichen Schriften. Nicht
klar zu deuten ist die Bekehrung des Gaildorfer Täuflings, die auf eine (angebliche oder
fingierte?) Audition im Gefängnis zurückging, vgl. ALBRECHT, S. 45 f.

zeiten mochten einzelne Juden in ihrem Entschluß zur Taufe bestärken[109]. Von Erfolgen christlicher Missionstätigkeit erfahren wir dagegen nichts, höchstens bei der Breidenbacher Taufe[110].

Nach der Taufe scheinen die Konvertiten im allgemeinen besser in die christliche Gesellschaft integriert worden zu sein. Wir wissen nur bei wenigen Genaueres über das spätere Schicksal; immerhin bei Friedstatt, daß er, vom hessischen Landgrafen protegiert, einträgliche Beamtenstellen erhielt und es bis zum Burggrafen brachte[111]. Für Anfeindungen der Christen gibt es keine Zeugnisse mehr; dennoch zeigen die Fälle des schon vor der Taufe wieder verschwundenen Naphthali und des durch Selbstmord geendeten Christophorus[112], daß den Konvertiten das Leben in der neuen Religion nicht immer leicht wurde.

3.5. Zusammenfassung: Johannes Müller als Repräsentant der herrschenden Einstellung

War im vorigen Abschnitt der Konsens erst allgemein dargestellt und dann Johannes Molther als Repräsentant dieses Konsens genannt worden, so soll nun der Konsens gleich am Beispiel Johannes Müllers formuliert werden. Müller verdient schon deshalb besondere Beachtung, weil er zwar öfters als bedeutsam oder repräsentativ bezeichnet wird, die Bewertung im allgemeinen aber höchst unterschiedlich ausfällt. Sein Leben war weitgehend durch literarische Auseinandersetzungen und persönliche Fehden ausgefüllt[113]; die Aktivitäten als Hamburger Senior gegen die Juden, besonders in der Frage des Synagogenbaus, prägten jedoch sein Bild besonders nachdrücklich. Urheber dieses Bildes scheint mir Heinrich Graetz zu sein, der Müller besonders scharf angreift und seinen »Judaismus« als »Verteidigungs= und Schmähschrift« charakterisiert[114]. Davon abhängig ist noch Wanda Kampmann, die in diesem Zusammenhang »Bekehrungs- und Ver-

---

[109] So wurden in Zittau 1633 und in Frankfurt 1633, 1642 und 1643 jüdische Soldaten getauft (vgl. Exkurs I). NAPHTHALI gab an, daß die Plünderung seines Dorfes und der Tod seiner Frau der letzte Anstoß zur Bekehrung war (S. C 3ʳ). Unter den getauften Jüdinnen (z. B. Hamburg 1640; Breidenbach 1644; Straßburg 1646) mochten auch unversorgte Witwen sein. Wenn die Beobachtung richtig ist, daß Entwurzelung aus der jüdischen Gemeinde die Bereitschaft zur Taufe förderte, dann ist zu erwarten, daß die Kriegszeit die Zahl der Taufen erhöhen mußte.
[110] Vgl. *Breidenbach:* der Pastor meint, sein gutes Zureden habe die Jüdin veranlaßt, sich später zur Taufe zu melden.
[111] Vgl. KNETSCH, S. 155.
[112] Vgl. DIEHL 1908.
[113] Vgl. die Lebensbeschreibung bei MOLLER III, S. 496–507; auf deutsch zusammengefaßt bei SCHRÖDER V, S. 417–426.
[114] GRAETZ X, S. 25; vgl. auch S. 22.

folgungseifer des orthodoxen Luthertums« konstatiert[115]. Bei Lamparter wird Müllers »Judaismus« sogar zur »bedeutendsten antisemitischen Schrift des 17. Jahrhunderts«[116]. Gerhard Müller zeichnet dagegen ein ganz anderes Bild von Müller und seinem Werk. Es gehört in die »christlichen Missionsversuche« der Orthodoxie, der leider »keine Diskussionsbereitschaft der Anhänger der Synagoge« entsprach[117]. Nur die Verschiedenheit der Voraussetzungen habe einen echten Dialog unmöglich gemacht[118]; Müller habe jedenfalls seine Argumente »sehr sachlich« vorgetragen[119].

Ist Müller nun ein so rabiater Polemiker, daß er zum Antisemiten wird (Graetz, Lamparter), ist er ein dialogbereiter Missionar (G. Müller), oder ist Mission zu seiner Zeit grundsätzlich mit Judenverfolgung gleichzusetzen (Kampmann)? Schlüssel für J. Müllers eigene Einschätzung sind die beiden Vorreden, die er seinem Werk vorausschickte.

In der Vorrede an König Christian IV. von Dänemark thematisiert Müller kurz die Frage der endzeitlichen Bekehrung, mit dem Ergebnis, daß Paulus die sukzessive Bekehrung vieler Juden gemeint haben müsse, die sich z. T. schon erfüllt hat (S. X 2^r–XX^v). Hindernisse auf seiten von Juden und Christen erschweren die Bekehrung (S. XX^v–XX 3^r). Das einzige Mittel zur Bekehrung ist Gottes Wort, das besonders in privaten Gesprächen verkündet werden kann (S. XX 3^r–XX 4^v); als weitere Schritte empfiehlt er Sonderbeauftragte, die Zwangspredigten halten, und bessere Fürsorge für die Konvertiten (S. XXX^r).
In der Vorrede an den Leser erwähnt er dann die verschiedenen polemischen Schriften der Juden, die in Hamburg kursierten (S. XXX 3^v–XXX 4^v; Einzelhinweise bei *G. Müller* 1967, S. 518 f.). Müllers Absicht ist, christlichen Lesern die Widerlegbarkeit solcher Angriffe zu demonstrieren und sie für private Gespräche zuzurüsten. Zum Abschluß bittet er die Juden, ihm wegen des Buches nicht zu zürnen; aber er müsse schließlich seinen Heiland verteidigen und könne auch einen härteren Ton anschlagen (S. XXXX^v–XXXX 2^r).

Engeren Bezug zum Buch hat zweifellos die zweite Vorrede; die erste ist auch in die 2. Auflage nicht mehr aufgenommen. Dennoch müssen beide gleich beachtet werden. Nur aus heutiger Sicht erscheinen missionarische bzw. apologetisch-polemische Ausrichtung als zweierlei; für Müller und seine Zeit gehört beides untrennbar zusammen. So wird – gegen G. Müllers Auslegung – in der ersten Vorrede die Bekehrung gar nicht ausdrücklich als Zweck genannt, sondern nur allgemein thematisiert. Angesichts der Notwendigkeit, sich von chiliastischen Schwärmereien abzugrenzen, hält Müller dabei an der traditionellen Auslegung von Röm 11 und Hos 3 fest,

---

[115] KAMPMANN, S. 89.
[116] LAMPARTER, S. 20. Der Vorwurf des »gelehrten Antisemitismus« begegnet auch bei GEBHARDT, S. 281.
[117] G. MÜLLER 1967, S. 515.
[118] AaO., S. 523.
[119] AaO., S. 520.

versucht aber auch, die verheißene Bekehrung von allen wunderbaren Assoziationen zu lösen[120]. Judenbekehrung gilt ihm weiter als Aufgabe von Kirche und Obrigkeit, die weitgehend die gewohnten Mittel einzusetzen haben. Neu ist bloß die Forderung von Sonderbeauftragten für die Judenmission und von besserer Unterstützung der Konvertiten[121]. Aus ersterem zeigt sich der größere Einblick in die jüdische Tradition und ihre eigenständige Position gegenüber den Argumenten des Christentums, aus letzterem wahrscheinlich die Erfahrungsberichte jüdischer Konvertiten. Beides wurde aber während des Dreißigjährigen Krieges nirgendwo institutionalisiert[122].

Trotz dieser z. T. weiterführenden Überlegungen zur Judenbekehrung hätte ein rein missionarisches Interesse Müller jedoch kaum zu einem 1490-Seiten-Wälzer stimuliert. Auch G. Müller, der das missionarische Interesse als primär ansieht, ignoriert dies nicht; »den letzten Anstoß zur Abfassung seiner Arbeit« habe J. Müller durch »verschiedene antichristliche Manuskripte«, die in Hamburg kursierten (darunter Isaak Trokis »Hizzuk Emuna«), erhalten[123]. In der zweiten Vorrede Müllers ist aber von Missionsinteresse als Motivierung nicht die Rede; antichristliche Argumente erfordern eine Widerlegung, allein schon um die Ehre Gottes und des Glaubens zu wahren; Stärkung angefochtener Christen und Überzeugung der Juden können in dieser Sichtweise zu erwünschten Nebeneffekten herabsinken[124]. Daher ist m. E. das apologetische Interesse als primär, das missionarische als sekundär zu betrachten. Es ist zwar aus dem apologetischen Interesse gar nicht wegzudenken; natürlich sollten die Ausführungen im Idealfall auch die Juden überzeugen und so die ausreichende Grundlage für die Bekehrung schaffen. Die Überzeugung von der Verstockung der Juden ließ aber dieses Ziel sofort wieder zu einem rein theoretischen werden. Wie bei seinen Vorgängern ist also auch bei Müller missionarisches Interesse da, aber auf

---

[120] J. MÜLLER, S. X 2ʳ–X 4ʳ; vgl. meine Zusammenfassung und die entsprechenden Tendenzen bei Albrecht, Rücker und Waldschmidt (diese Arbeit, S. 60–62).

[121] J. MÜLLER, S. XXXʳ; ähnlich ALBRECHT, S. 29, und RÜCKER, S. E 2ʳ–E 3ʳ, nachdem MOLTHER 1601, S. 96 f., eine Unterstützung noch für unnötig erklärt hatte (vgl. auch G. MÜLLER 1968, S. 495).

[122] Ob J. Müller nach katholischem Vorbild (vgl. BROWE, S. 170 ff., bes. S. 175–178) an ein Neophytenheim gedacht hat oder nur an eine Verbesserung der üblichen Praxis von Patengeschenken, ist nicht ganz deutlich. Das erste Proselytenheim auf protestantischem Gebiet scheint 1659 in Nürnberg gegründet zu sein (vgl. DE LE ROI I, S. 130; aaO., S. 130 f. auch Hinweise auf eine – allerdings nicht auf Juden beschränkte – Proselytenkasse Ernst des Frommen). Die erste nur für Juden bestimmte Kasse war aber wohl die von Edzard, die erste überregional bedeutsame Proselytenanstalt die von Fresenius in Darmstadt im 18. Jahrhundert (vgl. dazu DE LE ROI I, S. 351–357; DIEHL 1925a, S. 620–630; vgl. aber auch ADLER, bes. S. 41–49, zum Fortbestehen des Londoner »Domus Conversorum« auch nach der Reformation). Hauptamtliche Beauftragte für die Judenmission wurden m. W. in Deutschland gar nicht, aber in den Niederlanden durch die Synode von Delft 1677 eingerichtet (vgl. VAN DEN BERG 1969, S. 36 f.).

[123] G. MÜLLER 1967, S. 518.

[124] Vgl. J. MÜLLER S. XXXXʳ.

Überzeugung von der richtigen Lehre eingeschränkt, und die Zuversicht auf die künftige Bekehrung wird durch die Verstockungstheorie konterkariert[125]. So führt er, trotz enormer Fortschritte in der Kenntnis des Judentums, kaum über die alte Einstellung hinaus. Er hat weder die Argumentation gegen die Juden neu befruchtet (wenn er auch die alten Argumente in beeindruckender Breite darlegt und jüdischen Einwänden tiefgehend begegnet) noch intensiver über die Judenbekehrung an sich nachgedacht. Gerade in dieser doppelten Beschränkung ist er aber repräsentativ für die Orthodoxie seiner Zeit, denn ich hatte ja wiederholt darauf hingewiesen, daß die neuen Ansätze zunächst keine Wirksamkeit erlangten. Calixts irenische Art der Argumentation wurde abgelehnt, der Fortschritt der Hebraisten äußerte sich (bei J. Müller deutlich) fast ausschließlich in gelehrter Darbietung alter Argumente, und die Hoffnung auf die allgemeine endzeitliche Judenbekehrung wurde trotz der chiliastischen Bewegung und ihrer zaghaften Aufnahme weiterhin nicht zum virulenten Faktor in der Einstellung zum Judentum. Von einer Wende in der Haltung der Protestanten zu den Juden kann also auch in diesem Zeitabschnitt noch kaum die Rede sein.

---

[125] Vgl. diese Arbeit, S. 52. Gegen G. MÜLLER 1967, bes. S. 517f.523f., muß ich also vor einer Überbetonung der Missionsabsicht warnen. Gegen Graetz etc. (vgl. diese Arbeit, Kap. 3, Anm. 114ff.) muß aber festgehalten werden, daß J. Müller die Juden nur als Ablehner des Christentums angriff; er wollte ihre Bekehrung und dann ihre Gleichberechtigung mit den Christen; er forderte für die Konvertiten ausdrücklich eine bessere Behandlung. Damit steht er deutlich im Gegensatz zu Autoren wie Brenz, Herold, Cäsar und Pollio (vgl. diese Arbeit, S. 53f.; Kap. 3, Anm. 24), so daß die Rede von der ›bedeutendsten antisemitischen Schrift des 17. Jahrhunderts‹ u. ä. wohl unhaltbar ist.

4. Die Zeit nach dem Dreißigjährigen Krieg (bis ca. 1680)

4.1. Auseinandersetzung um die allgemeine endzeitliche Judenbekehrung

Bis in die neueste Zeit wird in der Literatur manchmal der Eindruck erweckt, als sei vor Spener die Lehre von der Bekehrung der Juden vor dem Jüngsten Tag im deutschen Protestantismus kaum vertreten worden[1]. Wir hatten demgegenüber festgestellt, daß die Hoffnung auf eine ›ansehnliche‹ Bekehrung der Juden geradezu zu den Stereotypen der die Juden behandelnden Literatur gehörte[2]. Auch in der Zeit des Krieges hielten orthodoxe Theologen an dieser Hoffnung fest[3], während andere langsam von ihr abrückten[4]. Aber abgesehen von den Chiliasten hatte kaum jemand die Frage einer weitergehenden Erörterung wert gehalten. Die Befürworter der allgemeinen Bekehrung begnügten sich in der Regel mit dem Hinweis auf die ›unzweideutigen‹ Belege Röm 11,25 f. und Hos 3,4 f.; die Gegner führten dagegen oft nur Luthers ablehnendes Urteil an.

Aber schon in den beiden Jahrzehnten vor Speners ›Pia Desideria‹ wurde die Frage der künftigen Judenbekehrung in lateinischen und deutschen Schriften intensiver diskutiert. Sie war sowohl für die akademische Welt wie auch für die interessierten Laien zum Thema geworden, so daß sie Fecht schon 1662 als »quaestionem hodie maxime controversam« bezeichnen konnte[5].

Dazu trug natürlich z. T. die Tatsache bei, daß die chiliastisch geprägte Erwartung der Judenbekehrung nun in ganz Europa weiter verbreitet wurde. Zu erwähnen sind vor allem die vielfältigen chiliastischen Gedanken, mit denen die Debatte um das ›Resettlement‹ in England begleitet war, und die ähnlichen, vor allem von Wallonen (Labadie, Serrarius, Jurieu) vertretenen Lehren in den Niederlanden[6]. In Deutschland fanden wohl neben Felgen-

---

[1] Vgl. diese Arbeit, Kap. 1, Anm. 31.
[2] Vgl. diese Arbeit, S. 49–54.
[3] Vgl. diese Arbeit, S. 56 f. (Prodromus). 60 f. (Albrecht). 64 (Calixt).
[4] Vgl. diese Arbeit, S. 60.62; ferner J. MÜLLER, S. X 2ʳ–X 4ʳ; DANNHAUER 1638, S. 370–375.
[5] FECHT, S. 91. Vgl. auch HOFMANN, S. XX 12ᵛ f.: Die Judenbekehrung nach Hos 3 war 1662 Tischgespräch am Dresdener Hof.
[6] Zu England vgl. DE JONG, S. 37–78; TOON, S. 115–125; SCULT, S. 18–34; D. KATZ, bes. S. 213–215; TREVOR-ROPER (vgl. diese Arbeit, Kap. 1, Anm. 105); zu den Niederlanden vgl. VAN DEN BERG 1970, S. 149–153; W. PHILIPP 1970, S. 28–31; VAN DEN BERG 1977.

hauers Hauptwerk von 1655[7] die Thesen des Franzosen La Peyrère die größte Beachtung; erst im Zusammenhang mit der Schrift über die Präadamiten von 1655 wurden auch die Thesen des schon 1643 erschienenen »Du Rappel des Juifs« weiter verbreitet[8]. Diese Schrift ist besonders interessant, weil La Peyrère im Gegensatz zu den englischen und niederländischen Chiliasten primär an der Bekehrung interessiert war[9]. Den Franzosen als dem neuen auserwählten Volk schrieb er damals schon die Aufgabe zu, die Juden zu bekehren und so ihre wunderbare Zurückführung nach Palästina vorzubereiten. Gemeinsam hat er mit den anderen Chiliasten einen massiven ›Philosemitismus‹ in dem Sinne, daß die Juden nach seiner Ansicht in der Endzeit ihre angestammte herausragende Würdeposition wieder einnehmen werden.

Gerade diese Thesen aber verstärkten wieder die Tendenzen im deutschen Luthertum, von der Erwartung einer künftigen Judenbekehrung überhaupt abzurücken. Die radikalste Ablehnung der alten Lehre bot dabei *Dannhauer* in seiner Monographie »Apocalypsis Mysterii Apostolici« von 1656[10].

Schon vor der eigentlichen Exegese seines Themas, Röm 11,25f., setzt Dannhauer voraus, daß die Fülle der Heiden schon in apostolischer Zeit bekehrt worden sei (S. 15–17) und daß auch einzelne Juden im Laufe der Kirchengeschichte immer wieder bekehrt worden seien (S. 17–22). Auch die Verstockung der Juden gehört zu den Prämissen (S. 25–29). Nach der Textanalyse stellt Dannhauer in einem Überblick verschiedene Arten der Interpretation von Röm 11,25f. dar (S. 40–55), um dann aber die Lehre von der allgemeinen endzeitlichen Judenbekehrung fast ohne Diskussion, nur mit Hinweis auf CA XVII als chiliastische Irrlehre zu brandmarken (S. 56). Das πᾶς Ἰσραήλ, das gerettet werden soll, kann dann nur die Zahl der Auserwählten aus Juden und Heiden sein (S. 67); weitere Maßnahmen zur Judenbekehrung will Dannhauer mit diesen Ausführungen aber keineswegs ablehnen (S. 68–71).

Die Radikalität Dannhauers liegt darin, daß er trotz einer z. T. ausführlichen Diskussion über Röm 11 schon durch seine Vorentscheidung das Thema der Judenbekehrung aus dem Bereich der Eschatologie völlig herauslöste. Damit verbunden ist auch sein Verdikt, mit dem er jede Deutung von Röm 11,25f. auf die Zukunft als chiliastisch ablehnte. Es muß aber

---

[7] Vgl. SCHOEPS 1952, S. 19–21; W. PHILIPP 1970, S. 57–61.

[8] Zur Welle von Entgegnungen auf das Präadamitenbuch von 1655 vgl. SCHOEPS 1952, S. 4f.; SCHOLDER, S. 103f.; POPKIN 1973, S. 103.120. Aus unserem Bereich sind WIPPERMANN, S. 47f.; VIETOR, S. E 2ʳ; DANNHAUER 1684, S. 5; RUMETSCH, S. 113ff., zu nennen, für die La Peyrère als Vertreter einer besonders anstößigen ›fleischlichen‹ Vorstellung von der Judenbekehrung galt.

[9] Vgl. zu dieser Charakterisierung des ›Rappel‹ explizit YARDENI, S. 256 (»La Peyrère voulait qu'on leur ouvre les portes pour les convertir le plus rapidement possible«); ROBINSON, S. 126f. (»his appeal and his program for the Jews ... was conversionist«); ähnlich auch SCHOEPS 1952, S. 8–12; POPKIN 1973, S. 99f.; ISRAEL 1985, S. 209.224–226.

[10] Vgl. DANNHAUER 1684; die erste Auflage von 1656 (nachgewiesen *BLC* Vol. 76, S. 317) war mir nicht zugänglich. Dannhauer bestätigt hier seine frühere Position, vgl. DANNHAUER 1638, S. 370–375.

nochmals darauf hingewiesen werden, daß er damit in einen Gegensatz zu den meisten Vertretern der Orthodoxie, auch zu seiner Zeit, geriet[11]. Denn selbst wer die Hoffnung auf die Endbekehrung ablehnte, mußte sie noch nicht gleich mit Chiliasmus in eins setzen, wie am folgenden Beispiel des Dresdner Hofpredigers *Hofmann* zu zeigen ist. Der Unterschied ist zu Dannhauer um so auffallender, als Hofmann in einer deutschen Schrift (›Von Bekehrung der Jüden im neuen Testament‹) – die sich also an ein breiteres Publikum wandte – vor der Lehre von der allgemeinen Bekehrung der Juden warnte[12].

Hofmann beginnt mit einer Aufzählung von »harte[n] und schreckliche[n] Straffen«, die Gott über die Juden verhängt hat (S. 1–15); Beispiele bilden vor allem die mittelalterlichen Verfolgungen durch die Christen. Für die Juden ist besonders schlimm, daß sie keinen Trost in Gott haben, der sie vielmehr wegen ihrer Ablehnung des Messias verstoßen und verflucht hat (S. 16–23). Christen müssen sich über dieses Schicksal betrüben und fragen daher nach ihrer möglichen Bekehrung (S. 23–26), die aus Hos 3,4f. und Röm 11,25f. behandelt werden soll (S. 26–31).
Die prophetischen Verse werden nun Wort für Wort ausgelegt (S. 32–59), mit kurzen Hinweisen zu den angesprochenen Realien; eine inhaltliche Entscheidung fällt aber erst, wenn באחדים הימים (»In dieser letzten Zeit«) auf die Zeit des Messias bezogen wird (S. 57–59; vgl. aber schon S. 51). Den Beweis soll nun das nächste Kapitel führen. Hofmann lehnt die Auslegung ab, Hos 3,4f. sei schon mit dem Ende des Babylonischen Exils oder dem Makkabäerkrieg in Erfüllung gegangen (S. 59–64). Die ›leibliche‹ Erwartung einer Wiederansiedlung im Heiligen Land, wie sie »theils die heutigē Jüden/ theils die Chiliastische Phantasten« vertreten, wird völlig verworfen (S. 65). Statt dessen ist eine Bekehrung zum rechten Glauben gemeint, wie die Parallelstellen belegen (S. 66f.). Über diese Bekehrung gibt es nun zwei Anschauungen: »Etliche« vertreten »eine allgemeine und uhrplötzliche« oder wenigstens eine »sonderbahre / augenscheinliche und herrliche Bekehrung der Jüden« vor dem Jüngsten Tag (S. 68f.). »Die andern/ denen wir mit Luthero auch beypflichten ... behaupten/ daß die Schrifft nur von einer particular-Bekehrung rede/ die zur Zeit N. Testaments nach und nach geschehen/ und immer wehren solle biß an jüngsten Tag« (S. 69). Für erstere Ansicht nennt Hofmann wichtige Vertreter und deren Haupt- und Nebenargumente (S. 70–78). Dagegen spricht aber der dreifache Fluch, der auf den Juden liegt (S. 78–82) und sie dazu bringt, das Christentum zu lästern (S. 82–90). Auch andere Endzeitverheißungen sprechen gegen die Bekehrung der Juden; ebenso die Tatsache, daß ja auch die Heiden ›successive‹ bekehrt worden sind (S. 90–94). Die Entscheidung für die zweite Auslegung wird noch einmal mit einem langen Lutherzitat (vgl. WA 53, S. 579f.) untermauert (S. 94–100). Paulus kann also mit ›πᾶς Ἰσραήλ‹ nur »das gläubige Israel« meinen (S. 108), und mit ›ἄχρι οὗ τό πλήρωμα τῶν ἐθνῶν εἰσέλθῃ‹ nur »so lange die Fülle ... der Heyden eingeht«, was auch impliziert, daß »nicht alle und iede Jüden bekehret werden« (S. 113). Die

---

[11] Vgl. diese Arbeit, Kap. 1, Anm. 31 (M. Schmidt). Auch auf den auffallenden Unterschied zu seinem Schüler Spener kann schon hingewiesen werden, vgl. WALLMANN 1980, S. 71f.99f., und diese Arbeit, bes. S. 128–130.
[12] Vgl. HOFMANN; zur Person *AGL* II, Sp. 1663.

These, daß »der Jüden Bekehrung sparsim, successivè, und zu unterschiedenen Zeiten ergehen« solle (S. 119), wird noch mit Beispielen bekehrter Juden aus den verschiedensten Zeiten untermauert (S. 120–148), ohne daß damit die andere These von der allgemeinen Bekehrung ganz abgelehnt werden soll; denn »Vaticinia sunt obscura, donec compleantur« (S. 149). Solange aber die Juden verstockt sind und die Christen keine ausreichenden Anstrengungen zu ihrer Bekehrung unternehmen, ist keine Bekehrung zu hoffen (S. 152–158).

Hofmann vertrat also wie Dannhauer eine nicht-eschatologische Deutung der Zentralstellen für die Judenbekehrung. Deutlicher ist bei ihm aber der Zusammenhang zwischen der Skepsis gegenüber der Hoffnung auf die Judenbekehrung und einer antijudaistischen Einstellung, die Fluch und Verstockung stärker betont. Dies – und nicht Dannhauers Kampfstellung gegen den Chiliasmus – motivierte offenbar Hofmanns Entscheidung. Damit blieb er innerhalb der Bandbreite dessen, was ohne weiteres konsensfähig war; deshalb konnte er auch nicht die übliche Deutung von Röm 11,25 f. und Hos 3,4 f. auf die Zukunft verketzern. Mit bemerkenswerter Klarheit legte er dar, was überhaupt die Streitfrage sein kann: Ob die Judenbekehrung als zukünftiges wunderbares Geschehen oder als immer wieder einzelne ergreifender Prozeß gesehen werden muß. Die chiliastische Verknüpfung ›fleischlicher‹ Hoffnungen mit der Judenbekehrung hat auch mit der ersten, noch gut orthodoxen Möglichkeit nichts zu tun, sondern steht außerhalb des Bereiches ernsthafter Diskussion.

Eine Ablehnung der allgemeinen endzeitlichen Bekehrung wurde nun – beeinflußt durch Dannhauers Ansehen – immer häufiger vertreten[13]. Abraham Calvos Disputation von 1679 dürfte für die Spätorthodoxie dann noch bedeutender geworden sein; sie nimmt schon die Auseinandersetzung mit Speners Hoffnung besserer Zeiten vorweg[14].

Hartnäckig hielt sich aber auch die alte Lehre, daß vor allem Röm 11 eine ›ansehnliche‹ Bekehrung der Juden für die Zukunft voraussage, ohne daß dabei chiliastische Vorstellungen eine Rolle spielten. Es werden nun zwei lateinische und eine deutsche Veröffentlichung herangezogen.

---

[13] Vgl. z. B. D. CHRISTIANI, S. 4–6; FECHT, S. 91 f.; J. SCHMIDT, S. 22. Auch eine mir nicht zugängliche Schrift von Johann Ernst Gerhard (LIPENIUS II, S. 143: »praecipua Chiliasmi Fundamenta, pariterque de Gog & Magog. Item de Judaeorum universali Conversione. Jenae 1667«) dürfte ähnliche Argumente enthalten. LEMKE, S. 149–158, lehnt nur die völlige Bekehrung ab, läßt die Frage sonst aber offen.

[14] Vgl. CALOV; die Disputation ist zunächst gegen offenkundige Chiliasten gerichtet, die immer nur »patroni« heißen, aber auch Spener wird zurückgewiesen (S. 24).

Jakob Helwig[15], der auch von seinem Lehrer Dorsche unterstützt wurde, widmete 1658 eine Dissertation ausschließlich der Stelle Röm 11,25f. Er schickt voraus, daß der gesamte Abschnitt des Römerbriefes den Trost der Juden und die Ermahnung der Heiden zum Zweck hat (S. A 2ᵛ f.). Eingehende philologische Betrachtungen unterstreichen unter anderem, daß die Verstockung der Juden Intellekt und Willen betrifft und selbstverschuldet ist (S. B 4ᵛ–C 2ʳ); daß sie aber terminiert ist bis zur völligen Bekehrung der Heidenvölker, die noch aussteht (S. C 2ʳ–C 4ᵛ); und daß mit πᾶς Ἰσραήλ in diesem Kontext nur die heutigen Juden gemeint sein können, so daß sich als Paraphrase ergibt: »magnam Judaeorum multitudinem miseriam suam agnituros, à qua defecerant, se adjuncturos fideq; in σωτερα [!] ac Salvatorem Mundi aeternam tandem gloriam adepturos esse« (S. D 2ʳ). Die Irrtümer der Chiliasten und Katholiken sind allerdings zu verwerfen, denn: »nihil determinemus de particularibus conversionis illius circumstantiis, modo, tempore, numero aut loco« (S. D 4ᵛ). Es kommt dagegen nur auf den schon zu Beginn genannten Zweck des Apostels an (S. Eᵛ), so daß Helwig schließen kann mit dem Aufruf, wegen der Hoffnung auf die Bekehrung seien die Juden zu dulden und gut zu behandeln (S. E 2ʳ).

Ganz ähnlich argumentierte 1668 auch *Vietor* in einer Jenenser Dissertation über denselben Text. Besonders die Abgrenzung von Chiliasten und Katholiken scheint z. T. wörtlich übernommen[16]; neben den exegetischen Argumenten steht bei Vietor allerdings die Auseinandersetzung mit der kontroversen Literatur zum Thema im Vordergrund[17]. Angeschlossen ist auch bei ihm eine Sammlung von Vorschlägen zur Realisierung der Judenbekehrung, die aber wenig Originelles bietet[18].

Die deutschsprachige Veröffentlichung ist *Michael Havemanns* Neuauflage der ›Wegeleuchte‹ von 1663, der unter anderem ein Anhang »Vom [!] Bekehrung der Jüden vor dem Jüngsten Tag/ was davon zu halten sey« beigefügt ist[19].

Auch Havemann distanziert sich sofort von der »vergeblichen Jüdischen Hoffnung« auf einen Wiedereinzug ins Heilige Land und auch von der Erwartung einer ausnahmslosen Bekehrung der Juden (S. 566f.). Die genauen Umstände und den Zeitpunkt der Bekehrung will er »ohngegrübelt« lassen (S. 567f.). Fest steht aber, »daß vor dem Ende der Welt eine grosse und wunderbahre/ eine herrliche und

---

[15] Die Dissertation wurde unter dem Präsidium von Hermann Schuckmann verteidigt; der Autor ist auf dem Titelblatt nicht ausdrücklich genannt. Da aber meist Helwig als Verfasser angegeben wird (vgl. LIPENIUS I, S. 467; SPENER PD, S. 37), sehe auch ich ihn als Autor an. Dorsche widmete dem Werk ein sehr freundliches Glückwunschgedicht (J. HELWIG, S. E 2ᵛ) und ein zustimmendes Programm (SPENER PD, S. 37).

[16] Vgl. VIETOR, S. Eᵛ–E 3ᵛ, mit J. HELWIG, S. D 2ʳ–Eʳ.

[17] Vgl. VIETOR, S. Cʳ–Eʳ; erst werden die verschiedenen Stellungnahmen erläutert, bevor die eigene Position formuliert und gegen die anderen verteidigt wird (S. Eʳ–F 3ʳ).

[18] AaO., S. F 3ʳ–G 4ᵛ.

[19] HAVEMANN 1663, S. 566–578; die weiteren Kapitel des Anhangs ergänzen zumeist die apologetischen Ausführungen, die die erste Auflage ausgezeichnet hatten (vgl. diese Arbeit, S. 73; vgl. auch HAVEMANN 1663, S. A 7, zur Neuauflage). Auf das Kapitel über die Mittel zur Judenbekehrung wird weiter unten eingegangen werden.

merckliche Bekehrung der Jüden/ mit einer sonderbahren Freude der Christen obhanden/ und geschehen werdt« (S. 568); nur dies soll hier behandelt werden. Belege sind zunächst alttestamentliche Heilszusagen wie Lev 26,44f., Dtn 4,30f., Jer 23,5, Hos 3,4f. etc., die nicht durch die Rückkehr aus dem Babylonischen Exil erfüllt sind, sondern erst durch die Bekehrung »in der letzten Zeit da solche Gnade der ganzen Welt durch das Evangelium bekannt gemacht worden« (S. 568–575). Besonders deutlich ist Röm 11,25f.; auch diese Weissagung kann noch nicht erfüllt sein, auch wenn sich schon hervorragende Juden bekehrt haben (S. 575–577). Eine Absage an papistische bzw. chiliastische Irrmeinungen und eine Liste von altkirchlichen und protestantischen Gewährsleuten beschließen das Kapitel, an das sich gleich eine Darstellung der richtigen Methoden bei der Judenbekehrung anschließt.

Havemann, der in der Folgezeit besonders häufig zustimmend zitiert wurde, hatte also ähnlich vorsichtig wie Helwig und Vietor argumentiert. Obwohl er sich unzweideutig zur Lehre einer zukünftigen ansehnlichen Judenbekehrung bekannte, wollte er mit der chiliastischen Ausprägung dieser Lehre nichts zu tun haben. In der Tat ist ein chiliastisches Element, die Annahme einer besonderen Würdestellung der Juden, bei Havemann überhaupt nicht festzustellen. Eine mit der Judenbekehrung verbundene Hoffnung besserer Zeiten für die Kirche ist höchstens aus der Formulierung herauszulesen, die Judenbekehrung werde zur »sonderbahren Freude der Christen« geschehen, was Havemann allerdings nicht näher ausführte. So kann man ihm sicher ebenso wie Helwig und Vietor bestätigen, daß er die orthodoxe Lehre einer künftigen Judenbekehrung zwar deutlich profilierte, sich aber dabei von chiliastischen Anklängen tatsächlich fernhielt.

Anders muß das Urteil dagegen bei dem Braunschweiger Stadtsuperintendenten *Schindler* ausfallen, der erst kürzlich noch als »lutherisch-orthodoxer Chiliast« herausgestellt wurde[20]. Zunächst war Schindler freilich 1670 durch zwei Traktate »gegen die alten und neuen Chiliasten« an die Öffentlichkeit getreten[21], in denen er auch durchaus die »subtilen[n] Chiliasten/ wie man sie nennet« verurteilt[22], was ihm den Beifall der Leipziger theologischen Fakultät einbrachte[23]. Analysiert man die Schriften jedoch genauer, so stellt man fest, daß Schindlers Ablehnung nur einer zu ›fleischlichen‹ Hoffnung und einer Festlegung auf genau 1000 Jahre der Ruhezeit für die Kirche gilt. Daß aber aus der Apokalypse und aus Dan 12 eine ganze Reihe von Endzeitereignissen herauszulesen sind, die für die

---

[20] WALLMANN 1981, S. 251; ähnlich WALLMANN 1982, S. 204.
[21] Vgl. die zusammengehörigen SCHINDLER 1670a und SCHINDLER 1670b. Schindler (zur Person vgl. AGL IV, Sp. 272) hatte erst den Traktat über Apk 20 verfaßt, dann aber den Kommentar über die ganze Apokalypse »vorher gehen lassen« (SCHINDLER 1670a, S. 7).
[22] SCHINDLER 1670b, S. 24.
[23] Vgl. SCHINDLER 1670a, S. XXʳ–XXX 4ʳ; das hier abgedruckte Gutachten gilt aber beiden Schriften.

Christen zuerst Trübsal und Not, dann aber Frieden bedeuten[24], diese Ansicht teilt Schindler mit dem »Chiliasmus subtilis«.

Die zukünftige Judenbekehrung hatte Schindler 1670 nur ganz am Rande erwähnt[25]; 1674 widmete er dieser Frage mit seiner ›Geistlichen Hall-=Posaune‹ eine eigene Untersuchung[26].

Die Tatsache einer künftigen Judenbekehrung ist für ihn anscheinend durch Hinweise auf Gottes Güte, seine Wahrheit (in Verbindung mit Röm 11,23f.), Allmacht, Weisheit, Barmherzigkeit etc. schon unzweifelhaft bewiesen; in Fortführung seiner früheren Interessen will er daher nur nach der Zeit und den Umständen dieser Bekehrung fragen (S. B^r–B 4^r). Auch Mt 23,34 und der gegenwärtige Unglaube der Juden lassen nur die Frage nach dem Ende der Verblendung aufkommen (S. 1–12). Schindler zitiert Havemanns Bestimmung der Streitfrage, die ja eine Distanzierung von ›chiliastisch-fleischlichen‹ Vorstellungen enthielt, und benutzt auch dessen Belege wie Dtn 4,30 und Hos 3,4f.; ausführlich begründet er, daß die hier angesprochenen letzten Zeiten die Zeit kurz vor der Wiederkunft Christi bezeichnen (S. 12–24). Hauptbeleg ist auch für ihn Röm 11,25–31 (S. 17–53), das als Verheißung einer »grossen/ herrlichen/ häuffigen und mercklichen Bekehrung der Juden/ welche vorm Ende der Welt noch obhanden/ und mit sonderbahrer Freude der Christen geschehen werde« angesehen werden kann (S. 31). Schindler setzt sich mit den Argumenten beider Seiten auseinander, entscheidet sich aber eindeutig für die Annahme einer ›ansehnlichen‹ künftigen Bekehrung. Hatte die Argumentation sich bisher kaum von der Havemanns unterschieden, so macht der nächste Beleg die Sonderstellung Schindlers deutlich. Er nennt nämlich nun Apk 19,6–9 (S. 53–62), wo die Judenbekehrung zwar nicht explizit angesprochen, aber für ihn durch das Bild der Hochzeit angedeutet wird (S. 57). Danach trägt er verschiedene Vorschläge zur Judenbekehrung schon in der Gegenwart zusammen (S. 62–67); die erwartete herrliche Judenbekehrung in der Zukunft muß durch besonderen Zwang gefördert werden (S. 67–71). Wenn auch der genaue Zeitpunkt und die Umstände der Bekehrung nicht zu erörtern sind (S. 74), so ist doch klar, daß Gott christliche Fürsten als seine Werkzeuge erwekken wird, die auch die Auseinandersetzung mit Rom führen (S. 71–85). Mit all diesem wird das »Tempus Gratiae, die gnädige Heimsuchung« erfüllt, die mit den 1000 Jahren von Apk 20 zusammenhängt; denn die Bekehrung ist eine geistliche Auferstehung (S. 85f.). Schindler benennt noch Zeichen, die auf die Nähe des Jüngsten Tages weisen (S. 89–93), distanziert sich aber von den Irrtümern, die besonders die Chiliasten in die Lehre von der zukünftigen Bekehrung eingetragen haben (S. 94–96).

Schindlers Distanzierung von chiliastischen Lehren fügt sich zunächst in die Argumentationslinie der Theologen ein, die die allgemeine endzeitliche Judenbekehrung lehrten, aber dabei gut orthodox bleiben wollten. Vom Prodromus von 1634 bis zu Havemann und Vietor waren ähnliche Argumente genannt worden; Schindler übernimmt sie z. T. wörtlich. Die

[24] Vgl. SCHINDLER 1670b, S. 68–82, bes. S. 72f.
[25] Vgl. SCHINDLER 1670a, S. 12; SCHINDLER 1670b, S. 77.
[26] Vgl. SCHINDLER 1674; dazu WALLMANN 1981, S. 250f.

Ablehnung des Chiliasmus wiederholt auch seine Schrift von 1680, die
weitgehend eine Zusammenfassung der Schriften von 1670 ist[27].

In seiner Ausprägung der Erwartung lassen sich aber doch deutliche
chiliastische Anklänge erkennen, die den anderen orthodoxen Theologen
fremd gewesen waren. Das läßt sich schon an der Frage der endlichen
Judenbekehrung nachweisen. Diese erwartet Schindler nicht wie die Orthodoxie irgendwann vor dem Jüngsten Tag, in einer zukünftigen, aber durchaus geschichtlichen Zeit, sondern in einer durch verschiedene Zeichen als
Endzeit qualifizierten Zukunft, die zwar nicht genau 1000 Jahre währt, aber
doch dem 1000jährigen Reich von Apk 20 entspricht. Entgegen seinen von
Havemann u. a. übernommenen Beteuerungen ist er auch durchaus an den
einzelnen Umständen der Endbekehrung interessiert und wertet dazu die
Apokalypse aus, während es den orthodoxen Theologen nur auf die Tatsache der künftigen Bekehrung angekommen war. Im Gegensatz zu den
schwärmerischen Chiliasten sieht Schindler allerdings die bessere Zeit für
die Kirche nicht als Folge, sondern als Voraussetzung der Judenbekehrung[28].
In jedem Fall ist eine enge Verbindung von besserer Zeit für die Kirche und
künftiger Judenbekehrung ausgesprochen, und sogar die Annahme einer
besonderen Würdeposition der Juden klingt an, wenn das Judentum mit der
Braut Christi aus Apk 19 gleichgesetzt wird. All dies macht aus Schindler
noch keinen Chiliasten vom Typ eines Felgenhauer oder Serrarius, aber es
trennt ihn doch deutlich von der orthodoxen Erwartung eines Havemann.
Da er noch vor dem Jüngsten Tag eine längere Zeit des Friedens für die
Kirche auf Erden annimmt, wird man ihn doch als Vertreter eines Chiliasmus subtilis ansehen müssen[29].

(Nur als Kuriosum ist noch die Predigt des sächsischen Superintendenten
Schlemm von 1677 zu nennen, die in ihrer genauen Vorhersage der künftigen Vernichtung von Papst und Türken sowie der merklichen Bekehrung
der Juden Schindlers Aussagen sehr nahe kommt; Schlemm will aber mit
diesen Zeichen angeblich nur die Nähe des Jüngsten Tages beweisen, was in
seinen Ausführungen jedoch kaum zum Tragen kommt[30].)

In der Zeit nach dem Dreißigjährigen Krieg ist also hinsichtlich der Lehre

---

[27] Vgl. SCHINDLER 1680, S. 8–12(Chiliasmus geht über die Aussagen der Schrift hinaus), aber
auch aaO., S. 13 f. 50 (künftige Ruhezeit für die Kirche und Judenbekehrung werden weiter
postuliert).

[28] Vgl. SCHINDLER 1674, S. 57: Durch den Fall des Papsttums kann das Evangelium frei
gepredigt werden, dadurch bekehrt sich dann das jüdische Volk. Ähnlich SCHINDLER 1680,
S. 50.

[29] Vgl. WALLMANN 1982, S. 204; zur Bestimmung des Begriffes Chiliasmus WALLMANN 1981,
S. 255–266.

[30] Nur im Titel und im Exordium (vgl. SCHLEMM, S. 1.4) spricht er vom nahen Gericht; die
weitere Argumentation zählt aber nur zukünftige Ereignisse auf, ohne nach ihrer Verwirklichung schon in der Gegenwart zu fragen.

von der künftigen Judenbekehrung nicht nur eine intensive Diskussion, sondern auch eine Polarisierung zu konstatieren. Auf der einen Seite wurde weiter eine ansehnliche Bekehrung der Juden mit etlichen biblischen Belegen behauptet, bei Schindler sogar mit deutlichen chiliastischen Anklängen. Auf der anderen Seite wurde nicht nur die chiliastische Erwartung bekämpft, sondern jede spezielle Hoffnung für die Juden verworfen. Von den für den breiten Konsens am ehesten repräsentativen Taufpredigten neigten einige dazu, wie Dannhauer eine Verheißung für die Juden ganz zu leugnen[31]. Andere lehnten aber diese Absage an die traditionelle Auslegung von Röm 11 ebenso ab wie eine zu optimistische Erwartung[32]. Auch andere Autoren, die sich nur beiläufig zur künftigen Bekehrung äußerten, zogen sich gern auf diese vermittelnde Position zurück[33]. Obwohl also die Notwendigkeit einer Distanzierung vom Chiliasmus immer deutlicher empfunden wurde, kann doch keine Rede davon sein, daß die Orthodoxie in dieser Phase die künftige Judenbekehrung allgemein nicht mehr erwartet habe.

4.2. Auseinandersetzung mit dem Judentum

4.2.1. Allgemeine Charakterisierung

Auch auf dem Gebiet der Auseinandersetzung mit den Juden blieb die Tradition der Orthodoxie weiter bestimmend. So forderten Vertreter der verschiedensten Positionen weiterhin Zwangspredigten[34], obwohl sie Glaubenszwang im allgemeinen ablehnten[35]. Dem entspricht auch die immer noch kaum hinterfragte Gleichsetzung der Bekehrung mit der Überzeugung von der richtigen Lehre. Unter den christlichen Gelehrten mehrten sich nun zwar die Freundschaften mit Juden; etliche Christen nahmen bei Juden Sprachunterricht[36]. Dies brachte jedoch trotz freundlichen Umgangs im Einzelfall nicht unbedingt eine Änderung in der allgemeinen Position gegenüber den Juden; weder eine deutlich missionarische Haltung noch ein völli-

---

[31] Vgl. bes. LUCIUS, S. 15 f., der ausgerechnet aus Röm 11,20–22 entwickelt, daß »unter so viel tausend Jüden die allerwenigsten bekehret« werden; implizit sagen SALTZMANN, S. 12–17; KOLB, S. 16–20; D. WÜLFER, S. 20–24, Ähnliches.

[32] Vgl. WIPPERMANN (bes. S. 46–49), der dies zum Tenor seiner Predigt macht; ähnlich OLEARIUS, S. A 3ᵛ; BEZEL, S. 73–77.251–265, bes. S. 263 f.

[33] Vgl. STEUDNER, S. X 7ᵛ–XXᵛ.22–24; BUCHENRÖDER, S. Fʳ f.; REPHUN, S. B 3.

[34] Sowohl HOFMANN, S. 153 f., als auch HAVEMANN 1663, S. 585 f.; VIETOR, S. G 3; SCHINDLER 1674, S. 8; ähnlich auch DANNHAUER 1671, S. 1385, der allerdings zwangsweise angeordnete Disputationen vorzieht; DANNHAUER 1706, S. 464 f., begründet die Überlegenheit der Disputation vor der Predigt ausdrücklich. – Vgl. auch diese Arbeit, Exkurs II.

[35] Vgl. HOFMANN, S. 155 f.; DANNHAUER 1671, S. 1385; HAVEMANN 1663, S. 583; VIETOR, S. F 4ᵛ.

[36] Vgl. GRAETZ X, S. 302 f.; KAYSERLING, S. 263 f.; BOX, S. 355.361 f.364–366.

ger Verzicht auf den Missionsgedanken waren die Folge dieser Begegnungen[37].

4.2.2. Weitere Vorherrschaft der Apologetik

Immer noch galt theologisch wie begrifflich korrekte Argumentation als wichtiger als die Versuche, den Juden einen Zugang zur existentiellen Bedeutung des christlichen Glaubens zu verschaffen. Wasmuth z. B. gab in einer Disputation Anweisungen für diese apologetische Art der Auseinandersetzung, die zwar den philologischen Fortschritt dokumentieren, aber sonst wenig über Baumbachs Hinweise von 1609 hinausgehen[38].

Wegen der differenzierteren Kenntnisse der jüdischen Überlieferung wurde nun allerdings der Wert des Talmuds für die christliche Argumentation immer skeptischer beurteilt. Nur noch wenige Autoren meinten, christliche Glaubenswahrheiten aus talmudischen oder rabbinischen Büchern ›beweisen‹ zu können[39]. Andere Gelehrte lehnten nun jegliche Benutzung des Talmuds ab[40]. Havemann hatte schon 1633 den Talmud zwar in Zweifelsfällen heranziehen wollen, aber doch seine Wertlosigkeit betont; 1663 fügte er noch eine Verurteilung der rabbinischen Lehre vom mündlichen Gesetz und der zentralen Stellung des Talmuds hinzu[41]. Wasmuth, der 1668 den Talmud noch zur Stützung seiner alttestamentlichen Exegese herangezogen hatte, lehnte ihn später ebenfalls ab[42]. Allenfalls wurde empfohlen, die inneren Widersprüche des Talmuds zur Widerlegung der Juden anzuführen[43]. Ähnlich stand es mit der Kabbala, die als »menschliche invention« galt, aus der aber dennoch »die gantze Christliche Religion wieder die Jüden statlich« erwiesen werden könne[44]. Neben den von der theologischen Zunft eher skeptisch betrachteten Kabbalisten Knorr und Rittangel versuchte nur Steudner, die Trinität aus den kabbali-

---

[37] Ein schönes Beispiel ist der Briefwechsel FRONMÜLLERs mit Rabbi Henoch, worin der Altdorfer Professor den Rabbi sehr freundlich anspricht, ohne jedoch den geringsten Zweifel an seiner eigenen Position erkennen zu lassen.

[38] Vgl. WASMUTH 1668; nur das 2. Kapitel (S. B 2ᵛ–E 4ᵛ) ist den christlich-jüdischen Auseinandersetzungen gewidmet.

[39] Vgl. D. CHRISTIANI, S. 17–20; SALOMON, S. 9–13; Arnd und de Pomis (vgl. diese Arbeit, Kap. 4, Anm. 47). LEMKE, S. 3–148, handelt die üblichen alttestamentlichen Argumente auch mit Hilfe rabbinischer Auslegungen ab.

[40] Beispiele und Argumente bei DIFENBACH 1696, S. 86–93; DIFENBACH 1709, S. 176–178. Hauptargumente sind die Kompliziertheit der Materie und die Furcht, zuviel Hochschätzung ihrer Bücher könne die Juden noch in ihrem Stolz verhärten. Die Verteufelungen des Talmuds, verbunden mit der Forderung nach Verbot seines Besitzes, wie sie immer wieder in Pamphleten erhoben wurden, fanden dagegen bei den Gelehrten keine rechte Zustimmung.

[41] Vgl. HAVEMANN 1633, S. 10–16, mit HAVEMANN 1663, S. 18–25.35–43.

[42] Vgl. WASMUTH 1668, S. D 4ᵛ, mit WASMUTH 1694, S. 21–25.

[43] Vgl. DIFENBACH 1696, S. 90.

[44] Vgl. HAVEMANN 1663, S. 35; ähnlich WASMUTH 1694, S. 20 f.

stischen Büchern zu erweisen, ohne diesen aber einen Wert an sich zuzuschreiben[45].

4.2.3. Argumentation gegen den jüdischen Glauben

Da der Ansatz der Apologetik unverändert blieb, tauchten auch kaum neue Argumente auf, so daß die Darstellung sich kurz fassen kann. An Material wäre freilich kein Mangel, denn die Apologetik blieb ein bevorzugtes Arbeitsfeld der akademischen Theologie. Von den zahlreichen Veröffentlichungen sind wieder die meisten der Messiaslehre gewidmet. Herausragend sind aber nur die Veröffentlichungen der Gießener Theologen Christiani und Haberkorn[46]. Aber auch der Trinitätslehre galten nun verstärkte Bemühungen, wahrscheinlich in einer Gegenbewegung gegen Calixts These, diese Lehre sei aus dem AT nicht zu beweisen. Mindestens vier Werke versuchten, diesen Beweis doch aus dem AT und den jüdischen Schriften zu erbringen, wobei Havemann den umfangreichsten Beweisgang vorlegte[47]. Auch ein Kompendium der christlichen Argumente gegen das Judentum setzte nun die Trinität an den Anfang[48]. Es ist auffällig, daß aus Deutschland

---

[45] Vgl. STEUDNER, bes. S. 365–368. Zu Knorr von Rosenroth und Rittangel vgl. diese Arbeit, Kap. 3, Anm. 65.

[46] D. CHRISTIANIS Disputationssammlung ist in der Form eines Kompendiums gehalten; er bestimmt erst die Aufgabe der Judenbekehrung (S. 1–8) und empfiehlt, statt mit der schwierigen Frage der Trinität mit dem »locus de Messia« zu beginnen (S. 9), der dann nach der bewährten Art gegliedert (S. 11–21) und behandelt wird. Dabei ist den »Pseudo-Messiis« der Juden eine eigene Disputation gewidmet. – Von Haberkorn sind verschiedene Disputationen zum Thema erschienen (Einzelnachweise bei SCHÜLING, S. 126.298.300.305; STRIEDER V, S. 217.219f.). Ich nenne nur die umfangreiche Arbeit HABERKORN 1676, in der nur die ersten 30 Seiten beweisen sollen, daß Jesus der verheißene Messias war; die folgenden 300 Seiten entfalten die Göttlichkeit des Messias aus dem AT und den rabbinischen Schriften. – Weitere gegen die Juden gerichtete Abhandlungen über den Messias stammen z. B. von Balthasar Raith (vgl. FABRICIUS 1715, S. 603: »quaestionum Judaicarum trias de Messia, Tubing. 1667.4« etc.), LEMKE und den Konvertiten SALOMON (nach der durchgehend syllogistischen Argumentation dürfte man allerdings eher Salomons Bekehrer Botsacc als Autor vermuten, der auch eher an einer Widerlegung der Sozinianer [S. 14–25] interessiert sein dürfte) und DE POMIS, (dessen hebräisch-deutsches Werk wohl eher eine für das akademische Publikum gedachte Visitenkarte als eine Bekehrungsschrift ist).

[47] Vgl. HAVEMANN 1651, dem es gegen Juden, ›Photinianer‹ etc. geht, aber auch gegen die Behauptung, das AT allein sei nicht klar genug (S. C 4v–C 8v). Auch die alten Rabbinen haben die Trinität gelehrt, ihre Bücher sind aber zum größten Teil verfälscht (S. P 6v–S 2v). Ähnlich umfangreich und umfassend argumentiert HABERKORN 1650. Nur auf die jüdischen Gegner fixiert sind anscheinend die Werke von Arnd (FABRICIUS 1715, S. 594: »diatribe de Mysterio SS. Trinitatis ex veteris Rabbinis. Witteb. 1650.4«; vgl. dazu auch DIFENBACH 1709, S. 175) und de Pomis (*NUC Vol.* 464, S. 580: »Trinitas probata ac vindicata è Vet. Testamanto & rabbinorum commentariis, oratione Ebraica . . . Altdorfi 1669«).

[48] Vgl. MICRAELIUS I, S. 1–35. Der Rest des Werkes widmet sich dann aber wieder allein der Messiaslehre, bis auf Buch V, das die Wertlosigkeit der jüdischen Religion und des jüdischen Kultes aus religionsphilosophischen Erwägungen beweisen will.

nur dieses eine Kompendium von Micraelius zu nennen ist, denn in den Niederlanden erreichte nun erst die Apologetik ihre größte Blütezeit. Besonders die umfassenden Werke von Hoornbeek[49] und Coccejus[50] wurden in der Folgezeit auch von deutschen Lutheranern aufs höchste gerühmt. Aber auch die Schriften von Spanhem, Episcopius, Hulsius, Witsius u. a. wären zu nennen[51]. Es scheint fast, als hätten die Deutschen den Niederländern dieses Gebiet überlassen, um sich selbst spezielleren Fragen zuzuwenden.

Eine lebhafte Debatte beschäftigte sich z. B. mit dem sogenannten »Testimonium Flavianum«. Der Abschnitt XVIII,63 f. aus den Antiquitates Judaicae des Flavius Josephus enthielt in manchen Fassungen ein Zeugnis über Jesus, der hier als Wundertäter und Christus bezeichnet wurde. Diese Stelle war in der Literatur natürlich immer wieder als Beweis gegen die Juden aus deren eigenen Schriften angeführt worden, bis Lukas Osiander 1592 den Abschnitt für unecht und unterschoben erklärte[52]. Sebald Schnell griff diese These auf und regte eine heftige Auseinandersetzung an, deren Niederschlag in einer Veröffentlichung Christoph Arnolds von 1661 zu finden ist. Darin sind nicht nur 30 Briefe zum Thema abgedruckt, an dem auch z. B. Wagenseil interessiert war[53], sondern auch etliche Zeugnisse aus Werken verschiedener Theologen. Dabei konnten sich die Bestreiter der Echtheit nicht durchsetzen; auch weiterhin galt das Testimonium Flavianum als sehr gutes Argument in der Judenbekehrung[54].

Diese literarische Auseinandersetzung scheint mir symptomatisch für die Zeit. Auf der einen Seite nahm sich die Universitätstheologie der Thematik der Judenbekehrung immer intensiver an, blieb aber ganz auf der Ebene der Apologetik und der gelehrten Auseinandersetzung und verzettelte sich schließlich in Detailfragen[55]. Interesse an philologischen Fragen und an Abgrenzung der reinen Lehre gegenüber allen Heterodoxien (wobei das Judentum nun immer öfter mit anderen Anschauungen zusammengesehen

---

[49] Zu Hoornbeeks »Pro Convincendis et Convertendis Judaei Libri octo« von 1665 vgl. DE LE ROI I, S. 149 f.; GRÖSSEL 1895, S. 54 f.; VAN DEN BERG 1969, S. 38 f.; VAN DEN BERG 1970, S. 142. – Gelobt wird er z. B. von HAVEMANN 1663, S. 578; SCHINDLER 1674, S. 10; HAAS, S. 1185; bes. DIFENBACH 1696, S. 1.46–48.

[50] Zu dessen Werken, bes. der »Judaicarum Responsionum et quaestionum consideratio« von 1662, vgl. DE LE ROI I, S. 151–153; SCHRENK, S. 278–288; VAN DEN BERG 1970, S. 145. Auch er wird von DIFENBACH 1696, S. 2.48–50, herausgehoben.

[51] Vgl. DE LE ROI I, S. 142–163; VAN DEN BERG 1969, S. 25–43.

[52] Vor ihm schon Giphanius, aber nur in einer privaten Äußerung; vgl. (auch zum Folgenden) den instruktiven Bericht bei EISLER, S. 3–87, bes. S. 19–24.

[53] Briefe Wagenseils bei C. ARNOLD, S. 244 ff. 266 ff. 276 ff.

[54] Vgl. RUMETSCH, S. 73–84; DIFENBACH 1709, S. 157–166 (auch mit weiteren Belegen); ferner VICTOR 1674, S. 77 f.

[55] Ein weiterer Beleg hierfür ist Wasmuths Behandlung von Dan 9,27 (den 70 Jahr-Wochen) zur Begründung einer allumfassenden Chronologie und die darauf folgende Kontroverse; dazu ausführlich MOLLER III, S. 623–630.

wurde) bestimmte die sich abschottende Orthodoxie stärker als das Interesse an den jüdischen Menschen. Der Grund dafür dürfte auch darin zu finden sein, daß die Hoffnung auf die Bekehrung der Juden immer stärker problematisiert wurde und nur noch vage vorhanden war.

Auf der anderen Seite fand diese Hoffnung bei Theologen im Gemeindedienst eifrige Vertreter, und aus den Gemeinden kamen nun auch weitere Impulse zur Bekehrung der Juden. Das zeigt sich schon in den deutschsprachigen Schriften, die, wenn auch apologetisch ausgerichtet, doch von den lateinischen unterschieden sind. Zwar gab es weiter Schmähschriften aus der Feder von Konvertiten[56], zwar gab es auch eine sehr esoterisch-kabbalistisch argumentierende Schrift[57], aber die anderen Werke zeigen nun auffällig mehr Gespür für die Situation der Juden. Den Christen war die messianische Bewegung um Sabbatai Zevi nicht entgangen, die 1665/66 auch in Deutschland größte Hoffnungen entfachte, dann aber äußerst enttäuschend endete[58]. Drei Werke von 1666 sind offenbar noch unter dem Eindruck der Begeisterung für die sabbatianische Bewegung geschrieben; die Autoren rieten den Juden zur Skepsis gegenüber der Erwartung eines neuen Messias und einer Zurückführung ins Heilige Land[59]. Auch eine Schrift Labadies, 1667 erst französisch, dann niederländisch aus demselben Anlaß verfaßt, wurde 1669 auf besonderen Wunsch von Pfalzgraf Friedrich Ludwig ins Deutsche übersetzt und sollte die Juden zum Nachdenken über den verheißenen Messias und zur Bekehrung bewegen[60]. 1669 nahm dann der Darmstädter Kriegsmann die Enttäuschung über Sabbatais Apostasie zum Anlaß, den Juden

---

[56] Vgl. F. WILHELM 1671, der seine Darstellung zwar auch darum geschrieben haben will, damit Christen aus dem Talmud die Juden widerlegen und bekehren können (S. X 5^r); tatsächlich bringt er aber nur zahlreiche Beispiele dafür, daß der Talmud gotteslästerlich (S. 13–54), wider Gottes Wort (S. 54–110), widersprüchlich (S. 110–141) u. ä. sei, ohne nur irgend etwas Positives an ihm zu lassen. – Ähnliche Angriffe auf die Juden sonst nur in der Vorrede zur Taufpredigt von KOLB, S. 4–14.

[57] Vgl. STEUDNER (diese Arbeit, Kap. 4, Anm. 45).

[58] Zu Sabbatai Zevi und seiner Wirkung vgl. die umfassende Monographie von SCHOLEM; zur messianischen Begeisterung in Deutschland auch G. MÜLLER 1968, S. 496 f.

[59] Die Werke sind schon bei GEIGER 1892, S. 103 f., kurz referiert. *Israelita* ist eine reine Materialsammlung, die z. B. Äußerungen von Gerson und Margarita gegen die jüdische Hoffnung aufführt. BUCHENRÖDER weist auf verschiedene Enttäuschungen durch falsche Messiasse (S. A 4^r–C^r) und auf Widersprüche in den gedruckten Berichten über Sabbatai Zevi hin (S. C^r–D 3^r). Da der Messias nach Gen 49 und Dan 9 schon gekommen sein muß (S. D 3^r–F^r), kann den Juden nur die Bekehrung zum Christentum zum Heil verhelfen (S. F^r–G 2^v). REPHUN setzt sich vor allem mit Hos 2,2 auseinander, das die Hoffnung der Juden als trügerisch entlarven soll (S. A 2^r–B 2^v). Alle drei Schriften zielen natürlich auch auf Christen, die durch die Nachrichten vom neuen Messias verwirrt sein mochten (vgl. REPHUN, Titelblatt: »Denen schwachen Christen zu Stärckung ihres Glaubens«); mit ihrer Konzentration auf die Darstellung des Messias Jesus als Grundlage der rechten Hoffnung mochten sie aber auch eher Juden ansprechen können als die gelehrten Abhandlungen.

[60] Vgl. LABADIE, bes. S. 2–8, zur deutschen Übersetzung; zum Original ferner VAN DEN BERG 1969, S. 40 f.; VAN DEN BERG 1970, S. 150 f. Die Erscheinungsjahre 1629 für die niederländische

ausführlich die christliche Lehre vom Messias Jesu von Nazareth nahezu-
bringen; dabei legte er besonderen Wert auf den soteriologischen Aspekt[61].
Auch ein literarischer Dialog zwischen dem bekehrten Juden Victor und
seiner Mutter, die ihm Abfall vom Judentum vorwirft, zeigt trotz des
Festhaltens an den gebräuchlichen Argumenten ein besonderes Bemühen,
den Juden die Heilsbotschaft des christlichen Glaubens zu vermitteln[62].
Diese Verschiebung der Tendenz von der Apologetik zur Mission darf aber
noch keineswegs als Zeichen einer grundsätzlich positiven Zuwendung
zum Judentum gesehen werden. Sie brachte nämlich wieder eine Aufwer-
tung des Arguments vom langen Elend der Juden, das als Strafe Gottes für
die Verwerfung des Messias gedeutet wurde[63], ohne daß man christlicher-
seits realisierte, daß die Christen selbst dieses Elend über die Juden brachten.

4.2.4. Missionarische Zuwendung

Die zuletzt genannten Schriften belegen, daß nach dem Dreißigjährigen
Krieg das Interesse an persönlicherer Auseinandersetzung mit dem Judentum zunahm. Damit war die Einsicht verbunden, daß eine gute Kenntnis
der bei den Juden gebräuchlichen Sprachen zur Missionstätigkeit unab-
dingbar sei. Im allgemeinen führte dies aber nur zum Appell an die Fürsten,
das Sprachstudium an Schulen und Universitäten durch Stipendien zu unterstützen[64]. Neue Institutionen wurden nicht geschaffen; auch das angeblich 1650 zur Judenmission gegründete Institutum Judaicum in Straßburg
gehört höchstwahrscheinlich der Legende an[65]. Etwas Ähnliches planten
allerdings 1669/70 die beiden Kieler Professoren *Christian Raue* und *Matthias Wasmuth:* die Gründung eines ›Collegium Orientale de propaganda

---

und 1659 für die deutsche Fassung sind offensichtlich falsch, dennoch aber (nach FABRICIUS
1715, S. 590?) von J. C. WOLF II, S. 1031, u. FÜRST II, S. 214, übernommen worden.

[61] Vgl. KRIEGSMANN; zur Person STRIEDER VII, S. 341–346.

[62] Vgl. VICTOR 1674, bes. S. 54f.; besonders auffällig aber ist der Schluß des Gesprächs
(S. 114–136), wo Victor ausführlich darlegt, warum er die Bekehrung seiner Verwandtschaft
wünscht, aber auch die Mutter ihre Haltung eindrucksvoll äußert. Victors Werk wurde 1681
(vgl. DIFENBACH 1696, S. 119), 1684 (vgl. FREIMANN, S. 415) und 1694 (HAB: Gv 722) wieder
neu aufgelegt.

[63] Vgl. KRIEGSMANN, S. 139–146; VICTOR 1674, S. 56–62; HAVEMANN 1663, S. 270–272;
WASMUTH 1694, S. 106–109; HOYER, S. 25–33.

[64] Vgl. SCHINDLER 1674, S. 63f.78f.; ähnlich HOFMANN, S. 153; HAVEMANN 1663, S. 586f.;
WASMUTH 1668, S. B^r–B 2^r; vgl. auch GRÖSSEL 1895, S. 47, über eine entsprechende Forderung
Andreas Müllers zur Förderung der Heidenmission.

[65] Behauptet wird es zwar in angesehenen Lexika, so in *RGG³* III, Sp. 976; *EJ* XIII,
Sp. 1249; übernommen dann von M. SCHMIDT, S. 103; R. MAYER, S. 106. Weder die zeitge-
nössische Literatur zum Judentum noch neuere Veröffentlichungen zur Universität Straßburg
geben aber irgendeinen Anhaltspunkt für diese Nachricht; vgl. auch WALLMANN 1986, S. 235,
Anm. 165.

fide‹. Leider stand mir die wichtigste Quelle für jenes Vorhaben, Raues und Wasmuths ›Literae Circulares‹, nicht zur Verfügung; ich kann mich daher nur auf die Darstellungen von Moller und Größel berufen[66].

Raue, an den schon 1646 in England Judenmissionspläne herangetragen worden waren[67], hatte 1669 die erste Anregung beiläufig ausgesprochen. Im Epilog seines ›Spolium orientis‹ wünscht er, daß »Collegium aliquod orientale de propaganda fide instituatur, quo, non ita magnis sumtibus, sex ad minus juvenes excitatioris ingenii alantur, qui intra quadriennium, ea perfectione linguarum Hebraeae, Chaldaeo-Syrae, Rabbinicae, Arabicae . . . instruantur, ut bini eorum ad Synagogas Judaeorum, bini ad Turcicas sedes . . . ad lucrificandos per Dei gratiam infideles, mitti . . . possint«[68]. Hört sich der Vorschlag bis dahin nach einem ausschließlich an der Mission interessierten Projekt an (und ist auch von Größel entsprechend herausgestellt worden[69]), so zeigt die Fortsetzung, daß es Raue daneben noch um anderen Nutzen ging: die ausgesandten Studenten sollen nach vier Jahren von neuen Kräften abgelöst werden, um in der Heimat schulische, kirchliche und akademische Aufgaben zu übernehmen, für die sie dann besser geeignet sind als jene, die auf den hiesigen Universitäten nur »Bacchanalia aut Martialia« kennengelernt haben[70]. Von einer erwarteten oder auch nur erwünschten Bekehrung der Juden und Muslime ist also nach dem Hinweis »ad lucrificandos per Dei gratiam infideles« gar nicht mehr die Rede; der Aufenthalt im Orient und der Umgang mit den Ungläubigen soll vielmehr eine Art Praktikum sein, das für die Anfechtungen des Dienstes in Deutschland besser vorbereiten soll. Matthias Wasmuth jedoch, der sich schon vorher besonders für den hebräischen Sprachunterricht eingesetzt hatte[71], nahm Raues Anregung auf und gab ihr die eindeutig missionarische Ausrichtung. Er ist wohl der Autor[72] des unter beider Namen versandten Zirkularschreibens an Fürsten, Geistliche und Professoren, in dem gebeten wird, das in Kiel geplante Collegium durch Stipendien zu unterstützen und auch am eigenen Wohnort »solche Collegia . . . zu impetriren«[73]. Gleichzeitig bat das Schreiben um Zustimmung zu der These, daß die Bekehrung von Juden und Türken eine wichtige

---

[66] Vgl. MOLLER II, S. 682f.; MOLLER III, S. 612f.; GRÖSSEL 1894; GRÖSSEL 1895, S. 48–58.

[67] Vgl. D. KATZ S. 217f.

[68] Nach MOLLER II, S. 682.

[69] Vgl. die Paraphrase dieser Passage bei GRÖSSEL 1894, S. 6, und GRÖSSEL 1895, S. 49.

[70] MOLLER II, S. 682.

[71] Über Wasmuth am besten MOLLER III, S. 622–645; auch RODENBERG/PAULS, S. 204f.232.312–317.361f.; bes. S. 314 zum kostenlosen Hebräischkollegium.

[72] So urteilt MOLLER II, S. 682, wegen des Stils; ich vermute dasselbe, weil Wasmuth anders als Raue länger an dem Thema interessiert blieb; vgl. WASMUTH 1694, ein weiteres Kompendium der antijüdischen Argumentation, das schon 1681 unter dem Namen des Konvertiten HELD erschien und angeblich auch schon 1684 und 1685 unter Wasmuths Namen (vgl. GRÖSSEL 1895, S. 58).

[73] Vgl. GRÖSSEL 1895, S. 50f.

Aufgabe sei, zu der die Christen die besten Mittel einzusetzen hätten, und daß das geplante Collegium »das richtigste, zulänglichste Mittel« sei und »guten Successus« erwarten lasse[74].

In der Tat erhielten die beiden Kieler eine Reihe ermunternder Antworten, die sich vor allem für die geplante Fortpflanzung des christlichen Glaubens begeisterten[75]. Besonders interessant ist die Antwort der theologischen Fakultät von Greifswald, die sich über die Bekehrung der Türken skeptisch äußert, die Judenbekehrung aber besonders unterstützt, da sie »kurz vor dem lieben jüngsten Tage noch zu hoffen ... und daher wohl praktikabel und thunlich« sei[76]. Die Greifswalder schlugen daher neben der Gründung von mehreren Collegia vor, daß alle Christen für die Judenbekehrung beten sollten und daß die interessierten Theologen »ein jeglicher an seinem Ort, wann zuvor von der hohen Christlichen mittelbaren und unmittelbaren Obrigkeit gemeine Anstalt gemacht, das Ihrige dazu contribuiren«[77]. Auch wenn die Orientmission nicht gelingen sollte, so wäre doch die Verbesserung der Kenntnisse nützlich, »um anderen Adversariis ex ipsis fontibus Israelis desto besser zu begegnen«[78]. Wasmuth und Raue sahen sich bestärkt und veröffentlichten 1670 ihr Zirkularschreiben zusammen mit den zustimmenden Antworten und einigen Auszügen aus Missionsschriften. Dabei stellten sie nun die Judenbekehrung ganz in den Mittelpunkt; auch die Verheißung der zukünftigen Bekehrung wurde aufgegriffen und die gängige Argumentation gegen die Juden erläutert[79]. Ebenfalls 1670 wollten sich beide zu Studienzwecken nach Hamburg begeben[80]; ich vermute, daß sie ihr Vorhaben mit Edzard abstimmen wollten bzw. sich von ihm Unterstützung und Anregung erhofften. Leider ist über den weiteren Fortgang des Projektes nichts bekannt. Anscheinend verlief es schnell wieder im Sande, da keine Geldgeber gefunden wurden. Die Gelehrten, deren Unterstützung ebenfalls nötig gewesen wäre, konnten sich mit dem Standort Kiel nicht anfreunden und waren – wie z. B. Spener – skeptisch hinsichtlich der Fähigkeiten der beiden Initiatoren[81]. Dazu kam, daß Raue schon im Jahre 1672 nach Frankfurt/Oder berufen wurde[82]. So wurde noch einige Zeit des gescheiterten

---

[74] So die Wiederholung der Anfrage im Greifswalder Gutachten, vgl. GRÖSSEL 1894, S. 9.11.
[75] Vgl. GRÖSSEL 1895, S. 51 f.
[76] GRÖSSEL 1894, S. 9; aaO., S. 8, hatten sie von der Bekehrung »von derer größter Teil« gesprochen und diese Hoffnung auch gegen die neueren Argumente und gegen die Autorität Luthers aufrechterhalten wollen.
[77] AaO., S. 10.
[78] AaO., S. 13.
[79] Vgl. GRÖSSEL 1895, S. 53–56.
[80] Vgl. MOLLER II, S. 684: »lucrumque spirituale tentaturos . . .«; also nicht ausdrücklich – so GRÖSSEL 1895, S. 56 – um dort »die Judenbekehrung ins Werk [zu] setzen«.
[81] Vgl. MOLLER III, S. 613.
[82] Vgl. MOLLER II, S. 684.

Projektes bedauernd gedacht[83], aber neue Schritte zur Verwirklichung wurden im 17. Jahrhundert nicht mehr unternommen.

Inwieweit das Kieler Projekt Vorbild für Gründungen des 18. Jahrhunderts[84] wurde, braucht uns jetzt nicht zu interessieren. Hier soll nur festgehalten werden, daß zwar das Interesse an der Judenmission so allgemein verbreitet war, daß sich die Pläne Raues und Wasmuths nach und nach immer mehr auf diese Aufgabe konzentrierten; daß aber das Interesse nicht tief genug ging, um eine Verwirklichung der Pläne zu ermöglichen. Für eine Institutionalisierung der Judenmission war die Zeit offenbar noch nicht reif; erst im 18. Jahrhundert konnten die Gesellschaften für Heiden- und Judenmission etabliert werden. Auch die Forderung nach Sonderbeauftragten für die Judenmission wurde nur noch vereinzelt erhoben und nirgends realisiert[85].

Der Fortschritt der Philologie zeigte ebenfalls nur allmählich Auswirkungen auf die Judenmission. Noch immer waren die meisten an die Juden gerichteten Schriften deutsch oder lateinisch verfaßt. Die Beschäftigung mit der jüdisch-deutschen Sprache stand ohnehin ganz im Schatten der hebräischen Philologie; erst bei Wagenseil hat sich die Erkenntnis durchgesetzt, daß man die Umgangssprache der Juden beherrschen muß, um sie wirksam ansprechen zu können. So markiert es schon einen Fortschritt, wenn Veröffentlichungen in hebräischer Sprache gefordert werden; an die Erfüllung dieser Forderung wagten sich aber nur Konvertiten. Schon genannt waren die akademischen Reden von de Pomis[86]; stärker an der Bekehrung interessiert sind wohl die Schriften von Salomon[87]; eindeutig missionarisch ausgerichtet ist die deutsch-hebräische Veröffentlichung des Taufbekenntnisses von Zarvossi[88]. Erstaunlich ist, daß kaum Übersetzungen des NT oder der Bekenntnisschriften erschienen. Im 16. Jahrhundert waren solche Veröffentlichungen recht zahlreich gewesen[89]; im 17. Jahrhundert ist anscheinend Christianis Übersetzung des Hebräerbriefes von 1676 das erste Beispiel[90].

[83] Vgl. GRÖSSEL 1895, S. 48f. (Tenzel). 50f. (Pfeiffer). 57 (Wegner).
[84] Auf die Hallenser Gründungen des Collegium Orientale 1702 und des Institutum Judaicum 1729 kann hier nicht eingegangen werden, obwohl Querverbindungen wahrscheinlich sind. Schon 1702 hatte Hiob Ludolf den Zweck des Collegiums vor allem in der Orientmission gesehen, was aber von Francke zurückgewiesen wurde, vgl. PODCZECK 1958, bes. S. 1063f. Zur Verwirklichung dieser Pläne in Callenbergs Institutum Judaicum vgl. DE LE ROI I, S. 254–351; PODCZECK 1963; M. SCHMIDT, S. 104–115.
[85] Gefordert z. B. von HAVEMANN 1663, S. 586; vgl. aber diese Arbeit, Kap. 3, Anm. 122 zur Realisierung in den Niederlanden.
[86] Vgl. diese Arbeit, Kap. 4, Anm. 46f.
[87] Vgl. DELITZSCH 1838, S. 301; J. C. WOLF II, S. 364f.
[88] Vgl. ZARVOSSI; dazu diese Arbeit, Kap. 4, Anm. 106.
[89] Vgl. DELITZSCH 1870, S. 18f.; DE LE ROI I, S. 101f.
[90] Vgl. DELITZSCH 1870, S. 19; F. A. CHRISTIANI 1676, S. 46, zum missionarischen Zweck der Veröffentlichung.

Offenbar wirkt sich hier die theologische Überzeugung aus, daß nur das AT Diskussionsgrundlage sein könne und als solche auch ausreiche. An dieser Doktrin änderte auch die Erfahrung nichts, daß zahlreiche Konvertiten erst durch die Beschäftigung mit dem NT zum Christentum kamen[91].

Es bleibt also gültig, was schon früher festgestellt wurde: Die Bekehrung von Juden war höchst erwünscht, sie galt sogar als Pflicht der Christen. Wichtigstes Mittel aber blieb die apologetische Argumentation, und Konsens der Orthodoxie blieb die Ablehnung der Juden als Juden, als verstocktes und verfluchtes Volk, was die missionarische Zuwendung immer wieder abblocken mußte[92]. Wer die Bekehrungspläne mit »Philosemitismus« verband, wie die Chiliasten, der fiel schon deshalb dem Anathema der Orthodoxie anheim. Das gilt auch für den Dresdener Goldschmied Elias Göppert, der 1655 mit Juden verkehrte, um sie zu bekehren, dabei aber anscheinend christliche Glaubenswahrheiten preisgab[93]. Wegen dieser Verwischung der Grenzen zwischen Unglauben und Glauben wurde er vom Dresdener Konsistorium verklagt, keineswegs deshalb, weil das Vorhaben der Judenbekehrung mit der Orthodoxie an sich unvereinbar gewesen wäre[94]!

4.3. Die Judentaufe

Das schon früher herausgearbeitete Schema blieb weiterhin bestimmend, sowohl hinsichtlich der Vorbereitung der Judentaufen[95] als auch hinsichtlich der Ausgestaltung der Taufgottesdienste[96]. Auch die Liturgie war in verschiedenen Städten erstaunlich einheitlich[97].

Unterschiedlich fielen allerdings die Taufpredigten aus. Weiterhin nutzten zwar die Prediger den Kasus, um ihre Gemeinde allgemein über das richtige Verhältnis zu den Juden zu unterrichten, aber besonders über die Frage der

---

[91] Gegen die Zurückstellung des NT wendet sich mit diesem Hinweis DIFENBACH 1696, S. 56; DIFENBACH 1709, S. 168–172. Vgl. auch die Auseinandersetzung um Calixt, diese Arbeit, S. 66.

[92] Vgl. diese Arbeit, S. 52–54.

[93] Vgl. zu Göppert das Aktenmaterial bei G. ARNOLD II, S. 1010–1015, ferner DIFENBACH 1709, S. 80 f.

[94] So M. SCHMIDT, S. 89, der auch sonst die Orthodoxie verzeichnet, vgl. diese Arbeit, Kap. 1, Anm. 31.

[95] Wieder schwanken die Zeiten der Unterweisung von fünf Monaten (vgl. A. H. BUCHHOLTZ, S. A 2ʳ; LUCIUS, S. 1.3; HOYER, S. 10–17) bis sechs Wochen (vgl. OLEARIUS, S. C 4ʳ); aber nie wird auf eine genaue Prüfung verzichtet.

[96] Fürstliche Paten z. B. in Wetzlar 1653; Weilburg, Ostheim und Dürkheim 1672; Norden und Leipzig 1678 etc. (vgl. diese Arbeit, Exkurs I, für die Einzelnachweise).

[97] Das geht bis zum Gebrauch des Liedes »Christ unser Herr zum Jordan kam« in Nürnberg, Straßburg, Dresden und Leipzig, vgl. D. WÜLFER, S. 28; SALTZMANN, S. 7; KOLB, S. 23; LUCIUS, S. 5; REIHLEN, Sp. 189.

künftigen Bekehrung gingen, wie bereits berichtet, die Anschauungen auseinander[98].
Eine weitere Variable bilden die Taufexamina. So begegnen uns Examina,
in denen kaum mehr als der Kleine Katechismus abgefragt wird[99], während
bei anderen Luthers Katechismus noch das Gerüst bildet, dazwischen aber
Fragen über Trinität und Messias eingeschoben sind[100]. Eine Kategorie für
sich bilden die Examina von Buchholtz und Hoyer zu den Taufen Braunschweig 1653 und Norden 1678, die bezeichnenderweise sogar ohne die
zugehörigen Predigten veröffentlicht wurden. Beide enthalten einen Grund-
kurs des christlichen Glaubens, der als Missionsschrift für Juden, aber sogar
auch zur Katechese für die Hausväter geeignet ist[101]. Bei Buchholtz ist
immerhin noch der Kleine Katechismus bestimmend für den Aufbau des
Examens, da die kontroversen Fragen in den entsprechenden Artikeln des
Credos angesprochen werden[102]. *Hoyer* hat dagegen einen ganz neuen Argumentationsgang entwickelt, der freilich in der Tradition der antijüdischen
Apologetik steht[103].

Ausgangspunkt ist die Frage nach dem Motiv für die Abwendung vom Judentum
(S. 24). Erster Grund ist das »unselige heutige Judentum«, aufgegliedert in den lang
andauernden Zustand des Elends und der Rechtlosigkeit (S. 25–33), die Unfähigkeit
des Judentums, eine Sühne der Sünden und damit Trost zu schaffen (S. 33–52), und
die »verkehrte und eitele Hoffnung« auf ein zukünftiges irdisches Messiasreich,
obwohl doch der Messias längst gekommen ist (S. 52–79). – Gegen das Judentum
steht nun »das alte und selige Christenthum«, dessen Begründung im neuen Bund
(S. 82–88) neben der Trinitäts- und Messiaslehre (S. 88–118) ausführlicher behandelt
wird als die weiteren dogmatischen Fragen (S. 119–139). Diese umfangreiche (163
Fragen!) ›Konfession‹ bildete zugleich den Stoff der Taufkatechese, die hauptsächlich
daraus bestand, den Täufling die Antworten auswendiglernen zu lassen (vgl. S. 13)!

---

[98] Vgl. diese Arbeit, Kap. 4, Anm. 31 f., zu den Themen der Taufpredigten. Dem Thema der
künftigen Bekehrung waren offenbar auch die Predigten in Ostheim und Köthen 1672 sowie
Leipzig und Norden 1678 gewidmet, vgl. WIGAND, S. 268; BECKMANN, S. 360; REIHLEN,
Sp. 189; HOYER, S. 20. Eine Ausnahme bildet nur die Predigt von OLEARIUS, die allgemein die
Heilsbedeutung der Taufe thematisiert und auf die Judentaufe nur beiläufig eingeht. KOLB
behandelt die von den Juden auf die Christen übergegangene Abrahamskindschaft und schließt
vor allem ethische Weisungen an (S. 23–62); die endzeitliche Bekehrung spricht er dafür in der
Vorrede an (S. 16–20).
[99] Z. B. SALTZMANN, S. 21–24: 19 Fragen (ohne Fragen zur Person, Abrenuntiatio etc.); nur
kurz werden die Gründe für das Verlassen des Judentums genannt; ebenso D. WÜLFER, S. 31–34:
15 Fragen; ähnlich offenbar auch 1678 in Leipzig, vgl. REIHLEN, Sp. 189f.
[100] So bei KOLB, S. 65–70; OLEARIUS, S. Dᵛ–Eᵛ; LUCIUS, S. 17–28. Bei WIPPERMANN,
S. 82–84, wird nur der Katechismus abgefragt; vorgeschaltet ist aber noch ein Bekenntnis über
Trinität, ordo salutis und Messias, bei dem der Täufling nur mit ›Ja‹ antworten muß (S. 76–81).
[101] Vgl. A. H. BUCHHOLTZ, S. A 4ʳ; auch HOYER, S. B 12ʳ, betont den Nutzen für Juden und
Gemeinde.
[102] Vgl. A. H. BUCHHOLTZ, bes. S. A 5ʳ–A 8ʳ.B 2ᵛ–B 3ᵛ.B 7ᵛ–C 3ʳ.
[103] Vgl. HOYER; zur Person *AGL* II, Sp. 2168; zum Werk auch DIFENBACH 1696, S. 108–110.

Besonders letzteres wirft ein bezeichnendes Licht auf die nach wie vor gültige Haltung der Theologen zur tatsächlichen Bekehrung von einzelnen Juden. Von dem Juden, der sich dem Christentum zuwandte, wurde zugleich eine völlige Lossagung vom Judentum verlangt, oft verbunden mit der Abrenuntiatio des Teufels vor der Taufe[104]. Die Taufe galt zwar als völlige Abwaschung der Sünden und als Wiedergeburt[105]; Kehrseite aber war die Verteufelung des Judentums, dem nun das Christentum als einzig richtige Religion und Lebenserfüllung entgegengestellt wurde. Da der Konvertit als gerade bekehrter Christ im Status etwa einem Kind entsprach, beanspruchten die Christen das Recht und die Pflicht, ihn durch Unterweisung geistig zu dominieren und seinen Lebenswandel zu reglementieren. Völlig ausgeschlossen war, daß die Konvertiten Elemente aus ihrer Religion und Kultur in das Christentum hätten einbringen können. (Eine auffällige Ausnahme ist es daher schon, wenn Zarvossi ein selbstformuliertes Taufbekenntnis vortragen konnte, das auch unter seinem Namen veröffentlicht ist[106]; es enthält aber in etwa die gleichen Versatzstücke wie das Examen Hoyers.)

Ganz unabhängig von der Einstellung zur endzeitlichen Judenbekehrung spiegelt sich also in der Taufpraxis eine Tendenz, die auf die Vermengung von apologetischem und missionarischem Interesse zurückzuführen ist: Es genügte nicht, daß der Jude sich zu Jesus als dem Messias bekannte, er mußte gleichzeitig als Zeuge für die Wahrheit des (oft konfessionell eingeengt verstandenen) Christentums gegenüber dem Judentum auftreten. Dahinter steckt weiterhin der kaum reflektierte Absolutheitsanspruch der orthodoxen Theologen, die von ihrem Standpunkt so überzeugt waren, daß ihnen eine überkonfessionelle Sichtweise nicht möglich war. Gerade dies hinderte sie daran, eine nach unserem Verständnis missionarische Einstellung zu entwikkeln.

4.4. Stellung und Selbstverständnis der Konvertiten

Nach dem eben Ausgeführten kann es nicht verwundern, daß immer noch nicht viele Konversionen auf die Tätigkeit der Christen zurückzuführen sind. Eine Ausnahme sind (neben den später zu behandelnden Hamburger Judentaufen) wohl nur die Fälle, in denen Juden in einer Zwangssituation

---

[104] Z. B. D. Wülfer, S. 40; Saltzmann, S. 24; Wippermann, S. 88; Olearius, S. E 2ᵛ. Nicht dem Teufel, aber dem Judentum entsagen die Täuflinge bei A. H. Buchholtz, S. C 6ʳ; Kolb, S. 69; Lucius, S. 28; sogar bei Hoyer, S. 157–160, nachdem doch schon die Hälfte des Examens dem Verlassen des unseligen Judentums gewidmet war.

[105] Vgl. D. Wülfer, S. 36; Olearius, S. Eᵛ; Kolb, S. 70; Lucius, S. 17.

[106] Vgl. Zarvossi, bes. S. B 4ʳ.

bekehrt wurden, also etwa Salomon, der im Gefängnis von Botsacc besucht wurde und nach dem sechsten »Congressus« ein christliches Bekenntnis ablegte und die Taufe erbat[107]. Auch der Kasseler Täufling von 1651, der aufgrund von Zwangspredigten bekehrt wurde[108], ist hier zu nennen. Durch Gespräche mit Christen erhielt der Täufling Wippermanns den ersten Anstoß zur Bekehrung[109]. Die meisten anderen Konvertiten gaben dagegen an, daß ihr Entschluß zur Taufe auf eigene Überlegungen zurückging. Dabei sind es aber jetzt nicht mehr die Zweifel durch die Beschäftigung mit der Heiligen Schrift, die geradezu zur ›Idealbiographie‹ eines Konvertiten gehören[110]. Seit 1666 werden auffallend häufig Zweifel an der messianischen Hoffnung des Judentums, oder konkreter Enttäuschung über den falschen Messias Sabbatai Zevi, als Bekehrungsgrund genannt[111]. Die Christen, die ja dieses Thema besonders intensiv in der Missionspropaganda einzusetzen versuchten, hatten also durch äußere Geschehnisse einen Ansatzpunkt getroffen, die Juden für die christliche Lehre ansprechbar zu machen; denn die Enttäuschung über die vergebliche Messiaserwartung war natürlich nur ein Anlaß, der mit anderen Faktoren zusammenwirken mußte, um den Übertritt zum Christentum herbeizuführen.

Die Veröffentlichungen der Konvertiten repräsentieren wieder die ganze Bandbreite der oben skizzierten Grundtypen. Dabei sind die ›Warnschriften‹ nur noch durch Friedrich Wilhelm (Christlieb) vertreten[112]. Das könnte ein Indiz dafür sein, daß sich das Klima gegenüber den Juden insgesamt verbessert hatte, so daß kein Markt mehr für solche Schriften bestand und auch keine Notwendigkeit für die bekehrten Juden, sich durch Denunziation vom Verdacht der Unbeständigkeit zu befreien. In der Tat waren schon in der Zeit des Krieges die Anzeichen für eine Anfeindung der Konvertiten geringer gewesen. Dennoch klingt auch in den Belehrungen der Gemeinden über den

---

[107] Vgl. Botsacc, bes. S. CC^v f.

[108] Vgl. diese Arbeit, Exkurs I, Anm. 74.

[109] Vgl. Wippermann, S. 13; ähnlich Darmstädter 1679, vgl. die Leichenpredigt von C. Hornig, S. 30.

[110] Vgl. diese Arbeit, S. 45. 78 f.; in neuerer Zeit nur noch de Pomis (vgl. Ar. Müller, S. 115) und Zarvossi, S. C^r–C 2^r, der aber auch den Anstoß durch die Enttäuschung über den falschen Messias brauchte.

[111] Vgl. Zarvossi, S. C 2^r; Wippermann, S. 14; Maier 1674, S. A 4^r; F. A. Christiani 1676, S. 51; Olearius, S. C 3^r; Lucius, S. 4; Harpstatt, S. 3 f.; später auch Andreas, S. 3; Aaron, S. 10 f., die nach einer neuen Woge der Messiaserwartung um 1695 bekehrt wurden. Vgl. ferner zu diesem Phänomen Schoeps 1952, S. 101–105; Scholem, S. 752 f.

[112] Vgl. diese Arbeit, Kap. 4, Anm. 56; vom selben Autor auch »Falscher Judas, oder vielmehr eine Beschreibung der Falschheit, Lästerung und Tücke, so die Juden gegen Christum und die Seinige ausgiessen . . . Rinteln 1682.8« (Titel nach Strieder II, S. 176; oder stammt dieser Titel, wie in *AGL Erg.* II, Sp. 1718, behauptet ist, vom Calber Rektor Johann Heinrich Hävecker, der sich des Pseudonyms ›Christlieb‹ bediente? Der Vorname Friedrich Wilhelm, den Hävecker sonst nicht benutzt, und der Erscheinungsort Rinteln scheinen doch für den Konvertiten zu sprechen, der in Rinteln Hebräisch lehrte).

Kasus der Judentaufe die Absicht an, Ressentiments in der Gemeinde abzubauen, ohne daß diese Absicht direkt angesprochen würde[113]. Deutlicher beklagt Johann Gottfried Olearius die »vieler Christen unchristliche Lieblosigkeit ... gegen die Bekehrten«[114]. Sogar Luthers Wort, ein taufwilliger Jude solle am besten ersäuft werden, scheint noch weitverbreitet zu sein[115]. Im Volk gab es also offenbar noch die emotional begründete Judenfeindschaft, die sich auch auf die Konvertiten erstreckte. Bei den gebildeteren Schichten aber fanden diese Gefühle nun wohl keinen Rückhalt mehr, was nicht nur das Fehlen von rein antijüdischen Schriften aus christlicher Feder belegt. Im Gegenteil, immer mehr wurde die Aufgabe der Akzeptierung und Unterstützung der Neuchristen von den Theologen herausgestellt. Geradezu demonstrativ ist die außerordentliche Hochschätzung, der sich einzelne Konvertiten in der gelehrten Welt erfreuten. F. A. Christiani wurde unter anderem von Carpzov und Pfeiffer hoch gelobt[116]. De Pomis galt als »peritus legis divinae, totiusque Scripturae veteris Talmudisque callentissimus«[117]. Auch Gerson wurde nun offenbar höher geschätzt als zu seinen Lebzeiten[118]. Dem Nürnberger Täufling von 1659 wurde zur Taufe sogar eine Gedenkmünze gewidmet[119]. Zarvossi schließlich war so angesehen, daß ihm zu seinem fünf-, zehn- und elfjährigen Taufjubiläum gedruckte Glückwunschschriften verehrt wurden[120].

Dieses höhere Ansehen der Konvertiten darf jedoch nicht mit Versöhnlichkeit gegenüber den Juden gleichgesetzt werden. Es verband sich vielmehr ausgezeichnet mit der ablehnenden Haltung gegenüber der jüdischen Religion, unabhängig davon, ob man über die mögliche Judenbekehrung optimistischer oder pessimistischer dachte. (Dieser Sachverhalt war schon bei der Behandlung der apologetischen Literatur und der Gestaltung der Judentaufen behandelt worden.) Von den Konvertiten wurde nicht nur verlangt, daß sie sich bei der Taufe völlig vom Judentum lossagten; es wurde

---

[113] Vgl. z. B. D. WÜLFER, S. 28–30; WIPPERMANN, S. 3; SALTZMANN, S. 3; OLEARIUS, S. D; LUCIUS, S. 16 f.

[114] OLEARIUS, S. E 3ᵛ (Anhang).

[115] Vgl. D. + C. KLESCH, [S. 3]: »Die aus dem Jüdenthumb zu uns treten ... drohet man gleich nach der Tauffe zu erseuffen. Wer solte denn Lust haben die seeligmachende Lehre anzunehmen/ wenn so grausame seeligmacher unter uns sind?« – Auch Carpzov trat dem Lutherwort entgegen, vgl. F. A. CHRISTIANI 1676, S. 46 f. Gegen Ende des 17. Jahrhunderts wurde das Sprichwort sogar auf einer Münze dargestellt, vgl. SCHUDT II/2, S. 85; A. WOLF, S. 540 f.

[116] Vgl. F. A. CHRISTIANI 1676, S. 47 f.; REINECCIUS, S. 81–85.

[117] DE POMIS, S. 5 (Vorrede von Christoph Molitor).

[118] Vgl. HOFMANN, S. 146 f.; REPHUN, S. Bʳ; BUCHENRÖDER, S. E 4ʳ; WASMUTH 1668, S. B 4ʳ; OLEARIUS, S. G 2ᵛ.

[119] Vgl. A. WOLF, S. 539.

[120] Vgl. TREIBER; D. KLESCH; D. + C. KLESCH; BECK 1678; BECK 1679 (teils lateinische, teils deutsche Gedichte). Weiteres Lob bei J. C. WOLF III, S. 88 f.

auch erwartet, daß sie sich am apologetischen Abwehrkampf gegen das Judentum beteiligten und sich als Zeugen gegen ihre alte Religion gebrauchen ließen.

Dieser Aufgabe kamen einige durch Bekehrungsberichte nach, die die Zeit der Verblendung im Judentum und der Erleuchtung im Christentum scharf kontrastierten[121]. Herausragend aber sind weiter die Schriften zur Widerlegung der Juden, die sich von entsprechenden Veröffentlichungen von Theologen kaum unterscheiden[122]. Der Anspruch, die einzig richtige Methode zur Auslegung der Schrift und damit die alleinige Wahrheit zu haben, ist hier scheinbar problemlos übernommen; selbst der Vorwurf der jüdischen Halsstarrigkeit wird aufgegriffen[123]. Auch die Schriften der Konvertiten Christlieb, Maier und F. A. Christiani, die anscheinend nur ein interessiertes Publikum über jüdische Bräuche aufklären wollen, zeigen eine vollkommene Anpassung an die christlichen Denkkategorien. Die Autoren haben die Perspektive der Christen übernommen und können in ihrer früheren Religion nur noch lächerliche und absonderliche Kuriosa erkennen[124].

4.5. Zusammenfassung

Da im zuletzt behandelten Zeitraum kaum tiefgreifende Änderungen gegenüber der ersten Jahrhunderthälfte auftreten, erübrigt sich eine Zusammenfassung beinahe. In der Verhältnisbestimmung von Apologetik und Mission, in der Argumentation gegen die Juden und in der Behandlung der Konvertiten folgte man unangefochten den alten Mustern. Nur in der wichtigen Frage der endzeitlichen Bekehrung ist eine Entwicklung deutlich; nach zwei verschiedenen Seiten begann man, vom Konsens der Orthodoxie abzurücken, die die zukünftige Judenbekehrung zwar erwartet, aber kaum Konsequenzen für die Gegenwart daraus gezogen hatte. Während Dannhau-

---

[121] Vgl. ZARVOSSI; MAIER 1674; FELS, S. Aᵛ–A 3ᵛ (Vorrede); F. A. CHRISTIANI 1676, S. 49–70 (wieder abgedruckt bei REINECCIUS, S. 65–80); aus späterer Zeit ANDREAS. Z. T. haben auch F. WILHELM 1670 und VICTOR 1674 autobiographische Züge. Ähnlich verhält es sich wahrscheinlich mit Salomons (vgl. J. C. WOLF III, S. 364) und Buhrs (aaO., S. 212) veröffentlichten Glaubensbekenntnissen.

[122] Vgl. SALOMON (von demselben auch »Erweisung wieder die verstockten Jüden, daß Jesus der rechte Messias sei. Gedani 1664« und weitere Schriften, vgl. J. C. WOLF III, S. 364f.); VICTOR 1661; VICTOR 1674; F. WILHELM 1670; dazu noch die Konvertiten, die auch schon vor 1680 getauft wurden, aber erst später veröffentlichten, wie HELD; FELS; MACKSCHAN; HARPSTATT; vom Jahrhundertende noch ANDREAS und G. WILHELM.

[123] Bei Salomon (vgl. die obige Anm.) und F. WILHELM 1670 schon im Titel; ferner MAIER 1685, S. A 2ʳ.

[124] Vgl. CHRISTLIEB (bes. S. A 4); für vergleichbare Titel von F. A. Christiani vgl. (neben dem posthum erschienenen Titel von 1705) *Klau Library* V, S. 77f.; für C. P. Maier (Meyer!) vgl. FREIMANN, S. 148; *Klau Library* XVII, S. 550.

er und mit ihm die Mehrheit der Schultheologen den Gedanken einer allgemeinen Judenbekehrung vor dem Weltende nun entschieden ablehnten,
führte die Erneuerung dieser Hoffnung durch manche Gemeindetheologen
zu einer bewußteren Zuwendung zu den Juden. An diesem Punkt ist zuerst
eine Überwindung der orthodoxen Position zu erwarten.

5. Esdras Edzard

5.1. Bisherige Darstellungen Edzards

Schon Difenbach und Schudt hatten in ihren maßgeblichen Darstellungen Edzard eine besondere Würdigung zukommen lassen[1]. In der die Judenmission behandelnden Literatur wurde er nun immer wieder – meist an herausragender Stelle – genannt und mit Lob (von Freunden der Judenmission[2]) oder Tadel (von deren Gegnern[3]) bedacht. Um so bemerkenswerter ist, daß über seine Person noch soviel Unklarheit verbreitet wird. Die Legende, er sei selbst ein bekehrter Rabbiner gewesen[4], wurde zwar in Deutschland nicht aufgegriffen, aber schon sein Name[5] und sein Beruf[6] werden oft falsch bezeichnet. Eine neue Legende scheint sich um das angebliche Straßburger Institutum Judaicum zu bilden, von dem Edzard »ausgegangen« sein soll[7]. Ratlosigkeit scheint auch angesichts der Zahl der von ihm bekehrten Juden zu herrschen[8].

---

[1] Vgl. DIFENBACH 1696, S. 9 (»weltberuhmte Juden-Bekehrer«). 41–45; SCHUDT I, S. 377–382 u. ö.

[2] Vgl. vor allem PLITT 1871, S. 166 f.; DE LE ROI I, S. 104–114; FRICK 1922, S. 122; DOBBERT, S. 44 f.; BAUMANN/MAHN/SAEBØ, S. 21; aber auch die meisten weiteren der unten aufgeführten Autoren.

[3] Vgl. die jüdischen Historiker GRAETZ X, S. 202 (»auf Judenbekehrung versessenen . . . Edzardus«) und FEILCHENFELD 1899b, S. 278 (»fanatischen Bekehrungseifer«), aber ebenso den Nationalsozialisten HAHN, S. 115–117. Alle drei scheinen aber stärker von Antipathie gegen die Judenmission als von Kenntnis Edzards bestimmt zu sein.

[4] So Basnage, vgl. dagegen schon FABRICIUS 1710, S. 1032; SCHUDT I, S. 377. Allerdings muß noch 1895 HARDELAND, S. 270, diesen Irrtum ausdrücklich widerlegen; HAHN, S. 115, hält es trotz der auch ihm bekannten Tatsache, daß Edzards Vater und Großvater Pfarrer waren, bloß für wahrscheinlich, »daß Esdras Edzardus selbst nicht Jude gewesen ist«.

[5] Wie schon GLEISS, S. 8, feststellte, schrieb er seinen Namen immer Edzard oder Edzardus; nichtsdestoweniger begegnet bis in die neueste Zeit oft die Form »Edzardi« (so W. PHILIPP 1970, S. 54.73; M. SCHMIDT, S. 103; R. MAYER, S. 106; GRAUPE, S. 74; BAUMANN/MAHN/SAEBØ, S. 21) oder gar »Edzardius« (so BLAUFUSS, S. 79).

[6] Obwohl Edzard nie ein kirchliches Amt innegehabt hat, wird er bei GRAETZ X, S. 202; FRICK 1922, S. 122; LAMPARTER, S. 24; UJE VII, S. 584, zum Pfarrer (bzw. Prediger, ›Reverend‹).

[7] Vgl. diese Arbeit, Kap. 4, Anm. 65.

[8] Oft wird vorsichtig formuliert, vgl. G. MÜLLER 1968, S. 495 (»zahlreiche Juden«); W. PHILIPP 1970, S. 73 (». . . hunderte von Juden getauft haben soll«). Meist aber wird die alte Angabe von »etliche[n] hundert« Täuflingen – anscheinend unbesehen – weitergegeben, vgl. schon REINECCIUS, S. 5; SCHUDT I, S. 379; in jüngster Zeit noch R. MAYER, S. 106; BAUMANN/

Gravierender ist jedoch, daß auch die theologische Standortbestimmung
undeutlich bleibt. Einigkeit besteht zwar darüber, daß er unter die Orthodoxie zu subsumieren ist; nach der Berechtigung dieser Zuweisung wird aber
nicht genauer gefragt[9]. Auch die etwas ausführlicheren Darstellungen von
Rinn und de le Roi bieten hierzu wenig. Sie fußen hauptsächlich auf den
Nachrichten von Fabricius, Schudt und Johann Friedrich Mayer sowie auf
der kleinen Schrift von Gleiß, die zwar zusätzlich handschriftliche Quellen
heranzieht, aber höchst unkritisch mit ihnen umgeht. Eine Analyse von
Edzards theologischer Position vor dem Hintergrund der Strömungen seiner Zeit haben auch diese Autoren nicht versucht, vielleicht abgesehen von
Rinn, der in Edzards Arbeit Anregungen für Franckes Programm sieht[10].

Zweifellos ist diese theologische Einordnung nicht einfach, da die wenigen Veröffentlichungen Edzards kaum Aufschluß über seine theologischen
Anliegen geben. Meist wurde daher eine briefliche Äußerung über seine
Methodik besonders herausgestellt[11]. Ich verwerte zusätzlich noch das ›Gabenbuch‹ der von Edzard begründeten Proselytenanstalt, das Gleiß anscheinend nur aus zweiter Hand bekannt war[12]. Weitere Quellen wurden nicht
herangezogen; Edzards Briefwechsel scheint wenig umfangreich gewesen
zu sein[13]. Für den eingeschränkten Zweck dieses Abschnittes sollte das
vorhandene Material aber genügen, da der theologische Vergleich das
Hauptgewicht einnehmen soll.

MAHN/SAEBØ, S. 21. Die in den Hamburger Kirchenbüchern dokumentierten Judentaufen
wurden bisher anscheinend nicht mit Edzard in Verbindung gebracht.

[9] Vgl. G. MÜLLER 1968, S. 495; DOBBERT, S. 44 f.; M. SCHMIDT, S. 103 (»vor dem Pietismus«); MORITZEN, S. 26; BAUMANN 1977, S. 20; BAUMANN/MAHN/SAEBØ, S. 21.

[10] Vgl. RINN, S. 85–87. In dieser kaum überzeugenden Behauptung (so soll der Waisenhaus-
gedanke auf Edzards Katechismusunterricht, das Spendensammeln auf die Proselytenkasse
zurückgehen) erschöpft sich auch schon Rinns Originalität; ansonsten hat er die Darstellung
von Gleiß weitgehend übernommen, nur umgestellt und um Anmerkungen erweitert.

[11] Sie ist abgedruckt bei J. F. MAYER III, S. 46–48, und von dort übernommen bei DIFENBACH
1696, S. 41 f.; GLEISS, S. 23–25; RINN, S. 70–72.

[12] Vgl. GLEISS, S. 26–29; er beruft sich dort auf ein Manuskript über Edzards Proselytenanstalt, das offenbar ausführliche Zitate aus diesem ›Collectenbuch‹ enthielt. Auch RINN, S. 89 f.,
geht ganz beiläufig auf dieses Buch ein. Das ›Gabenbuch‹ selbst ist (gegen GLEISS, S. 26) nicht
verlorengegangen, sondern befindet sich im Hamburger Staatsarchiv (Archiv der vormals
Edzardischen Jüdischen Proselytenanstalt, Nr. B 1). Es ist ein ca. 600–700 Seiten dickes,
ledergebundenes Buch mit handschriftlichen Eintragungen, die später im jeweiligen Zusammenhang ausgewertet werden sollen.

[13] Zu Edzards Abneigung gegen eine ausgedehnte Korrespondenz vgl. diese Arbeit, Kap. 5,
Anm. 20. Ich fand bisher nur zwei Briefe Edzards im Supellex Uffenbachii et Wolfiorum
(Staats- und Universitätsbibliothek Hamburg): einen in unserem Zusammenhang ganz uner-
giebigen Brief an Johann Grambs von 1655 (Sup. ep. 4 Bl. 297) und einen Brief an Johann
Heinrich May von 1687 (Sup. ep. 49 Bl. 31), in dem auch nur wenige Sätze von den Fortschrit-
ten bei der Judenbekehrung berichten.

5.2. Lebenslauf und Wirksamkeit Edzards

1629 als Pfarrerssohn in Hamburg geboren, genoß Edzard eine sorgfältige Ausbildung am Johanneum und am akademischen Gymnasium[14]. Ab 1647 studierte er Philosophie, orientalische Sprachen und Theologie in Leipzig, Wittenberg, Gotha und Tübingen, wobei als Lehrer unter anderem Hülsemann, Jakob Martini und Salomo Glass genannt werden. 1650 ging er nach Basel, um bei Johann Buxtorf II. rabbinische und talmudische Literatur zu studieren. Ab 1651 war er in Straßburg und wohnte bei Dorsche; als dieser 1653 nach Rostock berufen wurde, verließ auch er die Stadt und kehrte über Süddeutschland und Gießen 1655 nach Hamburg zurück. Zur Vervollkommnung seiner Studien brach er aber sofort wieder nach Rostock und Greifswald auf. 1656 erwarb er mit Thesen gegen Juden und Photinianer, die er unter dem Präsidium Dorsches in Rostock verteidigte, die Würde eines Licentiaten der Theologie[15]. Im gleichen Jahr kehrte er endgültig nach Hamburg zurück, übernahm aber keine der ihm bald und in der Folgezeit immer wieder angebotenen akademischen Stellen, sondern lebte als Privatgelehrter. Väterliches Erbe und die 1657 erfolgte Heirat mit der reichen Kaufmannstochter Angelica Less gaben ihm die dazu nötige Unabhängigkeit. Vier Söhne wurden später ebenfalls Orientalisten und Theologen[16]. Am 2.1.1708 starb Edzard nach 51 Jahren privater Arbeit in seiner Heimatstadt.

Zu seinen Lebzeiten erwarb sich Edzard das größte Ansehen durch seine Kenntnisse auf dem Gebiet der Orientalistik. Ab 1659 gab er privat und kostenlos Unterricht in hebräischer Sprache und Literatur an Studenten, die bald aus ganz Deutschland und den nordischen Ländern zu ihm kamen[17]. Dabei praktizierte er übrigens eine ›funktionale‹ Sprachlehrmethode: die Schüler mußten zuerst die ersten vier Kapitel der Genesis auswendiglernen und verinnerlichen, bevor dann anhand dieses Materials Wortschatz und Grammatik mit ihnen erarbeitet wurden[18]. Besonderen Wert legte Edzard darauf, daß an vielen Orten die rabbinischen Quellen selbst gelesen wurden;

---

[14] Über den Bildungsgang und die äußeren Eckdaten von Edzards Leben informiert FABRICIUS 1710, S. 1032–1042, am besten; wo nichts anderes angegeben ist, folgt ihm die obige Darstellung.

[15] Vgl. EDZARD 1656; abgedruckt sind die Thesen auch bei J. F. MAYER III, S. 48–55. HORNING 1886, S. 61, schreibt diese Thesen fälschlicherweise Dorsche zu.

[16] Vgl. MUTZENBECHER, bes. S. 222; SCHRÖDER II, S. 129 f. 133. 135–147.

[17] Eine bisher ebenfalls unbeachtete Quelle ist das Reisetagebuch von Johann Jacob Thurm (in SCHELHORN, S. 269–302), der Edzard im Jahr 1669 besuchte. Zu dieser Zeit hat Edzard schon zahlreiche Schüler. Der Beginn des Unterrichts 1659 ist aus *Gabenbuch,* [S. 15], zu entnehmen (vgl. diese Arbeit, S. 114).

[18] Vgl. dazu auch die Berichte seiner Schüler Kempffer (nach BAUR, S. 16 f. 33) und Francke (nach KRAMER, S. 15); vgl. auch BEHRMANN, S. 42–45.

deshalb hat er die Veröffentlichung eigener Forschungen meist abgelehnt[19].
Aber auch der Wunsch, mehr Zeit für die eigene produktive Arbeit zu haben,
hielt Edzard vom Bücherschreiben und Korrespondieren ab[20]. So zeugen
nun, neben seinen Licentiatenthesen, nur zwei sehr kurze Schriften von
seiner Belesenheit in der rabbinischen Literatur[21].

Aber weder der Sprachunterricht noch die beiden Bücher sollten allein
wissenschaftliches Interesse befriedigen. Beides diente der Judenbekehrung,
die Edzard als seine Lebensaufgabe ansah und die eine weitere Steigerung
seines Ruhmes mit sich brachte. Über das genauere Vorgehen des Judenbe-
kehrers Edzard geben die Quellen leider kein sehr klares Bild. Laut Thurm
soll er nur durch Gespräche auf Juden eingewirkt haben und Lernwillige
dann selbst unterrichtet oder seinen Schülern zur weiteren Information
übergeben haben[22]. Dieses Vorgehen würde ihn kaum von manchen seiner
Zeitgenossen unterscheiden, die auch das Gespräch mit den Juden suchten,
ohne allerdings soviel Zeit wie Edzard darauf zu verwenden. Auch die
Anekdoten von einzelnen Bekehrungserfolgen, die Fabricius überlieferte[23],
geben keine klarere Vorstellung von seinem Wirken. Außergewöhnlich aber
war in jedem Fall sein Erfolg, der an der Anzahl der Judentaufen abzulesen
ist. 1671 begann die beispiellose Serie von Judentaufen in der Hamburger
Michaeliskirche, wobei zuerst Edzard selbst zweimal die Patenschaft übernahm. In den folgenden Jahren bis zu seinem Tode wurden in dieser Kirche
weitere 148 Juden getauft, im gesamten übrigen Deutschland (evangelischer
Konfession) zur gleichen Zeit 179. Von 1656 bis 1670 sind immerhin vier
Judentaufen an verschiedenen Hamburger Hauptkirchen registriert, während in den 56 Jahren vor Edzards Wirken in seiner Heimatstadt nur 11
Judentaufen in Hamburg vermeldet wurden. Daß die große Zahl von Bekehrungen auf Edzard zurückzuführen ist, dafür spricht – neben dem Konsens der Zeitgenossen – auch die Tatsache, daß öfters Edzards Familienmit-
glieder oder Schüler als Paten fungierten[24].

Die Zahl von 150 Judentaufen an St. Michaelis zwischen 1671 und 1708
führt übrigens auch Hahns Behauptung ad absurdum, Edzards »Bekeh-

---

[19] Vgl. SCHUDT I, S. 381.

[20] Vgl. SCHELHORN, S. 282.

[21] EDZARD 1670; EDZARD 1678; beide Schriften geben Anleitung für die richtige Art der
Disputation mit den Juden und werden in diesem Zusammenhang weiter unten behandelt, vgl.
diese Arbeit, S. 117 f. MOLLER III, S. 227, nennt noch weitere Veröffentlichungen, die aber nicht
von Edzard selbst vorgenommen wurden.

[22] Vgl. SCHELHORN, S. 282.

[23] Vgl. FABRICIUS 1710, S. 1038, nacherzählt auch bei GLEISS, S. 18 f.

[24] Edzard selbst übernahm nach 1671 keine Patenschaft mehr, aber seine Frau (8mal) und
seine Kinder (7mal); unter den Schülern sehr oft Anckelmann (14mal), aber auch z. B. Gebhardi
(1681 u. 1685), Francke (1682) und Kempffer (1685). Alle Angaben über die Hamburger
Judentaufen beruhen auf FREYTAG, vgl. diese Arbeit, Exkurs I, Anm. 6.

rungspläne[n]« seien von der Hamburger Geistlichkeit abgelehnt worden,
so daß er seine Täuflinge »zu Unterricht und Taufe in die Nachbarländer«
schicken mußte[25]. Auszuschließen ist natürlich nicht, daß auch in Hamburgs
Umgebung einzelne Schützlinge Edzards untergebracht wurden (wofür
Hahn aber nur ein von ihm selbst bezweifeltes Beispiel anführen kann[26]).
Aber auch die Tatsache, daß die Taufen ab 1671 nur noch in der Michaeliskirche stattfanden, rechtfertigt nicht die Annahme, Edzard habe Konflikte mit
den Pfarrern der anderen Hauptkirchen gehabt; denn viele dieser Pfarrer
(und ihre Ehefrauen) unterstützten Edzard als Spender, als Paten und – am
deutlichsten – durch Kanzelgebete für die Judenbekehrung[27]. Die Michaeliskirche wird wohl ausgewählt worden sein, weil in Hamburg die meisten
deutschen Juden ebenso wie Edzard in der Neustadt wohnten[28].

Besser greifen als Edzards Bekehrungstätigkeit läßt sich seine Fürsorge für
die getauften Konvertiten. Zweimal in der Woche hielt er für sie Katechismusunterricht; zu diesen Stunden erschienen auch christliche Kinder und
Erwachsene[29]. Seine besondere Sorge war, die Konvertiten vom ›Rückfall
ins Judentum‹ abzuhalten[30]. Dazu bedurfte es neben der geistlichen Beglei-
tung auch der materiellen Unterstützung, und daher richtete Edzard 1667
mit 200 Talern Gründungskapital eine »Proselytenkasse« ein[31]. Für diese
Kasse erbat er bei Hamburger Bürgern, aber auch bei seinen zahlreichen
Besuchern, Spenden. Mehrere hundert Spender trugen z. T. großzügige
Zusagen in das Gabenbuch ein und fügten meist auch gute Wünsche für
Edzards Mission hinzu[32]. Vom gesammelten Kapital sollten den Konvertiten »jährlich die Zinse . . . abgefolgert werden«[33]. Nach bestimmten Sätzen
erhielten die Bedürftigen regelmäßige Unterstützungen, gleichgültig ob sie
noch Katechumenen waren oder schon seit einigen Jahren getauft[34]. Auch
nach Edzards Tod wurde die Kasse noch sehr lange weitergeführt[35].

Festgehalten werden kann bisher nur, daß Edzard in der Tat sein Leben
ganz in den Dienst der Judenbekehrung stellte und dabei weitgehend unabhängig tätig wurde; denn auch die Proselytenkasse ist ganz allein sein Werk.

---

[25] HAHN, S. 117.

[26] Vgl. ebd. (Taufe in Preetz 1694).

[27] Vgl. das *Gabenbuch,* die Angaben über die Paten bei Judentaufen bei FREYTAG und Edzards
Brief an J. H. May (diese Arbeit, Kap. 5, Anm. 13).

[28] Vgl. SCHUDT I, S. 382; SCHUDT IV/1, S. 265; FEILCHENFELD 1899b, S. 324.

[29] Vgl. SCHUDT I, S. 381.

[30] Vgl. FABRICIUS 1710, S. 1038. Seine besondere Sorge für die Konvertiten zeigte sich auch
darin, daß er sie zur Ermahnung noch an sein Sterbebett rufen ließ, vgl. aaO., S. 1041 f.

[31] Vgl. *Gabenbuch,* [S. 263]; die erste Eintragung vom 9. 10. 1667 (die Seitenzahlen 263–698
sind später eingetragen worden).

[32] AaO., S. 264–698.

[33] AaO., S. 263; bestätigt durch SCHELHORN, S. 282.

[34] Vgl. GLEISS, S. 47 f.

[35] Vgl. aaO., S. 29 f. 45–50; RINN, S. 89–91; ARING 1980a, S. 142 f.

Weniger Aufschluß gibt der äußere Lebenslauf für Edzards theologische Einordnung. Im Studium hatte er Hochburgen der lutherischen Orthodoxie bevorzugt, was ihn freilich nicht daran hinderte, um der Sprachstudien willen auch die reformierte Schweiz aufzusuchen. Sein wichtigster Lehrer scheint Dorsche gewesen zu sein[36]. So sprach zunächst nichts dagegen, daß Edzard seinen Standpunkt innerhalb der in Hamburg lange unangefochtenen lutherischen Orthodoxie einnahm. Sein Einsatz für die Judenbekehrung ließ sich ja durchaus im Rahmen der Orthodoxie verwirklichen, solange er nicht ›chiliastisch‹ und ›philosemitisch‹ war und nicht die Überzeugung von der Überlegenheit des Christentums gegenüber dem ›verstockten‹ Judentum preisgab. In der Tat galt auch Edzards Zuneigung keineswegs den Juden, die an ihrer Religion festhalten wollten. Ganz im Einklang mit der orthodoxen Hamburger Geistlichkeit hat er schärfste Maßnahmen gegen die jüdische ›Überhebung‹ auf religiösem Gebiet gefordert und durchgesetzt[37]. Spannungen mit den Hamburger Pfarrern sind also weder zu vermuten noch in irgendeinem Falle überliefert[38]. Fraglich wird unter diesem Aspekt übrigens auch, ob man Edzard ohne weiteres als »Judenfreund« bezeichnen kann[39].

Für seine Verwurzelung in der Orthodoxie spricht weiterhin, daß Edzards Sohn Sebastian sich bereits 1700–1702 in die Auseinandersetzung mit Spener einschaltete[40]. Dennoch besteht sicherlich noch die Möglichkeit, daß Edzard mit seiner auffällig erfolgreicheren Judenmission doch etwas Neues brachte und dem Pietismus auf diese Weise wichtige Impulse gab[41]. Unter seinen Bewunderern gibt es immerhin Vertreter aller Lager[42], und unter seinen Schülern überwiegen die späteren Pietisten wie Gebhardi, Winckler, Frankke und May gegenüber den Orthodoxen wie Pfeiffer[43]. Für die Standortbestimmung soll daher seine Einstellung zur Judenbekehrung genauer analysiert werden.

---

[36] Vgl. neben den Angaben bei FABRICIUS 1710, S. 1036, und HORNING 1886, S. 28, auch MOLLER III, S. 222: Dorsches Programm zu Edzards Dissertation zeigt seine Hochschätzung dieses Schülers.

[37] Nach SCHUDT I, S. 376, sorgte er für die Durchsetzung des Gottesdienstverbots in Hamburg und soll sogar »ihnen öffters die Bücher weggenommen« haben. Als ein Jude an einem von ihm gekauften Haus die Aufschrift »Christus Nostra Salus« tilgen ließ, setzte Edzard durch Eingaben durch, daß die Aufschrift wiederhergestellt werden mußte, vgl. SCHUDT II/1, S. 102f.

[38] Gegen HAHN, S. 117.

[39] Vgl. GLEISS; RINN; BAUMANN/MAHN/SAEBØ, S. 21.

[40] Vgl. MUTZENBECHER, S. 212f.

[41] So GRAUPE, S. 74.

[42] Vgl. die Liste der Elogia bei MOLLER III, S. 224–226, in der neben Calov, J. F. Mayer, Löscher etc. auch Spener und Veiel stehen.

[43] Die umfassendste Liste von Edzards Schülern aaO., S. 222.

5.3. Edzards Erwartung einer allgemeinen Judenbekehrung

Auf Edzards Position in der Auseinandersetzung um die endzeitliche Bekehrung der Juden war keine der früheren Darstellungen eingegangen. Auch Spener nannte Edzard nicht unter den Theologen, die schon vor ihm diese Lehre vertreten hatten[44]. Das liegt aber wahrscheinlich nur daran, daß Edzard für ihn zwar ein herausragender Orientalist ist, aber kein namhafter Theologe, auf den man sich berufen kann; vielleicht auch daran, daß Edzard sich in keiner Veröffentlichung zur Frage geäußert hat. Seine Position ist aber eindeutig aus dem ›Gabenbuch‹ der Proselytenkasse zu erheben.

Diese Quelle soll hier ausführlicher besprochen werden. Edzard hatte ein Heft angelegt, das er seinen Besuchern vorlegte, wenn er ihnen seine Kasse erläuterte; sie sollten Spendenzusagen und Wünsche einschreiben. Die ersten Seiten enthalten einige Texte, die zur Begründung des Projektes dienen sollten. Ganz am Anfang stehen Abschnitte aus Luthers Schrift »Daß Jesus Christus ein geborener Jude sei« und aus seiner Predigt zum Evangelium am St. Stephanstag sowie aus Augustins »De Civitate Dei«, XX.c.29, in denen eine Judenbekehrung vor dem Jüngsten Tag gelehrt ist[45]. Dahinter hat Edzard unter der Überschrift »De conversione Judaeorum & officio Christianorum« bzw. »Von der Judenbekehrung« die Bibelverse Hos 3,4f.; Jer 31,6; Jes 49,22f.; Röm 11,11.25f. lateinisch und deutsch eingetragen[46]. Darauf folgt eine lateinische und deutsche Vorrede, die die genannten Bibelstellen auslegt[47]. Wegen der großen Bedeutung dieses Textes gebe ich die deutsche Fassung hier wörtlich wieder. Die Zusätze in runden Klammern gehören ebenso wie die Bibelstellen am Rand zu Edzards Text. In eckigen Klammern ist bei schwer lesbaren oder bei bedeutsamen Begriffen die lateinische Entsprechung wiedergegeben.

> Im Nahmen unseres Herren Jesu Christi Zur Ehre Gottes des Vaters. Durch die Gnade des Heil. Geistes Wündschen allen und jeden, so diese Vorrede Lesen werden, Viel Glück und Heil.
> Alldieweil der Heilige Geist im Alten Testament mith außdrück-lichen und nachdencklichen worten bezeüget, so werde die Zeit kommen, in welcher die Christen denen Juden zurufen werden mit diesen Worten: Es wird der Tag kommen, in welchem Nozerim (also werden die Christen von den Juden genennet) auff dem Gebir-

---

[44] Zu Speners Listen von Befürwortern der allgemeinen Judenbekehrung vgl. diese Arbeit, Kap. 6, Anm. 26 ff. Nur in zwei brieflichen Äußerungen vom 8. und 12. 10. 1677 (SPENER L. Bed. III, S. 74; SPENER Cons. III, S. 226) wird Edzards Zustimmung zu dieser Hoffnung kurz erwähnt.

[45] *Gabenbuch*, [S. 6 f.] (unpaginierter Teil, Seitenzählung von mir). Gegen GLEISS, S. 27, habe ich allerdings Zweifel, ob diese Eintragungen von Edzards Handschrift sind.

[46] Vgl. *Gabenbuch*, [S. 8 f.].

[47] Vgl. aaO., [S. 10–12.13–18].

Jer.31.v.6

Rom.XI.v.11

Hos.3.4.5.
Rom.XI.25.26

Act:28.23.
Act:18.28.

Jes:49.23

ge Ephraim rufen werden: Stehet auf und lasset unß hinaufgehen gen Zion zu dem Herren unsern Gott &c. und der Apostel Paulus auch (welcher den willen und meinung des Herren Christi gar wol gewußt) im Neuen Testament eben daßelbige ofters wiederhohlet, Daß es nemblich Der Heyden Ampt sey, daß sie die Juden zum eifer so ihnen gleich zu thun bewegen sollen. So lieget traun allen, die Christen heißen wollen, und die Ehre des Herrn Jesu von Nazareth liebhaben, ob, daß sie einfluß unterlaßen von allem dem, dadurch sie der Juden Bekehrung, alß ein so heiliges und nützlicheß werck, wovon in der Heiligen Schrift so oft und vielmahlen geweißaget worden, auf einige ahrt und weise befordern mögen.

Undt Ich zwar halte dafür, daß zu diesem fürtrefflichen wercke zweierley fürnemblich hochstnöthig sey: Das Eine ist, daß nach dem Exempel Pauli und Apollo auf der Obrigkeit anordnung eine Unterredung [collatio] mit denen Juden durch Männer, die der Hebräischen Bibel und der Alten Jüdischen Geschichten kündig, angestellt werde. Worinnen dan (weilen man nicht laügnen kan, daß sehr wenige sich auf solches Studium legen) was von mir und meinen Mitharbeitern im Nahmen Jesu, zur Ehre Gottes des Vaterß, durch die Gnade des Heiligen Geistes gantzer neun Jahre hero und drüber mith nicht unglücklichem fortgange versuchet und angefangen worden, solches ist nicht Zeit im anfange dieses Bucheß zu erwahnen; doch aber ist unser Gewißen unser Zeüge, daß wir nichtß eigennutzeß und gewinnes halber gethan, und berufen unß auf die Erfahrung und auf den Augenschein.

Das Ander ist das Werck [?; officium] der Christlichen Liebe, daß die Vornembsten Haupten, welche heüt zu tage dem gemeinen wesen und der Christlichen Kirche vorstehen, nach der Weißagung Jesaiae. 49.23. Konige werden deine Pfleger und Koniginne deine Saügammen sein, denen Armen durch Gottes Gnade bekehrten Juden, die nicht wißen, wo sie sich hinwenden sollen, nachdemmahlen ihnen in den meisten Ohrtern in Teutschland aller weg zu Handwerken [? ; opificia] abgeschnitten und verschloßen, in etwaß Mildgebiger unter die arme greiffen mögen; welches wenn es geschehen solte, wäre kein Zweiffel, es würden mehr herzugelocket werden, und das werck der Bekehrung der Juden besser von statten gehen, wodurch die Erbauung der Christlichen Kirche auf Erden ein sehr merckliches zunehmen würde [quod est complementum aedificationis Ecclesiae in his terris supremum].

Undt diß ist die Uhrsach, worümb wir der Armen Bekehrten Juden halber (alß welche nach dem Fleisch unsers gecreuzigten Christi Landsleute sein) dieses Buch denen Christlichen und die Ehre unseres Erlösers und Seeligmachers liebhabenden Lesern mit gebührlicher Ehrerweisung überreichen, damit Sie eine Geistliche und milde Gemeinschaft [Κοινωνίαν] machen wollen, und dieses angefangenes gottseeliges werck zu befordern und den Triumpf des Creützes Christi erheben zu helfen. Wollan nun die Ihr dieses leset! Schreibet Eure Nahmen ein in dieses Buch, damith sie auch im

Himmel eingeschrieben werden mögen. Gebet Christo, der sein
Leben in den Todt für Euch gegeben hatt: so wird Euch gegeben
werden. Gebet demselben wieder mitt milder Handt und einfälti-
gem Hertzen, von welchem Ihr alle Liebeß und Seelen Gaben empfangen habet. Ihr seid Tempel des Heiligen Geistes. Machet doch,
daß der lebendige Tempel Christi nicht Hungers halber ver-
schmachten müßen. Ihr seid Glieder Christi: Gebrauchet doch dieser fürtrefflichen Gelegenheit Euch umb die Christliche Kirche, wie
umb den Leib Christi selbsten wolverdient zumachen. Ihr seid
Freünde des Creützes Christi! Helfet doch mit allem fleiß denenjeni-
gen, für welchen, da sie noch feinde wahren, unser Seeligmacher
gecreütziget ist.

So werdet Ihr die Stimme des Koniges aller Konige hören, der da
zu Euch sagen wird am Jüngsten Tage: Kommet her Ihr gesegneten
meines Vaters; besitzet das Reich &c: den Ich bin hungrig gewesen,
und Ihr habet Mir gegeben &c:

Hamb. den 23. Febr: Ao. Christi 1668

Esdras Edzardus S. Th. L.

Edzard hat offensichtlich keine ausführliche Auseinandersetzung mit den
vieldiskutierten Fragen der endzeitlichen Judenbekehrung im Sinn. Für ihn
scheint hier gar keine Streitfrage vorzuliegen, so daß er nicht nur auf Argumente verzichtet, sondern auch auf eine deutliche Formulierung dessen, was
er eigentlich erhofft. Der Hinweis auf die »außdrücklichen und nachdenckli-
chen« Worte der Schrift macht für ihn anscheinend weitere Worte überflüssig. Schon die seltener genannte Stelle Jer 31,6 ff. ist für ihn so eindeutig, daß
die Hauptbelege für die allgemeine künftige Bekehrung nur am Rand vermerkt werden müssen. So wird leider nicht deutlich, ob Edzard eine ausnahmslose oder nur ›ansehnliche‹ Bekehrung erwartete (in Jer 31,7 ist nur
vom ›Rest Israels‹ die Rede!). Auch ist nichts über den Zeitpunkt der Bekehrung und über die eventuelle Nähe des Jüngsten Tages gesagt. Eindeutig ist
aber die enge Verbindung der Hoffnung auf die zukünftige Judenbekehrung
und der Verpflichtung, dafür etwas zu tun. Diese Verknüpfung ist für
Edzard so elementar, daß strittige Detailfragen demgegenüber verblassen
müssen[48]. Primär sind die Verheißungen der Bekehrung; aber untrennbar
davon ist der Auftrag an die Christen, dieses Werk auszuführen. Das bedeu-
tet natürlich, daß die künftige Bekehrung nicht auf wunderbare Weise
vonstatten geht und wohl auch keine wunderbaren Folgen, wie etwa den
Wiedereinzug der Israeliten in Palästina, nach sich zieht. Auch die Bevorzugung der Belegstelle Jer 31,6 ff. vor den gängigeren Belegen wird man m. E.
nicht in diesem Sinne deuten dürfen. Vielmehr zeigt die Deutung von Jes

---

[48] Dazu paßt die Aussage Thurms, Edzard habe den Austausch von Streitschriften für
besonders verderblich gehalten, vgl. SCHELHORN, S. 282.

49,23 auf das Spenden von Almosen an bekehrte Juden, daß Edzard seine alttestamentlichen Belege rein allegorisch verstand und die Bekehrung im Sinne der Orthodoxie als Eingliederung der bekehrten Juden in die bestehende Kirche erwartete. Dem entspricht die Berufung auf Luther und Augustinus, deren optimistischen Aussagen über die zukünftige Bekehrung noch vor den Bibelstellen zitiert wurden[49].

Über die Orthodoxie hinaus weist allerdings der Gedanke, daß man sich durch die Unterstützung der bekehrten Juden »umb die Christliche Kirche, wie umb den Leib Christi selbsten wolverdient« mache, da man dadurch »die Erbauung der Christlichen Kirche« fördere. Die Orthodoxie hatte die Aufrufe zur Bekehrung meist nur damit begründet, daß dem einzelnen Juden auf diese Weise der Weg zur Seligkeit bereitet werde; nur unterschwellig wurde die Überzeugung deutlich, daß die Bekehrung eines Widersachers der Kirche auch dieser zum Ruhm dient. Diese Sichtweise läßt wahrscheinlich Havemann und Schindler hoffen, daß die Judenbekehrung, zur »sonderbahren Freude der Christen« geschehen werde[50], und auch in Edzards Rede vom »Triumpf des Creützes« kommt sie zum Ausdruck. Ich meine aber, daß die eben zitierten Passagen mehr ausdrücken; die Formulierung, durch Judenmission werde zur »Erbauung der Christlichen Kirche« beigetragen, kann als ganz in der orthodoxen Einstellung zum Judentum begründet verstanden werden und ist dennoch eine Andeutung der Hoffnung besserer Zeiten für die Kirche, die die Judenbekehrung mit sich bringt.

In diesem Stadium kann diese Deutung wohl nur eine Hypothese sein. Edzard drückt sich hier sehr zurückhaltend aus, und weitere schriftliche Äußerungen zum Thema sind mir nicht bekannt. Die Annahme würde aber auch helfen, die Sonderstellung Edzards innerhalb der Orthodoxie zu erklären. Nehmen wir an, daß Edzard überzeugt war, mit seiner Arbeit eine notwendige Mission für die Kirche zu übernehmen, dann ist verständlich, daß er sein ganzes Leben in den Dienst der Judenbekehrung stellte, während die orthodoxen Theologen immer nur kurzfristigen Eifer gezeigt hatten. Edzard mußte sehr viel eher in der Lage sein, Enttäuschungen und Mißerfolge einzustecken (zu erinnern ist, daß die Serie von Judentaufen erst 1671, nach einigen Jahren Bekehrungsarbeit beginnt), wenn es ihm nicht allein um das Heil des einzelnen zu bekehrenden Juden ging (den man leicht als noch verstockt wieder verdrängen konnte), sondern um einen umfassenderen Zweck, das Heil der Kirche. Das heißt nun keineswegs, daß ihm der einzelne

---

[49] Vgl. *Gabenbuch*, [S. 6 f.]. Diese Belege beeindruckten Edzards Besucher Thurm besonders, vgl. SCHELHORN, S. 281; am meisten der Nachweis, daß eine optimistische Äußerung aus Luthers Kirchenpostille, die 1543 noch gedruckt worden war, in der Ausgabe von 1598 falsch wiedergegeben wurde, so daß für Edzard auch der alte Luther als Unterstützer der Hoffnung auf eine endzeitliche Bekehrung der Juden gelten konnte.

[50] Vgl. HAVEMANN 1663, S. 568; SCHINDLER 1674, S. 31 (diese Arbeit, S. 88 f.).

Jude gleichgültig gewesen wäre; seine Bevorzugung des Einzelgesprächs und seine besondere Anteilnahme am Schicksal der Konvertiten beweisen, daß es ihm nicht einfach darum ging, möglichst große Scharen von Neuchristen in die eigene Kirche zu bringen.

Worum es Edzard statt dessen ging, darüber soll später eine weitere Hypothese versucht werden. Hier ist nur zum Thema der künftigen Bekehrung festzuhalten, daß Edzard sicherlich an die optimistische Haltung der älteren Orthodoxie anknüpfte und für die Skepsis vieler seiner orthodoxen Zeitgenossen kein Verständnis hatte, daß er wahrscheinlich sogar die Hoffnung auf die Judenbekehrung in irgendeiner Weise mit der Hoffnung besserer Zeiten für die Kirche verband, ohne dies klar auszusprechen, vielleicht sogar ohne es sich selbst klarzumachen.

5.4. Auseinandersetzung mit dem Judentum

In der Art des Umgangs mit Juden hat sich Edzard dagegen gar nicht von der Orthodoxie unterschieden. Seine Abneigung gegen die jüdische Religion als solche war schon dokumentiert worden[51]. In der Vorrede zum Gabenbuch hatte er auch, wie gesehen, für Zwangsdisputationen durch hauptamtliche Beauftragte plädiert, die allerdings in Hamburg nicht zustandekamen.

Erstaunlich ist aber angesichts seiner Erfolge als Judenmissionar vor allem, wie sehr er in seinen Veröffentlichungen im Denken der Apologetik verhaftet blieb. Schon die Licentiatenthesen von 1656[52] folgen ganz dem aus der Orthodoxie bekannten System:

Nach einer kurzen Festlegung auf die Bibel als einzig gültiger Offenbarung (These I–III) wird mit vielen alttestamentlichen Stellen die Messiaslehre entfaltet (IV–XVI) und Jesus als Messias erwiesen (XVII), während die Trinitätslehre etwas kürzer behandelt wird (XVIIIf.) und die Konkordanz von AT und Evangelium das Fazit darstellt (XX). Charakteristisch für die alte Apologetik ist auch, daß Thesen gegen die Sozinianer und das Tridentinum gleich angeschlossen sind (S. A 3ᵛ–A 4ᵛ).

Die Thesen enthalten nur die Behauptungen und die zugehörigen Belege und sind daher, ohne die Erläuterungen, recht unergiebig. Auffällig ist, daß Edzard sich hier so deutlich abfällig über den Talmud äußert[53] und kein einziges rabbinisches Argument heranzieht. Später hat er dann seine Argumentationsweise um den »Consensus Antiquitatis Judaicae« erweitert und

---

[51] Vgl. diese Arbeit, Kap. 5, Anm. 37.

[52] Edzard 1656; da die Thesen gegen die Juden nur die Seiten A 2ʳ–A 3ʳ umfassen, sind in der Zusammenfassung die Nummern der Thesen genannt.

[53] Vgl. aaO., S. A 2ʳ (These II): Die talmudischen Schriften sind nicht דברי אלהים חיים.

diesem die beiden weiteren Veröffentlichungen gewidmet[54]. Auch sie sind reine Materialsammlungen, die aus den talmudischen und rabbinischen Büchern Belege zusammentragen, ohne schon eine zusammenhängende Argumentation zu entfalten. Edzards Prinzip der Heranziehung von jüdischen Schriften scheint rein taktisch bestimmt[55] und räumt diesen Schriften keinen Wert an sich ein. Damit bleibt er also auch ganz im Rahmen der Orthodoxie.

In seiner Äußerung zur Methode wird deutlich, daß Edzard auch das missionarische Gespräch zunächst als apologetische Aufgabe verstand. Er schickt zwar voraus, daß man nicht stur eine Argumentationskette durchziehen könne, weil »die Gelegenheit«, also offensichtlich die Einwände des jüdischen Gesprächspartners, oft eine Umstellung nötig mache[56]. Hat der Christ aber freie Hand, so soll er mit Dtn 27,26 und ähnlichen Stellen nachweisen, daß auch der Jude das Gesetz nicht erfüllen könne, also eine expiatio satisfactoria nötig habe, die nach Jes 53 nur durch den Messias erworben werden könne. Solchermaßen vorbereitet, werden die Messias- und Trinitätslehre gemäß den Belegen der Licentiatenthesen entfaltet. Edzard versucht also, beim jüdischen Hörer erst eine Empfänglichkeit für die christliche Hauptlehre vom Messias zu schaffen, ohne aber die stark rationalistische Ebene der Apologetik zu verlassen. Bezeichnend ist, daß er in der Gedankenführung des Römerbriefes ein Vorbild für seine Argumentation findet und als Zusammenfassung formuliert, »daß man zuerst mit dem Gesetz schrecke/ und durch dasselbige zu Christo führe«[57]. Das Prinzip der analogia fidei ist also auch für Edzard leitend.

Ob Edzard seine Gespräche mit Juden tatsächlich nach diesem – kaum von den früher üblichen unterschiedenen – Schema geführt hat, ist wohl nicht mehr festzustellen; sollte dies wirklich der Fall sein, so wäre schwer erklärlich, daß sein Erfolg den der Orthodoxie so erheblich überstieg. Die Möglichkeit muß also eingeräumt werden, daß er im privaten Gespräch nicht nur dank seiner umfassenden Gelehrsamkeit in der Lage war, »die Juden in die Enge zu treiben«[58], sondern auch Argumente fand, die das Herz der Juden erreichten. Vielleicht war es aber nur die in Hamburg besonders schmerzliche Enttäuschung über den falschen Messias Sabbatai Zevi (dazu unten mehr) und die gute Fürsorge für die Kon-

---

[54] EDZARD 1670; EDZARD 1678.
[55] Vgl. die Äußerung zu seiner Methode in J. F. MAYER III, S. 47: »So muß auch ein Jude nicht wenig moviret werden/ wenn er siehet/ daß nicht allein unser Glaube in dem A.T. so herrlich fundiret/ sondern auch von denen alten Jüden/ seinen Vorfahren/ zum grossen Theil sey bekannt worden/ ob sie gleich in der Person des Messiae gefehlet«.
[56] Vgl. aaO., S. 46.
[57] AaO., S. 48.
[58] So Anckelmanns Charakterisierung eines Gesprächs von Edzard, vgl. RINN, S. 73f.

vertiten, die seinem Erfolg zugrunde lagen. An der theologischen Verwurzelung in der Orthodoxie kann dennoch kein Zweifel bestehen.

5.5. Die Judentaufe

Auch wenn Edzard kein kirchliches Amt bekleidete, können wir annehmen, daß er an der Gestaltung der Taufgottesdienste beteiligt war und wir daraus weiteren Aufschluß über seine Haltung gewinnen können. Da die Vorbereitung der Taufe ihm oblag, hatte er auch durch das Verhör im Gottesdienst das ›Ergebnis‹ der Katechese zu präsentieren. Muster dafür war ein bei Ziegra abgedrucktes Taufexamen, das »von ihm und seinen Nachkommen ... beständig gebraucht worden«[59]. Das Examen ist mit 95 Fragen (wovon allerdings die letzten 26 den Kleinen Katechismus abfragen) ausführlicher als die meisten uns bekannten, wenn auch Buchholtz und Hoyer noch viel mehr in die Einzelheiten gegangen waren[60]. Der Aufbau und die meisten Belege entsprechen ungefähr Edzards Darlegung zur Methode von Bekehrungsgesprächen. Auch das Examen dient vorwiegend der Vergewisserung der christlichen Position zur Messias- und Trinitätslehre; persönliche Fragen etwa nach dem Motiv für die Wendung vom Judentum zum Christentum[61] und auch nach der soteriologischen Bedeutung Christi[62] nehmen nur eine geringe Stelle ein.

Nur relativ unwesentliche Abwandlungen enthält das mehrfach veröffentlichte Taufexamen der Familie Hieronymus[63]. Die Eltern müssen fast ausschließlich Belege für die kontroversen Fragen der Messias- und Trinitätslehre anführen; nur die »Kinder=Fragen« stellen die durch die Taufe erworbene Erlösung in den Mittelpunkt. Es bestätigt sich also, daß Edzards Interesse sehr stark apologetisch bestimmt ist; auch er sieht die Judentaufe vor allem als Gelegenheit, die Richtigkeit der christlichen Lehre gegenüber der jüdischen Lehre öffentlich zu dokumentieren und den Konvertiten auf diese Lehre einzuschwören.

---

[59] ZIEGRA III, S. 195; das gesamte Examen S. 195–212.
[60] Vgl. diese Arbeit, S. 101 f.
[61] Vgl. ZIEGRA III, S. 196 (Fragen 7–11).
[62] Vgl. aaO., S. 204 f. (Fragen 60–68).
[63] Zuerst abgedruckt mit einem Bericht Hieronymus' über seine Bekehrung (vgl. MOLLER II, S. 328 f.) wurde das Examen 1676/77 noch zweimal separat aufgelegt (vgl. *NUC Vol.* 245, S. 223). Nachgedruckt ist es bei J. F. MAYER III, S. 56–66; GLEISS, S. 5–7.36–45; RINN, S. 75–82.

5.5. Die Stellung der Konvertiten

Über die Beweggründe der meisten von Edzard bekehrten Juden können wir keine genauen Angaben machen. Nur wenige haben später Schriftliches hinterlassen. Der 1676 mit Frau und sechs Kindern getaufte jüdische Lehrer David Hieronymus, früher Jakob Melammed, hat in einer Schrift seine Bekehrungsgründe offengelegt. Sie entsprechen der ›Normalbiographie‹ der Konvertiten: allgemeine Zweifel am Judentum, Kontrolle der messianischen Stellen der Heiligen Schrift, die genau auf Jesus passen, Unterredung mit gelehrten Christen, Bekehrung[64]. Schudt berichtet allerdings gerade von diesem Täufling, er habe auf den Messias Sabbatai Zevi gehofft und sich nach der Enttäuschung über dessen Betrug an Edzard gewandt, der ihn in einer Nacht zum Christentum bekehrte. Möglicherweise hat Schudt diese Episode aus Erzählungen erfahren, aber dann einer falschen Person zugeschrieben[65].

Inwieweit die Erschütterung der Hamburger Judenschaft durch die Nachrichten über Sabbatai Zevi[66] Edzards Bekehrungswerk insgesamt förderten, kann kaum gesagt werden. Festzustellen ist nur, daß auch Edzard überwiegend junge, alleinstehende Juden bekehren konnte; häufiger allerdings Juden, die aus Hamburg stammten. Gerühmt wird, daß nur ein Vierzigstel der Täuflinge wieder zum Judentum zurückgekehrt sei[67]. Später berühmte Konvertiten sind aber außer dem erwähnten Hieronymus, der später in Hamburg und Berlin als Hebräischlehrer wirkte[68], nicht zu nennen. Die meisten Konvertiten blieben wohl ganz im Banne Edzards, der sie durch Katechismusstunden und Unterhalt aus der Kasse an sich band.

Diese Einrichtungen, von denen schon berichtet worden war, bedürfen nun noch der Bewertung. In der Taufpraxis war Edzard der orthodoxen Gewohnheit gefolgt, den Konvertiten vor allem als Sprachrohr in der apologetischen Auseinandersetzung mit dem Judentum zu Wort kommen zu lassen. Am weiteren Geschick der Konvertiten war die Orthodoxie nur dann interessiert gewesen, wenn sie sich in diesem Kampf einsetzen ließen. Den

---

[64] Vgl. die Zusammenfassung der Schrift bei GLEISS, S. 35 f.

[65] Vgl. SCHUDT II/2, S. 56. Schudt nennt erst in der »Continuation« (SCHUDT IV/2, S. 242) den Namen des Konvertiten; trotzdem passen die Angaben (Lehrer, achtköpfige Familie) nur auf Hieronymus, so daß es unsinnig ist, wenn RINN, S. 74 f., ohne weitere Überlegungen erst von dem bei Schudt erwähnten Täufling und dann von Hieronymus als von einem ganz anderen berichtet, der »Elf Jahre später« getauft worden sei. Das Taufjahr 1676 allein muß gar nicht gegen eine Bekehrung aus Enttäuschung über die Apostasie Sabbatai Zevis sprechen; denn die Nachrichten hierüber, die 1666/67 Hamburg erreichten, wurden zuerst verdrängt (vgl. SCHOLEM, S. 694 f.), die Enttäuschung kam viel später auf.

[66] Vgl. die obige Anm., dazu aaO., S. 755.787–791, über weitere messianische Wirren.

[67] Vgl. FABRICIUS 1710, S. 1038.

[68] Vgl. MOLLER II, S. 328.

Überlegungen, die Konvertiten nach der Taufe gezielt zu fördern, um sie vom ›Rückfall‹ abzuhalten, hatte wohl nicht zuletzt deshalb an Durchschlagskraft gefehlt. Wie ist es nun zu erklären, daß Edzard gerade diese Aufgabe ebenfalls voller Energie anging?

Zur Beantwortung dieser Frage muß wieder eine Hypothese gewagt werden. Auch diese Hypothese steht zunächst auf schwachen Füßen; nötig zur Untermauerung wäre eine genauere Kenntnis über die Katechismusstunden Edzards, über die es keine Quellen zu geben scheint. Wir haben nur eine kurze Notiz von Schudt, der diese Veranstaltungen wohl als Schüler Edzards selbst miterlebt hat[69]. Wichtiger ist aber wohl noch, daß sich der Hamburger Pfarrer Johann Winckler, als er 1690 wegen der Abhaltung pietistischer Collegia angegriffen wurde, auf Edzards Katechismusstunden als Präzedenzfall[70] berief. Es scheint mir zwar unwahrscheinlich, daß Edzards Versammlungen schon erste pietistische Collegia waren und Winckler erst angeregt haben[71]; hätte auch nur der Verdacht geherrscht, Edzard sei an der pietistischen Bewegung beteiligt gewesen, so wäre er ebenfalls in Auseinandersetzungen mit der Hamburger Orthodoxie geraten und jedenfalls 1690 nicht mehr von Johann Friedrich Mayer als »celeberrimus« etc. eingeführt worden[72]. Wincklers Hinweis zeigt aber, daß eine Analogie zwischen den pietistischen Konventikeln und Edzards Katechismusstunden (laut Winckler »Privatübungen der Gottseligkeit«!) auch nicht völlig abwegig erscheinen konnte. Hauptanliegen der pietistischen Collegia war es, die Frommen zu sammeln, damit diese die Kirchenreform zu Wege bringen könnten[73]. Von einer Sammlung der Frommen kann bei Edzard sicher nicht die Rede sein, wohl aber von der Sammlung einer herausgehobenen Gruppe von Christen, nämlich denen aus jüdischem Geblüt samt deren Freunden und (finanziellen) Förderern. Wenn Edzard durch die Bekehrung der Juden eine »Erbauung der Christlichen Kirchen« erwartete, dann sollte es möglicherweise die Gruppe der jüdischen Konvertiten, »der lebendige Tempel Christi«, sein, die in der Kirche eine besondere Mission hatte.

Wiederum ist leider festzustellen, daß Edzard über die vagesten Andeutungen nicht hinausgeht. Von einer besonderen Rolle der Judenchristen spricht er ebensowenig wie von der Hoffnung besserer Zeiten für die Kirche. Beide Annahmen ergänzen einander aber und erklären auch die weite-

---

[69] Vgl. SCHUDT I, S. 381: »Alle Mittwochen und Sonnabend hielte er in seiner Behausung für die Bekehrte Juden Catechismuß=Lehre/ darzu auch Christliche Kinder/ auch wohl erwachsene kamen«.

[70] »Hat nicht ... der theure, von allen hochgepriesene unser liebenswerter Herr L. Edzardi wöchentliche gewisse Privatübungen der Gottseligkeit mit vielen Anwesenden so lange Zeit in seinem Hause mit sonderbarem Nutzen gehabt«? (zitiert nach GEFFCKEN, S. 339f.).

[71] So RINN, S. 86.

[72] J. F. MAYER III, S. 44.

[73] Vgl. WALLMANN 1977/78, S. 49–51.

ren ungewöhnlichen Praktiken Edzards. Warum sollte dieser, den wir uns sonst mehr als rein theologisch interessierten Büchergelehrten vorstellen müssen, solche Energie in die Verwaltung einer Proselytenkasse investieren, wenn nicht das Wohlergehen der Konvertiten für ihn auch theologische Bedeutung gehabt hätte? Warum sollte er gerade in der Vorrede zum Gabenbuch der Kasse die von ihm sonst kaum thematisierte Frage der künftigen Bekehrung der Juden ansprechen, wenn nicht die ansehnliche Bekehrung gerade durch die Sammlung der Bekehrten die »Erbauung der Christlichen Kirche« fördern würde?

Auch die Tatsache, daß er – der orthodoxen Anschauung entsprechend – den Konvertiten keine geistige Selbständigkeit einräumt, spricht nur scheinbar gegen unsere Annahme; denn ihn leitet nicht, wie man zunächst vermuten könnte, die eher neuzeitliche Idee einer besonderen Gemeinschaft von Judenchristen, die durch ihren Brückenschlag vom jüdischen zum christlichen Denken die Kirche erneuern sollen. Seine Überlegung scheint mir simpler zu sein. Zunächst fordert das Programm der Judenbekehrung von seiten der Christen ein besseres Vorbild an Frömmigkeit. Sie sollen sich so verhalten, daß sie die Juden zum Nacheifern reizen; diese Mahnung aus Röm 11,11 zitiert Edzard in seiner Vorrede und setzt sie auch als Motto über die rein exegetische Arbeit von 1670[74]. Dann aber – nur so scheint mir die Sammlung der Konvertiten plausibel zu erklären – soll die Gruppe der bekehrten Juden durch ihr Vorbild wiederum die alten Christen aus dem Heidentum zu größerer Frömmigkeit anstacheln. (Bei Spener werden wir auf ähnliche Gedankengänge stoßen.) So entsteht ein Prozeß von gegenseitiger Steigerung in der Frömmigkeit, eben die Erbauung der Kirche; die Verheißung des Reichtums für die Heidenwelt durch die Bekehrung der Juden (Röm 11,12) erfüllt sich.

5.7. Zusammenfassung

Wir haben bei Edzard also eine ganz eigenartige Kombination von Anschauungen. Mit der gesamten Orthodoxie teilt er die Verstockungstheorie und damit die prinzipielle Abneigung gegen die unbekehrten Juden. Ebenso wie seine Argumentationsweise verbindet ihn auch sein Optimismus hinsichtlich der zukünftigen Bekehrung der Juden mit dem Hauptstrom der Orthodoxie. Wie die Theologen zu Beginn des Jahrhunderts betont er die aus der Hoffnung auf die endzeitlichen Judenbekehrung folgende Pflicht zur Missionierung der Juden; die aktuellen Auseinandersetzungen über diese Frage scheint er zu ignorieren.

---

[74] Vgl. *Gabenbuch*, [S. 14]; EDZARD 1670.

Ich nehme aber an, daß diese Zurückhaltung aus der Sorge resultiert, eine Verdeutlichung seiner Gedanken müsse einen Bruch mit der Orthodoxie zur Folge haben. Mit seiner Verbindung von Hoffnung auf die Judenbekehrung und Hoffnung auf Besserung der Kirche sowie mit seinem Bemühen um Sammlung der Sondergruppe der Konvertiten weist er nämlich beide Charakteristika auf, die den Pietismus von der Orthodoxie abheben: die Hoffnung besserer Zeiten für die Kirche und den Konventikelgedanken[75]. Beides ist bei Edzard nicht programmatisch ausgeführt, sondern nur in minimalen Hinweisen und in der immer mehrdeutigen Praxis angedeutet; beides geht nicht so weit wie die ausgebaute Eschatologie und das ambitiöse Reformprogramm Speners. Daher ließ sich sein Bekehrungsprogramm auch im Rahmen der Hamburger Orthodoxie ohne Konflikte verwirklichen. Edzard hatte sicher keinen direkten Einfluß auf Speners pietistisches Programm, zeigt aber, daß Ansätze zum Pietismus gewissermaßen in der Luft lagen.

---

[75] Vgl. WALLMANN 1977/78, S. 49–51.

6. Philipp Jakob Spener

6.1. Bisherige Würdigung Speners

Spener ist in den letzten zwanzig Jahren Gegenstand verstärkten Interesses gewesen, das mit dem Jubiläumsjahr 1985 sicher noch nicht abgeklungen ist. Eine der meistdiskutierten Fragen galt dem Anteil Speners an der Begründung des lutherischen Pietismus; eng damit verbunden war die Frage nach den Quellen und Voraussetzungen für sein pietistisches Programm. Ist hinsichtlich der Antworten auch noch kein Konsens in Sicht, so scheint doch schon Übereinstimmung darüber zu herrschen, daß Spener enger an die Orthodoxie zu rücken ist[1]. Um das Neue am Spenerschen Pietismus bestimmen zu können, müßte man also zuerst einzelne Themenbereiche daraufhin untersuchen, ob hier zwischen der Orthodoxie und Spener eher Kontinuität oder Diskontinuität herrscht.

Die Haltung zur Judenbekehrung ist unter dieser interessanten Fragestellung bisher kaum beachtet worden. Zwar wird – wie in der Einleitung bereits ausgeführt – fast allgemein von einer neuen Einstellung zum Judentum gesprochen, die den Pietismus im Gegensatz zur Orthodoxie ausgezeichnet habe. Oft wird diese »Wende«[2] ausdrücklich bei Spener lokalisiert, der (so Grünberg) »dem Gedanken der Mission unter den Juden und Heiden« Ausdruck gab »zu einer Zeit, als dafür fast noch gar kein Verständnis in der lutherischen Kirche vorhanden war«[3]. Fragt man aber, was die neue Sicht Speners beeinflußt habe, so lassen sich zwei sehr gegensätzliche Antworten unterscheiden.

Auf der einen Seite wird behauptet, Spener habe erstmals Röm 11,25 f. als Beleg für eine bevorstehende Judenbekehrung gewertet, während die Orthodoxie eine Hoffnung auf die Gewinnung der Juden abgelehnt habe[4]. Diese These würde zwar eine stärkere Hinwendung der Pietisten zum Judentum erklären; wie schon gezeigt wurde, hatte die Einstellung zur Frage

---

[1] Dieser Sachverhalt ist z. B. auch zwischen Aland und Wallmann unstrittig, vgl. WALLMANN 1981, S. 239.266. Auch Schmidt bejaht diesen Zusammenhang (vgl. M. SCHMIDT, S. 89: »... kam von der lutherischen Orthodoxie her«), bestreitet ihn aber beim Thema der Judenbekehrung.

[2] Wörtlich ebd.; auch KANTZENBACH, S. 78.

[3] GRÜNBERG III, S. 192 (Zitat aus seiner Festrede zum Spener-Jubiläum 1905).

[4] Vgl. diese Arbeit, Kap. 1, Anm. 31.

der künftigen Bekehrung unmittelbare Folgen für die Haltung gegenüber den Juden. Der Hoffnung auf eine ›ansehnliche‹ Judenbekehrung vor dem Jüngsten Tag widersprachen aber nur wenige orthodoxe Theologen, der größte Teil zweifelte nicht an einer zukünftigen Bekehrung. Wenn auch die pessimistischen Stimmen zu Speners Zeit zahlreicher wurden, läßt sich ein Abweichen Speners von der traditionellen Linie hier nicht ohne weiteres bestimmen.

Ist bei der ersten Antwort also die Position der Orthodoxie unzureichend erfaßt, so beruht die folgende zweite Antwort m. E. auf einer unhaltbaren Charakterisierung Speners. Schon Grünberg, der in Speners eschatologischer Erwartung nur »Spekulationen von gänzlich untergeordneter Bedeutung«[5] sah, hatte die Stellung zu den Juden allein aus den Bedenken zum rechten Umgang mit den Juden bestimmt[6]. Riemer stellte Speners undatiertes Bedenken zur Judenbekehrung kurz dar, hob die Aufrufe zum freundlichen Umgang mit den Juden hervor und wertete dies ohne weitere Begründung als Ausdruck des »Philosemitismus«, den Spener nach der »Vorarbeit Wagenseils« in die Kirche eingetragen habe[7]. Hierzu paßt allerdings Riemers Einschätzung nicht, Spener habe »außerhalb der eigentlichen Kirche« gestanden[8]; Hintergrund für dieses Urteil ist wohl die Annahme, daß die Kirche im allgemeinen dem Judentum feindselig gesonnen sein müsse. In ähnlicher Weise betonte Mayer Speners freundliche Zuwendung zu den Juden; er machte dafür eine »Haltung dogmatischer Indifferenz« verantwortlich, die den Juden dem Christen theologisch gleichstelle; Spener wird so zum »Vorläufer des Liberalismus«[9]. Aber auch ohne solch extravagante Urteile wird die Begründung der neuzeitlichen Judenmission durch Spener gern in der freundlichen Zuwendung, in der Forderung von Toleranz und dem Verzicht auf Zwang gesehen[10].

Beide Ansätze verweisen uns also auf die Themen der zukünftigen Bekehrung und der Art der Auseinandersetzung mit den Juden, die ja schon die bisherige Darstellung bestimmt hatten. Erst der Vergleich von Spener und der Orthodoxie kann das Neue an Speners Pietismus herausarbeiten helfen. Gerade daran mangelt es aber den meisten bisherigen Arbeiten über Speners Einstellung zum Judentum. Die aus der Judenmission des 19. Jahrhunderts erwachsenen Darstellungen nehmen diese Frage gar nicht in den Blick; sie beschränken sich auf die Präsentation einiger weniger Äußerungen Spe-

---

[5] Grünberg I, S. 470.
[6] Vgl. Grünberg II, S. 239–242.
[7] Vgl. Riemer, S. 25–27.
[8] AaO., S. 32.
[9] R. Mayer, S. 110.
[10] Vgl. Lamparter, S. 22–24; Baumann/Mahn/Saebø, S. 21; Maurer 1953, S. 111–116.

ners[11]. Auch Riemer scheint von Spener nur zwei Bedenken und von der
Orthodoxie gar nichts zu kennen[12]. Beyreuther versucht zwar, Spener vor
dem Hintergrund der Orthodoxie zu würdigen, ohne von dieser ein Nega-
tivbild zu zeichnen; er bleibt aber auf zu schmaler Grundlage[13]. Sehr viel
mehr Quellen führt Althaus in seinem Aufsatz zu »Speners Bedeutung für
Juden- und Heidenmission« an[14]. Auch er kennt aber die Position der Orthodoxie kaum; außerdem versucht er, alle Äußerungen Speners ohne Beachtung der Entstehungszeit und des Zusammenhanges zu einer einheitlichen
Position zu systematisieren, die aber auf diese Weise kaum überzeugend
wird[15]. Wallmann hat über Speners Stellung zur Frankfurter Judenschaft
berichtet und daran einige weitere Bewertungen angeschlossen[16], vor allem
aber die Judenbekehrung als Bestandteil von Speners Hoffnung besserer
Zeiten behandelt[17], ohne bisher eine umfassende Darstellung von Speners
Haltung zum Judentum zu geben. Eine gründliche, umfassende und klar
gegliederte Darstellung stammt dagegen von Martin Schmidt[18]. Ihr wäre
eigentlich kaum noch etwas hinzuzufügen, wenn sie nicht – wie schon
erwähnt – als Hintergrund eine verzerrte Negativdarstellung der Orthodoxie benutzte und daher oft auch Spener kurzschlüssig interpretierte. So kann
ich zwar dankbar auf Schmidt zurückgreifen, da er Speners Position z. T.
hinreichend herausgearbeitet hat; ich muß ihn aber doch öfters modifizieren
und ergänzen, um das tatsächlich Neue an Speners Haltung deutlich werden
zu lassen.

6.2. Speners Erwartung einer allgemeinen Judenbekehrung

Martin Schmidt hat die zentrale Stellung der »Judenfrage« in Speners
Programmschrift »Pia Desideria« von 1675 bereits nachgewiesen[19]. Kern-
punkt ist die Behauptung einer künftigen Judenbekehrung als Beleg für
»einen viel seligern und herrlichern stande«, in den die Kirche alsbald gesetzt
werden solle[20]. Neben der von Schmidt dann noch genannten Analogie

---

[11] Vgl. DE LE ROI I, S. 206–215; PICK; HARDELAND, S. 267–269.
[12] Vgl. RIEMER, S. 25–27.
[13] Vgl. BEYREUTHER, S. 195–201.
[14] Zur Judenmission vgl. ALTHAUS, S. 35–42.
[15] Vgl. auch die Kritik bei WALLMANN 1986, S. 235: Althaus hat den verschiedenen Stellenwert von Juden- und Heidenmission bei Spener nivelliert. Ähnliche Schwächen treten übrigens
schon bei GRÜNBERG II, S. 239–242, auf.
[16] Vgl. WALLMANN 1986, S. 231–237.
[17] Vgl. WALLMANN 1981, S. 248–251.
[18] Vgl. M. SCHMIDT, S. 90–97.99–103.
[19] Vgl. aaO., S. 91 f.; vollständiger bei WALLMANN 1986, S. 234; MAURER 1953, S. 112f.
[20] SPENER PD, S. 44.

zwischen der Situation der gegenwärtigen lutherischen Kirche und des nachexilischen Judentums[21] müssen aber noch zwei weitere Stellen hervorgehoben werden: Nachdem Spener einleitend die mannigfachen Anklagepunkte gegen die gegenwärtige Kirche aufgezählt hatte, beklagte er »zum forderisten«, daß die Juden durch den schlechten Lebenswandel der Christen nur in ihrem Unglauben bestärkt werden und ihre Bekehrung verhindert werde[22]. Schließlich gehört zu den Reformvorschlägen auch die Forderung, daß Theologen, in deren Heimat Juden wohnen, schon im Studium auf die jüdisch-christlichen Kontroversen vorbereitet werden[23]. Schon in den Pia Desideria begegnen also neben der exegetisch-systematischen Frage der allgemeinen Bekehrung auch die praktischen Fragen des rechten Umgangs mit den Juden zu ihrer Bekehrung. Wenn Spener diese beiden Themen auch meist in verschiedenen Schriften behandelt hat, so ist doch ihr Zusammenhang hier nicht nur angedeutet, sondern ausdrücklich betont[24].

Zurück aber zur in den Pia Desideria wichtigeren Frage der künftigen Judenbekehrung. Die einfache Behauptung einer zukünftigen Bekehrung war noch keineswegs ungewöhnlich, zumal Spener die gängigen Belege Röm 11 und Hos 3 nannte. Auch seine Berufung auf »fast die vornehmste unserer Kirchenlehrer« (mit dem Eingeständnis, daß Luther abweichend geurteilt hat)[25] macht deutlich, daß er hier noch keineswegs einen Gegensatz zur orthodoxen Tradition sah.

Zumindest wollte er keinen Gegensatz sehen. Gegenüber Anfragen an seine Behauptung einer künftigen Judenbekehrung hat er schon ab Sommer 1675 in brieflichen Äußerungen ausgeführt, daß eine ansehnliche Anzahl orthodoxer Theologen bereits die endzeitliche Bekehrung der Juden gelehrt habe[26]. Der lateinischen Fassung der Pia Desideria fügte er dann einen Anhang bei, in dem zahlreiche Zitate von Kirchenvätern und neuzeitlichen Theologen belegen sollen, daß die allgemeine Judenbekehrung (und der künftige Fall Roms) eine »catholica sententia allezeit gewesen« sei, die erst in letzter Zeit »angefangen in abgang zu kommen«[27]. Dieser Anhang ist nicht nur in die späteren Auflagen der Pia Desideria eingegangen; immer wieder

---

[21] Vgl. aaO., S. 40 f.; M. SCHMIDT, S. 91 f.

[22] Vgl. SPENER PD, S. 36–38.

[23] Vgl. aaO., S. 73, Z. 7–9.

[24] Vgl. aaO., S. 45, Z. 20–26: »In dem wir aber solche erfüllung zu seiner zeit hoffen . . . liget uns allen ob/ daß wir so viel eins theils zu bekehrung der Juden . . . gethan werden mag/ zu werck zu richten nicht säumig seyen«.

[25] Vgl. aaO., S. 44, Z. 2–9. »Unsere« Kirchenlehrer sind für Spener eindeutig die der lutherischen Kirche, wie seine späteren Auflistungen beweisen; M. SCHMIDT, S. 91, der nur eine Berufung auf die Kirchenväter und eine Absetzung von Luther und der ihm folgenden Orthodoxie sieht, ist also zu korrigieren.

[26] Vgl. SPENER Cons. III, S. 62.79 f.85.97 f.

[27] Vgl. SPENER PD lat., S. 125–198; das Zitat aus SPENER Bed. III, S. 258 (Äußerung vom 12. 10. 1678 zum Zweck dieses Anhangs).

greift Spener noch auf die ›Wolke von Zeugen‹ zurück[28]. Dabei scheut er sich nicht, auch abweichende Stimmen (Hieronymus, Luther) zu nennen, da die ›suffragia Doctorum‹ nicht seine Lehre beweisen, sondern sie nur von der Beschuldigung der Neuigkeit oder Vermessenheit befreien soll[29]. Als Beweis dient dagegen eine längere exegetische Begründung, die Schmidt referiert hat; auch sie folgt ganz den Mustern, die schon in der Orthodoxie verwendet worden waren[30].

Offenbar war Spener daran interessiert, die Neuartigkeit seiner Lehre herunterzuspielen und die Auseinandersetzung mit der Orthodoxie zunächst in einem Vorfeld zu halten, in dem ihm weniger anzuhaben war[31]. Er hat ja in der Tat recht mit der Behauptung, die künftige Judenbekehrung sei von der Mehrzahl der angesehenen orthodoxen Theologen mit guten Begründungen gelehrt worden. Neu gegenüber der Orthodoxie ist aber das, worauf es Spener in den Pia Desideria eigentlich ankam: die Hoffnung auf einen »bessern zustand seiner Kirchen hier auff Erden«[32]. Was die Judenbekehrung mit dieser besseren Zeit zu tun habe, deutet Spener nur an. Einerseits wäre eine Besserung der Kirche Voraussetzung für eine Judenbekehrung, die dann gewissermaßen auf normalem Wege stattfinden könne[33]; der Gedanke, daß der gegenwärtige Zustand der Kirche ein Haupthindernis für die Bekehrung sei, taucht ja nicht nur in den Pia Desideria, sondern immer wieder auf[34]. Wenn Gott aber eine Bekehrung der Juden »durch seine krafft/ auff uns jetzo noch vorzusehen unmügliche Art« vollbrächte, so müßte der Eifer des »neubekehrtē volcks« wiederum die Christen anstacheln und so zu einer Besserung der gesamten Kirche führen[35].

Spener drückt sich hier fast so zurückhaltend aus wie Edzard; viel vorsichtiger jedenfalls, als es die schwärmerisch-chiliastische Tradition getan hatte. Häufig betont er, daß über Art und Zeitpunkt der Bekehrung nichts gesagt

---

[28] Vgl. SPENER Glaubenslehre I, S. 43–49; SPENER Behauptung, S. 108–112.327 f.; SPENER L. Bed. I, S. 255 f.; III, S. 445 (von 1697!).

[29] Vgl. SPENER PD lat., S. 153.

[30] Vgl. M. SCHMIDT, S. 92 f., zu SPENER Bed. I, S. 214–218; zu vergleichen ist auch die Predigt über Röm 11 in SPENER ThChr I, S. 486–497, sowie SPENER Behauptung, S. 328–336 (Predigt von 1688; Argumentation mit Hos 3,4 f. u. Röm 11,25 f.). Ähnlichkeit besteht vor allem zur Disputation von J. HELWIG, die Spener ja 1675 schon bekannt war (vgl. SPENER PD, S. 37).

[31] Ausführlicher zu dieser Einschätzung WALLMANN 1981, S. 248–251.

[32] SPENER PD, S. 43.

[33] Vgl. aaO., S. 44, Z. 26–29: »Dann wo die Juden sollen bekehret werden/ so muß entweder bereits die wahre Kirche in heiligerem stande stehen/ als sie jetzund ist/ daß derselben wandel zugleich ein mittel jener bekehrung werde . . .«

[34] Vgl. aaO., S. 36–38; SPENER Cons. I, S. 65 (nach WALLMANN 1986, S. 345, von 1674/75); SPENER Bed. III, S. 440 f. (1681); zuletzt noch SPENER L. Bed. I, S. 288 f. (1702); am ausführlichsten SPENER Bed. IV, S. 90 f. (undatiert, vgl. aber diese Arbeit, Kap. 6, Anm. 70).

[35] Vgl. SPENER PD, S. 45, Z. 1–9. Dieser Zusammenhang wird auch in SPENER Cons. I, S. 65 (1674/75); SPENER Behauptung, S. 343 f. (Predigt von 1688) angedeutet.

werden könne[36]; eine ausnahmslose Bekehrung will er nicht behaupten[37]. Nur als eine von zwei Möglichkeiten deutet er eine wunderbare Judenbekehrung an, die er aber keineswegs mit ›fleischlichen‹ Hoffnungen – etwa auf die Wiederansiedlung in Palästina – verbindet[38]. Auffällig ist höchstens, daß er die bekehrten Juden in den Pia Desideria als ›Volk‹ bezeichnet; den Verdacht, er meine, daß die ›Judenchristen‹ nicht einfach in der Kirche aufgehen, sondern ein eigenes, von den ›Heidenchristen‹ unterschiedenes Volk bilden, hat er allerdings später zurückgewiesen[39]. Seine Vorschläge für den Umgang mit Juden verhindern diese Deutung ohnehin, wie wir noch sehen werden.

Mit der Verknüpfung von Hoffnung auf die Judenbekehrung und auf bessere Zeiten für die Kirche war Spener freilich schon über die Orthodoxie hinausgegangen. Nur bei Edzard und beim anonymen Prodromus von 1634 hatten wir eine ähnliche Verknüpfung vermutet[40]; sie war allerdings noch verklausulierter ausgedrückt gewesen. Die meisten orthodoxen Theologen hatten zwar wegen des exegetischen Befundes eine künftige ansehnliche Judenbekehrung erhofft, daraus aber keineswegs einen Aufschub des Jüngsten Tages und eine Zwischenzeit des Friedens für die Kirche gefolgert, so wie Spener es ausdrücklich tat[41]. Wie schon ausgeführt, versuchte Spener, diese Differenz zu verwischen, indem er den Zusammenhang zwischen Judenbekehrung und besserer Zeit nur noch vage charakterisierte und gegenüber Anfragen immer nur die Rechtmäßigkeit seiner Lehre von der künftigen Judenbekehrung herausstellte. Am deutlichsten wird seine wirkliche Position m. E. in einer brieflichen Äußerung, deren Datierung leider umstritten ist[42]. Spener nannte hier vor allem die nach Röm 11 noch ausste-

---

[36] Vgl. SPENER Cons. I, S. 65 (1674/75); SPENER Bed. I, S. 217f. (1677); SPENER ThChr I, S. 491.

[37] Vgl. aaO., S. 493: »so ein grosses theil desselben/ daß mans mit dem Namen des gantzen Volcks nennen mag«; ähnlich SPENER Behauptung, S. 334; ausdrücklich SPENER Beantwortung, S. 209: »So habe ich allemahl ... nicht außgetruckt eine durchauß allgemeine/ sondern eine grosse/ und solche bekehrung/ die man von den gantzen volck nennen möge/ behauptet«.

[38] Nur in einem privaten Brief von 1697 (SPENER L.Bed. III, S. 517) bekennt er auf Anfrage, daß die Wiederkehr der Juden in ihr Land ihm biblisch begründet scheint; er hat diesen Gedanken aber, soweit ich sehe, nicht öffentlich vertreten.

[39] Vgl. SPENER Lauterkeit I, S. 778 (Predigt von 1684).

[40] Vgl. diese Arbeit, S. 56. 116f.

[41] Vgl. WALLMANN 1981, S. 249f.

[42] Vgl. SPENER Bed. I/1, S. 218–223. Wallmann vertritt die Ansicht, dieses Bedenken sei eher auf 1681 zu datieren (vgl. WALLMANN 1980, S. 102–105; WALLMANN 1986, S. 327, Anm. 14), Aland hält die in den Theologischen Bedenken abgedruckte Jahreszahl 1674 dagegen (vgl. ALAND 1977/78, S. 184f.; ALAND 1981, S. 213–216). Die besseren Sachargumente scheinen trotzdem für Wallmanns Ansicht zu sprechen; ich kann noch ein bei Wallmann nicht genanntes Argument gegen die frühe Datierung durch Aland beisteuern. Spener hat seit spätestens 1678 (vgl. SPENER PD lat., S. 164–167; SPENER Behauptung, S. 109–111.328; SPENER L.Bed. III, S. 255f. [1693]; SPENER Beantwortung, S. 208; vgl. auch das undatierte, vielleicht schon 1677 geschriebene SPENER L.Bed. III, S. 244f.) gern und wortreich ausgeführt, daß Luther sich in der Kirchenpostille optimistisch über eine bevorstehende Judenbekehrung geäußert habe, daß diese

hende Bekehrung der Juden als Begründung dafür, daß der Jüngste Tag noch nicht täglich zu erwarten sei. Daneben wies er auf Apk 18 f. hin; erst nach dem Ablauf der 1260 Tage werde »einiger besserer zustand der Kirchen/ und solches vermuthlich durch die obbemeldte bekehrung der Juden folgen«[43]. Dies ist, soweit ich sehe, die einzige Äußerung Speners, die deutlich macht, wie die Verknüpfung von Judenbekehrung und Hoffnung besserer Zeiten sich bei ihm gebildet hat. Es ist durchaus denkbar, daß er, wie er 1687 rückblickend schilderte, zuerst von Dannhauer die Ablehnung einer künftigen Judenbekehrung übernommen hatte, von den Frankfurter Kollegen Grambs und Emmel aber davon überzeugt wurde, daß eine Bekehrung dem Wortsinn von Röm 11,25 f. gemäß doch noch ausstehen müsse[44]. Diese Ansicht konnte aber ohne weiteres innerhalb des orthodoxen Systems vertreten werden; eine Hoffnung künftiger besserer Zeiten präjudizierte sie keineswegs. Diese Hoffnung konnte Spener in der Tat kaum allein von den Frankfurter Amtskollegen übernommen haben[45]; sie ist auch keineswegs eine zwingende Folgerung aus der Hoffnung auf die künftige Bekehrung. Schon der Aufschub des Jüngsten Tages war zwar für Spener die logische Konsequenz der Anerkennung einer endzeitlichen Bekehrung; keinesfalls war es das aber für die orthodoxen Theologen. Die Annahme, daß die Zeit bis zum Jüngsten Tag eine bessere Zeit für die Kirche sein werde, konnte allein aus der Hoffnung auf die Judenbekehrung sicherlich nicht abgeleitet werden.

Welchen Ursprung dieses Kernstück der pietistischen Eschatologie hat, kann damit in dieser Untersuchung nicht geklärt werden[46]. Es scheint mir aber hinreichend wahrscheinlich, daß sich die Judenbekehrung bei Spener erst sekundär mit der Hoffnung besserer Zeiten verbunden hat. Gedankliche Brücke war offenbar Speners Überlegung, wenn die Judenbekehrung noch

---

Stelle aber nach seinem Tode in den neueren Ausgaben verfälscht worden sei. 1675 ist ihm dieses Argument aber offenbar noch nicht parat; in den Pia Desideria gilt Luther als Gegner der endzeitlichen Judenbekehrung (vgl. SPENER PD, S. 44, Z. 4–9), und in den Verteidigungen der Pia Desideria 1675 verweist er auf orthodoxe Gewährsleute, aber nicht auf Luther (vgl. SPENER Cons. III, S. 62.79f.85.97f.). Spener hat, wie er sich erinnert, zwar schon bald nach der Ankunft in Frankfurt einen Hinweis auf Luthers Äußerung in der Kirchenpostille bekommen (vgl. SPENER Bed. III, S. 733), ist dem aber nicht nachgegangen. Ich vermute, daß er erst während der öffentlichen Auseinandersetzungen um die Pia Desideria einen erneuten Hinweis auf den ursprünglichen Wortlaut der Kirchenpostille bekommen hat – vielleicht von dem Professor, der durch Edzard von der künftigen Bekehrung überzeugt wurde und Spener 1677 davon Mitteilung machte (vgl. SPENER L.Bed. III, S. 74), denn Edzard hatte dieses Argument ja besonders herausgestellt (vgl. diese Arbeit, Kap. 5, Anm. 49). Da Spener auch in dem fraglichen Bedenken (vgl. SPENER Bed. I/1, S. 219) mit Luthers Äußerung aus der Kirchenpostille argumentiert, wird man es also kaum vor 1675 datieren können.

[43] SPENER Bed. I/1, S. 220.
[44] Vgl. SPENER Bed. III, S. 773.
[45] Vgl. WALLMANN 1986, S. 334 f.
[46] Vgl. dazu WALLMANN 1981, S. 246–266.

ausstehe, könne der Jüngste Tag noch nicht nah sein. Obwohl er einen Zusammenhang nur vage formulieren konnte, hat er die Judenbekehrung dann aber als Hauptbeleg für seine Eschatologie herausgestellt, weil er hier sowohl exegetisch sattelfest argumentieren konnte als auch in einer schwer angreifbaren Tradition stand. Die Tatsache, daß die Hoffnung auf die besseren Zeiten und die Hoffnung auf die Judenbekehrung nicht nur zu unterscheiden sind, sondern sogar erst sekundär verbunden wurden, hat er dabei so geschickt verschleiert, daß die Unsicherheit bis heute anhält[47].

(Nur in Parenthese will ich darauf hinweisen, daß das Thema der Judenbekehrung natürlich in der in den 90er Jahren tobenden Auseinandersetzung um den Chiliasmus eine wichtige Rolle gespielt hat; dieser Streit kann hier nicht behandelt werden[48]. Spener hielt weitgehend an seiner Strategie fest, das Streitthema möglichst in einem Vorfeld zu fixieren und die Rechtgläubigkeit einer Lehre von der endzeitlichen Judenbekehrung zu betonen[49]. Welchen Stellenwert diese Lehre in seinem eschatologischen System einnahm, wurde aber auch weiter kaum deutlich.)

6.3. Auseinandersetzung mit dem Judentum

Wie bei der Frage der zukünftigen Bekehrung werden auch hier weitgehend dieselben Quellen herangezogen, die schon in früheren Arbeiten über Spener Beachtung fanden. Trotzdem wird meine Darstellung durch neue Interpretation und Vergleich mit der Orthodoxie zu neuen Ergebnissen kommen.

6.3.1. Maßnahmen zur Judenbekehrung

Spener hat sich in zwei Bedenken nahezu programmatisch zur Judenbekehrung geäußert. Bevor wir dazu kommen, muß aber eine andere Auseinandersetzung betrachtet werden, die in mancher Weise noch kennzeichnender für Speners Einstellung ist: sein Kampf um Zwangspredigten für die Frankfurter Juden[50].

1681 beklagte sich das Frankfurter Predigerministerium in einer ausführlichen (von Spener verfaßten) Eingabe beim Rat über allerlei Mißstände, vor

---

[47] Vgl. aaO., S. 249 (gegen Aland); aber auch M. SCHMIDT, S. 91–93; BLAUFUSS, S. 124f.

[48] Eine gründliche Untersuchung fehlt bisher; zu verweisen ist nur auf GRÜNBERG I, S. 303–311; SACHSSE, S. 204–226; DIFENBACH 1696, S. 63–70. Eine Dissertation zum Thema von Burkhard Weber ist in Vorbereitung.

[49] Vgl. nur SPENER Beantwortung, S. 115 f.207–213.

[50] Knapp, aber korrekt schon angerissen bei GRÜNBERG II, S. 239f.; WALLMANN 1986, S. 235 f. Althaus, Riemer und M. Schmidt übergehen dagegen diesen Aspekt zugunsten ihres geschönten Bildes von Spener.

allem über unchristliches Verhalten der Bürger[51]. Ein Einschreiten der Obrigkeit wurde verlangt, und einer der konkreten Vorschläge betraf die Juden[52]. Zunächst begründete Spener, daß man den »armen, unter uns lebenden, verstockten Juden« Liebe schuldig sei; die solle sich aber nicht in Duldung ihres Unrechts und ihrer Bosheit, sondern in Maßnahmen zu ihrer Bekehrung erweisen. Hierzu forderte er (neben »besserem Exempel« der Christen), »also auch Gelegenheit auch wider ihren Willen ihnen zu machen, daß sie etwas von Christo und seiner Lehre hören müssen«. Um Konkretisierung ihrer Vorschläge gebeten, verlangten die Pfarrer 1684, »daß etwa zu halben oder viertel jahren einmahl eine predigt gehalten, die judenschafft aber in derselben sich einZufinden durch obrigkeitliche gewalt angehalten würde«[53]. Das Ministerium beugte auch schon eventuellen Einwänden vor: Zwar wissen sie, »daß der glaube eine sach, daZu Niemand Zu nöthigen ist«, aber sie halten dagegen, »daß auch einiges Compelle intrare von unserem Heyland selbs gebillichet wird, welches darinnen besteht, daß man die leuthe, so auß einer angenommenen widerspenstigkeit von selbs das wortt der gnaden Zu hören nicht verlangen, ... in gewißer maaß nöthigte die lehre unsers Christenthums, und also das wortt des Herren anZuhören«[54].

Die Forderung von Zwangsmitteln wurde also mit denselben Gründen verteidigt, die schon seit Jahrhundertbeginn vorgebracht wurden[55]. Auch die Tatsache, daß neben der Förderung der Bekehrung auch die Abwehr jüdischer ›Bosheit‹ gefordert wird[56], entspricht orthodoxer Tradition. Am auffälligsten ist daher wohl, wie zurückhaltend beide Eingaben die Aussicht auf Erfolg bei der Mission beurteilen[57]; wichtigstes Motiv der Maßnahmen scheint, daß die Christen ihr »Gewissen beruhigen« können, »... dass wir das unsrige gethan hätten«[58]. Kann man hier eine große Begeisterung für den Missionsgedanken, ein »Missionsdenken ...«, das keine Phantasie und Mühe scheut«[59], erkennen? Ich sehe hier eher einen Ausdruck der Resignation angesichts mangelnder Missionserfolge. Spener bleibt auf den ausgetretenen Pfaden der Orthodoxie und betont das defensive Moment der Abwehr und der Sorge um das eigene Gewissen mehr als das offensive

---

[51] Die Eingabe ist bei SACHSSE, S. 81–90, abgedruckt; sie gehört in eine längere Reihe von Beschwerden des Ministeriums, die bei GRABAU, S. 320–403, dargestellt sind.
[52] Die im folgenden referierte Passage bei SACHSSE, S. 88.
[53] GRABAU, S. 372; die gesamte Antwort des Ministeriums aaO., S. 361–375.
[54] AaO., S. 372f.
[55] Vgl. diese Arbeit, S. 23–25.
[56] Vgl. SACHSSE, S. 88; GRABAU, S. 374.
[57] Vgl. bes. ebd.: »Geschehe es nun, daß einige, wie wir solches der krafft des wortts Gottes billich zutrauen, dadurch bekehrt würden ...«; ähnlich auch SACHSSE, S. 88.
[58] Ebd.; vgl. auch GRABAU, S. 373: »... unverletzt des gewißens ...«
[59] ALTHAUS, S. 36.

Moment der Missionierung. Die Hoffnung auf die künftige Judenbekehrung spielte in den Eingaben gar keine Rolle.

Natürlich könnte man einwenden, Spener habe sich in den offiziellen Denkschriften der Mehrheit seiner Amtskollegen anpassen müssen; deshalb sei noch recht viel vom orthodoxen Geist in sie eingeflossen. Tatsächlich aber zeigen mehrere Äußerungen, daß Spener das Anliegen selbst förderte und vor allem die Verweigerung der Zwangsmaßnahmen lebhaft bedauerte. Schon 1677 hatte er in seiner Himmelfahrtspredigt Zwangspredigten angeregt, womit »aufs wenigste alsdann/ ob sich keine bekehrten/ solche obrigkeiten und prediger ihre gewissen und seelen errettet«[60]. 1682 erwähnte er in einem Brief an Wagenseil die bis dahin leider unbeantwortete Eingabe von 1681 und beklagte die mangelnde Sorge um das ewige Heil der Juden[61]. Auch 1685 brachte er seinen Vorschlag von Zwangspredigten in Erinnerung, »auf daß aufs wenigste wir entschuldiget seyen«[62]. Es paßt dabei ausgezeichnet ins Bild, daß Spener selbst keinen Zwang in der Verpflichtung zum Predigtbesuch erkennen wollte[63] und daß er auch die Durchsetzung der Sonntagsheiligung durch die Juden forderte[64]. Auch seine Absage an die Zwangstaufen jüdischer Kinder[65] hebt ihn ebensowenig von der Orthodoxie ab wie sein grundsätzliches Eintreten für die Tolerierung der Synagogen, zumal er nur die Duldung bereits bestehender Synagogen von Wohlverhalten abhängig macht und von der Genehmigung neuer Synagogenbauten abrät[66]. Der »neuartige Judenrespekt« Speners[67] reduziert sich zunächst auf die Aufforderung zur freundlichen Behandlung der Juden[68]; aber selbst diese Ermahnungen gehen zwar über den Durchschnitt der Orthodoxie hinaus, sind aber keineswegs völlig neu.

Das bis jetzt gezeichnete Bild Speners weicht beträchtlich von der traditionellen Sicht ab, die mit Spener eine Wende der christlich-jüdischen Beziehungen ansetzte. Vor allem die günstigere Würdigung der Orthodoxie rechtfertigt m. E. diesen Neuansatz. Freilich blieben auch zwei Dokumente bislang unberücksichtigt, auf die sich die bisherige positive Wertung Speners

---

[60] SPENER ThChr I, S. 911; ganz ähnlich die Formulierungen in einem Brief von 1681 (SPENER Bed. III, S. 441). Vgl. auch SPENER Cons. I, S. 65 (ohne Datum).

[61] Vgl. SPENER Cons. II, S. 82; ähnlich SPENER Cons. III, S. 837f.

[62] Vgl. SPENER Bed. I/1, S. 770.

[63] Vgl. ebd.: »alles ohn einigen zwang . . .«; auch SPENER Bed. IV, S. 89.93.

[64] Vgl. WALLMANN 1986, S. 233.

[65] Vgl. SPENER Bed. I/2, S. 155–157 (1682).

[66] Vgl. SPENER Cons. II, S. 66–69; ähnlich das Plädoyer für eingeschränkte Toleranz in SPENER Bed. IV, S. 736 (undatiert).

[67] Vgl. M. SCHMIDT, S. 97.

[68] Vgl. SPENER ThChr I, S. 496f. (von 1677); SPENER Lpr, S. 259 (1685); am außergewöhnlichsten vielleicht sein Plädoyer, daß den Juden aus christlicher Liebe der Dienst christlicher Hebammen auf keinen Fall verweigert werden dürfe (SPENER Bed. II, S. 274–276; dazu ausführlich M. SCHMIDT, S. 93f.).

vor allem gestützt hatte: die beiden ausführlichen Gutachten zur Behandlung der Juden[69].

Das erste Bedenken ist undatiert; es muß zwischen 1681 und 1702 entstanden sein[70]. Ich nehme an, daß es 1682–1684 geschrieben wurde, um die Frankfurter Eingaben an den Rat zu untermauern. Zwangspredigten sind jedenfalls die Zentralforderung, auf die das ganze Gutachten hinausläuft.

Erstes Thema ist die obrigkeitliche Pflicht, die Juden zu bekehren (S. 87–89). Dann wird ausgeführt, welche Hindernisse auf dem Weg der Judenbekehrung weggeräumt werden müssen (S. 89–91). Von den Mitteln zur Bekehrung wird festgestellt, daß »das ordentliche predigamt auch hierinnen das meiste thue« (S. 93). Nach dem Plädoyer für Zwangspredigten wird ihr Aufbau und ihre beste Vorbereitung thematisiert (S. 93–96). Der Schluß betont noch einmal das Prinzip der Duldung der Juden zum Zweck ihrer Bekehrung (S. 98f.).

Auch das zweite Bedenken vom 22. 9. 1702 ist noch von der Grundüberlegung bestimmt, daß die Juden geduldet werden sollten, damit die Christen »mehr gelegenheit haben zu ihrer bekehrung«[71]. Entsprechend ist wiederum die Obrigkeit angesprochen, durch ähnliche Maßnahmen wie zuvor ausgeführt die Bekehrung zu fördern. Eine andere Haltung nimmt Spener freilich nun zu den Zwangspredigten ein. Zwar spricht er der Obrigkeit weiterhin das Recht zu, »ihre jüdischen unterthanen durch befehl« zur Teilnahme an Judenpredigten »zu nöthigen«[72]. Er rät aber nun von der Durchsetzung dieses Rechtes ab, da solcher Zwang nur eine Verhärtung und Bestärkung der Juden zur Folge hätte und so die Bekehrung gerade verhinderte[73]. Aus dem Bündel an statt dessen angebotenen Bekehrungsmitteln fällt nun besonders die freundliche Anrede an die Juden durch Laien auf[74].

Spener hat also in späteren Jahren seine Ansicht über den Wert von Zwangspredigten revidiert, ohne sie aber der Obrigkeit ganz zu verwehren.

---

[69] Vgl. DE LE ROI I, S. 208–212 (das Spenerkapitel ist damit zu ca. 70% eine Inhaltsangabe dieser Schriften); PLITT 1871, S. 163f.; MAURER 1953, S. 114–116; RIEMER, S. 25–27; M. SCHMIDT, S. 94f.99–103. GRÜNBERG II, S. 240, und ALTHAUS, S. 35f., rechnen auch SPENER Cons. III, S. 795–799, zu den grundsätzlichen Stellungnahmen; ich sehe darin aber einen Gelegenheitsbrief an Wagenseil, in dem Spener zwar über Erfahrungen bei der Judenbekehrung berichtet, aber nicht ein Programm entwickelt wie in den anderen Bedenken.
[70] SPENER Bed. IV, S. 87–99. Terminus a quo ist auf jeden Fall das Erscheinen von Wagenseils Tela Ignea Satanae 1681 (vgl. aaO., S. 95f.); wahrscheinlicher aber Wagenseils Antwort auf Speners Brief vom 21. 12. 1682 (vgl. Cons. II, S. 81–83; dazu diese Arbeit, S. 135, Anm. 80f.). Terminus ad quem ist die Veröffentlichung der Theologischen Bedenken. Ich referiere nur kurz die wichtigsten Aspekte und verweise im übrigen auf die in der obigen Anm. angegebene Literatur.
[71] SPENER L.Bed. I, S. 286.
[72] AaO., S. 291.
[73] Vgl. aaO., S. 291f.
[74] Vgl. aaO., S. 293f.

Den Motiven für diesen Sinneswandel will ich hier nicht nachgehen[75]. Als entscheidendes Faktum soll nur festgehalten werden, daß Spener sich bis mindestens 1685, also bis in eine Zeit, da seine Ansicht über die zukünftige Judenbekehrung längst feststand, nicht vom orthodoxen Ja zu Zwangsmaßnahmen löste und daß er am Grundprinzip von der primären Pflicht der Obrigkeit zur Judenmission noch länger festhielt.

Spener hat neben Zwangspredigten auch andere Maßnahmen zur Judenbekehrung diskutiert. Besonders sein Vorschlag zur Ansiedlung der Juden in unbebauten Landgebieten[76] und seine Stellungnahmen zur Förderung der Sprachkenntnisse[77] könnten noch behandelt werden. Beides scheint mir aber nicht von zentraler Bedeutung zu sein und die obige Einschätzung nicht umstoßen zu können. Dagegen soll noch Speners Argumentation vorgeführt werden, die mit ihrer starken Tendenz zur Apologetik die Nähe zur Orthodoxie weiter bestätigt.

6.3.2. *Argumentation gegen den jüdischen Glauben*

Spener hat die Fragen der Argumentation gegen die Juden lange Zeit links liegen lassen. Noch Ende 1682 zeigte er sich davon überzeugt, daß bei fehlendem Zugang zu den Juden die beste Argumentationsstrategie unnütz sei[78]; Zwangsmaßnahmen seien also wichtiger als inhaltliche Auseinandersetzung. Experten für die Argumentation waren für ihn Edzard und Wagenseil. Beide empfahl er öfters seinen Briefpartnern[79], und Wagenseil befragte er auch selbst nach der richtigen Methode beim Gespräch mit Juden[80]. Erst nachdem ihm Wagenseil – offenbar mit Hinweis auf seine Katechese in den »Tela Ignea Satanae«[81] – geantwortet hatte, entwickelte Spener in seinem undatierten Bedenken selbst einen längeren Argumentationsgang[82].

Dieses Bedenken nimmt eine Mittelstellung ein zwischen Wagenseils sehr neuartigen Gedanken und der traditionellen Position. Das Standardargument, Jesus müsse der verheißene Messias sein, nennt Spener erst an zweiter

---

[75] Im kurz nach dem Bedenken (26. 10. 1702) geschriebenen Brief an Wagenseil (vgl. SPENER Cons. III, S. 795 f.) blickt er auf seine Erfahrungen mit der Judenbekehrung zurück und deutet an, daß sein Umdenken erst kürzlich (S. 796: »paulo ante«) erfolgt ist.

[76] Vgl. SPENER Bed. IV, S. 90; SPENER Cons. II, S. 85 f.; SPENER L. Bed. I, S. 287.

[77] Vgl. SPENER Cons. I, S. 64 f. (zu Raue/Wasmuth); SPENER L. Bed. I, S. 294 f.; SPENER Cons. III, S. 797–799 (Empfehlung des Hallenser Collegium Orientale).

[78] Vgl. SPENER Cons. III, S. 81–83; ähnlich schon SPENER Cons. I, S. 64 f.; SPENER Cons. III, S. 601.

[79] Vgl. SPENER Cons. I, S. 65; SPENER Cons. III, S. 600; SPENER Cons. III, S. 837; SPENER Bed. I/1, S. 770; SPENER Cons. II, S. 79; SPENER Bed. IV, S. 95 f.

[80] Vgl. SPENER Cons. II, S. 82 f. (1682).

[81] Vgl. SPENER Bed. I/1, S. 770. Zu Wagenseils Katechese vgl. M. SCHMIDT, S. 98 f.; DICKMANN, S. 80 f.

[82] Vgl. SPENER Bed. IV, S. 94 f.

Stelle (wenn er es auch als »hauptstück« bezeichnet); vorher soll »die heiligkeit der lehre Christi« und ihre Kongruenz mit dem Gesetz Mosis nachgewiesen werden[83]. Beide Gedanken werden nur ansatzweise ausgeführt. In den Begründungen ist allerdings angedeutet, daß Spener über die rein apologetische Tendenz hinausgeht, d. h. den christlichen Glauben nicht nur absichern will, sondern auch nach Wegen sucht, ihn den Juden zu vermitteln. In diese Richtung zielen seine längere Ausführung über die Notwendigkeit einer freundlichen Gesprächsatmosphäre; sein Vorschlag, zum Einstieg des Gespräches den Juden ihre vortreffliche Herkunft zu bestätigen; seine Mahnung, daß man »allezeit von den leichtern anfange, und von denselben erst weiter auf die schwerere gehe«[84]; und zuletzt sein Rat, auch Talmud, Targume und Kabbala als »neben=zeugnüssen« heranzuziehen[85]. All dies ist durchaus anerkennenswert und unterscheidet ihn von einer ansehnlichen Zahl orthodoxer Theologen, denen es auch in der Auseinandersetzung mit den Juden allein auf eine unwiderlegliche, lückenlose Darlegung des christlichen Glaubens ankam; aber es stellt ihn bloß in eine Reihe mit Autoren wie Schadäus, Crinesius, Gerson und Victor. (Schmidts sehr andersartige Wertung kann ich in diesem Falle nicht übernehmen. Vor allem für seine Behauptung, Spener habe es für falsch gehalten, »den Juden einfach mit dem Alten Testament zu kommen, das messianisch-christologisch gedeutet wird«, und gefordert, »seine Messianität . . . zurückzustellen«[86], kann ich in den von ihm genannten Belegen keinen Anhalt finden[87].) Auch das Bedenken von 1702 zeigt noch dieselben Grundlinien der Argumentation[88]. Wie die Orthodoxie las Spener das AT als Zeugnis von Christus und hielt diese Auslegung für die einzig mögliche. Mit diesem Festhalten am Prinzip der analogia fidei blieb er sogar noch hinter Calixt zurück[89].

Zudem zeigte sich Spener, der ja offenbar zu den Juden keinen Zugang fand[90], in seinen Predigten für christliche Hörer doch ganz im Banne des apologetischen Denkens. Schon seine Predigt »Daß Jesus der wahre Messias

---

[83] AaO., S. 95; vgl. dazu die ausführliche Wiedergabe bei M. Schmidt, S. 100 f.

[84] Spener Bed. IV, S. 94; vgl. auch seine 1681 ausgesprochene Einsicht, katechetische Schriften für Juden müßten andere Schwerpunkte setzen als solche für Christen (Spener Bed. III, S. 440).

[85] Spener Bed. IV, S. 96.

[86] Vgl. M. Schmidt, S. 95.100.

[87] Vielmehr ist das Gegenteil der Fall: Spener Bed. IV, S. 96, fordert, »daß der grund alles dessen, was man mit ihnen vorhat, allein auf das unfehlbare wort GOttes zu setzen seye, und zwar aus dem alten Testament«; dann sind erst Talmud etc. als »neben=zeugnüssen« genannt. Vgl. auch aaO., S. 95: Messianität Jesu als »hauptstück«.

[88] Vgl. Spener L.Bed. I, S. 293 f.

[89] Vgl. zur analogia fidei diese Arbeit, S. 36; zu Calixt diese Arbeit, S. 63–66.

[90] Vgl. Spener L.Bed. I, S. 294. Auffällig ist, daß er trotz dieser Erfahrung der Privatkonversation (durch Leute, »die nicht dazu wol tüchtig sind«) nur wenig zutraut (vgl. Spener Bed. IV, S. 93; auch Spener L.Bed. I, S. 294); schon hier tritt wieder ein defensives Moment hervor.

sey« von 1686[91] hatte allein die Christen im Blick, die »ihren glauben recht stärcken und gründen« sollen[92], auch wenn die Frage nach dem Messias als Hauptkontroverse zwischen Juden und Christen behandelt wurde[93]. Die 1699 gehaltene Predigt zum selben Thema[94] sollte dagegen ausdrücklich beide Zwecke erfüllen: »eines Theils so viel Grund unserer Wahrheit bey uns selbst zu legen, daß nicht allein bloß Einfältigen zu ihrer Glaubens=Gewißheit ein Genüge geschehe, sondern die auch in der Erkenntnis weiter gekommen, sowohl hieraus, ein mehreres lernen als zu fernerer Forschung und Nachsinnen Anleitung finden: Sodann was die Juden anlangt, wo jemand derselben zum lesen sich bewegen liesse, auch ein solcher erweckt werden möchte sich um diese Frage, ob der Meßias gekommen, und unser Jesus derselbe sey, mehr zu bekümmern«[95]. Die apologetische Tendenz ist zwar relativiert (»daß damit den halsstarrigen Juden das Maul völlig ... gestopffet werde«, wäre ein dickeres Buch nötig[96]), aber doch gleichberechtigt neben die missionarische Zielsetzung gestellt, über deren Erfolgsaussicht Spener sich wieder nur zurückhaltend äußerte[97]. So kann es kaum verwundern, daß auch Argumente und Gliederung der alten Apologetik entsprachen. Beim Beweisgang, daß Jesus alles erfülle, was über den Messias ausgesagt ist, verletzte Spener m. E. sogar den Grundsatz, vom Leichteren zum Schwereren fortzuschreiten: Er begann damit, daß der Messias (nach Mal 3,1 etc.) Gott und Mensch sein müsse, was auch auf Jesus (bewiesen durch Joh 1,1, die Wunder etc.) zutrifft[98]; erst dann nannte er Näherliegendes wie Ort und Zeit seiner Geburt[99]. Die Sorgfalt, mit der er jüdische Einwürfe widerlegte[100], unterstreicht die apologetische Tendenz dabei ebenso wie die Zusammenfassung unter dem Leitgedanken, »die Bevestigung unsers Glaubens« durch das Gehörte müsse nun Früchte tragen[101]. Das Verhältnis von Apologetik und Mission ist also ähnlich wie bei Johannes Müller: Missionarische Absichten sind durchaus vorhanden, werden aber von den apologetischen

---

[91] Vgl. SPENER Glaubenslehre, S. 49–69. Die Behauptung wird durch »Argumenta interna & externa« (S. 54) bewiesen, d. h. damit, daß die Person Jesu der des verheißenen Messias entspricht und daß die Umstände seines Kommens so vom Messias vorhergesagt waren.

[92] AaO., S. 51.

[93] Vgl. aaO., S. 65.

[94] Unter dem Titel »Daß unser Herr Jesus der wahre Meßias oder Christus sey ...« zuerst 1701 veröffentlicht (vgl. GRÜNBERG III, S. 220); nachgedruckt in SPENER KGS II, S. 1267–1322.

[95] AaO., S. 1271.

[96] Ebd.

[97] Ebd.

[98] Vgl. aaO., S. 1290 f.

[99] Vgl. aaO., S. 1292.

[100] Schon in den beiden ersten Teilen, vgl. bes. aaO., S. 1288. 1293 f. 1299 f. 1303; dann in einem dritten Teil (S. 1306–1315), wo Spener allgemeine Einwände gegen das Christentum aufgreift.

[101] Vgl. aaO., S. 1315–1319.

unversehens überlagert, ohne daß es Spener bewußt wird, daß seine Ausführungen zur Bekehrung der Juden höchstwahrscheinlich wenig beitragen können.

6.4. Die Stellung der Konvertiten

In die eben beschriebene Tendenz fügt sich auch Speners Stellung zu den Täuflingen ein. In beiden Bedenken riet er, erst nach einer längeren Probezeit die Taufe zuzulassen, damit nur ernsthaft Bekehrte getauft werden[102]. Aber auch danach sollten die Christen sie noch überwachen, um »alles was von jüdischer unart noch übrig ist, nach vermögen ihnen abzugewehnen«[103]. Die Christen sind verpflichtet, die Bekehrten zu achten und zu lieben, sollen ihnen aber auch harte Arbeit zumuten[104]; offenbar aus denselben therapeutischen Gründen, aus denen er auch für unbekehrte Juden Landarbeit empfohlen hatte[105].

Zeigte sich Spener also im allgemeinen sehr mißtrauisch gegenüber Konvertiten[106], so galt solchen Bekehrten, die sich dem Christentum eindeutig angeschlossen hatten, seine Hochachtung und seine Fürsorge. Den Konvertiten Lichtstein stellte er in seiner Leichenpredigt als besonders leuchtendes Beispiel eines wahren Christen hin[107]; Bleibtreu empfahl er mit Hinweis auf dessen vorbildlichen Lebenswandel[108]. Insgesamt nahm er damit das gleiche ›patriarchalisch‹–herablassende Verhältnis zu den Konvertiten ein wie die Theologen vor ihm.

6.5. Zusammenfassung

Speners Bedeutung muß nach dem eben Ausgeführten erheblich nüchterner beurteilt werden, als dies bisher – vor allem durch Martin Schmidt – geschehen war. In allen Bereichen überwiegt die Anlehnung an die Ortho-

---

[102] Vgl. SPENER Bed. IV, S. 96 f.; SPENER L. Bed. I, S. 289 (vgl. M. SCHMIDT, S. 101 f.).

[103] SPENER Bed. IV, S. 97. Allerdings hielt Spener den Grundsatz der Unauflöslichkeit der Ehe für noch gewichtiger als die Gefahr eines Rückfalls ins Judentum: aaO., S. 735, ordnet an, daß ein bekehrter Jude sogar Zugeständnisse machen sollte, um nur die Ehe mit einem noch jüdischen Ehepartner aufrechterhalten zu können.

[104] Vgl. aaO., S. 97 f.; genauer begründet in SPENER Cons. II, S. 78 f. 85 f.; SPENER L. Bed. I, S. 289.

[105] Vgl. diese Arbeit, Kap. 6, Anm. 76.

[106] Bes. deutlich in SPENER Cons. II, S. 79: »Ignavia sane ex praecipuis Judaeorum est vitiis, aeque ac alia exuendum«.

[107] Vgl. SPENER Lpr, S. 276–285.

[108] Vgl. BLEIBTREU, S. 9–24.25–31 (Vorrede [?] und Empfehlungsbrief Speners).

doxie vor den Neuansätzen. Vor allem in Speners Ratschlägen zum Umgang mit Juden konnte die Anknüpfung an die traditionelle Position wohl zweifelsfrei nachgewiesen werden, auch wenn Spener in seiner Haltung eher dem Flügel der Orthodoxie entspricht, der den Juden am positivsten zugewandt war.

Diese positive Haltung darf man jedoch nicht – wie Schmidt – isolieren und theologisch überhöhen[109]. Zwar hätten zweifellos noch mehr Belege dafür gefunden werden können, daß Spener die vornehme Herkunft und bleibende Erwählung der Juden unterstrich[110]; im selben Zusammenhang betonte er aber auch, »daß sie jetzo GOttes volck nicht mehr/ und also von solcher würde nunmehr verworffen seyen«[111], und zwar, »weil sie sich nicht an die verheissung der Göttlichen gnade in Christo durch den glauben halten … wollen«[112]; dies wiederum ist Folge ihrer Verstockung[113]. Eine positive Sicht der heutigen Juden entspringt, wie schon zu Beginn des Jahrhunderts, allein aus der Hoffnung auf ihre Bekehrung[114].

Speners optimistischere Haltung zur künftigen Judenbekehrung ist also wiederum Motor einer ›echt missionarischen‹ Einstellung, die auch echtes Interesse und partielle Rücksichtnahme zur Folge hat. Wenn daneben noch Mißtrauen und Apologetik in Speners Haltung zu entdecken waren, dann liegt das wohl daran, daß auch die Hoffnung auf die künftige Bekehrung der Juden so sehr gar nicht von orthodoxen Vorbildern unterschieden ist. Gewiß hatte Spener die Bekehrung mit der Hoffnung besserer Zeiten verbunden; aber dem lagen eher apologetische Motive als eine wirkliche gedankliche Verbindung zugrunde. Wie die Orthodoxie beanspruchte Spener die künftige Judenbekehrung vorrangig als exegetische Wahrheit und wollte sich auf die Festlegung von Art und Zeitpunkt nicht einlassen. Im Gegensatz zum Motiv seiner Behauptung künftiger besserer Zeiten (sie sollte ja eigentlich ein Handeln »zur besserung unserer kirchen« stimulieren[115]) blieb er sogar in der Beurteilung der Erfolgsaussichten missionarischer Bemühungen skeptisch. Trotz der unbestreitbaren Ansätze bei Spener hat die Judenmission in seinem Wirken nicht so eine Vorrangstellung eingenommen, wie man es aus seiner Lehre von der Hoffnung besserer Zeiten hätte erwarten müssen. Speners Neuansatz im Verhältnis zu den Juden ist also bisher überschätzt worden. Die orthodoxe Grundüberzeugung von der Verwerfung und Ver-

---

[109] Vgl. M. Schmidt, S. 93f.
[110] Am eindrücklichsten m. E. in Spener Lpr, S. 254–259; auch Spener ThChr I, S. 419f. (mit Bezug auf Röm 9,5).
[111] AaO., S. 420; auch Spener Lpr, S. 258, gesteht ein, daß die Juden wegen ihres Unglaubens vor Gott geringer sind als die Christen.
[112] Spener ThChr I, S. 428.
[113] AaO., S. 488f.
[114] Vgl. aaO., S. 490–495; Spener Lpr, S. 258f.; Bleibtreu, S. 9f.
[115] Spener PD, S. 45, Z. 25.

stockung der Juden wurde von ihm im Kern nicht in Frage gestellt, sondern konnte sich auch auf die meisten Aussagen zu konkreten Problemen des Zusammenlebens mit Juden auswirken. Daher wird man Spener aus heutiger Sicht kaum als Vorbild für den Dialog mit dem Judentum hinstellen können, auch wenn er kurz vor seinem Lebensende (aus pragmatischen Gründen!) von der Anwendung von Zwang gegen Juden abgeraten hat.

7. Ausblick: Spätorthodoxie, Petersen, Wagenseil

Mit der Behandlung Speners scheint mir die Arbeit einen sinnvollen Abschluß bekommen zu haben. Dennoch soll noch ein Ausblick gegeben werden auf das, was im 17. Jahrhundert noch an weiteren Aspekten übrig ist. Die schon vor Spener zu beobachtende Entwicklung eines Teils der Orthodoxie zu einer pessimistischeren Haltung gegenüber der Judenbekehrung setzte sich selbstverständlich fort. Besonders die Auseinandersetzung mit Spener (und Petersen) um die Hoffnung besserer Zeiten gab Anlaß, sich noch energischer von der Hoffnung auf eine künftige Judenbekehrung abzusetzen. Diese Auseinandersetzung bildet ein Thema für sich[1]. Dennoch kann schon festgestellt werden, daß die Grundlinien der Argumentation bereits von Dannhauer und Calov vorgezeichnet waren[2]. Hervorzuheben ist höchstens noch, daß mit der immer radikaleren Ablehnung der Hoffnung für die Juden nun häufiger Werke erschienen, in denen statt missionarischen oder apologetischen Argumenten fast nur noch massive polemische Beschuldigungen das Feld bestimmten. Besonders bei dem Lutheraner Hosmann und seinem »Schwer zu bekehrenden Juden=Hertz« von 1699 ist dieser Zusammenhang offensichtlich: Ein mißglückter Bekehrungsversuch an einem Juden gab ihm Gelegenheit, seitenlang über jüdische Lästerungen, Betrügereien, Morde und Atheismus herzuziehen[3]. Für den Reformierten Eisenmenger war dagegen 1700 die Judenbekehrung eine völlig untergeordnete Frage[4]. Sein Ziel war nur noch Entlarvung – besser gesagt: Verleumdung – des Judentums. Besonders er wird gern als Prototyp der Haltung der Orthodoxie bzw. des konfessionellen Zeitalters hingestellt, obwohl eine so maßlose Polemik, wie er oder Hosmann bieten, erst in der Spätphase dieser Epoche möglich war.

Auch in der Eschatologie des Ehepaares Johann Wilhelm und Johanna Eleonore Petersen nahm die allgemeine Judenbekehrung eine bedeutende

---

[1] Vgl. diese Arbeit, S. 131.

[2] Vgl. diese Arbeit, S. 84. 86.

[3] Vgl. HOSMANN, bes. S. 23–156; dazu auch FRERICHS/RÜGGEBERG, S. 80–82.

[4] Vgl. EISENMENGER II, S. 980–1030: Nur diese 50 Seiten aus dem mehr als 2000 Seiten umfassenden Werk thematisieren die Hindernisse und Mittel der Judenbekehrung, und selbst hier beschäftigt sich Eisenmenger ausgiebiger mit der schädlichen allzu großen Freiheit und Achtung der Juden (S. 993–1006.1019–1027) als mit Unterweisung und Fürsorge für die Konvertiten (S. 992f.1006f.1017–1019.1027–1029). Vgl. zu Eisenmenger auch DE LE ROI I, S. 78–83; BEIN I, S. 170–172; BEIN II, S. 114; WALLMANN 1987, S. 79f.

Rolle ein[5]. Sicherlich wurden hier Einflüsse Speners wirksam[6]; deutlicher sind aber wohl die Verbindungen zum außerkirchlichen Chiliasmus. Sowohl Petersens Gesamtkonzeption vom Tausendjährigen Reich, die sich allein auf ein sehr wörtliches Verständnis von Apk 20 stützte[7], als auch seine spezielle Hoffnung auf die Wiederherstellung des jüdischen Königreiches in Palästina[8] unterscheiden ihn von der Orthodoxie ebenso wie vom Pietismus. Seine Gedanken müssen aus anderen Traditionen stammen und wurden von den kirchlichen Kreisen abgelehnt.

Anders liegt der Fall bei dem Altdorfer Juristen und Orientalisten Johann Christoph Wagenseil. Er hat sich mit fast allen bisher schon angeschnittenen Fragen beschäftigt. Der apologetisch-polemischen Auseinandersetzung waren zwei frühe Disputationen über Gen 49,10 und Jes 7,14[9], besonders aber sein bekanntestes Werk »Tela Ignea Satanae« von 1681, eine Edition und Widerlegung jüdischer antichristlicher Schriften[10], gewidmet. Missionarische Zuwendung sollte sein jüdisch-deutsches Sprachlehrbuch fördern[11], später auch eine Vorlage zur rechten Art des Gesprächs mit den Juden[12]. Sein in unserem Zusammenhang wichtigstes Werk behandelte die künftige Judenbekehrung und die sich daraus ergebenden Konsequenzen für die Missionstätigkeit[13]. In den theologisch-politischen Streitfragen der Zeit nahm er scheinbar widersprüchliche Stellungen ein: Die Ritualmordbeschuldigung wies er mit Nachdruck zurück[14], aber in der Frage angeblicher jüdischer

---

[5] Vgl. NORDMANN, bes. S. 95.97; M. SCHMIDT, S. 116 f.

[6] Vgl. aaO., S. 116.

[7] Vgl. NORDMANN, S. 94–98; S. 98–100 zur Ablehnung dieser Ansichten durch Orthodoxie und Pietismus.

[8] Vgl. M. SCHMIDT, S. 117.

[9] Zuerst 1676 und 1678 veröffentlicht (vgl. ROTH-SCHOLTZ, S. 19), dann aufgenommen in die Tela Ignea Satanae (WAGENSEIL 1681, S. 265–327.381–428); vgl. auch M. SCHMIDT, S. 90; DICKMANN, S. 79.

[10] Ausführliche Exzerpte bei M. SCHMIDT, S. 89 f.97–99; DICKMANN, S. 80–82.

[11] WAGENSEIL 1699, S. B 2ᵛ–H 3ʳ, erläutert den mannigfachen Nutzen der Sprachkenntnis, bes. zur Widerlegung der Juden (S. Fᵛ–F 3ʳ); das Buch soll aber auch Juden dazu befähigen, die deutsche Sprache zu erlernen und so der Bekehrung näher zu kommen. Über das Werk aus theologischer Sicht RIEMER, S. 22–24; DICKMANN, S. 82 f., aus sprachhistorischer Sicht WEISSBERG; AVÉ-LALLEMENT, S. 216 f.

[12] »Der bey denen Juden erregte Zweifel . . .« in WAGENSEIL 1707, S. 2–44 (2. Seitenzählung); vgl. auch DICKMANN, S. 78 f.

[13] »Hoffnung der Erlösung Israelis . . .«. als erster Teil von WAGENSEIL 1705 (S. 6–125 in 1. Seitenzählung); dann (erheblich erweitert) in WAGENSEIL 1707 (S. 1–138 in 1. Seitenzählung). WAGENSEIL 1705, S. 12–60 (1. Seitenzählung), beweist die künftige »grosse und fast allgemeine Bekehrung der Juden«; S. 60–125 diskutiert Mittel und Hindernisse der Bekehrung. Diese wichtige Schrift wird von Riemer und M. Schmidt unverständlicherweise ignoriert, obwohl sie ihnen noch Bestätigung hätte liefern können; vgl. aber DICKMANN, S. 76–80.

[14] Die Schrift gegen die Blutbeschuldigung war schon 1693 ausgearbeitet und wurde in einer lateinischen Schrift ausführlich angekündigt, vgl. *Monatliche Unterredungen* 1693, S. 536–549; veröffentlicht ist sie in WAGENSEIL 1705, S. 126–206 (1. Seitenzählung). Zur Bewertung vgl. DICKMANN, S. 84 f.

Lästerungen gehörte er zu den heftigsten Anklägern der Juden[15]. Dies ist vermutlich der Hauptgrund für die wiederum sehr disparaten Beurteilungen Wagenseils: z. T. gilt er als ausgemachter Judenfeind, gleichrangig mit Eisenmenger[16], z. T. aber auch als bis dahin unübertroffener »lebhafte[r] und eifrige[r] Vertheiger[!].« der Juden[17] oder wenigstens als »Judenfreund«[18] und Vertreter des »Philosemitismus«[19]. (Keine Lösung ist wohl die Annahme, Wagenseil habe sich vom Antisemiten zum Philosemiten entwickelt[20].) Diese Diskrepanz müßte unser Interesse ebenso anstacheln wie die Urteile, daß Wagenseil (neben Spener) die »Wende« zu einer günstigeren Einstellung zum Judentum markiere[21].

Wenn er trotzdem nicht ausführlicher behandelt werden soll, so deshalb, weil er kein Theologe war und weil seine für uns wichtigsten Werke erst im 18. Jahrhundert erschienen. Beides hat nicht nur vordergründige Bedeutung. Obwohl Wagenseil zweifellos theologisch interessiert war und auch immer mit Theologen als Lesern rechnete, spürt man in seinen Schriften doch einen frischen Dilettantismus, der manche der von den Theologen behandelten Probleme überhaupt nicht in den Blick nimmt. Vor allem seine oft mit juristischen Kategorien arbeitende Argumentation[22], aber auch sein Registrieren der sich abzeichnenden Assimilation und Emanzipation der Juden, die er durch sein Missionsprogramm ausnutzen und fördern wollte[23], unterscheiden ihn sowohl von der Orthodoxie als auch vom Pietismus. Dickmann, von dem die bisher umfassendste Studie über Wagenseils Stellung zum Judentum stammt, hat ihn deshalb in die »Frühaufklärung« einge-

---

[15] Vgl. vor allem die ›Denunciatio Christiana‹ (nach DICKMANN, S. 85, schon 1673 veröffentlicht, nach ROTH-SCHOLTZ, S. 17, erst 1703), die in SCHUDT III, S. 339–358, und in WAGENSEIL 1705, S. 33–64 (2. Seitenzählung), wieder abgedruckt ist. Wagenseil will hier keineswegs »der christlichen Behauptung (sc. jüdischer Lästerungen) entgegentreten« (so DICKMANN, S. 85), sondern ist selbst über die Lästerungen empört und schlägt als Gegenmaßnahme eine eidliche Verpflichtung der Juden zur Mäßigung vor. Diese Forderung ist auch in späteren Schriften aufrechterhalten (WAGENSEIL 1707, S. 205–266. 267–280 [2. Seitenzählung]). In der Auseinandersetzung um das Alenu-Gebet (zum Hintergrund S. STERN I/1, S. 116 f.) profilierte sich Wagenseil dagegen wieder als Verteidiger der Juden, vgl. WAGENSEIL 1707, S. 149–180 (2. Seitenzählung); DICKMANN, S. 85 f.; ebenso in der Frage des Wuchers: Er schlägt vor, daß doch einfach die Christen ohne Zins leihen sollten (WAGENSEIL 1705, S. 207–220 [1. Seitenzählung]).
[16] Vgl. z. B. AVÉ-LALLEMENT, S. 218 f.; MOORE, S. 212 f.; ALTMANN, S. 216.250.
[17] DE LE ROI I, S. 93.
[18] M. SCHMIDT, S. 89.97; ähnlich ETTINGER, S. 206–208; FINKE, S. 211.
[19] RIEMER, S. 24; auch ISRAEL 1985, S. 230 f., behandelt Wagenseil unter dieser Überschrift.
[20] So MEVORAH, S. 116 f.; dagegen stehen aber schon die Veröffentlichungsdaten der oben in Anm. 14 f. genannten Schriften. Zu Mevorahs Unkenntnis dieser Schriften paßt, daß er Wagenseil zum Hallenser Professor und Lehrer Franckes macht.
[21] Explizit bei M. SCHMIDT, S. 89; ähnliche Einschätzungen bei GRAU, S. 12 f.; RIEMER, S. 21–24; UTHMANN, S. 123; MEVORAH, S. 116 f.
[22] Vgl. M. SCHMIDT, S. 89 f.97–99.
[23] Vgl. WAGENSEIL 1705, S. 52–56 (1. Seitenzählung); zusätzlich WAGENSEIL 1707, S. 51–60.63–68 (1. Seitenzählung); dazu DICKMANN, S. 88.

ordnet²⁴ und mit Recht darauf aufmerksam gemacht, daß Wagenseil zwar
weitgehend der Orthodoxie folgt, besonders in seinen praktischen Forderungen aber oft aufklärerisch klingt²⁵. Diese Zuordnung scheint mir zwar in
manchen Punkten unzureichend begründet, trotzdem aber in der Tendenz
richtig zu sein. Besonders sorgfältig wäre die Frage zu untersuchen, ob
Wagenseil die orthodoxe Verstockungstheorie abgelehnt hat²⁶. In der Tat hat
er zwar eine ablehnende Haltung gegen die Juden als Juden eingenommen
und sie als unter Gottes Zorn stehend angesehen²⁷. Als Ursache des jüdischen Unglaubens nannte er aber, soweit ich sehe, nicht eine Verstockung
durch Gott, die auch nur Gott wieder aufheben könnte, sondern vor allem
Versäumnisse der Christen²⁸. Daher äußert er sich ausgesprochen optimistisch und hält die Judenbekehrung offenbar für leicht durchführbar, wenn
nur die Christen damit beginnen wollten²⁹. Die orthodoxen Theologen und
Spener hatten dagegen zwar auch Bekehrungshindernisse auf seiten der
Christen beklagt³⁰, aber als primäres Hindernis die Verstockung der Juden
angesehen, was all ihren Äußerungen ein pessimistisches Vorzeichen gab.

Schon mit diesen Andeutungen müßte klar werden, daß Wagenseil zwar
vor dem Hintergrund von Orthodoxie und Pietismus gesehen werden muß,
daß er aber auch den Blick öffnet in die Zeit des 18. Jahrhunderts und nur im
Zusammenhang mit der Aufklärung abschließend behandelt werden kann.

---

²⁴ AaO., S. 75.

²⁵ Vgl. aaO., S. 89 f.

²⁶ Vgl. aaO., S. 89 f.; Dickmanns Belege scheinen mir hier jedoch kaum ausreichend.

²⁷ Die deutlichsten Zeugnisse sind die Vorrede der ›Tela Ignea Satanae‹ (WAGENSEIL 1681,
S. 1–6; S. 3: »... erga perditam Judaeorum gentem«) und die ›Denunciatio‹ (WAGENSEIL 1705,
S. 33–64 [2. Seitenzählung]).

²⁸ In WAGENSEIL 1681, S. 4, wird Gott zwar auch gebeten, die Decke (κάλυμμα) von den
jüdischen Augen zu nehmen; vor allem soll er aber Obrigkeiten und Prediger für die Bekehrung
der Juden erwecken (S. 5 f.). Besonders deutlich ist dann das Versagen der Christen als alleinige
Ursache der ausbleibenden Bekehrung in WAGENSEIL 1705, S. 98–125 (1. Seitenzählung), genannt.

²⁹ Vgl. aaO., S. 7–10, bes. S. 9: »... die Juden ... die man mit aller Gemächlichkeit bekehren
könnte ...«!

³⁰ Vgl. z. B. J. MÜLLER, S. XX 2ᵛ f.; HAVEMANN 1663, S. 583–585; SPENER L. Bed. I, S. 288 f.

8. Ergebnisse

Die Untersuchung war ausgegangen von den Behauptungen, der deutsche Pietismus habe im Bereich der Judenmission gegenüber der Orthodoxie einen epochalen Neubeginn gebracht. Hinsichtlich der orthodoxen Judenmissionsarbeit war jedoch der Kenntnisstand gering und die Bewertung gegensätzlich. Hauptaufgabe war daher, die Stellung der Orthodoxie zum Judentum umfassend zu charakterisieren. Die Ergebnisse zeigen, daß die früheren Forschungen trotz ihrer Vereinfachungen partiell etwas Richtiges erkannt haben. Falsch ist sicher nur die Meinung, die Orthodoxie des 17. Jahrhunderts habe an den Juden kein Interesse gehabt. Dieser Behauptung konnte schon die enorme Zahl von Veröffentlichungen entgegengehalten werden, ferner die andauernden Mahnungen der Theologen an die Obrigkeit und das große öffentliche Interesse, das Judentaufen fanden.

Der Grund des Interesses, das orthodoxe Theologen dem Judentum entgegenbrachten, läßt sich jedoch nicht ohne weiteres auf einen Nenner bringen. Auf der einen Seite war der Wunsch nach Bekehrung der Juden unumstrittenes Allgemeingut der Theologen und wohl auch der meisten Nicht-Theologen; er blieb auch nicht ohne Einfluß auf die Behandlung der Juden. Das Bekenntnis zur Missionspflicht der Christen war nicht erst eine pietistische Errungenschaft; man kann höchstens sagen, daß im Pietismus stärker der einzelne Christ auf seine Verantwortung angesprochen wurde, während es in der Orthodoxie die Gemeinde als politische und kirchliche Größe war[1].

Auf der anderen Seite waren bei den orthodoxen Theologen antijudaistische Gefühle lebendig, die eine Abwehrhaltung gegenüber dem Judentum mit sich brachten. Diese Haltung prägte die Vorschläge zur Gestaltung der Lebensverhältnisse der Juden ebenso wie den Charakter der Argumentation gegen den jüdischen Glauben, die in einer apologetischen Engführung blieb. Dies hatte de le Roi mit seiner Formulierung vom »Zeitalter gelehrter Beziehungen«[2] durchaus nicht unzutreffend gekennzeichnet.

›Apologeten‹ und ›Missionare‹ standen sich nun nicht in verschiedenen Lagern gegenüber; beide Haltungen waren vielmehr in denselben Personen vereint. In einem komplizierten, aber in sich logischen Gedankensystem

---

[1] Hier liegt die richtige Beobachtung von Diehl, Frick und G. Müller, vgl. diese Arbeit, S. 7f.

[2] Vgl. DE LE ROI I, S. 62; vgl. diese Arbeit, S. 6f.

wurden die scheinbar gegensätzlichen Bestrebungen der Abwehr und der
Bekehrung der Juden ausgesöhnt[3]. Tragende Pfeiler des Systems waren die
Theologumena von der gegenwärtigen Verstockung und zukünftigen Bekehrung der Juden. Die Verstockungstheorie war nötig, um die Unzugäng-
lichkeit der Juden für christliche Argumente zu erklären, die sonst die
christliche Lehre von der analogia fidei erschüttert hätte; wahrscheinlich half
sie auch, einen diffusen volkstümlichen Antijudaismus rational zu untermauern, auf den wir vor allem im Zusammenhang mit den Judentaufen
gestoßen waren. Die Lehre von der zukünftigen Bekehrung der Juden war
nicht in diesem Sinne nötig; sie ergab sich aber für die meisten Theologen aus
der Heiligen Schrift. Beides war zunächst kaum umstritten, und so waren
Modifikationen in der Haltung zum Judentum davon abhängig, ob man die
Verstockung oder die zukünftige Bekehrung stärker betonte. (Ob auch das
im 17. Jahrhundert langsam erwachende utilitaristische Interesse an der Duldung der Juden auf die Theologen einwirkte, konnte in der Arbeit nicht
festgestellt werden.)

Dieses Lehrgebäude blieb im Verlauf des 17. Jahrhunderts überwiegend
stabil. Noch bei Spener ist es unangefochten; auch er bewegt sich zwischen
den Polen Pessimismus und Optimismus, zwischen Klage über die Verstok-
kung und Hoffnung auf die Bekehrung, zwischen Abwehr und Mission.
Dennoch waren im Laufe des Jahrhunderts an verschiedenen Punkten Wandlungen zu verzeichnen. Die auffälligsten betrafen die Frage der endzeitlichen
Bekehrung der Juden. Schon während des Dreißigjährigen Krieges hatten
chiliastische Positionen in Deutschland Anklang gefunden, und einzelne
›Judenzer‹ lehrten nicht nur eine wunderbare Judenbekehrung in naher
Zukunft, sondern sogar eine Rückkehr der bekehrten Juden nach Palästina
und die Aufrichtung eines irdischen Messiasreiches. Sie hielten die gegenwärtigen Christen für ebenso bußbedürftig wie die Juden und sahen diese
also nicht mehr primär unter dem Vorzeichen der Verstockung; dieser
›Philosemitismus‹ ist aber erst eine Konsequenz aus dem Chiliasmus.

In der Orthodoxie konnten sich entsprechende Gedanken zuerst nicht
durchsetzen. Immer wieder versuchten zwar einzelne Theologen, der Hoffnung auf die Bekehrung größeres Gewicht einzuräumen und damit für mehr
Missionsfreude zu werben, die meisten hielten sich aber aus Berührungs-
angst gegenüber dem Chiliasmus zurück. Die künftige Judenbekehrung
wurde zunehmend skeptischer beurteilt; aber wie vorher die Behauptung
der endzeitlichen Bekehrung relativ wenig direkte Konsequenzen gehabt
hatte, so änderte auch der Zweifel daran zunächst kaum etwas am Verhalten
gegenüber den Juden.

In der zweiten Jahrhunderthälfte traten die Gegensätze deutlicher hervor.

---

[3] Vgl. meine Analyse dieses Systems in dieser Arbeit, Kap. 2.6.

Auf der einen Seite wurde die künftige Judenbekehrung nun so energisch bestritten, daß auch eine gegenwärtige Bekehrung einzelner Juden manchen als Unmöglichkeit erschien. Die Position gegenüber den Juden verhärtete sich mit der zunehmenden Verknöcherung der Spätorthodoxie immer mehr; die Weichen wurden von missionarischer Zuwendung auf polemische Abweisung gestellt.

Auf der anderen Seite brachten jetzt optimistischere Anschauungen über die künftige Bekehrung auch Änderungen im Verhalten gegenüber den Juden mit sich. Im Gegensatz zur landläufigen Meinung ist aber nicht Spener, sondern zweifellos Edzard als erster Vertreter dieser neuen Haltung anzusehen. In Vergessenheit geraten war die Lehre von der ansehnlichen Bekehrung der Juden vor dem Jüngsten Tag freilich nie, und sie hatte auch insofern Einfluß auf die Behandlung der Juden gehabt, als sie einem völligen Ausleben der antijüdischen Gefühle im Weg gestanden hatte. Bei Edzard aber entwickelte der Gedanke, daß die Judenbekehrung auch gut für die Kirche sei – eine künftige Judenbekehrung also eine künftige Blütezeit der Kirche einleite –, eine Dynamik, die der Intensität der missionarischen Ausrichtung einen deutlichen Schub gab. Obwohl Edzard die Verstockungstheorie nicht aufgab und daher z. T. noch defensiv-apologetisch argumentierte, wurde er durch seinen enormen Einsatz und nicht zuletzt durch seinen Erfolg zu einem Pionier der Judenmission. Die Methoden, die zu seinem Erfolg führten, sind nicht mehr klar zu rekonstruieren; sie müssen aber doch ein stärkeres Eingehen auf die Juden eingeschlossen haben, das auch anderswo bei den deutschsprachigen Autoren zu Edzards Zeit zu verspüren ist.

Spener steht hier deutlich im Schatten Edzards. Zwar hat er den Zusammenhang von Judenbekehrung und künftiger besserer Zeit für die Kirche stärker betont, dafür aber weniger Konsequenzen daraus gezogen. Der Grund für die Zurückhaltung gegenüber praktischen Reformen dürfte darin zu finden sein, daß er – anstatt die Verknüpfung von Judenbekehrung und besserer Zeit für die Kirche gedanklich wirklich durchzuführen – bewußt an die (ältere) Orthodoxie anknüpfte, die sich mit der bloßen Behauptung einer zukünftigen Bekehrung zufriedengegeben hatte.

Ist Speners Bedeutung für die Begründung der Mission aus der Hoffnung auf die Judenbekehrung also geringer einzuschätzen, so gilt dies noch viel mehr für die Position der Kirche zur Behandlung der Juden. In diesem Bereich waren vom Beginn des Jahrhunderts bis zum Ende nur geringfügige Wandlungen zu beobachten gewesen. Die Bejahung der Zwangsmaßnahmen, die überwiegend apologetische Argumentation mit dem AT und das grundsätzliche Mißtrauen gegenüber Konvertiten verbinden Spener mit der Orthodoxie. Die Abwehrhaltung gegenüber dem Judentum war tief in theologischen Grundüberzeugungen wie der analogia fidei und der Verstokkungstheorie verwurzelt, die viel unangefochtener waren als die Lehre von der zukünftigen Bekehrung und auch von Edzard und Spener geteilt wurden. In diesem Bereich ist es eher Calixt, der eine Überwindung der orthodoxen Position andeutete, ohne daß seine irenische Haltung sich durchsetzen konnte. Bei dem Nicht-Theologen Wagenseil war es dagegen keine bewußte Überwindung der alten Position, sondern eher ein Ignorieren der theologischen Lehrsätze, die ein neues Denken gegenüber dem Judentum ankündigte.

Die auf der Verstockungstheorie basierende Haltung, wie sie zumindest der frühe Pietismus noch zeigte, dürfte jedoch heute kaum noch Anhänger finden können, so daß alle Versuche, zur Begründung heutiger Judenmission an den Pietismus anzuknüpfen, neu durchdacht werden müßten. Andererseits muß deutlich hervorgehoben werden, daß die Theologen das jüdische Volk zwar als befristet verstockt, aber nicht als ewig verworfen betrachteten. Daher wird man die Haltung von Orthodoxie und Pietismus zum Judentum auch nicht kurzschlüssig als durch und durch antijudaistisch verdammen können, sondern muß anerkennen, wie die Hoffnung auf eine Bekehrung der Juden schon in der Orthodoxie partiell zu größerem Interesse am Judentum und zu eingeschränkter Toleranzbereitschaft führte. Zum Antisemitismus des 19./20. Jahrhunderts, der nicht von einem theologischen Gegensatz ausging, sondern vor allem mit wirtschaftlichen und rassischen Gesichtspunkten arbeitete, gibt es m. E. von den orthodoxen und pietistischen Theologen keine geradlinige Verbindung. Besonders charakteristisch scheint mir, daß zwar ab und zu mittelalterliche Vorwürfe aufgegriffen werden; bis hin zur bei Protestanten unerwarteten Beschuldigung des Hostienfrevels[4]; dagegen spielt der angebliche christliche Standardvorwurf des Christusmordes gar keine Rolle[5]. Für die orthodoxen Theologen war die gegenwärtige Ablehnung und Lästerung des Christentums das entscheidende Vergehen der Juden; der Tod Jesu galt dagegen Luther und seinen Nachfolgern eindeutig als durch die Sünde aller Menschen (auch der Christen) verschuldet[6]. »Christusmord« wurde von den Antisemiten wohl nur sekundär als Argument gegen die Juden verwendet; es konnte erst benutzt werden, als die Lehre vom Kreuz Christi als Sühne für die Sünde aller nicht mehr

---

[4] Vgl. etwa T. WAGNER, S. H 8^r–I 6^r; ALBRECHT, S. 12–15 (danach RÜCKER, S. C 3^{r}f.).
[5] Nur im *Bedenken* 1612, S. 3, ist mir der Vorwurf begegnet; aber dort in einer Reihe von Vorwürfen, die in der gegenwärtigen Gotteslästerung gipfeln.
[6] Zu Luthers Haltung vgl. WA 2, S. 138: »Alßo vill engster soll dir werden, wan du Christus leyden bedenckst, Dan die ubeltether, die Juden, wie sie nu Gott gerichtet und vortrieben hatt, seynd sie doch deyner sunde diener gewest, unnd du bist warhafftig, der durch seyn sunde gott seynen sun erwurget und gecreutziget hatt«. (Eine ähnliche Aussage auch bei OBERMAN, S. 164.) Auf dieser Linie blieb die Orthodoxie, wie jeder nachprüfen kann, der etwa im Evangelischen Kirchengesangbuch die Passionslieder des 17. Jahrhunderts liest, vgl. z. B. Lied 63, Strophe 4; Lied 64, Strophe 4–7; Lied 66, Strophe 2; Lied 69, Strophe 2.

in der Bevölkerung verwurzelt war. Der moderne Antisemitismus arbeitete so mit einer Beschuldigung, durch die alle Juden kollektiv zu treffen waren; die orthodoxen und pietistischen Theologen hatten dagegen nur das aktuelle jüdische Verhalten der Ablehnung des Christentums verdammt, den umkehrwilligen Juden aber gefördert – eine Haltung, die nicht mehr die unsere sein kann, der aber dennoch ein gewisser Respekt nicht ganz verwehrt werden kann.

Exkurs I

Judentaufen im 17. Jahrhundert – eine Übersicht

Über die Gesamtzahl von Judentaufen im 17. Jahrhundert in den evangelischen Gebieten Deutschlands hat keiner von denen, die sich mit der Geschichte der Judenmission beschäftigt haben, genauere Angaben machen können. Die Schätzungen gehen offenbar weit auseinander. So erweckte Plitt den Eindruck von sehr hohen Zahlen, wenn er z.B. betont, daß Judentaufen in Nürnberg gegen Ende des Jahrhunderts »immer häufiger« wurden und allein Edzard in Hamburg mehrere hundert Juden bekehrt habe[1]. Auch Carl Friedrich Lochner in Fürth (1634–1697) wurden 200 bekehrte Juden und Katholiken zugeschrieben[2]. Auf der anderen Seite betonte Gerhard Müller, es habe nur wenige Bekehrungen gegeben[3], und Diehl konnte 1900 nur ein Judentaufformular als Beweis für die Missionstätigkeit anführen, aber keine einzige Taufe namhaft machen[4].

Sollte aber nicht doch eine genauere Aufstellung möglich sein, die sicherlich nicht alle Taufen dokumentieren kann, aber wenigstens die Dimensionen deutlicher macht und Aufschluß über die territoriale und zeitliche Verteilung der Taufen gibt[5]? Um zu gesicherten Ergebnissen zu kommen, müßte man freilich in einem genau abgesteckten Gebiet systematische Kirchenbuchforschung betreiben; die Kirchenbücher aus dem 17. Jahrhundert sind aber bekanntlich lückenhaft erhalten, soweit sie überhaupt schon flächendeckend geführt wurden.

Andererseits kann man aber auch bei genauer Kenntnisnahme gedruckter Quellen schon weiter kommen. Eine Judentaufe wurde meist nicht nur im Kirchenbuch vermerkt, sondern war so bedeutend, daß sie oft Gegenstand eigenständiger Publikationen wurde oder zumindest auch in Stadtchroniken festgehalten wurde. Die so erhaltenen Nachrichten sind in diesem Jahrhun-

---

[1] Vgl. PLITT 1871, S. 298. Dies leitet offenbar auch BEYREUTHER, S. 195, dazu, von einer »Reihe Juden« zu sprechen, die in Nürnberg getauft wurden.

[2] So *AGL* II, Sp. 486; ähnlich *GVUL* XVIII, Sp. 101. DE LE ROI I, S. 135, macht daraus eine »grosse Schaar von Juden«.

[3] Vgl. G. MÜLLER 1968, S. 498.

[4] Vgl. DIEHL 1900, S. 298.

[5] Vgl. DE LE ROI I, S. 134f.: immerhin ist hervorzuheben, daß die Taufen an einigen Orten häufiger waren und gegen Ende des Jahrhunderts zunahmen.

dert auch schon fleißig gesammelt worden. Das ist einmal den Genealogen zu verdanken, die sich seit den 20er Jahren für Judentaufen interessierten, um das Eindringen von jüdischem Blut in scheinbar arische Ahnenreihen festzustellen, und daher Nachrichten aus Kirchenbüchern in den familiengeschichtlichen Zeitschriften zusammentrugen[6].

Daneben hat die ortsgeschichtliche Literatur die einzelnen Fälle von Judentaufen meist als interessante Nachrichten festgehalten. Da gerade nach dem 2. Weltkrieg eine große Zahl von Darstellungen zur Geschichte der Juden in einzelnen Orten erschienen ist, die ich (hoffentlich annähernd vollständig) eingesehen habe, ermöglichte sich eine weitere Kontrolle. Auf diese Weise habe ich 516 einzelne Fälle von Judentaufen aus den Jahren 1590–1710 zusammentragen können (zum besseren Vergleich sind die Jahrzehnte vor und nach dem 17. Jahrhundert dazugenommen worden). Daß damit noch keine Vollständigkeit erreicht ist, ist schon dadurch klar, daß es daneben Hinweise auf getaufte Juden gibt, deren Taufdaten ich nicht feststellen konnte[7]. Die Nachrichten von einzeln aufgeführten Fällen sind aber sicherlich wertvoller als pauschale Hinweise auf hohe Zahlen, die sich auch als höchst zweifelhaft herausstellten[8]. In der folgenden Aufstellung sind die Taufen nach der Jahreszahl aufgeführt; es folgt der Taufort, bei mehreren Taufen pro Jahr in einem Ort ist die Zahl der getauften Juden in Klammern angegeben. Alle weiteren Angaben, sofern ich sie für wesentlich hielt, sind der Anmerkung beigegeben.

---

[6] Ein erster Aufruf schon in FBl 17 (1919), Sp. 134; zur Entwicklung dieser Fragestellung speziell in der NS-Zeit vgl. ZSCHAECK. Die von Wilhelm Grau angeregte systematische Forschung brachte allerdings nicht mehr viel neues Material, auch wenn eine Reihe von Aufsätzen erschienen; vgl. WENTSCHER; STEINER; KESSLER; HAHN; DERTSCH. Diese Aufsätze bringen jedoch nur wenige Nachrichten aus dem 17. Jahrhundert, und ihre Auswertungsprinzipien sind nicht die uns interessierenden. Wertvoll ist allerdings die ungedruckte Aufstellung von FREYTAG über die Hamburger Judentaufen, vor allem weil diese (wohl wegen ihrer großen Zahl) in der Literatur meist übergangen wurden. Freytag rechnet zu den Judentaufen allerdings auch Fälle, in denen bereits christlich getaufte Juden ihre neugeborenen Kinder zur Taufe brachten, sowie alle Täuflinge mit »jüdisch« klingenden Namen. Ich habe dagegen in die Aufstellung nur solche Taufen aufgenommen, bei denen eindeutig ist, daß ein gebürtiger Jude die christliche Taufe erhielt.

[7] Trauungen von getauften ehemaligen Juden werden z. B. FBl 35 (1937), Sp. 200; FBl 29 (1931), Sp. 279.282, berichtet.

[8] Für Nürnberg hat der sorgfältig recherchierende AR. MÜLLER, S. 113–116, im 17. Jahrhundert ganze sechs Judentaufen aufgeführt, so daß Plitts Formulierung sicher unhaltbar ist. Noch verdächtiger ist die angeblich so großartige Missionsleistung des Fürther Pfarrers C. F. Lochner, wenn nach WÜRFEL, S. 83 f., die erste Judentaufe in Fürth erst 1722 stattfand (wobei allerdings Sohn und Enkel des obengenannten Lochner als Täufer bzw. Pate fungierten).

1)	1591 :	Borken (Hessen)[9]
2–3)	1595 :	Darmstadt[10]; Hildesheim[11]
4)	1596 :	Bayreuth[12]
5)	1597 :	Frankfurt/Main[13]
6)	1600 :	Halberstadt[14]
7–11)	1601 :	Feuchtwangen[15] (4); Straßburg[16]
12)	1603 :	Altdorf (?)[17]
13–14)	1605 :	Halberstadt (2)[18]
15–18)	1606 :	Frankfurt/Main (4)[19]
19–21)	1607 :	Frankfurt/Main (2)[20]; Leipzig[21]
22–23)	1608 :	Idstein[22]; Schilckheim (bei Straßburg)[23]
24–25)	1610 :	Frankfurt/Main (2)[24]
26–28)	1611 :	Hamburg[25]; Friedberg[26]; Altdorf[27]
29–31)	1612 :	Leipzig[28]; Coburg[29]; Bayreuth[30]

[9] Vgl. SIEBURG, S. 106.

[10] Vgl. AD. MÜLLER, S. 21.

[11] Vgl. den ausführlichen Bericht von HESHUSIUS.

[12] Vgl. HEINRITZ, S. 13.

[13] Vgl. LERSNER 1706, Erstes Buch, S. 559.

[14] Vgl. GERSON, S. Cʳ, zur eigenen Taufe.

[15] BRENZ, S. 8, gibt als Taufdatum den 12.7. 1601 an; ENGELHARDT, S. 20f., gibt einen Bericht über die Taufe wieder und berichtet dann über das weitere Geschick des Sohnes von S. F. Brenz, der später Pfarrer wurde. Die Angabe des Jahres 1610 als Taufjahr (so *UJE* III, S. 370; STOCK, S. 146) geht wahrscheinlich auf einen Druckfehler in der 2. Auflage des ›Schlangenbalg‹ zurück (in: J. WÜLFER, S. A 4ᵛ), wo 1601 mit 1610 vertauscht ist, was aber durch S. A 3ᵛ (geschrieben 1614 = »dreizehn Jahre nach meiner Wiedergeburt«) schon leicht zu korrigieren wäre. Statt dessen bietet STOCK, S. 146, eine phantastische Konstruktion an (»1601 zum Christentum übergetreten, 1610, also nach 10jährigem Vorbereitungsunterricht zu Feuchtwangen getauft«). Warum aber auch die Taufdaten 1599 (so *FBl* 36 [1938], Sp. 335f.) und 1614 (so *GVUL* IV, Sp. 1295) durch die Literatur geistern, kann ich nicht erklären.

[16] Vgl. die diesbezüglichen Akten aus dem Predigerministerium bei HORNING 1887, S. 44–46.

[17] Vgl. die Literatur zu Julius Konrad Otto, z. B. *AGL Erg.* V, Sp. 1300.

[18] Vgl. Taufbericht und -predigt durch TERELL.

[19] Vgl. die Taufpredigt in SPENER Lpr, S. 286–301. In der familiengeschichtlichen Literatur hat diese Taufe besondere Beachtung gefunden, vgl. (wohl abschließend) *FBl* 36 (1938), Sp. 151f. Verwirrung könnte dadurch auftreten, daß der Vater den Namen Johann Daniel Lichtenstein erhielt, der Sohn Georg Philipp aber als späterer Frankfurter Pfarrer nur den Namen Lichtstein führte. vgl. diese Arbeit, S. 26. 44f. u. ö.

[20] Vgl. LERSNER 1706, Zweites Buch, S. 40. Der Täufling, Johann Adrian, trat auch als Schriftsteller hervor, vgl. diese Arbeit, S. 41.

[21] Vgl. die Taufpredigt von MÜLMANN sowie HARTENSTEIN, S. 57.

[22] KB: ZIEMER, S. 3.

[23] Vgl. HORNING 1887, S. 47–50.

[24] Vgl. LERSNER 1706, Zweites Buch, S. 40.

[25] Vgl. REILS, S. 359; TREUTLER IV, S. 23.

[26] Vgl. HERRMANN 1981, S. 63f.

[27] Vgl. AR. MÜLLER, S. 116; vgl. auch die Schriften des Täuflings Paul JOSEPH.

[28] Vgl. HARTENSTEIN, S. 54.

[29] KB: *FBl* 17 (1919), Sp. 134; vgl. auch den Taufbericht von M. BISCHOFF.

[30] KB: *FBl* 17 (1919), Sp. 134.

32)	vor 1619 :	Danzig[31]
33)	1620 :	Hamburg (Nicolai)[32]
34)	1621 :	Braunschweig[33]
35)	1622 :	Hamburg (Jacobi)[34]
36–37)	1623 :	Celle[35]; (Bad) Homburg[36]
38–40)	1624 :	(Bad) Homburg (2)[37]; Hamburg (Petri)[38]
41)	1625 :	Halle/Saale[39]
42–43)	1626 :	Hamburg (?)[40]; Bayreuth[41]
44–46)	1629 :	Frankfurt/Main[42]; Nürnberg[43]; Hamburg (Jacobi)[44]
47)	1630 :	Leipzig[45]
48)	1631 :	Darmstadt[46]
49–50)	1632 :	Darmstadt[47]; Göttingen[48]
51–53)	1633 :	Zittau (2)[49]; Frankfurt/Main[50]
54)	1634/35 :	Egeln (bei Magdeburg)[51]
55–61)	1636 :	Frankfurt/Main[52]; Marburg[53]; Hamburg (Jacobi; 5)[54]
62)	1637 :	Hamburg (Jacobi)[55]
63)	1640 :	Altona (reformierte Gemeinde)[56]

---

[31] KB: KESSLER, Sp. 207.

[32] KB: FREYTAG.

[33] Vgl. die Taufpredigt von J. WAGNER; außerdem die Veröffentlichungen des Täuflings Paul CHRISTIAN.

[34] KB: FREYTAG.

[35] KB: *FBl* 18 (1920), Sp. 117.

[36] KB: *ASf* 13 (1936), S. 23.

[37] KB: ebd.; auch *FBl* 34 (1936), Sp. 200.

[38] KB: FREYTAG. Da der von Pastor V. Wudrian getaufte Jude den Namen »Johann Christian« erhält, dürfte eine Verwechslung mit dem in Anm. 40 genannten Täufling wohl ausgeschlossen sein.

[39] Vgl. OLEARIUS, S. A 2[r].

[40] BEHRMANN, S. 66, nennt einen Anton August Hinrich Lichtenstein, der von Edzards Vater Jodocus bekehrt worden sein soll. FREYTAG führt diese Taufe nicht auf, nennt aber 1634 und 1642 Taufen von Kindern des getauften Juden »Hieronimus Lichtenstein«.

[41] KB: *FBl* 17 (1919), Sp. 134.

[42] Vgl. LERSNER 1706, Zweites Buch, S. 41.

[43] KB: AR. MÜLLER, S. 113.

[44] KB: FREYTAG.

[45] Vgl. HARTENSTEIN, S. 57.

[46] KB: *FBl* 34 (1936), Sp. 243.

[47] KB: ebd.

[48] KB: *NdFk* 31 (1982), S. 278.

[49] Vgl. PESCHECK, S. 286.

[50] Vgl. LERSNER 1706, Zweites Buch, S. 41.

[51] *ASf* 8 (1931), S. 324, und FORCHHAMMER, S. 159, nennen unterschiedliche Jahreszahlen.

[52] LERSNER 1706, Zweites Buch, S. 41.

[53] Vgl. DIEHL 1908, S. 344.

[54] KB: FREYTAG.

[55] KB: FREYTAG.

[56] Vgl. K. E. SCHULTZE, S. 137.

64–67)	1641 :	Frankfurt/Main (3)[57]; Gaildorf[58]
68)	1641–1643 :	Groß-Gerau[59]
69)	1642 :	Frankfurt/Main[60]
70–71)	1643 :	Frankfurt/Main (2)[61]
72)	1644 :	Breidenbach (Hessen)[62]
73–74)	1645 :	Frankfurt/Main[63]; Kulmbach[64]
75–77)	1646 :	Frankfurt/Main (3)[65]
78–79)	1647 :	Breisach[66]; Leipzig[67]
80)	1648 :	Minden[68]
81)	1649 :	Kassel[69]
82–85)	1650 :	Darmstadt (2)[70]; Schweinfurt[71]; Breslau[72]
86–88)	1651 :	Darmstadt[73]; Kassel[74]; Ostpreußen[75]
89–91)	1652 :	Jena (2)[76]; Halle/Saale[77]
92–95)	1653 :	Wetzlar[78]; Egeln (bei Magdeburg)[79]; Braunschweig (2)[80]

---

[57] Vgl. LERSNER 1706, Zweites Buch, S. 41; WALDSCHMIDT, S. 2 f.

[58] Vgl. die Taufpredigt von ALBRECHT.

[59] HERRMANN 1920, S. 988, nennt Aktenmaterial über »Gerawer Juden Jungens Entweichung und dessen Bekehrung zu Christenthumb, wie auch Kleydung und Taufe 1641–1643«. Genauere Daten konnte ich nicht ermitteln.

[60] Vgl. WALDSCHMIDT, S. 21 f.

[61] Vgl. aaO., S. 41 f. 57 f.

[62] KB: *Breidenbach.*

[63] Vgl. WALDSCHMIDT, S. 76 f.

[64] Vgl. SCHUDT IV/2, S. 274.

[65] Vgl. WALDSCHMIDT, S. 91 f. 107 f. 125 f. – KNETSCH, S. 154–158, gibt einen kurzen Bericht über den angeblich in Kassel getauften Mosche Goldschmidt. Er bleibt aber den Beleg für den Taufort schuldig und weist nur nach, daß Landgraf Wilhelm VI. von Hessen-Kassel als Pate fungierte. Da Waldschmidts Täufling aber »Moses von Cassel, Benedict Goldschmidts daselbsten Sohn« ist (vgl. WALDSCHMIDT, S. 88) und Knetschs Täufling sich in einem Brief vom 26. 8. aus Frankfurt bei dem Landgrafen bedankt, ist anzunehmen, daß er dort und nicht in Kassel getauft wurde.

[66] Vgl. die Taufpredigt von RÜCKER.

[67] Vgl. HARTENSTEIN, S. 54 f.

[68] Vgl. die Taufpredigt von H. ELERT.

[69] Vgl. StArch Marburg, Bestand 5 (Hess. Geh. Rat), 2402 Nr. 1; 13 908; dort Aktenmaterial über die Taufe des Juden Isaac.

[70] Vgl. *FBl* 12 (1914), Sp. 39.

[71] Vgl. STEIN, S. 46.

[72] KB: Der Schlesische Familienforscher 1930/36 (1938), S. 54.

[73] Vgl. AD. MÜLLER, S. 48 f.

[74] Vgl. COHN, S. 76; zusätzlich zu den dort aufgeführten Belegen ist noch StArch Marburg, Bestand 5 (Hess. Geh. Rat), 2402, Nr. 3 zu nennen.

[75] Vgl. KESSLER, Sp. 225.

[76] Vgl. OLEARIUS, S. G 3ᵛ.

[77] Vgl. aaO., S. A 2ʳ.

[78] Vgl. WATZ, S. 182.

[79] KB: *FBl* 34 (1936), Sp. 200.

[80] Vgl. das Examen (A. H. BUCHHOLTZ).

96–97)	1656 :	Hanau[81]; Hamburg (Jacobi)[82]
98–100)	1657 :	Tilsit[83]; Dresden[84]; Hamburg (Petri)[85]
101)	1658 :	Aurich[86]
102–105)	1659 :	Hamburg (Katharinen)[87]; Darmstadt[88]; Nürnberg[89]; Lüneburg[90]
106–108)	1660 :	Nördlingen[91]; Breslau[92]; Lübeck[93]
109–110)	1661 :	Nürnberg[94]; Straßburg[95]
111–112)	1662 :	Hamburg (Jacobi)[96]; Esslingen[97]
113)	1663 :	Bayreuth[98]
114)	1665/66 :	Dresden (?)[99]
115–117)	1667 :	Königsberg[100]; Nürnberg[101]; Elbing[102]
118–124)	1668 :	Nürnberg[103]; Gotha[104]; Detmold (4)[105]; (?)[106]
125–126)	1669 :	Frankfurt/Main[107]; Lich (Hessen)[108]
127)	1670 :	Hanau[109]

---

[81] Vgl. ZIMMERMANN, S. 509.

[82] KB: FREYTAG.

[83] KB: *FBl* 34 (1936), Sp. 245.

[84] Vgl. KÖNIG, S. 102. Danach ließ sich der Täufling in Magdeburg 1679 noch einmal taufen und versuchte es auch nochmals 1681 in Frankfurt an der Oder.

[85] KB: FREYTAG.

[86] KB: OHLING.

[87] KB: FREYTAG; vgl. J. C. WOLF III, S. 212.

[88] Vgl. AD. MÜLLER, S. 21.

[89] KB (und andere Quellen): AR. MÜLLER, S. 113–115; vgl. auch die Taufpredigt von D. WÜLFER und den Bericht über die zur Taufe geprägte Münze bei A. WOLF, S. 539.

[90] Vgl. die (mir leider nicht beschaffbare) Taufpredigt: »Petrus Rhebinder. Judaeus Baptizatus, Das ist: Bericht von der Tauffe eines gebohrnen Juden, wie dieselbe in Lüneburg bey Ausgang des 1659. Jahres ... verrichtet worden. Hamburg ... 1660« (nach *NUC Vol*. 491, S. 371).

[91] Vgl. die Schriften des Konvertiten VICTOR.

[92] KB: Der Schlesische Familienforscher 1930/36 (1938), S. 54.

[93] Vgl. HELD o. J.

[94] KB: AR. MÜLLER, S. 115.

[95] Vgl. die Taufpredigt von SALTZMANN.

[96] KB: FREYTAG.

[97] KB: *FBl* 20 (1922), Sp. 53.

[98] KB: *FBl* 17 (1919), Sp. 134.

[99] Nach *Sammlung Gotha,* S. 10, ging der später bekannte Konvertit Abraham Zarvossi »seinem Sohn nach, der A. 1665 ein Christ geworden war, fande ihn zu Dreßden, allwo man den Vater auch taufen wollte ...«; nach ADAMI, S. 767, fand diese Taufe jedoch erst 1666 statt.

[100] Vgl. *AprGk* 16/17 (1942/43), S. 134.

[101] KB: AR. MÜLLER, S. 115.

[102] KB: KLEEFELD/LECHNER, S. 17.

[103] KB: AR. MÜLLER, S. 115 f.; vgl. auch die Schriften des Täuflings DE POMIS.

[104] Vgl. ZARVOSSI (eine Rede anläßlich der eigenen Taufe).

[105] KB (nebst einem Ausblick auf das Geschick der Familie): W(EERTH).

[106] Vgl. FELS, S. A 2[r] (der Ort bleibt hier ungenannt).

[107] Vgl. LERSNER 1734, Zweyter Theil, Zweites Buch, S. 42.

[108] Vgl. DIEHL 1930, S. 89.

[109] Vgl. BAMBERGER.

128–132)	1671 :	Gütersloh[110]; Kleve[111]; Köthen[112]; Hamburg (Michaelis; 2)[113]
133–138)	1672 :	Weilburg[114]; Ostheim[115]; (Bad) Dürkheim[116]; Hamburg (Michaelis; 3)[117]
139–143)	1673 :	Hamburg (Michaelis; 4)[118]; Nordhausen[119]
144–155)	1674 :	Hamburg (Michaelis; 4)[120]; Eschwege[121]; Straßburg[122]; Rinteln (6)[123]
156–160)	1675 :	Hamburg (Michaelis; 3)[124]; Bückeburg[125]; Halle/Saale[126]
161–170)	1676 :	Hamburg (Michaelis; 8)[127]; Nürnberg[128]; Darmstadt[129]
171–175)	1677 :	Hamburg (Michaelis; 2)[130]; Frankfurt/Main[131]; Halle/Saale[132]; Norden[133]
176–182)	1678 :	Dresden[134]; Harpstedt (bei Hoya)[135]; Köthen[136]; Leipzig (2)[137]; Riga[138]; Norden[139]

---

[110] KB: *FBl* 29 (1931), Sp. 308.

[111] Vgl. DE LE ROI I, S. 160.

[112] Vgl. HARTUNG, S. 81. Die offenbar dazugehörende Taufpredigt von Johannes Sachse, »Das denkende Israel/ d. i. Predigt aus Hos. 2,21.22.23 auf dem gewöhnliche Ernde=Fest des Jahres 1671 den 18. Sonnt. nach Trinit. nebst einem Christlichen Tauf-Actu eines Knaben/ welcher von Jüdischen Eltern gebohren/ nun aber sich zum Christlichen Glauben bekennet . . ., Köhten A. 1672« (Titel nach BECKMANN, S. 360), konnte ich nicht bekommen.

[113] KB: FREYTAG.   [117] KB: FREYTAG.

[114] Vgl. WIGAND, S. 267 f.   [118] KB: ebd.

[115] Vgl. aaO., S. 268.   [119] Vgl. MAIER 1674 zur eigenen Bekehrung.

[116] Vgl. die Taufpredigt von WIPPERMANN.   [120] KB: FREYTAG.

[121] KB: *FBl* 29 (1931), Sp. 281.

[122] Vgl. F. A. CHRISTIANI 1676, S. 57, zur eigenen Taufe; die Taufpredigt von KOLB, S. 20, nennt allerdings das Jahr 1673.

[123] Vgl. *ASf* 13 (1936), S. 295.

[124] KB: FREYTAG.

[125] KB: *FBl* 34 (1936), Sp. 204.

[126] Vgl. OLEARIUS, S. A 2ᵛ; laut ADAMI, S. 763, fand diese Taufe schon 1674 statt.

[127] KB: FREYTAG.

[128] Vgl. BARBECK, S. 39; AR. MÜLLER hat jedoch zu der dort genannten Taufe einer Jüdin, deren drei Kinder 1672–1676 auch getauft worden sein sollen, keine Angaben.

[129] Vgl. AD. MÜLLER, S. 21.

[130] KB: FREYTAG.

[131] Vgl. LERSNER 1706, Zweites Buch, S. 41.

[132] Vgl. die Taufpredigt von OLEARIUS.

[133] Diese Taufe ist bei HOYER, S. 17, erwähnt.

[134] Vgl. die Taufpredigt von LUCIUS.

[135] KB: *NdFk* 24 (1975), S. 246; vgl. auch HARPSTATT zu seiner eigenen Bekehrung.

[136] Vgl. HARTUNG, S. 81. Da der Täufling den Namen »Christoph Leberecht Felsicht« bekommt, könnte hier allerdings auch die (nach eigener Angabe) 1668 vorgenommene Taufe an Fels (vgl. diese Arbeit, Exkurs I, Anm. 106) vorliegen. Nach Alting (vgl. J. C. WOLF III, S. 978) soll Fels 1670 in Köthen getauft worden sein.

[137] Vgl. HARTENSTEIN, S. 57 f.; zur ersten Taufe auch REIHLEN.

[138] Vgl. die Vorrede von MACKSCHAN, S. a 2b.

[139] Hierzu gehört der Taufbericht von HOYER.

183–191)	1679 :	Hamburg (Michaelis; 2)[140]; Frankfurt/Main[141]; Schwabach[142]; Magdeburg[143]; Darmstadt[144]; Birkenau (Hessen)[145]; Königsberg[146]; Straßburg[147]
192–198)	1680 :	Hamburg (Michaelis; 2)[148]; Frankfurt/Main (4)[149]; Danzig[150]
199–205)	1681 :	Hamburg (Michaelis)[151]; Frankfurt/Main (4)[152]; Neuenstadt/Kocher[153]; Königsberg[154]
206–209)	1682 :	Hamburg (Michaelis; 2)[155]; Frankfurt/Main[156]; Siegen[157]
210–211)	1683 :	Hamburg (Michaelis)[158]; Landau[159]
212–215)	1684 :	Hamburg (Michaelis; 2)[160]; Frankfurt/Main[161]; Idstein[162]
216–225)	1685 :	Hamburg (Michaelis; 7)[163]; Frankfurt/Main[164]; Gotha (2)[165]
226–232)	1686 :	Hamburg (Michaelis; 4)[166]; Frankfurt/Main[167]; Friedberg[168]; Michelstadt[169]
233–253)	1687 :	Hamburg (Michaelis; 13)[170]; Rheda[171]; Stade[172]; Detmold[173]; Oettingen (3)[174]; Frankfurt/Main[175]; Bebenhausen[176]

---

[140] KB: FREYTAG.
[141] Vgl. LERSNER 1706, Zweites Buch, S. 42.
[142] KB: *FBl* 29 (1931), Sp. 304.
[143] Vgl. diese Arbeit, Exkurs I, Anm. 84.
[144] Vgl. die Leichenpredigt von C. HORNIG.
[145] Vgl. DIEHL 1930, S. 80.
[146] Vgl. *AprGk* 16/17 (1942/43), S. 134.
[147] Vgl. ADAM 1922, S. 379.
[148] KB: FREYTAG.
[149] Vgl. LERSNER 1706, Zweites Buch, S. 42.
[150] Vgl. LEUTHOLD, S. 130 f.
[151] KB: FREYTAG.
[152] Vgl. LERSNER 1706, Zweites Buch, S. 42.
[153] Vgl. *FBl* 29 (1931), Sp. 299.
[154] Vgl. *AprGk* 16/17 (1942/43), S. 134.
[155] KB: FREYTAG.
[156] Vgl. LERSNER 1706, Zweites Buch, S. 42.
[157] KB: *FBl* 34 (1936), Sp. 242.
[158] KB: FREYTAG.
[159] Vgl. H. ARNOLD, S. 82.
[160] KB: FREYTAG.
[161] Vgl. LERSNER 1706, Zweites Buch, S. 43.
[162] KB: ZIEMER, S. 3.
[163] KB: FREYTAG.
[164] Vgl. LERSNER 1706, Zweites Buch, S. 43.
[165] Vgl. *Sammlung Gotha*, S. 10.
[166] KB: FREYTAG.
[167] Vgl. LERSNER 1706, Zweites Buch, S. 43.
[168] KB: HERRMANN 1981, S. 66.
[169] Vgl. SCHMALL, S. 42.
[170] KB: FREYTAG.
[171] KB: BOLLWEG, S. 47.
[172] KB: *FBl* 34 (1936), S. 245.
[173] Vgl. GUENTER, S. 127.
[174] Die Angabe des Taufjahres 1687 bei ELLRODT, S. 89, erscheint mir glaubwürdiger als die möglicherweise auf einem Mißverständnis beruhende Angabe 1690 bei FISCHER, S. 85.
[175] Vgl. LERSNER 1706, Zweites Buch, S. 43.
[176] Vgl. den Taufbericht von BURCKARDT.

254–264)   1688 :   Hamburg (Michaelis; 8)[177]; Verden/Aller[178]; Lübeck[179]; Leipzig[180]

265–271)   1689 :   Hamburg (Michaelis; 5)[181]; Winsen/Luhe[182]; Eisenach[183]

272–281)   1690 :   Hamburg (Michaelis; 7)[184]; Verden/Aller[185]; Minden[186]; Zerbst[187]

282–289)   1691 :   Hamburg (Michaelis; 8)[188]

290–298)   1692 :   Hamburg (Michaelis; 5)[189]; Bückeburg[190]; Dresden[191]; Bayreuth[192]; Darmstadt[193]

299–312)   1693 :   Hamburg (Michaelis; 9)[194]; Bremen (?)[195]; Stargard (?)[196]; Leipzig[197]; Gotha[198]; Gedern (Hessen)[199]

313–327)   1694 :   Hamburg (Michaelis; 7)[200]; Verden/Aller (2)[201]; Osterode[202]; Osterburg (Altmark)[203]; Gotha (2)[204]; Borgholzhausen (Kreis Halle/Westfalen)[205]; Nürnberg[206]

---

[177] KB: FREYTAG.
[178] KB: *NdFk* 31 (1982), S. 279.
[179] Vgl. das Glaubensbekenntnis bei PETERSEN.
[180] Vgl. HARTENSTEIN, S. 58–60.
[181] KB: FREYTAG.
[182] KB: *FBl* 29 (1931), Sp. 301.
[183] KB: *ASf* 13 (1936), S. 295.

[184] KB: FREYTAG.
[185] KB: *NdFk* 31 (1982), S. 279.
[186] Vgl. KRIEG, S. 143.
[187] KB: *FBl* 18 (1920), Sp. 116.
[188] KB: FREYTAG.
[189] KB: FREYTAG.
[190] KB: *FBl* 34 (1936), Sp. 203 f.

[191] Vgl. *Berechnung,* S. 23; vgl. auch die Taufpredigt von Bose nach HAAS, S. 1740–1743.
[192] KB: *FBl* 20 (1922), Sp. 54.
[193] KB: *FBl* 34 (1936), Sp. 244.
[194] KB: FREYTAG.
[195] Über diesen Täufling, Christian Meier (oder Meyer bzw. Meijer) und einen anderen, 1701 in Altona getauften Konvertiten namens Friedrich Christian Meier (oder Meyer) gibt es große Unklarheiten. Beide waren offenbar vor ihrer Konversion Rabbiner in Hamburg (bzw. Altona/Wandsbek), so daß sie meist als eine Person gleichgesetzt werden. Auch verschiedene Bücher (sämtlich erst aus dem 18. Jahrhundert), die ich in Wolfenbüttel einsehen konnte, geben keinen genaueren Aufschluß über ihre Bekehrung. MOLLER II, S. 549 f., der ausdrücklich auf die Verschiedenheit der beiden Personen hinweist, kennt Taufort und -jahr von Christian Meier nicht, so daß ich diese Angabe aus SCHRÖDER V, S. 256, übernehme, auch wenn Schröder beide Meiers miteinander identifiziert.
[196] Die zu dieser Taufe gehörende Veröffentlichung »Gerdes (Joh.) Stargardische Juden = Taufe, Stargardiae 1693« (nach J. C. WOLF IV, S. 494) konnte ich nicht erlangen.
[197] Vgl. HARTENSTEIN, S. 60.
[198] Vgl. *Sammlung Gotha,* S. 10 f. Der Täufling ist eindeutig als der spätere Dozent und Autor Friedrich Wilhelm Bock bezeichnet, so daß die Angabe bei S. STERN I/2, S. 415 (und danach KESSLER, Sp. 206), Bock sei 1688 getauft worden, zu korrigieren ist.
[199] KB: DIEHL 1930, S. 89.
[200] KB: FREYTAG.
[201] KB: *NdFk* 31 (1982), S. 279.
[202] KB: *FBl* 20 (1922), Sp. 55. Vgl. auch die Schrift des Konvertiten ANDREAS.
[203] KB: *ASf* 11 (1934), S. 59 f.; vgl. auch *FBl* 34 (1936), Sp. 241, wo der Taufort unklar bleibt; die dort erwähnte Taufpredigt von Steinhardt konnte ich nicht erlangen.
[204] Vgl. *Sammlung Gotha,* S. 11.
[205] KB: *FBl* 35 (1937), Sp. 199.
[206] KB: AR. MÜLLER, S. 116.

328–343) 1695 : Hamburg (Michaelis; 9)[207]; Frankfurt/Main (2)[208]; Hildesheim[209]; Parensen (Kreis Göttingen)[210]; Greifenberg (Pommern)[211]; Sorau (2)[212]

344–352) 1696 : Hamburg (Michaelis)[213]; Clausthal[214]; Römhild[215]; Königsberg[216]; Elbing[217]; Eschwege[218]; Dillenburg[219]; Friedberg[220]; Schweinfurt[221]

353–358) 1697 : Hamburg (Michaelis; 4)[222]; Zerbst (2)[223]

359–367) 1698 : Hamburg (Michaelis; 6)[224]; Driesen (Regierungsbezirk Frankfurt/Oder)[225]; Züllichau[226]; Darmstadt[227]

368–380) 1699 : Hamburg (Michaelis; 5)[228]; Bremen[229]; Frankfurt/Main[230]; Schortens (Jeverland)[231]; Halberstadt[232]; Traben-Trarbach[233]; Wetzlar[234]; Altenstadt (Hessen)[235]; Bergen (bei Frankfurt/Main)[236]

381–393) 1700 : Hamburg (Michaelis; 4)[237]; Dresden[238]; Speyer[239]; Steinbockenheim (3) + Wonsheim (4)[240]

---

[207] KB: FREYTAG.

[208] Vgl. LERSNER 1706, Zweites Buch, S. 44.

[209] KB: *FBl* 20 (1922), Sp. 54.

[210] KB: *NdFk* 31 (1982), S. 278.

[211] KB: *ASf* 11 (1934), S. 126.

[212] KB: *FBl* 29 (1931), Sp. 307.

[213] KB: FREYTAG.

[214] KB: *NdFk* 26 (1977), S. 70.

[215] Vgl. HUMAN, S. 124.

[216] Vgl. *AprGk* 16/17 (1942/43), S. 134.

[217] KB: KLEEFELD/LECHNER, S. 17 f. Wahrscheinlich gehört hierzu die Taufpredigt »Goltz (Henr.) Tauf=Predigt, in HosXIII.9, Elbingae 1699« (Titel nach J. C. WOLF IV, S. 494).

[218] KB: *FBl* 29 (1931), Sp. 279.

[219] KB: *FBl* 34 (1936), Sp. 242.

[220] KB: HERRMANN 1981, S. 66 f.

[221] Vgl. die Taufpredigt von HEUNISCH und das Bekenntnis von AARON.

[222] KB: FREYTAG.

[223] KB: FBl 18 (1920), Sp. 117; vgl. auch das Taufbekenntnis, hg. v. WEICKHMANN.

[224] KB: FREYTAG.

[225] KB: *FBl* 20 (1922), Sp. 54.

[226] KB: *DtRo* 73 (1935), S. 182. Die hier genannte Taufpredigt (vgl. auch J. C. WOLF II, S. 1062) konnte ich nicht ausfindig machen.

[227] Vgl. AD. MÜLLER, S. 21.

[228] KB: FREYTAG.

[229] Vgl. MARKREICH, S. 9.

[230] Vgl. LERSNER 1706, Zweites Buch, S. 44.

[231] KB: *FBl* 34 (1936), Sp. 246.

[232] KB: *FBl* 20 (1922), Sp. 54.

[233] KB: *ASf* 10 (1933), S. 333.

[234] Vgl. WATZ, S. 181.

[235] KB: DIEHL 1930, S. 88.

[236] KB: ROSENTHAL, S. 55; vgl. auch LERSNER 1706, Zweites Buch, S. 44.

[237] KB: FREYTAG.

[238] Vgl. *Berechnung,* S. 23, und die Taufpredigt von GLEICH.

[239] Vgl. *Geschichte Speyer,* S. 79.

[240] KB: DIEHL 1926, S. 111–113. Die Familie wurde wegen der verschiedenen Herkunftsorte der Kinder an zwei Orten, sogar in verschiedenen Territorien mit unterschiedlicher Konfession getauft!

394–403)	1701 :	Altona[241]; Leipzig[242]; Zerbst[243]; Osten/Oste[244]; Frankfurt/Main (2)[245]; Wilhermsdorf (Hohenlohe; 2)[246]; Nördlingen[247]; Neukölln[248]
404)	1701/02 :	Wismar[249]
405–417)	1702 :	Hamburg (Michaelis; 3)[250]; Berlin[251]; Greifswald (6)[252]; Dresden[253]; Frankfurt/Main[254]; Speyer[255]
418–424)	1703 :	Hamburg (Michaelis)[256]; Riga (2)[257]; Leipzig (3)[258]; Zerbst[259]
425–429)	1704 :	Frankfurt/Main[260]; Lübben[261]; Sandersleben[262]; Dillenburg[263]; Rüsselsheim[264]
430–435)	1705 :	Riga[265]; Nordhausen[266]; Dresden[267]; Siegen[268]; Meiches[269]; Kassel[270]
436–444)	1706 :	Memel[271]; Züllichau[272]; Pesterwitz[273]; Leipzig (2)[274]; Torgau[275]; Idstein (2)[276]; Großenhain[277]

[241] Vgl. diese Arbeit, Exkurs I, Anm. 195.
[242] Vgl. A. DIAMANT, S. 234.
[243] KB: *FBl* 18 (1920), Sp. 117; vgl. auch das Taufbekenntnis, hg. v. WEICKHMANN.
[244] KB: *FBl* 18 (1920), Sp. 118.
[245] Vgl. LERSNER 1706, Zweites Buch, S. 44.
[246] Über das Leben des späteren Kammerrates Christfels unterrichtet am besten LAMPERT; weitgehend danach auch DE LE ROI I, S. 377–381.
[247] Vgl. SCHOEPS 1952, S. 105.
[248] DIFENBACH 1709, S. 279, erwähnt eine Predigt anläßlich der Taufe eines erwachsenen Juden in »S. Peter in Cölln an der Spree«, die 1701 gedruckt wurde. Die Taufe könnte freilich auch schon etwas früher stattgefunden haben.
[249] In der Schrift des Konvertiten M. CHRISTIAN, S. 4–6, ist ein Brief des Pastors Horn mit abgedruckt, der sich 1717 aber nur erinnert, Christian vor 15 oder 16 Jahren getauft zu haben.
[250] KB: FREYTAG.
[251] Vgl. C. F. KATZ, S. 3, zur eigenen Taufe.
[252] Vgl. MENTES, S. 3, zur Taufe seiner Familie durch Johann Friedrich Mayer (auf Vermittlung durch Edzard).
[253] Vgl. *Berechnung,* S. 23.
[254] Vgl. LERSNER, Zweites Buch, S. 44.
[255] Vgl. DERTSCH, S. 58.
[256] KB: FREYTAG.
[257] Vgl. A. BUCHHOLTZ, S. 20 f.
[258] Vgl. A. DIAMANT, S. 234.
[259] KB: *FBl* 18 (1920), Sp. 117; vgl. auch das Taufbekenntnis, hg. v. WEICKHMANN.
[260] Vgl. LERSNER 1706, Zweites Buch, S. 45; vgl. auch den Bericht über den Täufling und die Predigt bei DIFENBACH 1709, S. 325–374.
[261] KB: *FBl* 17 (1919), Sp. 134.
[262] KB: *FBl* 20 (1922), Sp. 53.
[263] KB: *FBl* 34 (1936), Sp. 242.
[264] KB: *ASf* 13 (1936), S. 252.
[265] Vgl. A. BUCHHOLTZ, S. 21 f.
[266] Vgl. *ASf* 11 (1934), S. 91.
[267] Vgl. *Berechnung,* S. 23.
[268] KB: *FBl* 18 (1920), Sp. 118.
[269] Vgl. DIEHL 1925b.
[270] Vgl. SCHUDT IV/1, S. 171.
[271] Vgl. S. STERN I/2, S. 460–467.
[272] Vgl. *DtRo* 23 (1935), S. 182.
[273] KB: *FBl* 13 (1915), Sp. 307.
[274] Vgl. HARTENSTEIN, S. 60.
[275] Von dieser Taufe gibt es einen Bericht von Christian Hoffkuntz, vgl. *NUC Vol.* 250, S. 23; DIFENBACH 1709, S. 75.
[276] KB: ZIEMER, S. 3.
[277] Dazu gibt es einen Taufbericht von Joh. Elias Ulich, vgl. BEMMANN IV/1, S. 237.

445–453)	1707 :	Hamburg (Michaelis; 2)[278]; Frankfurt/Main[279]; Königsberg[280]; Zittau[281]; Leipzig[282]; Wetzlar (2)[283]; Regensburg[284]
454–470)	1708 :	Hamburg (Michaelis; 3)[285]; Frankfurt/Main (2)[286]; Riga[287]; Barby (4)[288]; Nordhausen[289]; Halle/Saale[290]; Golzow[291]; Rostock (2)[292]; Braunschweig (2)[293]
471–489)	1709 :	Hamburg (Michaelis; 10)[294]; Königsberg[295]; Rostock[296]; Spandau[297]; Dresden (2)[298]; Hamm[299]; Schwäbisch Hall[300]; Darmstadt[301]; Heilbronn[302]
490–516)	1710 :	Hamburg (Michaelis; 5)[303]; Königsberg[304]; Naumburg (3)[305]; Dresden (2)[306]; Idstein[307]; Nürnberg (2)[308]; Husum[309]; Darmstadt[310]

---

[278] KB: FREYTAG.

[279] Vgl. LERSNER 1734, II, S. 43; zum Lebenslauf des Proselyten *Pastor Zeitmann;* DE LE ROI I, S. 375–377.

[280] KB: *FBl* 29 (1931), Sp. 300; vgl. auch *FBl* 35 (1937), Sp. 127.

[281] Vgl. PESCHECK, S. 286.

[282] Vgl. HARTENSTEIN, S. 60.

[283] KB: *FBl* 34 (1936), Sp. 246.

[284] Vgl. die Taufpredigt von SERPILIUS.

[285] KB: FREYTAG.

[286] Vgl. LERSNER 1734, II, S. 43.

[287] Vgl. A. BUCHHOLTZ, S. 21 f.

[288] Zu dieser Taufe gibt es eine Veröffentlichung von Berthold, vgl. J. C. WOLF II, S. 1059; vgl. auch *FBl* 34 (1936), Sp. 241.

[289] Vgl. *ASf* 13 (1936), S. 91.

[290] Vgl. die Taufpredigt von Heineccius, nach DIFENBACH 1709, S. 248; J. C. WOLF II, S. 1060.

[291] Vgl. *ASf* 13 (1936), S. 261.

[292] Vgl. *Beytrag,* S. 104.

[293] KB: BALLIN, S. 62.

[294] KB: FREYTAG; der Täufling T. PHILIPP veröffentlichte später sein Taufexamen.

[295] KB: *FBl* 29 (1931), Sp. 300; vgl. auch *FBl* 35 (1937), Sp. 127.

[296] Vgl. ebd.

[297] KB: *DtRo* 27 (1939), S. 13.

[298] Vgl. *Berechnung,* S. 23.

[299] Vgl. J. C. WOLF III, S. 977, über den auch als Autor hervorgetretenen Täufling.

[300] Vgl. WUNDER, S. 97 f.

[301] KB: *FBl* 34 (1936), Sp. 243.

[302] Vgl. J. C. WOLF III, S. 363.

[303] KB: FREYTAG.

[304] Vgl. *FBl* 35 (1937), Sp. 127.

[305] KB: *FBl* 35 (1937), Sp. 125 f.

[306] Vgl. *Berechnung,* S. 23.

[307] KB: ZIEMER, S. 3.

[308] KB: AR. MÜLLER, S. 136.

[309] Vgl. LASS, S. 23.

[310] Vgl. J. R. WOLF, S. 61 f.

Das erste Auffällige an dieser Zusammenstellung ist die fast stetige Zunahme der Zahl der Judentaufen von Jahrzehnt zu Jahrzehnt. Einen erheblichen Sprung gibt es nur zwischen 1661–1670 (19 Taufen) und 1671–1680 (70 Taufen). Er relativiert sich aber auch, wenn man die Zahlen ohne Hamburg betrachtet (18 und 40). Hier schon einen Erfolg pietistischer Judenmission sehen zu wollen, ist wohl unmöglich angesichts der langen Zeit, die der Pietismus zur Durchsetzung brauchte.

Ein weiterer interessanter Punkt ist die geographische Verteilung der Judentaufen. Auf die Sonderstellung der Hamburger Judentaufen (178; davon allein 152 in den Jahren 1656–1708) war schon hingewiesen worden[311]. Mit deutlichem Abstand folgt Frankfurt/Main mit 48 Judentaufen auf dem zweiten Platz, so daß der auch als Judenbekehrer genannte Lichtstein, während dessen Wirkens 1634–1682 22 Juden getauft wurden, von Spener mit Recht gerühmt wird[312]. Neben diesen Städten mit bedeutenden Judengemeinden sind Städte mit starkem Besuch jüdischer Händler (Leipzig: 15; Königsberg: 8) und bedeutendere Residenzen (Darmstadt: 13; Dresden: 9) Schwerpunkte der Judentaufen, während Nürnberg (8) eine geringere Rolle spielt. Neben Ostdeutschland mit seinem stärkeren Zustrom von Ostjuden hat der hessische Raum auffällig viele Taufen. Wenn auch ein direkter Erfolg der einzelnen Zwangsmaßnahmen hier nicht festzustellen ist, so kann dies doch ein Zeichen für eine größere Aufgeschlossenheit gegenüber der Judenmission sein.

Besonders in den kleineren Residenzen, aber auch in anderen Städten, war es üblich, daß Fürsten und andere hochgestellte Persönlichkeiten die Patenschaft übernahmen[313]. Bestätigen läßt sich auch die Beobachtung, daß die meisten Konvertiten fern von ihrer Heimat getauft wurden[314]. Offensichtlich waren die Juden eher für die Bekehrung anfällig, die außerhalb ihrer festgefügten sozialen Ordnung standen; das erklärt auch, warum so oft alleinstehende Personen, ganz selten ganze Familien getauft wurden. Nicht gerechtfertigt scheint mir dagegen der früher gern erweckte Eindruck, die meisten Täuflinge seien charakterlose Gesellen, die es vor allem auf die freie Kost und Logis während des Taufunterrichts und die Patengeschenke abgesehen hatten[315]. Nur zweimal wird aus dem 17. Jahrhundert berichtet, daß ein Jude mehrmals die Taufe begehrte[316]; solcher Taufbetrug scheint erst im

[311] Vgl. diese Arbeit, S. 110.
[312] Vgl. SPENER Lpr, S. 283; dort werden alle 22 Taufen Lichtstein zugeschrieben.
[313] Vgl. diese Arbeit, Kap. 3, Anm. 98; allgemein zu diesem Phänomen DERTSCH, S. 60; WENTSCHER, S. 261 f.
[314] Vgl. WENTSCHER, S. 342 f.; DERTSCH, S. 58.
[315] Vgl. WENTSCHER, S. 325; STEINER, S. 91 f.; auch GLANZ 1968, S. 69–74, über Taufbetrug als »neuer gaunerischer Industriezweig«.
[316] Vgl. diese Arbeit, Exkurs I, Anm. 84; DIEHL 1928, S. 64.

18. Jahrhundert eine größere Rolle gespielt zu haben[317]. Neben den Doppel-
taufen wird allerdings auch einige Male berichtet, daß ein getaufter Jude bald
»entlaufen« und evtl. ins Judentum »zurückgefallen« sei[318]. Zahlreicher als
diese unsicheren Fälle sind aber im 17. Jahrhundert diejenigen, die ihre
ernsthafte christliche Überzeugung bald nach der Taufe durch Veröffentlichungen unterstrichen.

---

[317] Einschlägige Beispiele wurden vor allem in der NS-Zeit zusammengetragen, um die
Judenmission insgesamt zu diskreditieren; vgl. nur SCHMIDTMAYER; aber auch G. MÜLLER 1968,
S. 494, der in seinem Beitrag zur Orthodoxie nur einen Fall von 1725 nennen kann.
[318] Vgl. *FBl* 13 (1915), Sp. 307; 35 (1937), Sp. 127; WENTSCHER, S. 325.

Exkurs II

Bekehrungsmaßnahmen der Obrigkeit

A. Vorbemerkung

Wenn auch die protestantischen Fürsten und Städte sich in ihrer Judenpolitik keineswegs vornehmlich von den Wünschen ihrer Theologen bewegen ließen, so blieben die tatsächlichen Lebensverhältnisse der Juden dennoch von den theologischen Anschauungen nicht unberührt. In diesem Exkurs sollen die zahlreichen Maßnahmen nachgezeichnet werden, die von den Obrigkeiten zur Bekehrung der Juden initiiert und durchgeführt wurden. Dabei kommt es mir nicht auf eine vollständige Bestandsaufnahme an, sondern auf eine Bewertung der verschiedenen Methoden der Judenbekehrung und der Rolle der Theologen bei ihrer Durchführung.

B. Judenpredigten in Hessen-Darmstadt und Hessen-Kassel

Als Beispiel für die gängigste Form obrigkeitlichen Handelns können die Zwangspredigten gelten. Quellenmäßig am besten erfaßt sind die Predigten, die in Hessen-Darmstadt und Hessen-Kassel um die Jahrhundertmitte veranstaltet wurden. Sie haben auch in der Literatur die größte Beachtung gefunden. Schon Difenbach[1] und Schudt[2] nennen sie als herausragende Maßnahmen zur Judenbekehrung. Diese Sicht klingt bei Diehl[3] und Frick[4] nach, die hier ihre These von der besonderen Leistung der Orthodoxie bestätigt sehen. Auch Gerhard Müller sieht in den Maßnahmen der Landesherren ein Charakteristikum orthodoxer Missionsarbeit[5]. De le Roi dagegen, der der Zeit der Orthodoxie kaum eigenständige Missionsarbeit an

---

[1] Vgl. DIFENBACH 1709, S. 64.
[2] Vgl. SCHUDT I, S. 247f.
[3] Vgl. DIEHL 1900, S. 299f.; DIEHL 1925a, S. 601–619, widmet ihnen eine ausführliche Darstellung.
[4] Vgl. FRICK 1922, S. 119.
[5] Vgl. G. MÜLLER 1968, S. 487; die hessischen Judenpredigten werden aaO., S. 493, kurz erwähnt.

den Juden zugestehen will, nennt die Zwangspredigten nur beiläufig[6] und wertet sie mit einem Hinweis auf ihre Wirkungslosigkeit ab[7]. Eine genauere Kenntnis müßte also für unsere Themenstellung unmittelbar bedeutsam sein.

Die Geschichte der »Judenkonvente« in Hessen-Darmstadt ist von Diehl aus den damals noch vorhandenen Akten ausführlich nachgezeichnet worden. Da diese Akten im 2. Weltkrieg verbrannt sind[8], will ich aus dem Bericht Diehls[9] die wesentlichen Aspekte hervorheben.

Die Vorgeschichte liegt leider ziemlich im Dunkeln; offenbar waren es Anstöße der Theologen, die Landgraf Georg II. 1642 dazu bewogen, eine Ordnung zur Einrichtung von Judenkonventen im ganzen Lande zu erlassen (S. 606). Nach Darstellung der sofort protestierenden hessischen Juden sah diese vor, »daß sie jedes Jahr zweymal an bestimbten Orten vor einem Geistlichen und den Beambten erscheinen, und was selbige ihnen vorhalten, fleißig anhören und vernehmen sollten« (S. 607). Bei den ersten Judenkonventen 1642 haben nach Ansicht des Geheimen Rats »etzliche Geystliche . . . einen unnötigen Eyfer gebraucht und die Juden fast hart angegangen« (S. 607); dennoch plädiert er für die Fortsetzung der Konvente, ebenso wie der Superintendent von Gießen und Oberhofprediger Peter Haberkorn, dessen Argumente schon behandelt wurden[10].

Tatsächlich wurden die Konvente 1643 weitergeführt; Berichte über die Versammlungen in Darmstadt und Gießen lagen Diehl vor. In Darmstadt, wo fast alle Juden der Obergrafschaft Katzenelnbogen und der Herrschaft Eppstein zusammengekommen waren, begann der Konvent unter der Leitung von Superintendent Konrad Greber mit der Verlesung der Judenordnung (S. 610). Greber begann daraufhin ein Gespräch über die Möglichkeiten der Juden, vom Fluch Gottes erlöst zu werden. Da doch Gesetzeserfüllung und Opfer keine Möglichkeiten mehr sind, sollen die Juden sich zum rechten Messias Jesus Christus hinwenden (S. 611). Als ein unmittelbarer Erfolg ausblieb, wurden die Juden in Ruhe entlassen. In Gießen (2. 2. 1643) sollte der Ablauf wohl genauso aussehen; aber obwohl Haberkorn seine Predigt über den wahren Messias nur als weitere Auslegung der Judenordnung deklarierte, entzogen sich die meisten Juden dem Zuhören durch Privatgespräche (S. 612 f.). Beim dritten Konvent im November 1643 gab es in Gießen sogar »einen Uffstand« der über die christlichen Predigten empörten Juden (S. 614). Der Widerstand der Juden war es, der dazu führte, daß schon 1644 außer in Gießen nirgendwo in Hessen-Darmstadt mehr Judenkonvente abgehalten wurden (S. 615). Haberkorn erreichte zwar 1650 ihre Wiederaufnahme in Alsfeld und Nidda, sah aber dann selbst von diesen Maßnahmen ab (S. 616)[11]. Anregungen aus

    [6] Vgl. DE LE ROI I, S. 103 f.; am Ende eines ausführlichen Berichts über die literarischen Anstrengungen.

    [7] Vgl. aaO., S. 104.

    [8] Vgl. S. COHEN, S. 155.

    [9] Vgl. DIEHL 1925a, S. 606–619. BATTENBERG 1984 trägt leider kaum etwas bei, nur die Bestätigung von Beschwerden der Stände als Voraussetzung der neuen Judenpolitik (S. 41 f.).

    [10] Vgl. diese Arbeit, S. 24.

    [11] Dies wird bestätigt durch ARNSBERG II, S. 301. RUMETSCH, S. 66, erlebte 1652 eine (leider auch durch die ›pervicacia‹ der Juden beeinträchtigte) Unterweisung Haberkorns in Gießen mit. BODENHEIMER 1932, S. 30, erwähnt auch für 1660 Judenkonvente in Gießen, Alsfeld und Nidda; dazu würde der Hinweis bei AD. MÜLLER, S. 20, auf eine jüdische Eingabe gegen solche Predigten aus dem Jahre 1660 passen. Darüber konnte aber nichts weiter festgestellt werden.

den Jahren 1668, 1695 und 1715 auf Wiederaufnahme der Konvente blieben erfolglos (S. 617–619).

Im Gegensatz zu den Darmstädter Landgrafen[12] wird den Landgrafen Wilhelm IV. (1562–1592) und Moritz I. (1592–1627) von Hessen-Kassel eine eher judenfreundliche Haltung nachgesagt[13]; beide verzichteten auf jeglichen Versuch unfreiwilliger Bekehrung[14].

Eine Wandlung tritt dann mit der Regentschaft von Landgräfin Amalie Elisabeth (1637–1650) und ihrer 1646 gedruckten, aber nicht publizierten Judenordnung ein[15]. Ihr waren Forderungen der Landstände nach einer erheblichen Verschärfung der Bestimmungen von 1539 vorausgegangen[16]. Die Landgräfin aber hoffte, die Probleme zwischen ihren jüdischen und christlichen Untertanen durch eine großangelegte Bekehrungsaktion endgültig lösen zu können[17], und bat die Kasseler Prediger um ihren Rat in der Sache. Diese äußerten sich im März 1645 erst sehr zurückhaltend; dann schlugen sie die bekannte »Doppelstrategie« vor: einschränkende Maßnahmen gegen Synagogen und Wucher und aufbauende Maßnahmen durch vierteljährliche Zwangspredigten und »nützliche Büchlein« für die Juden[18]. Die Judenordnung von 1646 zeigt demgegenüber ein mehrdeutiges Gesicht. Sind einerseits die Einschränkungen der Lebensbedingungen nur unwesentlich gegenüber der früheren Ordnung von 1539 abgemildert (wenn auch – entgegen den Forderungen – nicht verschärft) worden, so ist andererseits der Gedanke eines besonderen Schutzverhältnisses zwischen Landgraf und Juden hier besonders betont und in den ersten sechs Paragraphen detailliert ausgestaltet[19]. Die sich hieran sofort anschließenden Religionsbestimmungen greifen in der Einschränkung der jüdischen

---

[12] Bes. Georg I. und Georg II. werden bei ROMMEL VI, S. 96; BODENHEIMER 1932, S. 12.14f.; COHN, S. 67, als ausgesprochen judenfeindlich bewertet. Vgl. auch die Analyse der darmstädtischen Judenordnungen von 1585 und 1629 bei BATTENBERG 1983, S. 93–96.

[13] Vgl. KOPP 1799, S. 159f.; COHN, S. 65f.

[14] ROMMEL VI, S. 664. Dabei ist allerdings zu beachten, daß die Judenordnung von 1539 mit ihren 1543 erneuerten Zwangsbestimmungen offiziell bis 1679 in Kraft blieb.

[15] Vgl. dazu *Sammlung II*, S. 126f., und die Vorrede zur Judenordnung von 1679 (*Sammlung III*, S. 121). Die Judenordnung von 1646 liegt dennoch gedruckt vor, vgl. *Renovirte Ordnung*. (Hinzuweisen ist noch auf eine 1633 von Landgraf Wilhelm verfügte Judenordnung für das von ihm besetzte Fürstbistum Fulda, die sich aber an die dortige katholische Judenordnung anschloß und keine religiösen Zwangsbestimmungen enthielt, vgl. ROTH, S. 100–118.)

[16] In der Vorrede (*Renovirte Ordnung*, S. 3) nennt die Landgräfin allgemein »unterschiedlich[e]« Beschwerden. Nach H. BRUNNER, S. 573f., gaben die Forderungen der Reichsritter von 1640 den Anlaß. MUNK 1912, S. 385, nennt aber auch zwei Bittschriften von 1643.

[17] Vgl. H. BRUNNER, S. 573f.; ähnlich ROMMEL VIII, S. 792.

[18] Vgl. H. BRUNNER, S. 575.

[19] Vgl. *Renovirte Ordnung*, S. 2–7; zur Einzelbewertung BATTENBERG 1983, S. 98–102; gegenüber dieser sorgfältigen Analyse bietet MUNK 1912, S. 385–388, nur eine Aufzählung einzelner Paragraphen der Judenordnung von 1679.

Religionsausübung auf die Vorgänger zurück, sehen aber auch weitreichende Zwangsmaßnahmen zur Judenbekehrung vor[20].
1647 sollten die Zwangspredigten in Kassel beginnen. Da die in der Stadt Kassel zunächst vorgesehenen Prediger mit geringem Enthusiasmus zu Werke gingen[21], wurde die Aufgabe dem Pfarrer Just Soldan übertragen. Seine Predigten, die gedruckt vorliegen, waren schon referiert worden[22]. Hier ist nur darauf hinzuweisen, daß die Predigten – angefüllt mit rabbinischen Zitaten und philologischen Bemerkungen – wahrscheinlich für den Druck bearbeitet wurden und daher nur noch wenig Rückschlüsse auf das wirkliche Geschehen zulassen. Wir können gerade noch feststellen, daß die Predigten im Ton freundlich waren und (mit durchschnittlich 25 Quartseiten) etwa eine Stunde gedauert haben müssen. Auffällig ist, daß nur die ersten 16 Predigten mit Daten versehen sind (5. 8. 1647–1. 10. 1649); die anderen sind also offenbar nur ausgearbeitet, aber nicht mehr gehalten worden[23]. Berichte über einzelne Veranstaltungen liegen nicht vor, sicher ist aber, daß auch diese Anstrengungen ziemlich schnell im Sande verliefen, weil die Juden zwar zur Teilnahme gezwungen werden konnten (die Landgräfin verhängte Geld- und Gefängnisstrafen für Versäumnisse[24]) aber nicht zur Aufmerksamkeit, worüber sich der Rotenburger Dekan Crollius beklagte. Er setzte statt dessen auf Privatkonferenzen in seiner Wohnung, erreichte damit aber noch weniger[25]. 1652 wurden die Predigten offiziell eingestellt[26]; sicherlich weniger wegen der Eingabe der Juden[27], sondern wegen der Frustration der Prediger.

Nun sollte der von Sebastian Curtius schon 1650 im fürstlichen Auftrag geschaffene Judenkatechismus Grundlage der weiteren Unterweisung der

---

[20] Nach § 8 sollen die Juden »wann einer oder mehr vnser Theologen oder Pfarherrn des orts/ da sie wohnen/ vnd sonderlich diejenige/ so von vns dazu in specie bestellt werden möchten/ sich guthertziger meynung mit ihnen in conferentz begeben wolten/ oder würden/ alsdann denselben ihres Glaubensbekendtniß thun/ vnd sich vnterrichten lassen ...« (*Renovirte Ordnung*, S. 8). § 9 legt fest, daß sie »auch an denen orten/ da sie wohnen die Sonn= Beth= Fasttags= vnd Wochenendpredigten/ oder wie wir es dißfals weiter mit ihnen anordnen möchten/ besuchen/ fleissig zuhören/ vnd dem Gottesdienst nach eines jeden Pfarhers anordnung/ abwarten/ bei straff zehen Gülden ...« (ebd.). Weitere Einzelheiten bei BATTENBERG 1983, S. 97 f.
[21] Vgl. H. BRUNNER, S. 576 f.
[22] Vgl. diese Arbeit, S. 75.
[23] Dem könnte ein Brief von Sebastian Curtius widersprechen (mitgeteilt in ZHB 7 [1903], S. 62 f.), worin Curtius im Dezember 1650 Buxtorf mitteilt, daß »Apud nos ab anno 47 per intervalla conciones aliquol [!] de Messia ... sunt habitae«; allerdings waren zu dieser Zeit die Predigten ja auch noch nicht offiziell eingestellt.
[24] Vgl. COHN, S. 74.
[25] Vgl. HORWITZ; H. BRUNNER, S. 578.
[26] Vgl. aaO., S. 579.
[27] Vgl. COHN, S. 75.

Juden werden[28]. Über die Fortführung oder gar einen Erfolg dieser Maßnahme ist nichts weiter bekannt; nicht zuletzt dürfte ihm die apologetische Tendenz des Katechismus im Wege gestanden haben. Nach 1652 gibt es keine Spur von Judenpredigten in Hessen-Kassel mehr[29]. Die »Judenlandtage«, die bis ins 18. Jahrhundert stattfanden, hatten rein politische Bedeutung und sind mit den Judenkonventen nicht zu vergleichen[30].

Beiden Versuchen, die Forderungen der Politiker in die Tat umzusetzen, ist also nur eine kurzzeitige Blüte beschieden gewesen[31]; sie scheiterten an der offenbar unerwarteten Ablehnung der Juden. Diese entzogen sich der Mission im 16. wie im 17. Jahrhundert durch juristische Eingaben, durch entschuldigtes oder unentschuldigtes Fernbleiben und (langfristig am erfolgreichsten) durch Unaufmerksamkeit[32]. Der unmittelbare Erfolg blieb minimal; nur eine Judentaufe kann direkt mit den Predigten in Verbindung gebracht werden[33]. Gemeinsam ist auch, daß beide Maßnahmen, die im lutherischen Hessen-Darmstadt und im reformierten Hessen-Kassel[34], in enger Kooperation von Kirche und weltlicher Obrigkeit durchgeführt wurden. In Hessen-Darmstadt zeigt sich dies in der Anwesenheit von Beamten und dem Verlesen der Judenordnung, in Kassel durch die Verlegung der Predigten ins Rathaus (was allerdings auch als Rücksichtnahme auf die Juden zu werten ist, die man nicht zur Kirche bringen konnte[35].) In beiden Fällen ging auch ein persönlicher Befehl des Landgrafen bzw. der Landgräfin voraus. Während aber Amalie Elisabeth von Anfang an die treibende Kraft war und erst später wenigstens einige der skeptischen Theologen gewinnen

---

[28] Vgl. CURTIUS, S. A 4^v f.; zum Inhalt vgl. diese Arbeit, S. 75 f.

[29] Die 1680 vorgenommene Vidimation einer die Zwangspredigten ablehnenden Antwort der Marburger Juristenfakultät von 1634 – für den Herausgeber der *Sammlung III*, S. 126, und für COHN, S. 75, ein Hinweis auf die Fortsetzung der Predigten bis zu dieser Zeit – scheint mir viel eher eine Reaktion auf die Judenordnung von 1679 zu sein, die ja weiter die Möglichkeit von Judenpredigten vorsah (allerdings nur als Eventualfall, vgl. *Sammlung III*, S. 125 f.).

[30] Über diese Versammlungen vgl. KOPP 1801 und MUNK 1897.

[31] BATTENBERG 1983, S. 91, der meint, es seien »vielfach Judenpredigten in Rathäusern gehalten« worden, ist hier einer irreführenden Formulierung bei GÜNTHER, S. 76, aufgesessen. Tatsächlich hatte Günthers Gewährsmann WINCKELMANN, S. 420, mitgeteilt, daß erst unter Georg II. und Amalie Elisabeth die Bestimmungen von 1539 verwirklicht wurden.

[32] Nach ARNSBERG I, S. 294 f. 416, entzogen sich die Juden den Predigten sogar durch die Auswanderung, doch dazu will die Eingabe vom Januar 1652 (vgl. COHN, S. 76) nicht passen. ARNSBERG, der die Judenpredigten unter Amalie Elisabeth schon ins Jahr 1600 verlegt (I, S. 416) und die Judenkonvente in Gießen schon 1643 enden lassen will (I, S. 255), scheint auch hier über unzuverlässige Informationen zu verfügen.

[33] H. BRUNNER, S. 578, erwähnt den Täufling Christian 1651; dazu auch COHN, S. 76. Allerdings sind auch die Judentaufen in Kassel 1649 und in Darmstadt 1650 und 1651 zu beachten (vgl. diese Arbeit, Exkurs I). In Darmstadt gibt es zu dieser Zeit noch zwei getaufte Juden namens Gerauer (vgl. *FBl* 34 [1934], Sp. 243), deren Taufdaten sich nicht ermitteln ließen.

[34] Dabei ist aber zu beachten, daß Hessen-Kassel im Selbstverständnis irenisch und auf Abgrenzung vom Calvinismus bedacht war, vgl. dazu ZELLER, passim.

[35] Vgl. WINCKELMANN, S. 420; eine entsprechende Empfehlung schon bei GERSON, S. B 3^v.

konnte (die sich ihre Mitarbeit auch teuer bezahlen ließen[36]), wurde Georg II. selbst von den Theologen gedrängt, die wie Haberkorn auch die Judenkonvente mit großem Engagement weiterführten, als der Landgraf das Interesse verloren zu haben schien.

Daran lassen sich wiederum die beiden Pole der Einstellung zum Judentum erkennen. Die Judenpolitik Amalies konzentrierte sich zumindest 1647–1652 ganz auf das Bekehrungswerk, während für Georg die Bekehrungspredigten nur eine Episode in der Politik des Zurückdrängens von jüdischem Einfluß waren[37]. In Kassel war die Bekehrung der Juden auch um ihrer selbst willen immer ein eigenständiges Motiv, wenn auch mit anderen Zwecken vermischt; in Darmstadt war sie höchstens als Mittel zum Zweck der Abwehr der jüdischen Gefahren kurzfristig akzeptiert. Daß die Judenkonvente eine weltliche Angelegenheit waren, die sich nicht auf die Bekehrungspredigt reduzieren läßt, zeigt sich auch daran, daß Haberkorn wegen der Maßgabe des Landesherrn, den Juden in Güte zu begegnen, auf die Fortsetzung seiner Predigt verzichten mußte[38].

C. Zwangspredigten außerhalb von Hessen

Die hessischen Maßnahmen fanden in ihrer Art kein Gegenstück im evangelischen Bereich. Den Zwang zum Anhören von christlichen Predigten gab es aber auch anderswo in Deutschland. De le Roi erwähnt entsprechende Verordnungen in Ansbach 1597, Anhalt-Bernburg 1652 und Braunschweig am Ende des 17. Jahrhunderts[39]. Ähnliche Anordnungen gab es auch in Braunschweig-Wolfenbüttel[40] und Hannover[41] 1622, Celle 1650[42], Kolbsheim (Elsaß) 1656[43], Dessau[44] und Halberstadt[45] 1685. Wie die hessi-

---

[36] Vgl. Cohn, S. 74.

[37] Vgl. dazu bes. Georgs II. Testament (zitiert nach Rommel IX, S. 506 f.), wo er den Nachfolger dazu mahnt, die Juden als schädliche Lästerer und Wucherer nicht zu tief im Land sich einnisten zu lassen. Da die zuerst betriebene Ausweisung auch nichts ausrichtet, hat Georg »vor etlichen Jahren« die Veranstaltungen ausgeschrieben, in denen neben der Judenordnung auch »Weissagungen von Christo« ausgelegt werden, damit »die Juden zum Gehör des seeligmachenden Evangelii von Christo Jesu gebracht, und soviel möglich bekehrt werden mögen«. Er rät aber seinem Sohn, wo dies nichts fruchte, könne er »auf andere Expedientia gedenken«.

[38] Vgl. Diehl 1925a, S. 613.

[39] Vgl. de le Roi I, S. 103. Das genaue Datum der Braunschweig-Lüneburger Verordnung war der 22. 3. 1689 (nach Löb, S. 11).

[40] Vgl. Schulze, S. 24.

[41] Vgl. Löb, S. 6.

[42] Vgl. Homann, S. 52.

[43] Vgl. Adam 1928, S. 530.

[44] Vgl. Wäschke, S. 93.

[45] Vgl. König, S. 89 f. Der Große Kurfürst hatte allerdings schon 1650 im Halberstädtischen Homagial-Rezeß in Aussicht gestellt, die Juden »zu Anhörung des seeligmachenden Göttlichen

sche Judenordnung von 1543 sahen diese aber nur vor, daß die Juden den
normalen Sonntagsgottesdienst besuchen. Nur in Braunschweig-Lüneburg
ist ausdrücklich eine nur an die Juden gerichtete jährliche Predigt über die
Fundamente des christlichen Glaubens angesetzt worden, in Halberstadt
mag dasselbe gemeint gewesen sein[46]. Sicherlich zielten all diese Verordnungen auf die Bekehrung der Juden, aber man wird sie als recht unüberlegte
Verlegenheitsversuche charakterisieren müssen. Wie in Hessen war der Versuch, die Juden zu bekehren, oft ein Kompromiß zwischen der Forderung
die Juden zu vertreiben, und dem Interesse an ihrer Duldung. In Wolfenbüttel hatten die Juden eigentlich 1619 ausgewiesen werden sollen, der Bekehrungsversuch gab ihnen eine letzte Chance. Georg Friedrich von Ansbach[47]
machte wie die Dessauer Regierung[48] ausdrücklich die Hoffnung auf die
Bekehrung zur Voraussetzung für die Duldung der Juden. Über keinen
dieser Versuche liegen jedoch Erfahrungs- oder gar Erfolgsberichte vor; es
ist anzunehmen, daß die Juden sich ihnen genauso entzogen wie in Hessen.
Eine geringe Zunahme der Judentaufen ist höchstens nach der Aktion in
Braunschweig-Lüneburg festzustellen[49]. Über eine längere Praktizierung
dieser Versuche ist keinem der Chronisten etwas bekannt geworden.

D. *Vergebliche Forderung von Zwangspredigten*

Die Sonderstellung, die die Predigten in Hessen einnahmen, wird aber
noch deutlicher, wenn wir die Fälle betrachten, in denen Judenpredigten in
offiziellen Eingaben gefordert, von der Obrigkeit aber abgelehnt wurden.
Besondere Beachtung haben die Verhandlungen um die Duldung der
portugiesischen Juden in Hamburg gefunden[50]. Die Juden waren zunächst
unerkannt (als portugiesische Kaufleute) in die Stadt eingewandert. Als 1603
ihre wirkliche Religion bekannt wurde, kam es zu einem Tauziehen um die

---

Worts und vermittels desselben zu dem Erkäntnüsse Christi/ und ihrer Seeligkeit durch eine
zureichende Verordnung« zu bringen (zitiert nach LÜNIG 1713, Teil 3, S. 135).

[46] KÖNIGS (S. 89) Angabe, die Juden würden angehalten, »daß sie christliche Kirchen und den
darinn zu haltenden Gottesdienst besuchen sollten«, kann sowohl eine Sonderveranstaltung wie
den normalen Gottesdienst meinen.

[47] Vgl. HAENLE, S. 183.

[48] Vgl. WÄSCHKE, S. 93.

[49] 1690 und 1694 drei Taufen in Verden, wo die Täuflinge aber (aus ihrer jüdischen Umwelt
entwurzelte) Soldaten waren, und 1689 in Winsen a. d. Luhe (vgl. diese Arbeit, Exkurs I).

[50] Das Werk von August Sutor, Darstellung der Aufnahme der ersten Juden in Hamburg,
Hamburg 1838, war mir leider nicht zugänglich. Die immer noch grundlegende Darstellung ist
aber wohl die von REILS; sie ist auch bei GRAETZ X, S. 15ff., und bei FEILCHENFELD 1899a
herangezogen. Vgl. ferner (ohne größere Modifikationen) CASSUTO und (aus nationalsozialisti-
scher Sicht) TREUTLER I–VI; neuerdings WHALEY, S. 73–80, der ausführlicher auf die Motive des
Senats eingeht. Einzelne Dokumente sind auch bei ZIEGRA I, S. 49–140, abgedruckt.

Bedingungen für ihre Duldung. Während der Rat die Juden fast um jeden Preis in der Stadt halten wollte, forderte die Bürgerschaft strengere Auflagen. Das zur Prüfung der religiösen Fragen um eine Stellungnahme gebetene Ministerium wollte die Bedingungen so gestaltet sehen, »daß dadurch die Bekehrung der Juden befördert würde«[51]. Die Geistlichen dachten in erster Linie an Einschränkungen im öffentlichen Leben und das Verbot der jüdischen Religionsausübung. Der Rat hielt diese Bedingungen wohl für gleichbedeutend mit der Vertreibung der Juden; er forderte Gutachten der theologischen Fakultäten Jena und Frankfurt/Oder an, wobei er seinen Rechtsstandpunkt deutlich machte: die Juden seien zu dulden, u. a. wegen der Hoffnung auf ihre Bekehrung, Bedingung soll aber nur friedliches Verhalten und der Verzicht auf Schädigung und Provokation der christlichen Bürger sein[52]. Sowohl das Frankfurter als auch das Jenenser Gutachten gaben dem Rat im Grunde recht, sahen aber als wichtigste Rechtfertigung der Duldung die mögliche Bekehrung der Juden und forderten Judenpredigten. Die Frankfurter hofften auf die Bekehrung, »insonderheit wo sie die Kirchen besuchen/ und anhören/ wie aller Propheten Weissagungen in Jesu Christo erfüllet seyn«[53]. Wie die Juden zum Kirchenbesuch zu bringen seien, thematisierten die Theologen nicht; einen Hinweis gaben sie nur mit der Erinnerung an die von Kaiser Ferdinand in Prag veranstalteten Zwangspredigten durch Paul Weidner[54]. Die Jenenser wollten die Juden »zwar nicht mit gewalt zwingen/ doch sonsten ernstlich anhalten/ daß sie in die Kirche gehen/ vnd vnsere Predigten hören«[55]. Außerdem verlangten sie eine Verschärfung der schon vom Rat vorgesehenen Einschränkungen der Religionsausübung, z. B. ein Verbot der Beschneidung[56]. Klingen die beiden Gutachten aber insgesamt etwas milder als der Durchschnitt der theologischen Stellungnahmen zu Beginn des 17. Jahrhunderts, so repräsentieren vier Hamburger Pastoren die härtere Richtung: in einem Gegengutachten bezweifelten sie, daß sich auf diese Weise eine Bekehrung erreichen lasse; nach ihrer Ansicht müßte den Juden auch die Taufe zur Voraussetzung der Zulassung gemacht werden[57]. Rat und Bürgerschaft einigten sich aber 1612 auf eine »Designatio Articulorum« zur Duldung der Juden, die zwar u. a. das Verbot der jüdischen Religionsausübung und höhere Abgaben, aber keine Maßnahmen zur

---

[51] REILS, S. 370.
[52] Vgl. das Referat des Anschreibens bei TREUTLER IV, S. 21, und REILS, S. 370.
[53] Beide Gutachten sind abgedruckt bei ZIEGRA I, S. 84–93, und bei DEDEKEN II, S. 128–135; das Zitat aaO., S. 134. Die Inhaltsangaben bei TREUTLER IV, S. 22; TREUTLER V, S. 17, sind weitgehend zutreffend.
[54] Vgl. DEDEKEN II, S. 134; ZIEGRA I, S. 89.
[55] DEDEKEN II, S. 131; ZIEGRA I, S. 76. TREUTLER V, S. 17, hat gerade diesen Punkt sinnentstellend gekürzt.
[56] Vgl. DEDEKEN II, S. 130; ZIEGRA I, S. 75.
[57] Vgl. TREUTLER V, S. 22f.

Förderung der Bekehrung enthielt[58]. Die Theologen konnten sich mit ihren Forderungen nicht durchsetzen; auch die ergänzten Artikel von 1617[59] und 1623[60] enthielten keine derartigen Bestimmungen.

In den heftigen Auseinandersetzungen um die jüdischen Synagogen unternahm der auch literarisch schon hervorgetretene Hamburger Senior Johannes Müller 1649 einen weiteren Versuch: er wollte die jüdische Religionsausübung ganz verbieten und nur »zugestehen«, daß die Juden unter Anleitung eines christlichen Rabbis das Alte Testament lesen und gleichzeitig das Neue Testament nahegebracht bekommen. »Wenn also der Anfang gemacht, könnte man ferner Anordnung thun, daß sie unsere Kirchen besuchten und unsere Predigt anhörten«[61]. Das Ministerium stand hinter dieser Forderung und betonte, anders könnten die Juden nicht geduldet werden. Die vom Senat eingeholten Gutachten aus Jena und Altdorf waren wieder erheblich milder; sie sahen Spezialpredigten für die Juden »ohne gewaltsamen Zwang« vor[62]. Der Senat ging zum Schein darauf ein, verschleppte aber die Verhandlungen und beschied die Forderungen der Theologen 1653 abschlägig[63]. Neben praktischen Fragen, die sich mehr nach Ausflüchten anhören, war wohl das entscheidende Argument, daß er keinen Fortzug der portugiesischen Juden riskieren wollte. In den folgenden Jahren konzentrierten sich die Geistlichen auf den Widerstand gegen die Synagogen. Das Thema der Zwangspredigten war aber noch nicht vom Tisch: noch 1710 wollte das Ministerium wöchentliche Zwangspredigten in der neuen Judenordnung verankert sehen, scheiterte aber wieder[64].

Ich habe die Hamburger Auseinandersetzungen relativ breit dargestellt, weil sie als exemplarisch gelten können. Gegen die Theologen, die aus verschiedenen Gründen für Zwangsmittel bei der Judenbekehrung plädieren, steht meist eine Obrigkeit, die sich zum Schutz der Juden entschlossen hat und diesen auch gegenüber religiöser Bevormundung aufrechterhalten will. Humanitäre Beweggründe sind dabei nicht auszuschließen; oft wird aber auch offen die Befürchtung ausgesprochen, ein Fortzug der Juden könne dem Gemeinwesen finanziellen Schaden bringen. Deutliche Unter-

---

[58] Vgl. ZIEGRA I, S. 60 f.; REILS, S. 373–375; WHALEY, S. 74 f. Auch der 1609 noch vom Senat geforderte ›christliche Schulmeister‹ (vgl. CASSUTO, S. 61 f.) ist hier nicht mehr vorgesehen.

[59] Vgl. ZIEGRA I, S. 61; REILS, S. 381–387.

[60] Vgl. ZIEGRA I, S. 61 f.; REILS, S. 389–393.

[61] REILS, S. 403. Gerade dieser Satz fehlt allerdings in dem Abdruck des Müllerschen Bedenkens bei ZIEGRA I, S. 98–114. Wer von beiden hier falsch exzerpiert hat, konnte ich nicht feststellen.

[62] REILS, S. 403 f. Vgl. auch ZIEGRA I, S. 93–98, das Jenenser Gutachten, wo S. 97 die Spezialpredigten gefordert werden.

[63] Vgl. REILS, S. 407 f.; WHALEY, S. 76 f. Die Judenordnung von 1650 hatte schon das Verbot (!) des Kirchenbesuchs in der Gottesdienstzeit enthalten, vgl. ZIEGRA I, S. 117 f.

[64] Vgl. HÖCK; ZIEGRA I, S. 120–140, zur endgültigen Fassung.

schiede in den verschiedenen Phasen des Jahrhunderts sind dabei nicht zu sehen. Energische Eingaben zur Forderung nach Zwangspredigten sind auch 1622 in Gießen durch den damaligen Stadtpfarrer Feurborn[65], 1633 in Worms durch fünf Pfarrer[66] (natürlich unter Einschluß von Ludwig Seltzer), 1681 durch das Frankfurter Ministerium (was uns im Zusammenhang mit Spener beschäftigt hat) und 1696 durch das Bayreuther Konsistorium[67] unternommen worden. 1608 forderte der Rat der Stadt Alsfeld[68], 1647 der Rat der Stadt Minden Spezialpredigten[69] von ihrem Territorialherrn. 1698 war es ein Ratsherr in Brandenburg an der Havel[70], 1705 sogar noch der preußische advocatus fisci[71], der den regelmäßigen Besuch der Predigt als Zulassungsbedingung festlegen will. Aber keiner dieser Vorstöße, von denen es wahrscheinlich noch erheblich mehr gab, konnte sich durchsetzen.

Man wird sich also vor Überbewertungen der hessischen Zwangspredigten hüten müssen. Gemessen an der allgemeinen Verbreitung der Forderung nach Zwangspredigten ist die tatsächliche Durchführung solcher Predigten bescheiden geblieben; zumindest im protestantischen Raum[72] haben sie tatsächlich nur eine geringe Rolle gespielt.

E. Disputationen

Das gilt übrigens erst recht von den im Mittelalter noch bedeutenderen öffentlichen Disputationen, die in katholischen Ländern auch im 17. Jahrhundert noch gepflegt wurden[73]. Das letzte obrigkeitlich veranstaltete Religionsgespräch fand 1704 am Hofe zu Hannover statt[74]; es ist aber insofern mit den mittelalterlichen Disputationen nicht zu vergleichen, als beide Seiten offenbar völlig gleichberechtigt auftreten konnten und auch dem Juden

---

[65] Vgl. GREIN, S. 258 f.

[66] Ein Regest des Gutachtens in *Monumenta Judaica*, als Nr. B 386. Aus Worms wurde sogar ein Aufruf (derselbe?) nach Straßburg geschickt, vgl. ADAM 1922, S. 379.

[67] Vgl. ECKSTEIN, S. 41.

[68] Vgl. DIEHL 1925a, S. 606.

[69] Vgl. KRIEG, S. 142 f. 157.

[70] Vgl. ACKERMANN, S. 73.

[71] Vgl. S. STERN I/2, S. 455.

[72] Für den katholischen Raum müßte die Frage gesondert untersucht werden. Es ist zwar auffällig, daß evangelische Theologen wie Haberkorn (nach DIEHL 1925a, S. 608), HOFMANN, S. 154, und HAAS, S. 1188 f., zur Begründung ihrer Forderung nach Zwangspredigten fast nur auf katholische Beispiele verweisen können. Möglicherweise sind aber auch die katholischen Standardbeispiele (Rom, Prag, Wien) überbewertet worden. HOFFMANN, S. 201–221, behandelt die Zwangspredigten im Kirchenstaat ausführlich; dagegen stellt GOLDBERG, S. 63, die Zwangspredigten für das 17. Jahrhundert als »Ausnahmefall« hin.

[73] Für den ersten Überblick vgl. BROWE, S. 55–94, bes. S. 70 (Beispiele aus dem 17. Jahrhundert). Als Zugang zu älteren Veröffentlichungen dient auch MUTIUS.

[74] Neu veröffentlicht durch BERLINER.

am Ende des Gesprächs Respekt gezollt wurde[75]. Nach Berliner steht dieses
Gespräch »in deutschen Landen« überhaupt einzigartig da[76]; auch ich fand
nur einen Hinweis auf eine ähnliche Veranstaltung. 1601 wurde auf Befehl
des Hanauer Grafen Philipp Ludwig II. eine Disputation gehalten, die der
Bekehrung der Juden dienen sollte. Als die Juden sich nicht bekehren ließen,
wurde der Versuch sofort wieder aufgegeben[77]. Eine bei Schudt erwähnte
Disputation in Hannover, zu der Edzard eingeladen worden sei[78], konnte ich
ebensowenig verifizieren wie die Hamburger Disputation mit Paul von
Eitzen[79]. Alle weiteren christlich-jüdischen Gespräche des 17. Jahrhunderts
sind nach meiner Kenntnis auf Privatinitiativen der Christen zurückzuführen und brauchen uns in diesem Abschnitt nicht zu interessieren. Die Theologen setzten ganz auf das gepredigte Wort; nur Dannhauer hat immer
wieder ausdrücklich Disputationen anstelle von Predigten gefordert[80].

Die von den Theologen geforderten Formen der institutionalisierten Judenmission haben also im 17. Jahrhundert nur eine geringe Rolle gespielt.
Daß Zwang theologisch legitimiert wurde[81], akzeptierten die Obrigkeiten
zwar gern, ohne jedoch die gewünschten Maßnahmen gleich zu ergreifen.
Beachtet werden müssen aber noch zwei Sonderfälle der Zwangsanwen-
dung; vor allem deshalb, weil sie in letzter Zeit Gegenstand pauschaler
Angriffe auf die Orthodoxie waren.

F. Bekehrungsversuche an jüdischen Gefangenen und Todeskandidaten

1981 veröffentlichte Stefan Schreiner einen Bericht über die Bekehrung
des Juden Ansteet durch Jacob Andreae im schwäbischen Dorf Weißenstein.
Diese Begegnung trug sich zwar schon 1553 zu; die Veröffentlichung Schrei-
ners wirft aber ein so bezeichnendes Licht auf die verzerrte Sichtweise, der

---

[75] Vgl. aaO., S. 16f.

[76] AaO. (in der Vorrede des Hg., unpaginiert) sagt Berliner, er habe kein weiteres Beispiel
nachweisen können.

[77] Vgl. ZIMMERMANN, S. 508f. ROSENTHAL, S. 49f., gibt übrigens Zimmermann falsch wieder: Der Engländer Hugh Broughton wurde nicht als Sonderberater an den Hof geholt,
sondern »hielt sich zu der Zeit bei dem Grafen auf« (ZIMMERMANN, S. 508) und hat möglicherweise den Grafen erst zur Veranstaltung der Disputation gedrängt, da er sehr gern an allen
Orten Streitgespräche mit Juden führte (vgl. dazu die Vorrede von John Lightfoot zu BROUGH-
TON, S. Bᵛ, der von privaten Disputen berichtet, von der Tätigkeit in Hanau aber nichts weiß).
Daß hier also eine »weitausholende Bekehrungsaktion« (so ROSENTHAL, S. 49) vorlag, wird
man ohne genauere Nachrichten nicht behaupten können.

[78] Vgl. SCHUDT II/1, S. 207.

[79] Vgl. HEYM, S. 146–158, eine Szene, die wenn auch wahrscheinlich erdichtet, doch durchaus wirklichkeitsnah wirkt.

[80] Vgl. DANNHAUER 1638, S. 376; DANNHAUER 1671, S. 1385. In DANNHAUER 1706, S. 464f.,
ist die Überlegenheit der Disputation vor der Predigt ausdrücklich begründet.

[81] Vgl. diese Arbeit, S. 24f.

das christlich-jüdische Verhältnis zur Zeit der Orthodoxie ausgesetzt ist, daß wir uns mit ihr beschäftigen müssen. Schreiner will hier ausdrücklich ein »Beispiel protestantischer Inquisition« gefunden haben; eine Begründung bleibt er schuldig, weil der Text mit seiner »erschreckenden Unzweideutigkeit« angeblich der Kommentierung nicht bedarf[82]. Ähnlich war übrigens schon 1960 die Bewertung von Rosemarie Müller-Streisand[83].

Worum geht es aber in diesem zeitgenössischen Bericht (zunächst von Andreae selbst veröffentlicht[84], später von Bidembach nachgedruckt[85]) wirklich? Ein Jude ist «vm̄ seiner vbelthat willē» zum Tode verurteilt worden und wird vor der Hinrichtung erfolglos durch »Meßpriester« vermahnt, doch den christlichen Glauben anzunehmen[86]. Er wird dann zwischen zwei Hunden an den Füßen aufgehängt, die Hunde fallen ihn an, doch er verweigert sich weiter den Aufforderungen, sich zum Christentum zu bekehren[87]. Darauf wird Jacob Andreae aus Göppingen herbeigerufen und richtet eine lange Rede an den Juden, in der er ihn in freundlichem Tone über den im AT verheißenen Messias belehrt und ihm zuredet, sich durch Bekehrung die Sündenvergebung zu sichern[88]. Daraufhin gibt Ansteet zu erkennen, daß Gott sein Herz gerührt habe und er nun die Taufe begehre. Er erhält einen kurzen Taufunterricht, wird getauft und dann am Hals aufgehängt[89].

Vielleicht ist nun aber doch ein Kommentar zu dem offenbar nicht so eindeutigen Bericht nötig. Zunächst: Der Jude Ansteet wurde wegen einer konkreten »Vbelthat« zum Tode verurteilt, nicht etwa, um ihn bekehrungswillig zu machen[90]. Für Juden galten die gleichen drakonischen Strafgesetze wie für Christen. Wie aber steht es um die besondere grausame Hinrichtungsart, die für Schreiner wahrscheinlich der Anlaß war, die Parallele zur Inquisition zu ziehen? Schreiner scheint es völlig unbekannt zu sein, daß das umgekehrte Aufhängen (z. T. auch ohne Hunde) eine für Juden gebräuchliche mittelalterliche Hinrichtungsart war, deren Bedeutung in der wissenschaftlichen Literatur ausführlich diskutiert wurde[91]. Während Glanz hier

---

[82] Schreiner, S. 90.
[83] Vgl. Müller-Streisand, S. 267–271.
[84] Andreae; hier ist auch eine Vorrede Andreaes, die in der späteren Ausgabe fehlt (S. A 2ʳ–A 4ᵛ).
[85] Diese Ausgabe von 1608 benutzte Schreiner, offenbar in Unkenntnis der vollständigeren und authentischeren.
[86] Andreae, S. A 5ʳ.
[87] Vgl. aaO., S. A 6.
[88] Vgl. aaO., S. A 7ʳ–Dᵛ.
[89] Vgl. aaO., S. D 2ʳ–D 4ʳ.
[90] Völlig unverständlicherweise leugnet Müller-Streisand, S. 269, Anm. 141, diese gleich zweimal von Andreae bezeugte Tatsache, obwohl sie keine andere Quelle als Beleg anführen kann. Für sie ist aber das ganze Geschehnis eindeutig eine »Frage der gewaltsamen Bekehrung« (ebd.).
[91] Vgl. die Belege bei Glanz 1968, S. 274.

schon früh eine Bekehrungsabsicht als Motiv sieht[92], sehen Kisch[93] und Güde[94] (mit m. E. guten Argumenten) die Absicht in der Erniedrigung des Juden. Übereinstimmung besteht jedenfalls darin, daß die Hinrichtungsart für das 16./17. Jahrhundert nicht mehr typisch war[95] und von Juristen weitgehend abgelehnt wurde[96]. Außerdem ist im Fall Ansteet für die Hinrichtungsart doch wohl die katholische Obrigkeit von Weißenstein verantwortlich zu machen[97].

Es gab zwar noch im 17. Jahrhundert auch im evangelischen Raum Beispiele für die umgekehrte Aufhängung bei gleichzeitigen Bekehrungsbemühungen durch evangelische Pfarrer, z. B. in Frankfurt 1615[98] und 1661[99] sowie in Oettingen 1611[100]. Aber auch in diesen Fällen scheint die Hinrichtungsart nicht primär die Bekehrung unterstützen zu sollen. Einen Hinweis auf die Bedeutung der »Judenstrafe« als Beschimpfung und Erniedrigung gibt vielmehr noch der Fall des Juden Jonas Meyer in Celle 1699, der auf die Bekehrungsversuche mit einer Lästerung reagierte, worauf der schon tote Körper nun an den Füßen neben einem Hund aufgehängt wurde[101].

Zur Inquisition würde es viel eher gehören, wenn dem Juden als Belohnung für die Bekehrung Straferlaß oder wenigstens -erleichterung in Aussicht gestellt worden wäre; gerade das aber geschieht in der Rede Andreaes nicht. Daß der Jude, wie auch Todeskandidaten in Leipzig 1612 und 1647[102], nach der Taufe schließlich auf weniger schmerzhafte Weise hingerichtet wurde, mag zwar seine Bekehrungswilligkeit gefördert haben; es geschah aber in erster Linie, weil er als Christ nun natürlich nicht mehr wie ein Jude hingerichtet werden konnte. Eine völlige Begnadigung aufgrund der Taufe

---

[92] Vgl. GLANZ 1943, bes. S. 6f. 11, wenn er auch den Ursprung eher in Opferritualen sieht (S. 21–23). GLANZ 1968 stellt dagegen erst die »Judenstrafe« (S. 42–44), dann die damit verbundene Bekehrungstätigkeit (S. 53–59) dar.

[93] Vgl. KISCH 1979, bes. S. 184.

[94] Vgl. GÜDE, S. 58.

[95] Vgl. GLANZ 1943, S. 3.

[96] Vgl. GÜDE, S. 59 f.; weitere Belege bei GLANZ 1943, S. 18 f. Bei den Theologen war diese Absage allerdings nicht so allgemein. Außer den bei DIFENBACH 1696, S. 7, und DIFENBACH 1709, S. 59, genannten Episcopius und Dannhauer habe ich nur den Konvertiten HARPSTATT, S. 63, als expliziten Gegner dieser Hinrichtungsart gefunden.

[97] Daß Ansteet zuerst von Katholiken malträtiert wurde, hätte SCHREINER schon am Gebrauch des Wortes »Meßpriester« (S. 91) auffallen müssen. Ein Blick in den Historischen Atlas von Baden-Württemberg, Stuttgart 1972, Karte VIII, 7, zeigt dann, daß das ca. 15 km östlich von Göppingen gelegene Weißenstein in einer katholischen Herrschaft (Rechberg) liegen muß.

[98] Vgl. DIFENBACH 1709, S. 54–58, wo zwei widersprüchliche Berichte über dieses Ereignis mitgeteilt sind.

[99] Vgl. aaO., S. 59.

[100] Vgl. GLANZ 1968, S. 283 f.

[101] Vgl. HOSMANN, S. 21. GLANZ 1968, S. 57, verschweigt, daß diese Strafe am toten Körper vorgenommen wurde.

[102] Vgl. HARTENSTEIN, S. 54 f.

ist mir im evangelischen Bereich nicht begegnet[103]. Es bleibt aber als ›inquisitorisches‹ Element, daß überhaupt Juden, die der weltlichen Gerechtigkeit ausgeliefert waren, in dieser Zwangslage das Objekt von Bekehrungsversuchen wurden. Dies hat wohl Glanz im Auge, wenn er »eines der dunkelsten Kapitel menschlicher Geistesverwirrung«, »eine ins Rohe verkehrte dramatisiert-bildliche Religionsdisputation«[104] konstatiert. Als Motive sieht Glanz den Versuch, die Seele des Juden zu retten, aber wohl auch die Absicht, der Zuschauerschaft eine wunderbare Bekehrung vorzuführen. Für letzteres kann ich jedoch keine Belege finden. Dagegen spricht schon, daß – entgegen Glanz' Ansicht – die meisten Bekehrungsgespräche schon im Gefängnis stattfanden. Dabei ging manchmal die Initiative von den Juden aus, die einen Pfarrer zu sprechen wünschten (wie in Frankfurt 1588[105] oder Gaildorf 1641[106]). In der Regel aber suchten die Prediger den Juden im Gefängnis auf und begannen eine Disputation mit ihm[107]. Über ihre Motive berichteten sie nicht; beherrschend dürfte für sie die Überzeugung gewesen sein, gegenüber den Juden eine Pflicht zu erfüllen, die letzte Chance zu ihrer Seelenrettung zu nutzen. Fast rührend macht Difenbach dies deutlich, wenn er den bekehrungsunwilligen Juden vor ihrer Hinrichtung das Versprechen abnimmt, »vor Gott an jenem Tag das Zeugnüß zu geben .../ Daß wir an unserem Fleiß sie zum Christen-Glauben zu bringen nichts ermangeln lassen«[108]. So sehr Difenbach über den Mißerfolg enttäuscht ist, hält er es doch für falsch, den Juden nun in der Todesstunde noch zu verwehren, sich mit den jüdischen Sterberitualen zu trösten[109]. Andere evangelische Pfarrer konnten ihren Mißerfolg freilich nicht so leicht verwinden, und so kam es zu den in der Tat abstoßenden Begebenheiten in Celle 1699 oder in Leipzig 1687, wo August Pfeiffer (nach der Aussage Petersens) den verstockten Juden unter dem Galgen noch verfluchte[110].

Für eine abschließende Würdigung der Bekehrungsversuche evangeli-

---

[103] GLANZ 1968, S. 58f., nennt aus dem 17. Jahrhundert nur einen Fall in Neisse 1624.

[104] AaO., S. 283f.

[105] Vgl. DIFENBACH 1709, S. 10.

[106] Vgl. ALBRECHT, S. 46.

[107] Z. B. in Danzig 1656 (vgl. BOTSACC, S. Aa 2); in Danzig 1664 (vgl. DIFENBACH 1709, S. 92; A. STERN, S. 18; die dort genannte Schrift von Daniel Cramer war mir leider nicht zugänglich); in Frankfurt/Main 1694/95 (vgl. DIFENBACH 1696, S. 6 f. 119–131); in Leipzig 1687 (vgl. HARTENSTEIN, S. 56); in Celle 1699 (vgl. HOSMANN, S. 14–16; hier wollte Hosmann sogar unter dem Galgen keine weiteren Bekehrungsversuche unternehmen, wurde aber dazu gedrängt [aaO., S. 18 f.]); und in Breslau 1704/05 (vgl. SPRINGER, S. 3).

[108] DIFENBACH 1696, S. 129.

[109] Vgl. DIFENBACH 1709, S. 59. Dagegen hält er es allerdings für »eine unverantwortliche Sache« (ebd.), daß jüdischen Straftätern in Hanau 1617 zwei Rabbiner zur Hinrichtung mitgegeben wurden, weil dies den christlichen Bemühungen eindeutig entgegenläuft. Vgl. zu diesem Fall auch ZIMMERMANN, S. 513–515.

[110] Vgl. DIFENBACH 1709, S. 92; SCHUDT IV, S. 258. Pfeiffer wehrte sich gegen diesen Vorwurf; ich sehe aber nicht, warum Petersen sich dies ausdenken sollte.

scher Theologen gegenüber jüdischen Straftätern scheint mir die Quellenla-
ge rein quantitativ noch zu dünn; aber auch die Qualität der Quellen müßte
Bedenken wecken. Müller-Streisand hat richtig erkannt, daß Andreaes Be-
richt in erster Linie Rahmen für die Predigt als »eine praktisch-homiletische
Anleitung für die Missionspredigt unter den Juden«[111] sein soll. Auch die
Berichte von Botsacc, Difenbach und Springer[112] sind ganz an den Inhalten
des Dialogs interessiert. Das Geschehen selbst ist idealtypisch dargestellt.
Das ist am deutlichsten bei Andreae: Die Bemühungen der Katholiken
waren vergeblich, so daß sie selbst Andreae zu einem Versuch auffordern.
Der hält aus dem Stegreif eine druckreife Predigt, die sogar die wilde
Kreatur, die neben Ansteet hängenden Hunde befriedet. Da der Jude keine
Reaktion zeigt und Andreae fortreiten will, kommt ein retardierendes Ele-
ment ins Spiel. Im letzten Moment wird er aber zurückgeholt, weil Ansteet
sich nun taufen lassen will. Andreae darf sogar noch die Vorbereitung der
Taufe vornehmen, die dann zum Lobe Christi ausgeführt wird. Der Bericht
ist so nicht nur Rahmen für die Darstellung der richtigen Methode der
Judenbekehrung, sondern auch Exempel dafür, wie diese auf wunderbare
Weise zum gewünschten Ergebnis führen kann.

Idealtypisch sind aber auch die Darstellungen von mißlungenen Bekehrungsversuchen, besonders bei Hosmann, für den der Fall des Jonas Meyer
ein Exempel wird für »der Juden hochtrabendes und sich über alle Völker der
Welt erhebendes Hertz/ ihren angewurzelten Haß gegen unseren Heiland«
etc.[113].

Sicherlich sind die geschilderten Ereignisse kein besonders ansprechendes
Kapitel aus der Geschichte der Judenmission. Sie geben aber keinen Anlaß,
von der These abzurücken, daß die Judenbekehrer direkten Zwang ablehnten, wenn sie sich auch indirekten Zwang seitens der Obrigkeit gern gefallen
ließen.

G. Das Problem der Zwangstaufe

In einer Frage aber herrschte unter allen evangelischen Theologen schon
des frühen 17. Jahrhunderts Übereinstimmung: Die Zwangstaufe wird ein-
hellig abgelehnt. Auch die im Mittelalter üblichen Arten des »indirekten«
Druckes derart, daß den Juden die Taufe oder eine Sanktion zur Auswahl

---

[111] MÜLLER-STREISAND, S. 270. Daneben macht ANDREAE aber auch in der Vorrede (S. A 3ᵛ f.)
deutlich, daß er den Gegensatz zwischen erfolgloser katholischer und erfolgreicher lutherischer
Judenmission herausstellen will.
[112] Vgl. diese Arbeit, Exkurs II, Anm. 107.
[113] HOSMANN, Titelblatt. Vgl. zu Hosmann auch diese Arbeit, S. 141.

gestellt wurde[114], sind dabei eingeschlossen. Selbst die Haltung der Hamburger Pastoren, die Taufe als Vorbedingung der Duldung zu fordern[115], findet in der Literatur keine Zustimmung.

Eine ausführlichere Stellungnahme liegt wieder von Johannes Müller vor: Die Frage, ob »man den Jüden jhre Kinder mit Gewalt nehmen/ vnd wider der Eltern Willen tauffen solle«[116], beantwortet er mit einem klaren Nein. Er setzt sich dabei mit dem (für ihn letzten?) Befürworter dieser Streitfrage, dem Juristen Ulrich Zasius[117], auseinander und nennt eine Reihe Gegenargumente; die interessantesten sind der Hinweis auf »ordentliche Mittel«, durch die Gott zur Kirche beruft[118], und auf Freiwilligkeit als Grundvoraussetzung des Christseins[119]. Für Johann Gerhard ist das Argument ausschlaggebend, daß den außerhalb der Kirche stehenden Juden zwar das Wort, aber nicht das Sakrament offen steht[120].

Meist begnügten sich die Theologen mit einer kurzen Ablehnung der Zwangstaufe[121]; sie war weder für protestantische Theologen noch gar für protestantische Obrigkeiten im 17. Jahrhundert eine diskutable Möglichkeit[122].

Etwas anderes freilich war es, wenn jüdische Kinder von sich aus die Taufe begehrten. Die theologischen Fakultäten von Wittenberg und Leipzig hatten sich 1623 mit der Frage zu beschäftigen, ob ein 12–14jähriger jüdischer Knabe auch gegen den Willen seiner Eltern getauft werden dürfe. Beide bejahten die Frage. Während die Leipziger aber ohne jede Zurückhaltung das Recht und die Pflicht des universalen Predigtamtes herausstellten, jeden – egal welchen Alters – zu unterweisen[123], betonten die Wittenberger, daß es für das gewaltsame Fortnehmen der Kinder »keinen Befehl noch Exempel in der ersten Apostolischen Kirchen« gibt[124]. Noch zurückhaltender ist die Tübinger Fakultät, die einen komplizierten Streitfall lösen sollte: Ist die Taufe zulässig, wenn ein jüdischer Vater sich auf dem Sterbebett bekehrt und die Taufe seiner Kinder wünscht, die jüdische Mutter dies aber nicht zulassen

---

[114] Vgl. dazu BROWE, S. 240–248.

[115] Vgl. diese Arbeit, S. 171.

[116] J. MÜLLER, S. 1402–1413.

[117] Vgl. zu dessen Haltung ROWAN 1975.

[118] J. MÜLLER, S. 1405.

[119] Vgl. aaO., S. 1406f.

[120] Vgl. GERHARD IV, S. 353; vgl. auch aaO., S. 362f., wo Gerhard bezüglich der Kinder wie J. Müller argumentiert.

[121] Vgl. z. B. HAVEMANN 1663, S. 583; FECHT, S. 90; ausführlicher LEMKE, S. 175–179; sogar EISENMENGER II, S. 1007–1011.

[122] Das gilt übrigens nicht für alle Juristen: CAESAR, S. 23, forderte 1603/21 noch – unter Berufung auf Zasius –, den Juden ihre Kinder wegzunehmen, um sie zu taufen! Vgl. auch GÜDE, S. 38–40.

[123] Vgl. DEDEKEN I, S. 423f.

[124] AaO., S. 424.

will? Die Antwort ist bemerkenswert: Nur wenn der Vater den Willen schriftlich oder vor glaubhaften Zeugen ausgesprochen hat, ist dem Vaterwillen gemäß göttlichen und weltlichem Recht Geltung zu verschaffen. Wenn aber nur der Pfarrer Zeuge des Wunsches ist, soll er mit »ordentlichen Mitteln« auf die Mutter einwirken, aber gemäß dem »Exempel Christi und der Apostel« die Kinder nicht mit Gewalt wegnehmen[125]. Die Aussage des christlichen Theologen galt also nicht soviel wie das Recht der jüdischen Mutter auf ihre Kinder.

Auch mit zwei konkreten Fällen, die nach Zwangstaufe aussahen, haben die zuständigen Stellen es sich nicht einfach gemacht. Im ersten aktenkundigen Fall beschuldigte der Rabbi von Niederhofheim 1672 zwei adlige Witwen, sie hätten seine Ehefrau, die »blöden Verstandes« sei, und drei kleine Kinder entführt, unter dem Vorwand, daß diese die Bekehrung zum Christentum gewünscht hätten[126]. Die Klage beschäftigte das Kammergericht, das Reichsgericht und mehrfach die Gießener Juristenfakultät. Den Ausschlag gaben erst die Aussagen, daß die Juden freiwillig und bei gesundem Verstande vor Amtspersonen die Taufe begehrten, worauf dieser nichts mehr entgegengehalten wurde.

Der andere, etwas anders geartete Fall gehört schon ins 18. Jahrhundert. 1703 hatte Georg Richertz, der Propst von Altona, ein Kind, das ihm von einer Amme als evtl. uneheliches Kind gebracht worden war, in gutem Glauben getauft[127]. Als nun jüdische Eltern das Kind als von ihnen entführt zur Beschneidung zurückforderten, bat Richertz darum, dies abzuweisen, weil die Taufe nun geschehen sei und ihre Anullierung eine »Lästerung des DreyEinigen Gottes«[128] darstellen würde. Den Verdacht, er habe das Kind gegen den Elternwillen getauft, wies er von sich, weil es »wieder unsere selbsteigene Ehre lieffe, den ungläubigen ihre Kinder mit Gewalt nicht [!] zu nehmen und zum Christentum zu nötigen«[129].

Auch diese Fälle bestätigen also eher noch die einmütige Ablehnung von Zwangstaufen durch die lutherische Orthodoxie. Die noch kürzlich im »Arbeitsbuch Christen und Juden« veröffentlichte Ansicht, erst mit Spener sei die Ablehnung von Zwangstaufen in Deutschland heimisch geworden[130], ist also ein weiteres Beispiel für das völlig verkehrte Bild, das von der Orthodoxie auch heute noch gezeichnet wird. Bei allen Vorbehalten gegenüber der Einstellung der Orthodoxie zu den Juden wird man bei sorgfältiger

---

[125] AaO., S. 425; vgl. auch J. F. MAYER III, S. 36f.
[126] Nach WIGAND, S. 264.
[127] FREIMARK, S. 259–263, teilt einen Brief von Richertz über den Fall mit.
[128] AaO., S. 262.
[129] Ebd.
[130] Vgl. RENDTORFF (Hg.), S. 178 (Autor des Abschnittes: Wolfgang Wirth). Es ist zwar nicht ausgesprochen, aber doch impliziert, daß Spener als erster die Zwangstaufen ablehnte.

Betrachtung doch zugeben müssen, daß die Haltung des 17. Jahrhunderts nicht mehr die des Mittelalters war (wobei natürlich auch diese Verallgemeinerung fragwürdig ist; neben den Ausschreitungen und dem Taufzwang im Rahmen der Kreuzzüge sind die differenzierten Aussagen zum Glaubenszwang seitens der Päpste und Theologen zu beachten[131]).

Die missionarischen Bemühungen der Orthodoxie lassen sich also nicht auf die Zwangsmaßnahmen reduzieren; dennoch ist die Bereitschaft, Zwang auszuüben, ein charakteristisches Element in der christlichen Einstellung. Die Ambivalenz in der Einstellung zum Judentum prägte auch das Verhalten gegenüber den Juden mindestens teilweise. Das Ziel der Judenbekehrung war auch bei den Obrigkeiten weitgehend akzeptiert, und die meisten Maßnahmen gegenüber den Juden lassen sich aus diesem Ziel erklären. Alle Maßnahmen waren aber zugleich auch von der Abwehrhaltung gegenüber dem Judentum bestimmt, und so durchzog der Antijudaismus das ganze 17. Jahrhundert. Objektive Erleichterung für die Juden brachte weniger die christliche Hoffnung auf ihre Bekehrung (wohl auch nicht in ihrer chiliastisch-»philosemitischen« Ausprägung), sondern mehr die Haltung der Staatsräson, die weniger nach religiösem Bekenntnis als nach dem Nutzen des Bürgers für den Staat fragte.

---

[131] Vgl. dazu ECKERT, S. 215–221; BROWE, S. 231–251.

Anhang

Zu PAUL GERHARD ARING: Christen und Juden heute – und die »Judenmission«? Geschichte und Theologie protestantischer Judenmission in Deutschland, dargestellt und untersucht am Beispiel des Protestantismus im mittleren Deutschland, Frankfurt am Main 1987.
(Alle Seitenangaben in Klammern beziehen sich auf dieses Buch.)

Als ich während der letzten Arbeiten vor Ablieferung des Manuskripts an den Verlag erfuhr, daß ein neues Buch von Paul Gerhard Aring zur Geschichte der protestantischen Judenmission in Deutschland unmittelbar vor der Veröffentlichung stehe, hatte ich erst erwogen, das Erscheinen dieses Buches noch abzuwarten. Dann aber mußte ich mein Manuskript doch absenden und konnte erst kurz danach Arings Buch zur Kenntnis nehmen. Dabei zeigte sich dann, daß eine Auseinandersetzung zwar interessant und nötig ist, daß die Ergebnisse meiner Arbeit insgesamt aber doch nicht durch diese Neuerscheinung in Frage gestellt werden.

In der Vorgehensweise knüpft Aring an sein früheres Buch[1] an: er will die Geschichte des Verhältnisses von Christen und Juden in Deutschland aufarbeiten, weil die Vergangenheit einer »biblisch-theologischen Neuorientierung der Christenheit auf Israel und die Juden« (S. 2) noch immer im Wege steht. Hier trifft sich Arings Anliegen mit dem der vorliegenden Arbeit; auch wenn Aring die historische Fragestellung stärker der aktuellen Problematik unterordnet (S. 8f.), während ich hier für größte Behutsamkeit eintrete[2].

Stärker wirkt sich aus, daß Aring nur ganz am Rande auf das 17. Jahrhundert eingeht. Sein Hauptinteresse gilt der Arbeit des Callenbergschen Institutum Judaicum (S. 51–154) und der vereinsmäßig organisierten Judenmission des 19./20. Jahrhunderts (S. 178–296). Auf diesen Hauptteil des Buches brauche ich hier nicht einzugehen. Orthodoxie und Pietismus werden nur behandelt, weil sie den »Nährboden« (S. 10) für die spätere Judenmission abgeben. Dabei geht Aring nicht so gründlich auf die Quellen zurück wie die vorliegende Arbeit, die Orthodoxie und frühen Pietismus aus sich heraus verständlich machen wollte.

---

[1] Vgl. ARING 1980a, S. 1–19, bes. S. 7–11.
[2] Vgl. diese Arbeit, S. 3f.

Arings Kapitel zur Orthodoxie (S. 10–22) baut ganz auf dem Buch von
de le Roi auf, kommt also kaum über den bisherigen Kenntnisstand hinaus[3]. So wird de le Rois Kernthese übernommen, daß das Interesse am
Judentum sich auf gelehrte Auseinandersetzung konzentrierte (S. 10 f.
18–20). Welche Bedeutung die Frage der Judenbekehrung darüber hinaus
auch für die Theologen im Gemeindedienst hatte, kommt dagegen nicht
in den Blick, auch wenn der Judenkatechismus von Curtius ausführlich
referiert wird (S. 12–14). Die Erwartung einer allgemeinen Judenbekehrung vor dem Jüngsten Tag wird zwar genannt (S. 15), ihre Bedeutung
aber nicht hinreichend herausgearbeitet. Aring konstatiert auch die Spannung zwischen Unduldsamkeit und Werben um die Juden (S. 17), die ich
als Spannung zwischen Abwehr und Bekehrung für zentral gehalten habe,
und er erkennt auch die wichtige Rolle der Verstockungstheorie (S. 20); er
kann aber die verschiedenen Aspekte letztlich nicht in einer Gesamtschau
vereinigen und stellt auch keine Entwicklung innerhalb der Orthodoxie
fest.

Ausführlicher und näher an den Quellen ist Aring dann in seiner Darstellung des Pietismus (S. 22–50). Hier behandelt er zuerst Johann Christoph Wagenseil (S. 22–32), ohne zu fragen, ob dieser überhaupt dem
Pietismus zugeordnet werden kann[4]. Insgesamt scheint mir Wagenseil etwas zu positiv charakterisiert (bes. S. 26 f. zur Denunciatio Christiana).

Noch mehr neue Ergebnisse bringt dann die Behandlung Speners (S.
32–37); viele halten aber einer näheren Überprüfung nicht stand. So würde ich nicht sagen, daß Spener »die Wagenseil'schen Impulse und Zielvor-
stellungen« weitergeführt habe (S. 32). Schon in den Pia Desideria, also
1675, waren die Juden für Spener ein wichtiges Thema[5], während der
erste Kontakt mit Wagenseil für 1682 nachzuweisen ist[6], also erst nach
dem Erscheinen von Wagenseils Tela Ignea Satanae. Unklar bleibt auch,
worin die ›Weiterführung‹ im einzelnen bestehen soll. Wagenseil war Spener als Fachmann für die Art der Argumentation gegenüber den Juden
wichtig[7] (richtig S. 37). Einen Einfluß auf die grundsätzliche Position zum
Judentum kann ich jedoch nicht sehen.

Auch die »Anregungen«, die Spener von Labadie und Edzard empfangen haben soll (S. 33), führt Aring nicht näher aus. Für Edzard (den Spener übrigens nach meiner Kenntnis nicht persönlich kennengelernt hat,
wie er auch nie in Hamburg gewesen ist) dürfte dasselbe gelten wie für
Wagenseil: Spener schätzte ihn als Kenner der jüdischen Literatur, sah in

---

[3] Vgl. diese Arbeit, S. 15.
[4] Vgl. diese Arbeit, S. 143 f.
[5] Vgl. diese Arbeit, S. 126 f.
[6] Vgl. Spener Cons. III, S. 837; Cons. II, S. 81–83.
[7] Vgl. ebd.: Spener Bed. I/1, S. 770; Bed. IV, S. 95 f.

ihm aber – trotz deutlicher Parallelen in der theologischen Position – keinen theologischen Gewährsmann[8].

Ganz unhaltbar ist Arings Darstellung von Speners Verhältnis zu Johann Konrad Dannhauer. Daß Spener von seinem Lehrer gelernt habe, »daß es nach den Verheißungen der Bibel zu einer Erweckung und Wiederbelebung der Christenheit kommen müsse, wenn es gelänge, die Juden als das Volk der Bibel für Christus als ihren Messias und Herrn zu gewinnen« (S. 32), ist kaum möglich; gehört doch gerade Dannhauer zu den wenigen orthodoxen Theologen, die schon früh eine künftige Judenbekehrung abstritten und sich dabei besonders gegen die Verknüpfung mit Hoffnungen für die Christenheit wandten[9]. In Arings Belegstelle (S. 327: Bed. 3, S. 206f.) ist denn auch zwar von einer Hoffnung besserer Zeiten die Rede, die sich an die Missionspläne des Freiherrn von Weltz anschloß, aber weder Dannhauer noch die Juden werden erwähnt. Es kann wohl weiter als gesichert gelten, daß Spener – wie er selbst rückschauend berichtete[10] – erst Dannhauers ablehnende Haltung gegenüber den Hoffnungen auf eine Judenbekehrung eingenommen hatte und sich dann in der Frankfurter Zeit gegen seinen Lehrer entschied.

Dies ist m. E. nicht nur eine Detailfrage. Vielmehr wird hier deutlich, daß Aring die Position der Orthodoxie unzureichend erfaßt hat, wenn er nicht sieht, daß Dannhauer zwar wegweisend für die Spätorthodoxie wurde, aber gerade nicht repräsentativ für die Orthodoxie vor Spener war. Und auch bei Speners Haltung wird nicht erkannt, daß er in der Erwartung einer allgemeinen Judenbekehrung an die Orthodoxie anknüpfen konnte, nicht jedoch in der Erwartung einer besseren Zeit für die Kirche. (Freilich hat er auch hier Vorläufer, so daß man zur Erhellung seiner Position kaum auf Jonathan Edwards [S. 37f.] zurückgreifen muß.)

Was Speners Vorschläge zur Behandlung der Juden betrifft, so wird zwar das Material gut dargestellt (S. 34–36), die Wertung erscheint mit aber – gerade gemessen an der Gesamttendenz des Buches – etwas zu positiv[11]. Erst in der Zusammenfassung des Kapitels (S. 49f.) macht Aring darauf aufmerksam, daß der Pietismus an der judenfeindlichen Haltung seiner Zeit teilhatte und auch theologisch nicht zu einer grundsätzlich positiven Bewertung vorstieß.

Insgesamt bringt Arings Darstellung dieses Zeitraums sicherlich Fortschritte gegenüber de le Roi; sie gibt aber keinen Anlaß zu einer nachträglichen Korrektur meiner Ergebnisse.

---

[8] Vgl. diese Arbeit, S. 113. 135.
[9] Vgl. diese Arbeit, S. 84f.
[10] Vgl. Spener Bed. III, S. 733.
[11] Vgl. diese Arbeit, S. 131–138.

Quellenverzeichnis

A) Ungedruckte Quellen

Staats- und Universitätsbibliothek Hamburg, Supellex Epistolica Uffenbachii et Wolfiorum, Nr. 4 Bl. 297: Brief von Esdras Edzard an Johann Grambs, 30. 1. 1655; Nr. 49 Bl. 31: Brief von Esdras Edzard u. Eberhard Anckelmann an Johann Heinrich May, 29. 8. 1687

Staatsarchiv Hamburg, Genealogische Sammlungen Nr. 51: Dr. FREYTAG: Judentaufen in Hamburg. Auszüge aus den Taufbüchern der fünf Hauptkirchen bis 1750, Ms. (maschinenschriftlich) 1938

Staatsarchiv Hamburg, Archiv der vormals Edzardischen Jüdischen Proselytenanstalt, Nr. B. 1: ›Gabenbuch‹ der Edzardischen Proselytenanstalt

Staatsarchiv Marburg, Bestand 5 (Hess. Geh. Rat), Nr. 2402 und 13 908 (verschiedene Briefe und Akten)

B) Gedruckte Quellen

Vorbemerkung: Die sehr umfangreichen Titel des 17. Jahrhunderts mußten in den meisten Fällen gekürzt werden; ich habe dennoch versucht, durch ausführliche Titelwiedergabe das Anliegen der zitierten Schriften deutlich werden zu lassen. Der Erscheinungsort ist immer so wiedergegeben, wie er auf dem Titelblatt erscheint, das Erscheinungsjahr ist von mir dagegen immer in arabischen Ziffern angegeben. Wegen der Seltenheit der meisten Bücher habe ich oft noch einen Fundort beigefügt. Dabei wurden folgende Abkürzungen benutzt:

BSBM   Bayrische Staatsbibliothek München
HAB   Herzog August Bibliothek Wolfenbüttel
LB   Landesbibliothek
StB   Stadtbibliothek
StUB   Stadt- und Universitätsbibliothek
UB   Universitätsbibliothek
EvBo   Bibliothek der Evangelisch-Theologischen Fakultät Bochum

AARON, MOSES: Unterthäniger Bericht An einen Hoch=Edlen und Hoch=Weisen Rath zu Schweinfurth/ Von der wunderlichen Güte Gottes/ welche Er/ der Allerhöchste/ erwiesen mir armen Menschen/ Mosi Aaron, einem durch Gottes Gnad/ bekehrten Rabbi, auß Crackau gebürtig . . ., [Schweinfurt] 1696 (Landeskirchliches Archiv Nürnberg)

[ADAMI, JOHANN SAMUEL:] Misanders Deliciae Biblicae Novi Testamenti . . . Julius 1692, Dreßden 1692

ADRIAN, JOHANN: Send vnd Warnungs=Brieff/ An alle Hartneckige vnnd Halßstarrige Jüden/ Darinn/ Etzliche Gotteslesterungen . . . kürtzlich beantwortet vnd widerleget werden, Wittenberg 1609 (HAB)

ALBRECHT, GEORG: Judaeus Conversus, et Babtizatus [!], Ein Geborner vnd Geistlicher Israelit: Das ist/ Eine Christliche Predigt/ Bey der Tauff . . ., Schwäbisch Hall 1641 (HAB)

ALSTED, JOHANN HEINRICH: Diatribe De Mille Annis Apocalypticis, non illis Chiliastarum & Phantastarum, sed BB. Danielis & Johannis, Francofurti 1627 (HAB)

ANDREAE, JAKOB: Warhaftige geschicht von einem Juden/ so zu Weissenstein in Schwaben gericht/ vnd zu dem Christlichen Glauben ist bekert worden, o.O. 1560 (BSBM)

ANDREAS, KLAUS: Wolgemeintes Sendschreiben/ Mein Daniel Jacob Bon/ bekehrten Judens/ Nunmehr unter dem Namen Klaus Andreas von Osteroda/ In der SchloßKirche St. Jacobi zu Osterode . . . getaufften Christens/ abgelassen An meine hertzlich-geehrte Eltern . . ., Nordhausen 1694 (HAB)

ARNOLD, CHRISTOPH (Hg.): XXX Epistolae Philologicae et Historicae, De Flavii Josephi Testimonio, quod Jesu Christo tribuit Lib. XIIX. Antiq. cap. IV., Noribergae 1661 (UB Marburg)

ARNOLD, GOTTFRIED: Unpartheyische Kirchen= und Ketzer=Historie, Vom Anfang des Neuen Testaments Biß auf das Jahr 1688 [I + II]., Franckfurt am Mayn 1729 (Nachdr. Hildesheim 1967)

BAUMBACH, JOHANN BALTHASAR: Quatuor Utilissimi Tractatus. I. De trium Orientalium, Hebraeae, Chaldaeae & Syrae, Linguarum Antiquitate . . . IIII. De modo disputandi cum Judaeis, Noribergae 1609 (HAB)

BAUR, GUSTAV ADOLF LUDWIG (Hg.): Andreas Kemppfers Selbstbiographie (Zur Feier des Reformationsfestes und des Übergangs des Rectorats auf D. Christoph Ernst Luthardt . . .), Leipzig 1880

BECK, MICHAEL: Ara Pietatis, Quam Viro Amplissimo atque Clarissimo, Dn. Ernesto Christiano Zarfosio, Rabbino quondam . . . nunc vero per decennium Dei gratia Proselyto . . ., Jenae o.J. [1678] (HAB)

– Proselytus Genuinus in Viro Amplissimo atque Clarissimo Dn. Ernesto Christiano Zarfosio, Rabbino quondam inter suos per XIIX. annos famigeratissimo; nunc vero per Undecennium Dei gratia verè Christiano . . ., Jenae o.J. [1679] (HAB)

Bedencken/ Ob Christliche Oberkeiten/ die im heiligen Römischen Reich gesessene/ Jüdischheit bey derohabenden Thorach vnd Thalmud mit gutem Gewissen/ ohne fernere Anleitung zu dem Christenthumb dermassen verstocket/ in Vnwissenheit könne vnd möge sitzen lassen?, Oppenheim 1611 (HAB)

Christliches *Bedencken/* wie vnd welcher Gestalt Christliche Oberkeit den Juden vnter Christen zu wohnen gestatten könne/ vnd wie mit ihnen zu verfahren sey/ Von etlichen Theologen hiebevor vnderschiedlich gestellet. Sampt einer Vorrede der Theologischen Facultet in der Universitet zu Giessen, Giessen 1612 (HAB)

Vier Theologische *Bedencken/* Deren eines ist Etlicher Hessischer Theologen: Das andere/ Doctoris Johannis Gerhardi, Professoris zu Jehna: Das dritte/ Doctoris Tobiae Heroldi, Pastoris zu Halberstatt: Das vierdte/ Doctoris Christophori Helvici, Professoris zu Giessen: Gestellet von der Frage/ Ob die Jüden in Christlicher Gemeinde von der Obrigkeit können vnd sollen geduldet werden?, Leipzig o.J. (LB Stuttgart)

BERLINER, ABRAHAM (Hg.): Religionsgespräch gehalten am Kurfürstlichen Hofe zu Hannover 1704, Berlin 1914

BESOLD, CHRISTOPH: De Hebraeorum, ad Christum Salvatorem nostrum Conversione,

Conjectanea, in: ΠΕΝΤΑΣ Dissertationum Philologicarum (Nr. 4; mit eigener Paginierung), Tubingae 1620 (HAB)

BEZEL, CHRISTOPH: Die Herrlichkeit des Christenthums/ welche GOtt/ ... Zween Jüdischen Männern ... im Jahr Christi 1681. kund gethan hat/ Bey deren Tauffe/ Am Fest=Tage Michaelis geprediget und mit einer Zugabe..., Stockholm o. J. [1684] (Deutsche St. Gertrud Gemeinde Stockholm)

BISCHOFF, MELCHIOR: Gründlicher Bericht/ Von Christlicher Tauffe Johannis Christiani, eines gebornen Jüden von Franckfurt am Mayn/ vor seiner Widergeburt Elias genant/ am Palm-Sontage/ den 5. April. Anno 1612, o. O. 1612 (UB Halle/S.)

BLEIBTREU, PHILIPP JAKOB: מאיר לאוז Der erleuchtete Meyr/ Das ist: Einfältiger Bericht/ wie ich/ vorhin Meyr/ nun aber Philipp Jakob Bleibtreu Von der Jüdischen Finsternüß Zu dem wahren Licht Jesu Christo bekehret worden, Franckfurt am Mayn 1687

BOTSACC, JOHANN: Historia Conversionis R. Johann. Salomonis, & narratio Colloquii inter illum & Johannem Botsaccum D. habiti in Curia Gedani ... (angebunden an: SALOMON)

BRENZ (resp. »Brentz), SAMUEL FRIEDRICH: Judischer abgestreiffter Schlangenbalg. Das ist: Gründtliche Entdeckung vnd Verwerffung aller Lästerung vnd Lügen/ derer sich das gifftige Jüdische Schlangengezifer vnnd Otterngezicht/ wider den frömbsten/ vnschuldigen Juden Jesum Christum ... pflegt zugebrauchen, Augspurg 1614 (HAB)

BROUGHTON, HUGH: The Works, London 1662

BUCER, MARTIN: Deutsche Schriften Bd. 7: Schriften der Jahre 1538–1539 (Martini Buceri Opera Omnia I,7), hg. v. R. Stupperich, Gütersloh/Paris 1964

–: s. auch *Bedencken 1612; Vier Bedencken*

BUCHENRÖDER, MICHAEL: Eilende Messias Juden-Post/ Oder Gründliche Widerlegung des heutigen Gedichts von den neuerstandenen Messia der Juden ..., Nürnberg 1666 (HAB)

[BUCHHOLTZ, ANDREAS HEINRICH:] Christliches Examen Oder Befragung Mit zween gebohrnen Juden bey ihrer Tauffe/ in der Kirchen S. Martini zu Braunschweig ..., Braunschweig 1653 (HAB)

BURCKARDT, CHRISTIAN GOTTLIEB: Gewissenhafftes Bekändtnüß/ dessen/ was ich bis in das zwantzigste Jahr/ als ein gebohrner Jud/ in dem Judenthum ... gelernet ..., 2. Aufl., Oettingen 1688

CAESAR, JOHANN BAPTIST: Responsum Juris, Auff begeren ahn eine vornehme Fürstliche Person geschrieben, ... Auff die Fragen/ Ob ein recht Christliche Obrigkeit in ihren Landen vnd Gebieten/ mit gutem reinem vnd vnversehrtem Gewissen Juden halten vnd leiden möge..., Marpurgk 1621

–: s. auch RECHTANUS

CALIXT, GEORG: Disputatio Theologica Demonstrans Adversus Judaeos, Messiam Iamdvdvm Venisse, Helmaestadii 1616 (HAB)

– Orationes selectae Ante hac ineditae, hg. v. F. U. Calixt, Helmaestadii 1660 (EvBo)

– Werke in Auswahl, Bd. IV: Schriften zur Eschatologie, hg. v. I. Mager, Göttingen 1972

CALOV, ABRAHAM: Disputatio Theologica, De Conversione Judaeorum ..., Wittenbergae 1679

CHRISTIAN, MAGNUS: Tractätgen von den Jüdischen Fabeln und Aberglauben So sie haben von ihrer Kranckheit an, bis zum Tode Begräbniß und Trauer ..., o. O. 1718 (LB Hannover)

CHRISTIAN, PAUL: Malachiae Ben Samuelis ... Pauli Christiani Eigen Bekandnüß/ von seiner verstockten Blindheit vnd Wunderbahren gnedigen Erleuchtung und Bekehrung ..., Braunschweig 1621 (HAB)

– Jüdischer Hertzklopffer; oder Gründliche Relation: Welcher gestalt ein fürnehmer gelehrter Rabbi der Juden ... wunderbarlich erleuchtet vnd bekehret ..., Nürnberg 1621 (HAB)

CHRISTIANI, DAVID: De Messia Disputationes IV, in Quibus Agitur, I. De Messia ejusque adventu in genere ..., o. O. 1657 (LB Stuttgart)

CHRISTIANI, FRIEDRICH ALBRECHT: אגרת ... Epistola ad Hebraeos Ex Graecô in purum idioma Hebraeum verbotenus & accuraté translatum, Lipsiae 1676 (HAB)

– Der Jüden Glaube und Aberglaube ..., hg. v. C. Reineccius, Leipzig 1705 (HAB)

CHRISTLIEB, FRIEDRICH WILHELM: Juden=Ehe/ Oder Eine Beschreibung von der Juden Freyerey/ Dessen Anfang und Ende, Rinteln 1681 (UB Marburg)

–: s. auch F. WILHELM

CRAMER, ANDREAS: Der glaubigen Kinder Gottes Ehren=Stand und Pflicht/ Zu Aufferbauung und Vbung deß wahren Christenthums vorgestellet . . ., Franckfurt am Mayn 1669 (HAB)

CRAMER, DANIEL: Scholae Propheticae [Classes I–III]: De Iesu Incarnatione, Ministerio, Passione, Morte . . . Hamburgi 1606–1608 (HAB)

CRINESIUS, CHRISTOPH: Ein Geistliches Gespräch/ Zwischen Einen [!] Christen vnnd Juden/ vom Wucher/ vnd der Zukunfft Messiae, o. O. 1616 (Landeskirchliches Archiv Nürnberg)

CURTIUS, SEBASTIAN: Kleiner JudenCatechismus/ Das ist: Christlicher Bericht von dem Messia/ wie derselbe nach seiner Zukunfft/ Person vnd Ampt in den Schrifften Mosis und der Propheten zu Heylsamer vnd seeliger Erkändtnüß beschrieben wird, Kassel 1650 (UB Gießen)

DANNHAUER, JOHANN KONRAD: ΧΡΙΣΤΟΣΟΦΙΑ Seu Sapientiarum Sapientia, de Salvatore Christo, Ejus Persona, Officio, Beneficiis, Explicata . . ., Argentorati 1638 (LB Stuttgart)

– Catechismus Milch/ Oder der Erklärung deß Christlichen Catechismi Fünffter Teil . . ., Straßburg 1671 (EvBo)

– Apocalypsis Mysterii Apostolici, In Epist. ad Rom. XI,25. propositi, 2. Aufl., Argentorati 1684 (StB Augsburg)

– Theologia Casualis, hg. v. Fr. Mayer, Greifswald 1706

DAUDERSTAD, CHRISTOPH: ΑΠΟΔΕΙΞΙΣ Messiae. Hoc est: Invicta Et Solida Demonstratio, Ex Immutis Scripturarum Canonicarum Fontibus depromta; Quà probatur & evincitur, Jesum Nazarenum . . ., Lipsiae 1616

DECKERT, JOSEPH (Bearb.): Christian Gerson's: Des jüdischen Talmud Auslegung und Widerlegung, Wien 1895

DEDEKEN, GEORG/ Gerhard, Johann Ernst (Hg.): Thesaurus Consiliorum et Decisionum . . ., Bde. I + II, 2. Aufl., Jena 1671

[verschiedene Verfasser:] *Disputationum* Theologicarum De Praecipuis Quibusdam Horum Temporum Controversiis, in Academiâ Giessenâ publicê habitarum, Tomus *IV + V,* Gissae Hassorum 1616 (HAB)

EDZARD, ESDRAS: Theses sequentes, De praecipuis doctrinae Christianae capitibus Adversus Judaeos & Photinianos, Rostochii 1656

– Consensus Antiquitatis Judaicae cum Explicatione Christianorum, super Locum Jeremiae, Cap. XXIII.5.6. editus, Ἐις τὸ παραζηλῶσαι τοὺς Ἰουδαίους, Hamburgi 1670

– Consensus Judaeorum cum Explicatione Christianorum de Messia ad Ps. CX. . . ., Hamburgi 1678

EISENMENGER, JOHANN ANDREAS: Entdecktes Judenthum/ oder Gründlicher und Wahrhaffter Bericht/ Welchergestalt Die verstockte Juden die Hochheilige Drey=Einigkeit/ Gott Vater/ Sohn und Heil. Geist/ erschrecklicher Weise lästern und verunehren . . ., Königsberg 1711 (UB Bochum)

ELERT, HERMANN: Judische Finsterniß/ Vnd der Christen Liecht/ Bey eines nach dem Fleisch gebornen Juden=Tauffe: in S. Martini Kirchen zu Minden am XI. nach Trinitatis, den 13. Augusti/ des 1648. Jahrs . . ., Rinteln 1649

FABRONIUS, HERMANN: Bekehrung der Jüden: Vnd Von Mancherley Abergläubischen Ceremonien/ vnnd seltzamen Sitten/ so die Zerstreweten Jüden haben: Vnd wie sie in der Christenheit zu dulden seyn. Neben Theologische vnd Historische Beschreibung der Gottlichen Weissagung Danielis . . . Durch Hermannum Fabronium Mosemannum . . ., Erffurdt 1624 (HAB)

FECHT, JOHANN: Disquisitio de Judaica Ecclesia. In quâ Facies Ecclesiae, qualis hodie est, & Historia per omnium seculorum aetatem . . . exhibetur, Argentorati 1662 (HAB)

FELGENHAUER, PAUL: s. *Prodromus 1625*

FELS, CHRISTIAN LEBERECHT (resp. »Felß«): Weg=Weiser der Jüden/ In ein Gespräch/ darinnen die fürnehmste Sprüche Göttliches Wortes . . . begriffen; Zum Trost der Bekehrten/ und Uberzeugung der unbekehrten Juden . . ., Goßlar 1688 (HAB)

FRANZ, WOLFGANG: Schola Sacrificiorum Patriarchalium Sacra, Hoc Est Aßertio solidißima, Satisfactionis à Domino nostro Jesu Christo . . ., Wittebergae 1616 (HAB)

FRIEDLIEB, PHILIPP HEINRICH: Die/ den verstockten Juden zugedeckte Göttliche Klarheit/ Oder Ein Schrifftmäßiges Gespräch eines Christen mit einem Juden . . ., Stralsund 1645 (HAB)

FRONMÜLLER, CONRAD: De diversis Sententiis Rabbinorum, In Quibus sibi invicem contradicunt, Duae Epistolae Ebraicè scriptae, Una Explicatoria, Altera Responsoria Ad Virum Doctissimum Rabbi Henoch Ben Levi, Altdorfi 1679 (HAB)

GEIER, MARTIN: Opuscula philologica, Francofurti ad Moenum 1691 (Stadtarchiv Soest)

GERHARD, JOHANN: Centuria Quaestionum Politicarum Cum Adjuncta Coronide . . ., 2. Aufl., Jenae 1608 (Stadtarchiv Soest)

– Loci Theologici . . ., Bde. I–IX, hg. v. E. Preuss, Berolini 1867–1875

–: s. auch *Vier Bedencken*

GERSON, CHRISTIAN: Der Jüden Thalmvd Fürnembster inhalt vnd Widerlegung/ In Zwey Bücher verfasset . . ., 2. Aufl., Goßlar 1609 (HAB)

GLEICH, JOHANN ANDREAS: Die Abgezogene Decke von dem Hertzen eines gewesenen Judens/ Nahmens Joseph Bindens . . . bey dessen Tauff=Handlung . . . In der Churfl. Sächs. Schloß= Kirchen allhier den 19. Decembr. 1700 . . ., Dresden o. J. (UB Halle/S.)

GROSSEHAIN, GEORG: Diatribe de Catholica Judaeorum Conversione, Jenae o. J. (BSBM)

HAAS, NICOLAUS: Der allezeit fertige Geistliche Redner . . ., Leipzig 1701 (StB Reutlingen)

HABERKORN, PETER: Syntagma Dissertationum Theologicarum, quibus Tremendum SS. Trinitatis Mysterium . . . Contra Rabbinos, Photinianos, Calvinum . . . demonstratur, Gissensi 1650

– Divinitas Messiae, ex collatione locorum Veteris Testam. Contra Judaeorum Depravationes asserta & exhibita, Giessae Hassorum 1676

HACKSPAN, THEODOR: Assertio Passionis Dominicae Adversus Judaeos & Turcas, Dialogo inclusa . . ., Altdorphi 1642 (UB Erlangen)

– Liber Nizzachon Rabbi Lipmanni . . . Accessit Tractatus de usu librorum Rabbinicorum . . ., Noribergae 1644 (HAB)

HAFENREFFER, MATTHIAS: Templum Ezechielis, Sive in IX. Postrema Prophetae Capita Commentarius . . ., Tubingae 1613 (HAB)

HARPSTATT, JOHANN CHRISTIAN: Das Gotts=lästerliche Judenthumb/ Oder: Wahrhafftige Erzehlung der erschröcklichen Lästerungen/ so von denen verstockten Juden wider den Herrn Christum . . . ausgeübet werden, o. O. 1701 (LB Stuttgart)

HAVEMANN, MICHAEL: Wegeleüchte/ Wider die Jüdische Finsternißen. Aus Dem festen Prophetischen Wort/ Targumischen/ Talmudischen vnd Rabbinischen schrifften angezündet, Leyden 1633 (HAB)

– Theognosia Antiquissima, Mosaica, Prophetica, Rabbinica, concise ac nervose ostendens, Mysterium de personarum in una essentia divina pluralitate . . . Judaeis, Judaizantibus Pontificiis, Photinianis, Calvinistis . . . opposita, Freibergae 1651

– נר לרגל Wegeleuchte Wieder die Jüdische Finsternißen/ Aus Dem Festen Prophetischen Wort . . ., [2. Aufl.], Hamburg 1663 (HAB)

HELD, CHRISTIAN (resp. »Heldt«): Wohlthätiger Belohnungs=Ruhm . . ., o. O. u. J. [Einblattdruck] (HAB)

– נצחון הנצרי Victoria Christiana Contra Judaeos, Das ist/ Klarer Beweiß Aus der heiligen Göttlichen Schrifft des alten Testaments/ I. Von dem wahren dreyeinigen Gott . . ., Kiel 1681 (HAB)

HELWIG, CHRISTOPH: Systema Controversiarum Theologicarum, Quae Christianis cum Judaeis intercedunt, Octo Elenchis comprehensum, Giessae 1612 (StB Augsburg)

– Vindicatio Locorum Potissimorum V. T. à corruptelis Pontificiorum, et in his praecipue Bellarmini, Calvinianorum, Photinianorum, Judaeorum & c., Gissae 1620 (HAB)

– Elenchi Judaici . . ., Cum Thomae Crenii Praefatione, notis et indice, Lugduni in Batavis 1702

• –: s. auch *Disputationum IV+ V; Vier Bedencken;* SELTZER

HELWIG, JAKOB (def.; Praes.: Hermann Schuckmann): De Mysterio Paulino, Rom. XI. vers. XXV. XXVI. Dissertatio Theologica Inauguralis, [Rostock] 1658

HEROLD, TOBIAS: RegentenBuch/ oder Tractat. Von weltlicher Herrn vnd Regenten/ auch der

reformierten Bischoffe ihrem ampt vnd stande/ Räth vnd Dienern/ getrewen vnd vngetre-
wen, Lipsiae 1619 (HAB)
–: s. auch *Vier Bedencken*

HESHUSIUS, HEINRICH: Bericht von einem Juden/ So die Tauffe zu erst betrieglich gesuchet/ vnd
doch durch Gottes Gericht wunderbarlich zu erkentnis seiner Sünden kommen . . ., Leipzig
1596 (HAB)

HEUNISCH, JOHANN FRIEDRICH: Gerader Himmels=Weg mit dreyen Stuffen/ Bey bevorstehen-
der Tauff Mose Aarons/ von Crackau/ Eines zum Christenthum bekehrten Rabbi, auß
Act.XXII,16, Schweinfurth 1696

HOFMANN, PAUL: Kurtzer aber unvorgreifflicher Discurs Von Bekehrung der Jüden im Neuen
Testament/ aus zweyen Biblischen Sprüchen/ als Hos.III.v.4.5. Rom.XI.v.25.26. und aus
den Historien, Dreßden 1662 (HAB)

HORNIG, CASPAR: Die gestillete Sehnsucht eines wahren Israeliten nach dem Himmlischen
Jerusalem/ Mit dem Exempel Herrn Ernst Ludwig Darmstädters/ Eines gebohrenen ungläubigen Judens/ und wiedergebohrenen gläubigen Christens . . ., Breßlau 1713 (StB Ulm)

HOSMANN, SIGISMUND: Das schwer zu bekehrende Juden=Hertz/ Nebst einigen Vorbereitun-
gen zu der Juden Bekehrung, Zell 1699 (HAB)

HOYER, FRANZ HEINRICH: Der Bekehrte Jude/ Oder Carol Christiä Edzards Vorhin geheissen R.
Baruch Ben Jacob, Confession, und Tauff=Actus, wie Jene in der Pfarrkirchen der Stadt
Norden in Ostfrießland den 7. Febr. itzlauffenden Jahres 1678 . . . abgeleget . . ., Helmstädt
1679 (UB Halle/S.)

Israelita Revertens Armatus verus ne an fictus? Kurtzer/ doch gründlicher Bericht/ Von den
zehen Stämen Israel . . ., o. O. 1666 (HAB)

JOSEPH, PAUL: Gründlicher beweiß/ auß dem alten Testament/ vnd zum theil auß dem Jüdischen
Talmud/ Wie daß Christus Jesus der Jungfrau Marie Sohn/ sey der wahre verheissenene
Messias . . ., o. O. 1612 (HAB)

– Speculum Propheticum, Das ist: Prophetenspiegel/ darauß die noch heutiges Tages mutwilli-
ge verblende Juden ihre Verstockung deutlich zu ersehen, Nürmberg 1615 (HAB)

Der Calvinisch *Judenspiegel*/ Das ist: Ein sehr lustig/ kurtzweilig vnd nützliches Gesprech . . .,
o. O. 1608 (HAB)

KATZ, CHRISTIAN FRIEDRICH: Wahrer Weg zur Seeligkeit/ Oder Kurtzer Begriff Christl. lehre
. . ., o. O. 1720 (HAB)

Kemper, Johann.: s. AARON, Moses

KLESCH, DANIEL: Wunder über Wunder/ Herr Ernst Christian Zarfoßi/ Ein drey und funfzig
jähriger Abrahamith Nach der leiblichen Gebuhrt Wird heute ein zehen jähriger Israelith
Nach der geistlichen Wiedergebuhrt. das ist: Ein Wunder Bekehrungs=Gedächtnüß=Tag
. . ., Jena o. J. [1678] (HAB)

KLESCH, DANIEL + CHRISTOPH: במשיה Ein dreyfaches Hebräisches Band Aus dem Geist-
reichen Sende=Brief an die Hebr. am X. und XI. . . . Dem . . . Durch GOttes sonderbahre
Gnade zu Christo bekehrten . . . Herrn Ernst Christian Zarfossi . . ., Jena 1679 (HAB)

KOLB, ELIAS: Abrahä Samens und Jacobs Kinder/ Gott wohlgefällige Dancksagung. Bey
Erklärung deß CV. Psalms . . . Als bey der Stiffts= und Pfarr=Kirch Jungen St. Peter/ Ein
bekehrter Jud . . . den 18. Novembris/ deß 1673. Jahrs/ die H. Tauff empfieng, Straßburg
1674 (HAB)

KRIEGSMANN, WILHELM CHRISTOPH: Malchutolam Vom Königreich deß Hn. Messiae Ein Buch
an die Juden in Teutschland/ Uber dem fabelhaften Handel/ von ihrem vermeintlichen neuen
König . . ., o. O. 1669 (Bibliothek Germania Judaica Köln)

KURZ: s. CURTIUS, SEBASTIAN

LABADIE, JEAN DE: Vrtheil Der Liebe und Gerechtigkeit/ Uber den gegenwärtigen Zustand der
Juden/ Ihren König und Messiam betreffend/ Abgefurt in eine anmütige Vorstellung Von 12
wichtigen Hauptpuncten . . ., o. O. 1669 (LB Stuttgart)

LEMKE, HEINRICH (»Lemmichius«): Vindicatio Incarnati Veri Messiae Promissi Ex thalmud &
Rabbinorum Scriptis desumpta, & contra refractarios pervicacesq; Judaeos directa . . .,
Rostochii 1666 (UB Halle/S.)

LUCIUS, JOHANN ANDREAS: Das aus den Jüden Kommende Heil/ In einem kurtzen Sermon aus den Worten Jesu Joh. 4. vers.22. Bey der Tauffe eines bekehrten Judens . . . In der Kirche zum heil. Creutz Anno 1678/ den 5. May . . ., Dreßden o. J. (StB Augsburg)

LÜNIG, JOHANN CHRISTIAN: Das Teutsche Reichs=Archiv, und zwar Pars Specialis, nebst dessen I. II. III. und IV. Continuation, Leipzig 1713

Luther, Martin: s. WA; WA.TR

MACKSCHAN, BEATUS CHRISTIANUS: Schrifftmäßiger Jesus=Palmbaum Oder Klarer Beweiß-thum wider die Juden: Daß Jesus von Nazareth der wahre Messias: Nebst einem Brieff . . ., Riga 1690 (Lenin-Bibliothek Moskau)

MAIER, CHRISTOPH PAUL: ספר מזמור לתודה Danck= und Lob=Gesang/ Welcher zur Bekräfftigung Seiner Auß den finstern Judenthumb am 5. Tage des Monats Augusti im Jahr 1673. In der Haupt=Kirchen St. Nicolai/ In der Kayserlichen freyen Reichs=Stadt Nordhausen Bekehrung auffgesetzet, Wittenberg 1674 (HAB)

– (hier: C. P. Meyer!) Der Jüdische Narren=Spiegel/ Worinne sie sich Spiegeln nach ihrem weltlichen Messias/ der so ein grosser Herr soll sein . . ., o. O. 1685

MARGARITA, ANTON: Der gantze Jüdische Glaube . . ., hg. v. C. Reineccius, Leipzig 1705 (HAB)

MARTINI, JAKOB: Disputationum De Messia Iudaeorum Blasphemiis Decas, Wittebergae 1616 (HAB)

MAY, JOHANN HEINRICH: Synopsis Theologiae Judaicae, veteris et novae, in qua illius veritas huiusque falsitas . . . per omnes locos theologicos solide juxta ac perspicue ostenditur, Gissae Hassorum 1698 (StB Augsburg)

MAYER, JOHANN FRIEDRICH: Museum Ministri Ecclesiae h. e. Instructio Omnimoda et Absolutissima Symmistae Evangelici . . ., Lipsiae 1690 (EvBo)

VON MEDEM, ANNA: Geistlicher Jüdischer Wundbalsam Für Alle der Jüden Gebrechen und Wunden/ wo fern sie sich nur von dem rechten und Hiṁlischen Arzt/ dem Sohne Davids/ verbinden und heylen lassen wollen, [2. Aufl.], Amsterdam 1660 (HAB)

MENTES, JOHANN FRIEDRICH: Heilsame Mittel zur Juden=Bekehrung/ In Christlicher Einfalt vorgeschlagen, o. O. u. J. [laut Vorrede Greifswald 1704] (LB Stuttgart)

MICRAELIUS, JOHANNES: Judae In Ethnophronii Continuatio Contra Judaicas Coelestis Veritatis Depravationes, Stetini o. J. [laut FABRICIUS 1715, S. 595: 1651.1674] (HAB)

MOLTHER, JOHANNES: Disputatio Theologica Qua Contra Iudaeos, tum ex Scripturis veteris Testamenti, tum ex Doctrina veterum Hebraeorum Trinitas Personarum in unitate Ecclesiae [!] divinae asseritur, Marpurgi 1599 (HAB)

– Malleus Obstinationis Iudaicae, Hoc est, Duae Disputationes Theologicae, Infidelitati Atque Obstinationi Iudaeorum oppositae . . ., Francofurti 1600 (UB Erlangen)

– Theologia et chronologia Judaica, das ist Gründtliche Erzehlung der Juden Fabeln vnd Tandmährlein . . ., Franckfurt 1601 (StB Augsburg)

– Theses Theologicae, De Unitate essentia divinae, & personarum Trinitate, Marpurgi Cattorum 1605 (EvBo)

Monumenta Judaica. 2000 Jahre Geschichte und Kultur der Juden am Rhein. Katalog, Köln 1963

MORNAY, PHILIPPE: De Veritate Religionis Christianae Liber; Adversus Atheos, Epicuraeos, Ethnicos, Iudaeos, Mahumedistas, & caeteros Infideles, Lugduni Batavorum 1587 (UB Erlangen)

– Jüden bekehrung/ Ein christlichs vnd jederman/ welchem die Säligkeit lieb/ ganz nützlichs Buch: Darinnen aus Heiliger Göttlicher Schrifft/ vnd der Jüden eignen Büchern erwiesen wird/ die ware Drey Einigkeit . . ., Cassel 1602 (UB Tübingen)

– Trewhertzige Ermanung an die Juden/ daß sie den albereit geleisteten Messiam annehmen . . . wollen . . ., Hanoviae 1611 (HAB)

Mosemann: s. FABRONIUS, HERMANN

MÜLLER, JOHANNES: Judaismus oder Jüdenthumb/ Das ist Außführlicher Bericht von des jüdischen Volckes Vnglauben/ Blindheit und Verstockung . . ., Hamburg 1644 [auch in 2. Aufl., Hamburg 1707 (UB Erlangen)] (HAB)

MÜLMANN, JOHANNES: Zwo Christliche Predigten/ Die erste/ Eine Jüden Predigt/ von der hohen Frage: Ob auch noch eine allgemeine Bekehrung der Jüden vor der Welt ende zugewarten sey . . . Bey angestalter Tauffe eines gebornen Jüden/ den 10. Augusti gehalten. Die Ander . . ., Leipzig 1607 (HAB)

R. HERS. NAPHTHALI BEN R. JACOB: Explicatio fundamentalis super versiculos 6. & 7. Capitis noni Esaiae . . ., Regiomonti 1643 (BSBM)

OLEARIUS, GOTTFRIED: Christliche Jüden=Tauff=Predigt aus Ezechiel. XXXVI, 25.26.27. Vor und Bey angestellter Solenner Tauffe Eines gebohrnen/ zum Christenthum unterrichteten und bekehrten Jüdens Christian Jacobs . . ., Leipzig 1678 (HAB)

OTTO, JULIUS KONRAD: גלי רזיא Gali Razia Occultorum Detectio, Hoc est: Monstratio Dogmatum . . ., Noribergae 1605 (HAB)

PETERSEN, JOHANN WILHELM: Ein Christliches Glaubens=Bekäntniß/ für einen sich zum Christenthum Bekehrenden Juden . . ., in: ders., Spruch=Catechismus/ der kirchen Gottes zum besten herausgegeben, Franckfurt und Leipzig 1689, (2. Seitenzählung), S. 163–175 (HAB)

PHILIPP, THOMAS: Schuldiges Denck= und Danck=Mahl der Gnade Gottes . . ., o. O. 1716 (LB Hannover)

POLLIO, JOACHIM: Zwey Theologische Fragen Die Erste/ Ob Christliche Obrigkeit gute macht/ fug vnnd recht habe/ die Jüden auß Ihren Herrschafften zuvertreiben . . .? . . ., o. O. 1635 (LB Stuttgart)

DE POMIS, CHRISTIAN: Comparatio Agni Paschalis V.T. cum Agno Paschali N.T. qui est Christus Salvator Noster Oratione Hebraica, Altdorffi 1669

Prodromus Evangelij Aeterni seu Chilias Sancta: Vortrab deß Ewigen Euangelij . . ., o. O. 1625 (HAB)

Prodromus Reconversionis Judaeorum Vortrab der erwünschten Wiederbekehrung der Juden: Darinnen . . ., Franckfurt am Mayn 1634 (BSBM)

RECHTANUS, VESPASIAN [Pseudonym von Johann Baptist Cäsar]: Jüden Spiegel/ Zur Meßkram gemeiner thalmudischer Jüdenschafft. Allen vnnd Jeden Hohen/ vnd Nidern Stands Obrigkeiten vor eine Prob . . ., Ursell 1606 (HAB)

REINECCIUS, CHRISTIAN: Vorrede, in: F. A. CHRISTIANI 1705, S. 1–88 (eigene Paginierung)

–: s. auch MARGARITA, ANTON

Renovirte Ordnung Vnser von Gottes Gnaden Amelien Elisabethen/ Landgrävin zu Hessen . . . Wie es hinführo in vnsers vielgeliebten Sohns/ Herrn Wilhelms des Sechsten/ Landgravens zu Hessen . . . Furstenthumb Land vnd Herrschaften mit den Juden gehalten werden soll, Cassel 1646 (Staatsarchiv Marburg, Verordnungssammlung)

REPHUN, JOHANN: Jüdischer Heer=Zug/ Das ist: Einfältige Jüden=Predigt/ Darinnen gehandelt wird/ ob die zehen Stämme Israelis das gelobte Land/ wieder können besitzen und behaubten/ Denen schwachen Christen zu Stärckung ihres schwachen Glaubens . . ., Bayreuth 1666 (HAB)

RÜCKER, DANIEL: Christliche Juden=Predigt. Bey der Tauff/ einer gebornen vnd durch sonderbahre Erleuchtigung deß H. Geistes/ bekehrten Jüdin . . ., Straßburg o. J. [1647] (LB Stuttgart)

RUMETSCH, JOHANN CHRISTOPH: Schediasma Historico Theologicum De Conjecturis Ultimi Temporis . . ., Francofurti ad Moenum 1681 (BSBM)

SALOMON, JOHANNES: Triginta septem Demonstrationes, Quibus Apodictice Evincitur, Jesum Christum verum & aeternum, cum Patre & Spiritu Sancto, Deum esse . . ., Francofurti 1660 (LB Stuttgart)

SALTZMANN, BALTHASAR FRIEDRICH: Jüdische Brüderschafft/ Das ist/ Eine Christliche Predig über den 122. Psalm . . . neben Bericht der ganzen Handlung/ für und bey der Tauff eines bekehrten Juden/ welche zu Straßburg in der Stiffts=Kirchen deß Münsters/ Dienstags den 26. Tag Febr. deß 1660. Jahrs ist verrichtet worden, Straßburg 1661 (HAB)

Sammlung Fürstlich Hessischer Landesordnungen und Ausschreiben . . . Theile *II + III,* Cassel o. J.

SCHADÄUS, ELIAS: Judenmissions=Tractate (SIJL 33), Leipzig 1892

SCHALLER, DANIEL: Vier Advents Predigten. Darinnen die Lehr von beyderlei Leiblichen zukunfft/ vnsers lieben Herrn vnd Heylandes Jesu Christi . . . Auch mit vnwidersprechlichen

Argumenten vnd gründen bewiesen vnnd dargethan wird: Das kein anderer/ dann alleine der Geborne Jesus von Nazareth/ der ware von Anfang verheissene/ vnd nunmehr gesandte Messias/ Mittler/ vnd Heyland der gantzen Welt sey ... Zur kräfftigen Widerlegung der Jüden/ vnnd sterckung vnsers Glaubens an Christum verfasset, Magdeburg 1612 (HAB)

SCHELHORN, JOHANN GEORG: Amoenitates Litterariae, Bd. XI, Francofurti & Lipsiae 1729

SCHINDLER, JOHANNES: Tractatus De Regno Chiliastico, Das ist: Von dem erdichteten tausendjährigen Reich Christi auff dieser Erden/ Was der alten und neuen Chiliasten Irrthumb sey ... Nebenst einem kurtzen Bericht De futuro Ecclesiae Christiano statu ..., Braunschweig 1670a (StB Augsburg)

– Sacra Vaticinia de Ecclesiae Christianae statu: Oder Kurtze Delineatio des gantzen Buchs Der Offenbahrung S. Johannis ..., Braunschweig 1670b (HAB)

– Geistliche Hall=Posaune/ Wormit den Jüden das grosse Erlaß=Jahr und Jubel=Fest angekündiget wird/ Oder De illustri Judaeorum Conversione sub finem mundi: Daß in den letzten Tagen ..., Braunschweig 1674 (HAB)

– Geheimniße der Letzten Zeiten/ Was annoch vorm Jüngsten Tage geschehen werde/ das die heiligen Propheten und Apostel geweissaget haben..., Braunschweig 1680 (HAB)

SCHLEMM, JOHANNES: Letzte Posaune An die undanckbare Welt/ dessen Hall Daß der Jüngste Tag nahe/ weilen fast alle Prophezeyungen von denen eigenen Zeichen/ so vor dem Jüngsten Gericht hergehen sollen/ erfüllet; Dabey vornehmlich erkläret/ was von Wiederauffrichtung Der 10. Stämme in Israel zu halten ..., Jena 1677 (HAB)

SCHMIDT, JOHANN: Feuriger Drachen Gifft Und Wütiger Ottern Gall/ Mit welchem Des Teuffels Leibeigen Juden=Volck durch greuliches und abscheuliches Gotteslästern ... Den Heyligen/ Drey=Einigen Gott ... frey speiset und träncket, o. O. u. J. [»*Nach* dem Exemplar zu Coburg gedruckt bei Johann Conrad Mönch/ 1682«; aber mit einem Anhang über »Juden=Händel«, die sich 1710 in Hörde zutrugen] (LB Stuttgart)

SELTZER, LUDWIG (Bearb.): Malitia Judaica, oder Jüden Trew/ Gegen die Christen. Darinnen diese vier Fragen erörtert werden ... Dabevor von einem hochgelährten Hebraeo in Lateinischer Sprach publiciret ..., o. O. [1633a]

– (Bearb.): Sonnenklarer Beweiß vnd Vberweiß/ daß der versprochen Messias gewiß/ allbereit vor Sechzehen hundert Jahren kommen sey/ vnd die Juden vergeblich auff einen andern warten, o. O. [1633b] (HAB)

– (Bearb.): Triumph=Wagen Deß mit Ehrn vnd Schmuck gekrönten HimmelKönigs Jesu Christi, Das ist/ Ander Theil Der Sonnenklaren Erweisung ..., o. O. [1633c] (HAB)

– Resolution Etlicher Fragen/ Einer Gottseeligen Obrigkeit gutes Gewissen/ vnd das verfluchte Judenthumb betreffent, o. O. 1634 (StUB Frankfurt/Main)

SERPILIUS, GEORG: Judaeus perversus & conversus, Der durch des Teuffels Neid und eigene Boßheit/ verkehrte Dem äusserlichen Schein nach aber Bekehrte Jude/ Als Anno 1707. den 19. Jul. in der Neuen Pfarr zu Regenspurg ein Polnischer Jude Joseph Ben Wolff/ Levi/ Die H. Tauff empfangen ..., Regenspurg 1707 (BSBM)

SIMON, FRANZ: Evidens Demonstratio nostri exhibiti Messiae contra Obcaecatos Iudaeos in hebraeo sermone poeticè conscripta, Hamburgi 1626

SOLDAN, JUST: Entdeckunge vnd fürstellung Der Bundesladen vnd Gnadenstuels deß alten Testaments. Das ist: Gründliche Außführunge vnd Kräfftige Beweißthume in zwantzig zweyen Reden begriffen/ daß Jesus Christus/ der Sohn Gottes vnd die andere Person der hochgelobten Dreyeinigkeit/ der rechte versprochene Messias ... sey ..., Cassel 1650 (HAB)

SPENER, PHILIPP JAKOB: Gründl. Beantwortung dessen/ was Herr D. Augustus Pfeiffer ... der hoffnung künfftiger besserer zeiten entgegen zu setzen/ sich unterstanden, Franckfurt am Mayn 1694 (= Beantwortung) (EvBo)

– Theologische Bedencken Und andere Brieffliche Antworten ... I–IV, 3. Aufl., Halle 1712–1715 (= Bed.) (EvBo)

– Behauptung der Hoffnung künfftiger Besserer Zeiten ..., Franckfurt am Mayn 1693 (= Behauptung) (EvBo)

– Consilia et Judicia Theologica Latina ... I–III, Francofurti ad Moenum 1709 (= Cons.)
  (EvBo)
– Die Evangelische Glaubens=Lehre/ In einem Jahrgang der Predigten Bey den Sonn= und
  Fest=täglichen ordentlichen Evangelien ..., Franckfurt am Mäyn 1687 (= Glaubenslehre)
  (EvBo)
– Kleine Geistl. Schriften, hg. v. J. A. Steinmetz, Zweyter Theil, Magdeburg und Leipzig 1742
  (= KGS) (EvBo)
– Lauterkeit Des Evangelischen Christenthums Anderer Theil ..., Halle 1709 (= Lauterkeit)
  (EvBo)
– Letzte Theologische Bedencken und andere Brieffliche Antworten ... I–III, 2. Aufl., Halle
  1721 (= L.Bed.) (EvBo)
– Christlicher Leichpredigten Andere Abtheilung, Franckfurt am Mayn 1685 (= Lpr) (EvBo)
– Pia Desideria, hg. v. K. Aland (KlT 170), 3. Aufl., Berlin 1964 (= PD)
– Pia Desideria Necessariae Emendationis Evangelicae verae Ecclesiae, Francofurti ad Moe-
  num 1678 (= PD lat.)
– Deß thätigen Christenthums Nothwendigkeit und Möglichkeit/ in einem Jahr=Gang über
  die Sonntägliche Evangelia ..., I + II, 2. Aufl., Franckfurt am Mayn 1687 (= ThChr) (EvBo)
SPRINGER, DANIEL: Religions=Gespräch/ zwischen einem Christen und Juden/ Welcher wegen
  Diebstahls vom Leben zum Tode gebracht worden/ Den 14. Sept. Anno 1705, Breßlau und
  Liegnitz o. J. (UB Erlangen)
STAMPEL, GEORG: De Persona et Officio Christi Servatoris. Ex vaticinio Jeremiae cap. XXIII. v.
  5.6. & XXXIII. v. 14. 15. 16. Theses, Lubecae 1617 (HAB)
STEUDNER, JOHANNES: Jüdische ABC Schul Von dem Geheimnus des dreyeinigen wahren
  Gottes und Schöpfers Jehovah. Aus dem denckwürdigen letzten Spruch ..., Augsburg 1665
  (UB Erlangen)
STUMPFF, DAVID: Betrachtung/ Vber die Prophezey deß Patriarchen Jacobs/ von dem König-
  reich Juda ... Contra Iudaeos nützlich zu lesen ..., Marpurgk 1606 (HAB)
TERELL, JOHANN: Juden Tauff. Das ist/ Bericht vnd Ordnung/ Welcher massen Zwene nach dem
  fleisch geborne Jüden/ am Andern Sontag des Advents/ im Hohen Stifft binnen Halberstadt/
  des 1605. Jahres ... getaufft. Neben einer Predigt ..., Helmstadt 1609 (HAB)
  (eine andere Ausgabe auch als Anhang zu GERSON)
TREIBER, HEINRICH ERNST: שאול נהפך Oder Der veränderte Saul Altes und Neues
  Testam. Welchen/ Als Herr Ernst Christian Zarpossi/ in der Heiligen und Rabbinischen
  Schrifften Hocherfahrner ... Rabbi ..., [Gotha] 1673 (HAB)
VICTOR, GEORG CONRAD: נצח תנצון נזרי das ist: Entkräffteter Sieg deß Jüdischen
  Läster Buchs/ Nizzachon genannt/ bey verkehrung der Wort Mosis Deut. XIII.v.6–11. ...,
  Nördlingen 1661 (StB Augsburg)
– שמעי אם ולאי Höre Mutter/ schaue drauff! Das ist Christliches Gespräch/ Georg
  Conrad Victors von Oetingen/ Durch Gottes Gnade zu Christlichen Glauben bekehrten
  Judens/ mit seine Mutter Peßle ..., Nördlingen 1674 (LB Stuttgart)
VIETOR, JOHANN DANIEL (author; praes.: Sebastian Niemann): Dissertatio Theologica Ad Vers.
  25 & 26. cap. XI. ad Rom. Qui sunt De Mysterii Israelis Salvandi, Jenae 1668 (BSBM)
VOLCK, GABRIEL: Christus Verus Messias. Das ist: Christliche Predigt/ daß Christus der war-
  hafftige verheissene Messias sey. Auß dem gewöhnlichen Evangelio/ deß Sontags Iudika,
  wider die verstockten Jüden gethan, Hall in Sachsen 1608 (HAB)
WA = Luther, Martin: Werke. Kritische Gesamtausgabe (»Weimarer Ausgabe«), Weimar
  1883ff
WA.TR = Luther, Martin: Werke. Kritische Gesamtausgabe, Tischreden, Weimar 1912ff
WAGENSEIL, JOHANN CHRISTOPH: Tela Ignea Satanae. Hoc est: Arcania, & horribiles Judaeorum
  adversus Christum Deum, & Christianorum Religionem Libri ANEKΔOTOI ..., Altdorfi
  Noricorum 1681 (Nachdr. Westmead 1970)
– Belehrung Der Jüdisch-Teutschen Red- und Schreibart. Durch welche ..., Königsberg 1699
  (HAB)

– Benachrichtigungen Wegen einiger die Judenschafft angehenden wichtigen Sachen, Leipzig 1705 (HAB)

Hoffnung der Erlösung Israelis, oder Klarer Beweiß . . ., [2. Aufl.], Nürnberg/Altdorf 1707 (Stadtarchiv Soest)

WAGNER, JOHANNES: JudenTauffe, Das ist: Eine Christliche Predigte/ vor der Tauffe eines Jüdischen Rabbi, zuvor Malachias Ben Samuelis, hernach aber Paulus Christianus genandt/ so in der Stadt Braunschweig in der Brüdern Kirchen/ für einer Volckreichen Versamlung/ den 9. Tag Julij dieses 1621 Jahrs . . . getaufft . . ., Braunschweig 1621 (HAB)

WAGNER, THEODOR (»Guagnerus«): Jesus Christus, Daß derselbige sey/ der eynige warhafftige von dem Allmächtigen Gott verheissene Messias . . ., o. O. 1622 (HAB)

WALDSCHMIDT, BERNHARD: JVDAEORVM SECTA FERALIS, Das ist: Acht Christliche Juden=Predigten/ Darinnen von der grawsamen Sect der heutigen verstockten Juden/ von ihrem Vnglauben/ Lästerungen/ Boßheit/ Leben vnd Wandel gehandelt . . ., Franckfurt am Mayn 1648 (HAB)

WALTHER, MICHAEL (»Walter«): Gründliche Aufwickelung der Decke Mosis, Hamburg 1637 (HAB)

WASMUTH, MATTHIAS: Dissertatio Philologico-Theologica De Usu Philologiae S. Hebraeae in Theologia Exegetico Polemica, Kiloni 1668 (HAB)

– Beste Mittel zu Bekehrung der Juden. Das ist: Ein kurtzer und klarer Beweiß/ aus der Heil. Göttlichen Schrifft des Alten Testaments I. Von dem wahrē Dreyeinigem Gott . . ., Franckfurth und Leipzig 1694 (StUB Frankfurt/M)

WESENBECK, JOHANN: Das Güldin Kleinot S. Pauli. Das ist: Hundert vnd drey Predigten vber die außerlesene Epistel des H. Apostels Pauli an die Römer . . ., Wittenberg 1617 (HAB)

WEICKHMANN, JOACHIM: Dreyfaches Jüden=Bekändtniß einer Jüdischen Mutter/ Die mit ihrem Säugling An. 1697 am andern Pfingst=Feyer Tage; und eines Jüden/ Der An. 1701 am Sonntage Septuagesimae in der Kirche zu S. Barthol. in Zerbst getauft worden; Als auch eines Jüden/ Der An. 1703 am 9. Sonntage nach Trinitatis unter göttlichen Beystand getauffet werden wird, Leipzig 1703 (UB Halle/S.)

WILHELM, FRIEDRICH: Gründlicher Beweistuhm der Gottheit Jesu Christi/ Allen Gottl. Warheitliebenden/ Insonderheit aber allen Halsstarrigen Juden . . . vorgestellet, Minden 1670 (HAB)

Greuel der Verwüstung des Heil. Jerusalem durch den Judischen Talmud/ Das ist: Kurtz und Gründliche Unterweisung der Greuel dieses Buchs . . ., Cassel 1671 (LB Stuttgart)

–: s. auch CHRISTLIEB, FRIEDRICH WILHELM

WILHELM, GEORG: Kurtzer Beweis Wider Das heutige unsehlige Judenthum/ und das ihre Hoffnung auf den zukünftigen Messiam eitel und nichtig sey, Hamburg 1697 (HAB)

[WIPPERMANN, FRANZ:] צִיט-שתיל Schtil-Zait Zerbrochener Aber Wieder eingepropffter Oehl=Zweig/ Oder Predigt und Handlung bey der Tauffe/ eines auß Hamburg bürtigen Juden David Salomons Levi, So geschehen Zu Türckheim an der Haardt . . . am IV. Sontag nach Trinit. wahr der 30. Junii deß 1672 Jahrs, Giessen o. J. (LB Stuttgart)

WÜLFER, DANIEL (»Wülffer«): Der verkehrte und doch wider bekehrte Thomas/ Bey der Christlichen Tauff eines/ von Posen/ aus Polen bürtigen Jüden/ Nahmens Michael von Prag/ Welcher den 21. Tag Monats Decembris, deß zu End lauffenden 1659 Jahrs . . . der Christlichen Kirchen einverleibet worden, Nürnberg 1660 (StB Ulm)

WÜLFER, JOHANNES: Theriaca Judaica, Ad Examen Revocata, Sive Scripta Amoibaea . . ., Norimbergae 1681

ZARVOSSI, ERNST CHRISTIAN: לתודה מזמור ספר Danck= und Lob=Gesang/ Welchen Bey seiner Bekehrung aus dem finstern Jüdenthumb am Tage Pauli Bekehrung/ im Jahr 1668 in der Schloß=Kirche auff der Hochfürstl. Residentz Frieden=Stein zu Gotha gethan . . ., Wittenberg 1669 (HAB)

Literaturverzeichnis

Ackermann, A.: Geschichte der Juden in Brandenburg a. H., Berlin 1906

Adam, Johann: Evangelische Kirchengeschichte der Stadt Strassburg bis zur Franzoesischen Revolution, Strassburg 1922

– Evangelische Kirchengeschichte der elsässischen Territorien bis zur Franzoesischen Revolution, Strassburg 1928

ADB = Allgemeine Deutsche Biographie, Bde. I–LVI, Leipzig 1875–1912

Adler, Michael: History of the »Domus Conversorum« from 1290 to 1891, in: TJHSE 4 (1899–1901), S. 16–75

AGL = Jöcher, Christian Gottlieb: Allgemeines Gelehrten=Lexicon ..., Bde. I–IV, Leipzig 1750–1751 (Nachdr. Hildesheim 1960–1961)

AGL Erg. = Adelung, Johann Christoph/ Rotermund, Heinrich Wilhelm: Fortsetzung und Ergänzungen zu Christian Gottlieb Jöchers allgemeinem Gelehrten=Lexico ..., Bde. I––VII, Leipzig u. a. 1784–1897 (Nachdr. Hildesheim 1960–1961)

Aland, Kurt: Philipp Jakob Spener und die Anfänge des Pietismus, in: JGP 4 (1977/78), S. 155–189

– Spener – Schütz – Labadie? Notwendige Bemerkungen zu den Voraussetzungen und der Entstehung des deutschen lutherischen Pietismus, in: ZThK 78 (1981), S. 206–234

Althaus, Hans-Ludwig: Speners Bedeutung für Heiden- und Judenmission, in: LMJ(B) 1961, S. 22–44

Altmann, Alexander: Moses Mendelssohn. A Biographical Study, University, Alab. 1973

Aring, Paul-Gerhard: Christliche Judenmission. Ihre Geschichte und Problematik, dargestellt und untersucht am Beispiel des evangelischen Rheinlandes (Forschungen zum jüdisch-christlichen Dialog 4), Neukirchen-Vluyn 1980 (1980a)

– Absage an die Judenmission, in: Umkehr und Erneuerung. Erläuterungen zum Synodalbeschluß der Rheinischen Landessynode 1980 »Zur Erneuerung des Verhältnisses von Christen und Juden«, Neukirchen-Vluyn 1980, S. 207–214 (1980b)

Arnold, Hermann: Geschichte der Juden in der Pfalz, Speyer 1967

Arnsberg, Paul: Die jüdischen Gemeinden in Hessen. Anfang Untergang Neubeginn, Bde. I + II, Frankfurt am Main 1971

Aufgebauer, Peter: Die Geschichte der Juden in der Stadt Hildesheim im Mittelalter und in der frühen Neuzeit (Schriftenreihe des Stadtarchivs und der Stadtbibliothek Hildesheim 12), Hildesheim 1984

Avé-Lallement, Friedrich Christian Benedict: Das deutsche Gaunerthum in seiner social=politischen, literarischen und linguistischen Ausbildung zu seinem heutigen Bestande, Dritter Theil, Leipzig 1862

Bäumer, Remigius: Die Juden im Urteil von Johannes Eck und Martin Luther, in: MThZ 34 (1983), S. 253–278

Ballin, Gerhard: Proselyten aus dem Judentum in der Stadt Braunschweig, in: NdFk 14 (1987), S. 60–71

Bamberger, Naftali Bar-Giora: Prag und Hanau, in: Allgemeine Jüdische Wochenzeitung Jg. 11, Nr. 48 (29. 11. 1985), S. 5

Barbeck, Hugo: Geschichte der Juden in Nürnberg und Fürth, Nürnberg 1878

BARON, SALO WITTMAYER: A Social and Religious History of the Jews, Bde. I–XVII, 2. Aufl., New York u. a. 1952–1983
– Medieval Heritage and Modern Realities in Protestant-Jewish Relations, in: ders., Ancient and Medieval Jewish History, New Brunswick 1972, S. 323–337
BARTH, HANS-MARTIN: Atheismus und Orthodoxie. Analysen und Modelle christlicher Apologetik im 17. Jahrhundert (FSÖTh 26), Göttingen 1971
BATTENBERG, FRIEDRICH: Zur Rechtsstellung der Juden in Spätmittelalter und früher Neuzeit, in: ZHF 6 (1979), S. 129–183
– Judenordnungen der frühen Neuzeit in Hessen, in: Neunhundert Jahre Geschichte der Juden in Hessen. Beiträge zum politischen, wirtschaftlichen und kulturellen Leben, hg. v. der Kommission für die Geschichte der Juden in Hessen, bearb. v. C. Heinemann (Schriften der Kommission für die Geschichte der Juden in Hessen 6), Wiesbaden 1983, S. 83–122
– Schutz, Toleranz oder Vertreibung. Die Darmstädter Juden in der frühen Neuzeit (bis zum Jahre 1688), in: Juden als Darmstädter Bürger, hg. v. E. G. Franz, Darmstadt 1984, S. 33–49
– Gesetzgebung und Judenemanzipation im Ancien Régime. Dargestellt am Beispiel Hessen-Darmstadt, in: ZHF 13 (1986), S. 43–63
BAUCKHAM, RICHARD: Art. Chiliasmus IV. Reformation und Neuzeit, in: TRE VII (1981), S. 737–745
BAUMANN, ARNULF: Judenmission – gestern und heute, in: Evangelische Mission – Jahrbuch 1977, Hamburg 1977, S. 17–39
– Christliches Zeugnis und die Juden heute. Zur Frage der Judenmission (Vorlagen 5), Hannover 1981
– Judenmission: Christliches Zeugnis unter Juden. Bestandsaufnahme und Ausblick, in: Jud 38 (1982), S. 3–13
BAUMANN, ARNULF/ MAHN, KÄTE/ SAEBØ, MAGNE (Hg.): Luthers Erben und die Juden. Das Verhältnis lutherischer Kirchen Europas zu den Juden, Hannover 1984
BECKMANN, JOHANN CHRISTOFF: Historie des Fürstenthums Anhalt, Theil VII, Zerbst 1710
BEHRMANN [ohne Vorname]: Hamburgs Orientalisten, Hamburg 1902
BEIN, ALEX: Die Judenfrage. Biographie eines Weltproblems, Bde. I+II, Stuttgart 1980
Das *Bekenntnis* des ersten evangelischen Pfarrers aus Israel, Christian *Gerson*, in: SaH 66 (1929), S. 105–111
BEMMANN, R. (Hg.): Bibliographie der sächsischen Geschichte, Bde. I,1–III,2, Leipzig (+ Berlin) 1918–1932
BEN-SASSON, HAIM HILLEL (Hg.): Geschichte des jüdischen Volkes, Bde. I–III, München 1978–1980
BENZ, ERNST: Die christliche Kabbala. Ein Stiefkind der Theologie (AlVi N.F. 18), Zürich 1958
Berechnung derer seit ao. 1682 zur Evangelischen Lutherischen Religion bekehrten, und zu Dreßden getauften Mohren, Türken und Juden, in: Neu-eröffnete historische Correspondenz von alten und neuen Miscellaneis saxonicis Bd. 2, Dresden 1768, S. 21–24
BEYREUTHER, ERICH: Zinzendorf und das Judentum, in: Jud 19 (1963), S. 193–246
Beytrag zur Mecklenburgischen Jüdischen Geschichte durch glaubwürdige Angabe der Rostockschen Juden=Taufen besonders aus diesem Jahrhundert, in: Gemeinnützige Aufsätze aus den Wissenschaften, zu den Rostockschen Nachrichten 25–27 (1768), S. 97–108
BISCHOFF, ERICH: Kritische Geschichte der Thalmud-Übersetzungen aller Zeiten und Zungen, Frankfurt a. M. 1899
BLAU, JOSEPH LEON: The Christian Interpretation of the Cabala in the Renaissance, New York 1944
BLAUFUSS, DIETRICH: Spener-Arbeiten. Quellenstudien und Untersuchungen zu Philipp Jacob Spener und zur frühen Wirkung des lutherischen Pietismus, 2., verb. u. erg. Aufl. (EHS XXII, 46), Bern/Frankfurt am Main/Las Vegas 1980
BLC = The British Library. General Catalogue of Printed Books to 1975, London/München/New York/Paris 1979ff

BLUMENKRANZ, BERNHARD: Jüdische und christliche Konvertiten im jüdisch-christlichen Religionsgespräch des Mittelalters, in: Judentum im Mittelalter. Beiträge zum christlich-jüdischen Gespräch, hg. v. P. Wilpert (MM 4), Berlin 1966, S. 264–280

BODENHEIMER, ROSY: Beitrag zur Geschichte der Juden in Oberhessen von ihrer frühesten Erwähnung bis zur Emanzipation, in: ZGJD 3 (1931), S. 251–262; 4 (1932), S. 11–30

BOLLWEG, HEINRICH: Beiträge zur Geschichte der Juden in der Grafschaft Rheda (Ms.; Stadtarchiv Rheda)

BOWMAN, JOHN: A Seventeenth Century Bill of »Rights« for Jews, in: JQR 39 (1949), S. 379–395

BOX, G. H.: Hebrew Studies in the Reformation Period and After: Their Place and Influence, in: The Legacy of Israel, hg. v. E. R. Bevan u. C. Singer, Oxford 1953, S. 315–375

Eine Judentaufe in _Breidenbach_. Auszug aus dem Kirchenbuch, in: Hinterländer Geschichtsblätter 59 (1980), S. 139

BROSSEDER, JOHANNES: Luthers Stellung zu den Juden im Spiegel seiner Interpreten. Interpretation und Rezeption von Luthers Schriften und Äußerungen zum Judentum im 19. und 20. Jahrhundert, vor allem im deutschsprachigen Raum (BÖT 8), München 1972

BROWE, PETER: Die Judenmission in [!] Mittelalter und die Päpste (MHP VI, 8), Roma 1942

BRUNNER, HUGO: Theophilus Neuberger. Lebensbild eines Seelsorgers aus den Zeiten des Dreißigjährigen Krieges (1593–1656), in: ZKG 24 (1903), S. 375–400.549–593

BRUNNER, ROBERT: Die evangelische Theologie und die Juden, in: Jud 19 (1963), S. 25–42

BUCHHOLTZ, ANTON: Geschichte der Juden in Riga, Riga 1899

CASSUTO, ALFONSO: Neue Funde zur ältesten Geschichte der portugiesischen Juden in Hamburg, in: ZGJD 3 (1931), S. 58–72

COHEN, CARL: Martin Bucer and his Influence on the Jewish Situation, in: YLBI 13 (1968), S. 93–101

COHEN, S.: Die Landjudenschaften in Hessen-Darmstadt bis zur Emanzipation als Organe der jüdischen Selbstverwaltung, in: Neunhundert Jahre Geschichte der Juden in Hessen ... [s. BATTENBERG 1983] ..., S. 151–214

COHN, ABRAHAM: Beiträge zur Geschichte der Juden in Hessen-Kassel im 17. und 18. Jahrhundert. I. Staat und Umwelt in ihrem Verhältnis zu den Juden, Diss. Marburg 1933

DEGANI, BEN-ZION: Die Formulierung und Propagierung des jüdischen Stereotyps in der Zeit vor der Reformation und sein Einfluß auf den jungen Luther, in: KREMERS (Hg.), S. 3–44

DE JONG, J. A.: As the Waters Cover the Sea. Millennial Expectations in the Rise of Anglo-American Missions 1640–1810, Kampen 1970

DELITZSCH, FRANZ: Wissenschaft, Kunst, Judenthum. Schilderungen und Kritiken, Grimma 1838

– Paulus des Apostels Brief an die Römer aus dem griechischen Urtext auf Grund des Sinai-Codex in das Hebräische übersetzt und aus Talmud und Midrasch erläutert, Leipzig 1870

– Ein Blick auf Vergangenheit und Gegenwart der protestantischen Missionsthätigkeit, in: SaH 27 (1890), S. 201–217

DERTSCH, RICHARD: Judentaufen im kurfürstlichen Mainz, in: Mainzer Zeitschrift 36 (1941), S. 58–60

DGK = Gesamtkatalog der preußischen Bibliotheken (ab Bd. IX: Deutscher Gesamtkatalog), Bde. I–XV, Berlin/Neuried 1931–1979

DIAMANT, ADOLF: Chronik der Juden in Dresden, Darmstadt 1973

DIAMANT, PAUL JOSEPH: Elchanan Paulus und seine Beziehungen zu Kaiser Rudolf II., in: Archiv für jüdische Familienforschung, Kunstgeschichte und Museumswesen 2 (1917), S. 17–24

DICKMANN, FRIEDRICH: Das Judenmissionsprogramm Johann Christoph Wagenseils, in: NZSTh 16 (1974), S. 75–92

DIEHL, WILHELM: Ein Judentaufformular aus der angeblich »missionslosen« Zeit um die Wende des 16. und 17. Jahrhunderts. Ein Beitrag zu einer gerechten Bewertung des Zeitalters der Orthodoxie, in: ZprTh 22 (1900), S. 289–304

– Der erste getaufte Jude unter den Pfarrern der Obergrafschaft, in: BHKG 3 (1908), S. 344
– Kirchenbehörden und Kirchendiener in der Landgrafschaft Hessen-Darmstadt von der Reformation bis zum Anfang des 19. Jahrhunderts (Hassia sacra 2), Darmstadt 1925 (1925a)
– Eine Taufe in der Meicheser Totenkirche im Jahre 1705, in: Hessische Chronik 12 (1925), S. 31f. (1925b)
– Die Taufe des Juden Salomon von Steinbockenheim und seiner Familie (1700), in: Hessische Chronik 13 (1926), S. 111–113
– Eine merkwürdige Proselytin, in: Hessische Chronik 15 (1928), S. 64
– Familiennamen übergetretener Juden, in: Hessische Chronik 17 (1930), S. 88f.
DIENST, KARL: Geschichte des lutherischen Gottesdienstes der Freien Reichsstadt Frankfurt am Main, Diss. Mainz 1955
– Judentaufformulare in Frankfurt/M. zur Zeit der lutherischen Orthodoxie, in: JHKGV 21 (1970), S. 101–118
– Ein handschriftliches Judentaufformular aus Burg Friedberg um 1600, in: Wetterauer Geschichtsblätter 26 (1977), S. 149–156
DIESTEL, LUDWIG: Geschichte des Alten Testaments in der christlichen Kirche, Jena 1869 (Neudr. Leipzig 1981)
DIFENBACH, MARTIN: Judaeus Convertendus, Oder verschiedene Vrtheile und Vorschläge Fürnehmer Theologen und anderer Gelahrten/ Wie die Bekehrung eines Juden Durch Gottes Gnade zu suchen und zu befördern seye . . ., Franckfurt am Mayn 1696
– Judaeus Conversus, Oder Umständliche und glaubhaffte Erzehlung/ was sich vormahls mit einem allhier Bekehrten Juden begeben. Sammt fernern Erläuterung und weitläufftigern Außführung des von Ihm allbereit Anno 1696 herauß gegebenen Judaei Convertendi . . ., Franckfurt am Mayn 1709
DOBBERT, REINHARD: Das Zeugnis der Kirche für die Juden, in: Das Zeugnis der Kirche für die Juden (MissGem 16), hg. v. H. Becker, R. Dobbert u. A. Gjerding, Berlin und Hamburg 1968, S. 33–67
DRABEK, ANNA M.: Hermann von Scheda, Opusculum de Conversione Sua, in: Kairos 21 (1979), S. 221–235
DUBNOW, SIMON: Weltgeschichte des jüdischen Volkes, Bde. I–X, Berlin 1925–1929
ECKERT, WILLEHAD PAUL: Hoch- und Spätmittelalter – Katholischer Humanismus, in: KiSy I, S. 210–306
ECKSTEIN, A[DOLF]: Geschichte der Juden im ehemaligen Markgrafentum Bayreuth, Bayreuth 1907
EDELSTEIN, ALAN: An Unacknowledged Harmony. Philo-Semitism and the Survival of European Jewry, Westport, Conn. 1982
EHRLICH, ERNST-LUDWIG: Abschied von der Judenmission. Antwort an Arnulf Baumann, in: Jud 38 (1982), S. 14–23
– Luther und die Juden, in: Jud 39 (1983), S. 131–149
EISLER, ROBERT: ΙΗΣΟΥΣ ΒΑΣΙΛΕΥΣ ΟΥ ΒΑΣΙΛΕΥΣΑΣ Die messianische Unabhängigkeitsbewegung vom Auftreten Johannes des Täufers bis zum Untergang Jakobs des Gerechten . . ., Bd. I (RWB 9,1), Heidelberg 1929
EJ(D) = Encyclopaedia Judaica. Das Judentum in Geschichte und Gegenwart, Bde. I–X, Berlin 1928–1934
EJ = Encyclopaedia Judaica, Bde. I–XVI, Jerusalem 1971–1972
ELERT, WERNER: Morphologie des Luthertums I: Theologie und Weltanschauung des Luthertums hauptsächlich im 16. und 17. Jahrhundert, München 1931
ELLRODT [ohne Vorname]: Zwei Proselyten=Geschichten, in: SaH 4 (1867), S. 89–92
ENGEL, PETER: Die eine Wahrheit in der gespaltenen Christenheit. Untersuchungen zur Theologie Georg Calixts (GTA 4), Göttingen 1976
ENGELHARDT, ED.: Victorin Christoph Brinz [!], ein Diener Christi vom Hause Israel, in: SaH 3 (1866), H. 4, S. 17–27
ETTINGER, S.: The Beginnings of the Change in the Attitude of European Society Towards the Jews, in: ScrHie 7 (1961), S. 193–219

FABRICIUS, JOHANN ALBERT: Memoriae Hamburgenses sive Hamburgi, Et Virorum de Ecclesia, Reque Publica & Scholastica Hamburgensi bene meritorum Elogia & Vitae, Hamburgi 1710
– Delectus Argumentorum et Syllabus Scriptorum qui Veritatem Religionis Christianae Adversus Atheos . . . Assuerunt, Hamburgi 1715
FEILCHENFELD, A.: Anfang und Blütezeit der Portugiesengemeinde in Hamburg, in: ZVHaG 10 (1899), S. 199–240 (1899a)
– Die älteste Geschichte der deutschen Juden in Hamburg, in: MGWJ 43 (1899), S. 271–282.322–328.370–381 (1899b)
FINKE, MANFRED: Toleranz und ›discrete‹ Frömmigkeit nach 1650. Pfalzgraf Christian August von Sulzbach und Ernst von Hessen-Rheinfels, in: Chloe (Beihefte zum Daphnis) 2 (1984), S. 193–212
FISCHER, OTTO: Evangelische Pfarrer jüdischer Herkunft, in: Der deutsche Herold 59 (1928), S. 84–86
FORCHHAMMER, EMANUEL: Beiträge zur Geschichte der deutschen Juden mit besonderer Beziehung auf Magdeburg und die benachbarte Gegend, in: Geschichtsblätter für Stadt und Land Magdeburg 46 (1911), S. 119–178.328–408
FRAIDL, FRANZ: Die Exegese der 70 Wochen Daniels in der alten und mittleren Zeit (Festschrift der K. K. Universität Graz aus Anlaß der Jahresfeier am XV. November MDCCCLXXXIII), Graz o. J.
FRANKL, OSKAR: Der Jude in den deutschen Dichtungen des 15., 16. und 17. Jahrhundertes [!], Mähr. Ostrau/Leipzig 1905
FREIMANN, ARON: Katalog der Judaica und Hebraica. Stadtbibliothek Frankfurt am Main. Band Judaica, Frankfurt/M 1932 (Nachdr. Graz 1968)
FREIMARK, PETER: Zum Verhältnis von Juden und Christen in Altona im 17./18. Jahrhundert, in: Theok. 2 (1970–1972). Festgabe für Karl-Heinrich Rengstorf zum 70. Geburtstag, Leiden 1973, S. 253–272
Freytag: s. Ungedruckte Quellen
FRERICHS, HEIKO/ RÜGGEBERG, UWE: Juden und Christen – im Spiegel einer Bibliothek, in: Zur Geschichte der Juden in Celle. Festschrift zur Wiederherstellung der Synagoge, bearb. v. J. Busch u. J. Ricklefs, hg. v. der Stadt Celle, Celle 1974, S. 79–94
FRICK, HEINRICH: Die evangelische Mission. Ursprung Geschichte Ziel (Bücherei der Kultur und Geschichte 26), Bonn und Leipzig 1922
– Gießener und Frankfurter Orthodoxie über die Mission. Neue Beiträge zu dem Thema: Die Mission und die evangelische Kirche im 17. Jahrhundert, in: AMZ 50 (1923), S. 7–21
FRIEDMAN, JEROME: The Most Ancient Testimony. Sixteenth-Century Christian-Hebraica in the Age of Renaissance Nostalgia, Athens, Ohio 1983
FÜRST, JULIUS: Bibliotheca Judaica, Theile I–III, Leipzig 1849–1863 (Nachdr. Hildesheim 1960)
GALLUS, TIBOR: »Der Nachkomme der Frau« (Gen 3,15) in der Altlutheranischen [!] Schriftauslegung. Ein Beitrag zur Exegese von Gen 3,15. Zweiter Band: Von den Zeitgenossen Luthers bis zur Aufklärungszeit, Klagenfurt 1973
– Die »Frau« in Gen 3,15, Klagenfurt 1979
GEBHARDT, CARL (Hg.): Die Schriften des Uriel da Costa (Bibliotheca Spinozana II), Amsterdam 1922
GEFFCKEN, JOHANNES: Johann Winckler und die Hamburgische Kirche in seiner Zeit (1684–1705) nach gleichzeitigen, vornehmlich handschriftlichen Quellen, Hamburg 1861
GEIGER, LUDWIG: Die Juden und die deutsche Literatur, in: ZGJD 2 (1888), S. 297–374 Deutsche Schriften über Sabbatai Zewi, in: ZGJD 5 (1892), S. 100–105
GELLINEK, CHRISTIAN: Die Verteidigung der Wahrheit der christlichen Religion im Jahrhundert des Späthumanismus (1540–1631) bei Juan Luis Vives, Philippe Duplessis Mornay, Hugo Grotius und der Opitzschule, in: Sprache und Literatur. Festschrift für Arval L. Streadbeck zum 65. Geburtstag, hg. v. G. P. Knapp u. W. A. v. Schmidt, Bern/Frankfurt am Main/Las Vegas 1981, S. 53–64
GENSICHEN, HANS-WERNER: Missionsgeschichte der neueren Zeit (KiG 4T), Göttingen 1961

Geschichte der Juden in *Speyer*, hg. v. der Bezirksgruppe Speyer des Hist. Vereins der Pfalz (Beiträge zur Speyerer Stadtgeschichte 6), Speyer 1981

GLANZ, RUDOLF: The »Jewish Execution« in Medieval Germany, in: JSocS 5 (1943), S. 3–26
– Geschichte des niederen jüdischen Volkes in Deutschland. Eine Studie über historisches Gaunertum, Bettelwesen und Vagantentum, New York 1968

GLEISS, C. W.: Esdras Edzardus, ein alter Hamburger Judenfreund, 2. Aufl., Hamburg 1871

GOLDBERG, JACOB: Die getauften Juden in Polen-Litauen im 16.–18. Jahrhundert, in: JGO NF 30 (1982), S. 54–99

GRABAU, RICHARD (Hg.): Das evangelisch-lutherische Predigerministerium der Stadt Frankfurt a. M., Frankfurt a. M/Leipzig 1931

GRAETZ, HEINRICH: Geschichte der Juden von den ältesten Zeiten bis auf die Gegenwart, Bde. I–XI, Leipzig etc. 1853–1870

GRAU, WILHELM: Die innere Auflösung des europäischen Antijudaismus in den Jahrhunderten vor der Emanzipation, in: Weltkampf. Die Judenfrage in Geschichte und Gegenwart, München 1942, S. 1–16.131–141.200–212

GRAUPE, HEINZ MOSCHE: Die Entstehung des modernen Judentums. Geistesgeschichte der deutschen Juden 1650–1942, 2., rev. u. erw. Aufl., Hamburg 1977

GREIN, FRIEDRICH: Zur Gießener Kirchengeschichte. I. Die Gießener Geistlichkeit und die Judenfrage 1622/23, in: BHKG 1 (1903), S. 257–261

GREIVE, HERMANN: Die Juden. Grundzüge ihrer Geschichte im mittelalterlichen und neuzeitlichen Europa (Grundzüge 37), Darmstadt 1980

GRÖSSEL, WOLFGANG: Neu entdeckte Dokumente der Juden= und Muhammedaner=Mission der luth. Kirche im 17. Jahrhundert, in: SaH 31 (1894), S. 5–13
– Die Stellung der lutherischen Kirche Deutschlands zur Mission im 17. Jahrhundert, Diss. Leipzig 1895

GROTE, HEINER: Luther und die Juden. Auch 1983 hat sein typisches Thema, in: MdKI 34 (1983), S. 63–68

GRÜNBERG, PAUL: Philipp Jakob Spener, Bde. I–III, Göttingen 1893–1906

GRUNWALD, M.: Handschriftliches aus der Hamburger Stadtbibliothek, in: MGWJ 40 (1896), S. 280–282.422–429.457–461

GÜDE, WILHELM: Die rechtliche Stellung der Juden in den Schriften deutscher Juristen des 16. und 17. Jahrhunderts, Sigmaringen 1981

GÜNTHER, C. F.: Bilder aus dem hessischen Vorzeit, Darmstadt 1853

GUENTER, MICHAEL: Die Juden in Lippe von 1648 bis zur Emanzipation 1858, Detmold 1973

GVUL = Grosses vollständiges Universal Lexikon aller Wissenschaften und Künste . . ., Bde. I–LXIV, Halle etc. 1732–1750

HAASE, ROLAND: Das Problem des Chiliasmus und der Dreißigjährige Krieg, Diss. Leipzig 1933

HAENLE, S.: Geschichte der Juden im ehemaligen Fürstenthum Ansbach, Ansbach 1867

HAHN, WILHELM: Judentaufen in Schleswig-Holstein, in: Zeitschrift der Gesellschaft für Schleswig-Holsteinische Geschichte 69 (1941), S. 110–131

HAMMANN, GUSTAV: Konversionen deutscher und ungarischer Juden in der frühen Reformationszeit, in: ZbKG 39 (1970), S. 207–237

HARDELAND, OTTO: Geschichte der lutherischen Mission nach den Vorträgen des Prof. D. Plitt, 2. Hälfte, Leipzig 1895

VON HARLING, OTTO: Der bisherige Anteil Deutschlands an der Judenmission, in: SaH 53 (1915), S. 158–165

HARTENSTEIN, JOHANNES G.: Die Juden in der Geschichte Leipzigs. Von der Entstehung der Stadt bis zur Mitte des 19. Jahrhunderts, Berlin 1938

HARTUNG, OSKAR: Geschichte der Stadt Cöthen bis zum Beginn des 19. Jahrhunderts, Cöthen 1900

HEALEY, ROBERT M.: The Jew in Seventeenth Century Protestant Thought, in: ChH 46 (1977), S. 63–79

HEINRITZ, J. G.: Beiträge zur Geschichte der Juden im vormaligen Fürstenthume Bayreuth, in: Archiv für Geschichte und Altertumskunde von Oberfranken 3 (1847), S. 1–23

HENKE, ERNST LUDWIG THEODOR: Georg Calixtus und seine Zeit, Bde. I–II/2, Halle 1853–1860

HERRMANN, FR. (Bearb.): Inventare der evangelischen Pfarrarchive im Freistaat Hessen, 2. Hälfte, Darmstadt 1920

HERRMANN, FRITZ H.: Judentaufen in Burg-Friedberg, in: Wetterauer Geschichtsblätter 30 (1981), S. 63–68

HESS, WILLY: Das Missionsdenken bei Philipp Nicolai (AKGH 5), Hamburg 1962

HEUTGER, NICOLAUS: Johannes Buxtorf in Basel. Hebraist und Vater der Judenmission, in: Jud 24 (1968), S. 69–81

HEYM, STEFAN: Ahasver. Roman (Fischer Taschenbuch 5331), Frankfurt am Main 1984 (31.–40. Tausend)

HÖCK [ohne Vorname]: Kirchliche Judenmissionsbestrebungen nach der alten Hamburgischen Judenordnung von 1710, in: SaH 52 (1915), S. 87f.

HOFFMANN, KARL: Ursprung und Anfangstätigkeit des ersten päpstlichen Missionsinstituts. Ein Beitrag zur Geschichte der katholischen Juden- und Mohammedanermission im sechzehnten Jahrhundert (MWAT 4), Münster 1923

HOLMIO, ARMAS K. E.: The Lutheran Reformation and the Jews. The Birth of Protestant Jewish Missions, Hancock, Mich. 1949

HOMANN, HORST: Die Harburger Schutzjuden 1610 bis 1848, in: Harburger Jahrbuch 7 (1957), S. 43–96

HORNIG, GOTTFRIED: Lehre und Bekenntnis im Protestantismus, in: Handbuch der Dogmen- und Theologiegeschichte, Bd. 3: Die Lehrentwicklung im Rahmen der Ökumenizität, hg. v. C. Andresen, Göttingen 1984, S. 71–287

HORNING, WILHELM: Dr. Johann Dorsch. Professor der Theologie und Münsterprediger zu Straßburg im 17. Jahrhundert. Ein Lebenszeuge der lutherischen Kirche, Straßburg 1886

– Aus den Protokollen des Straßburger Kirchenconvents, unter dem Vorsitz des D. Johann Pappus, in: SaH 24 (1887), S. 43–50

– Magister Elias Schadäus. Pfarrer an der Alt=St.=Peterkirche. Professor der Theologie und Münsterprediger zu Straßburg (SIJL 31), Leipzig 1892

HORWITZ, LUDWIG: Die Judenpredigten unter Amelia Elisabeth, Landgräfin von Hessen, in: Jüdische Geschichte und Literatur (Beilage zum Israelitischen Familienblatt) 1910, Nr. 33

HUMAN, ARMIN: Geschichte der Juden in Sachsen-Meinigen-Hildburghausen, 2. Aufl., (Thüringer Untersuchungen zur Judenfrage 2), Weimar 1939

ISRAEL, JONATHAN I.: Central European Jewry during the Thirty Years' War, in: Central European History 16 (1983), S. 3–30

– European Jewry in the Age of Mercantilism 1550–1750, Oxford 1985

KALKAR, CHRISTIAN K.: Israel und die Kirche. Geschichtlicher Überblick der Bekehrungen der Juden zum Christenthume in allen Jahrhunderten, Hamburg 1869

– Israel og Kirken. Historisk Overblik over deres gjensidige Forhold indtil de nyeste tider, 2., erw. Aufl., København 1881

KAMPMANN, WANDA: Deutsche und Juden. Die Geschichte der Juden in Deutschland vom Mittelalter bis zum Beginn des Ersten Weltkrieges (Fischer Taschenbuch 3429), Frankfurt/M 1979

KANTZENBACH, FRIEDRICH WILHELM: Johann Wolfgang Brenks Stellung in der Geschichte des »Philosemitismus« des 18. Jahrhunderts, in: ZRGG 31 (1979), S. 78–98

KATZ, DAVID, S.: Philo-Semitism and the Readmission of the Jews to England 1603–1655 (Oxford Historical Monographs), Oxford 1982

KAYSERLING, M.: Les Hébraisants Chrétiens du XVIIᵉ Siècle, in: REJ 18 (1890), S. 261–268

KESSLER, GERHARD: Judentaufen und judenchristliche Familien in Ostpreußen, in: FBl 36 (1938), Sp. 201–232.261–272.297–306

KIRN, HANS-MARTIN: Das Bild vom Juden im Deutschland des frühen 16. Jahrhunderts, dargestellt an den Schriften Johannes Pfefferkorns, Diss. Tübingen 1983

KISCH, GUIDO: Judentaufen. Eine historisch-biographisch-psychologisch-soziologische Studie besonders für Berlin und Königsberg (Einzelveröffentlichungen der Historischen Kommission zu Berlin), Berlin 1973

– The »Jewish Execution« in Medieval Germany and the Reception of Roman Law, in: ders., Forschungen zur Rechts-, Wirtschafts- und Sozialgeschichte der Juden, Sigmaringen 1979, S. 165–193 (Erstveröffentlichung 1943)

KLAPPERT, BERTHOLD: Erwählung und Rechtfertigung, in: KREMERS (Hg.), S. 368–410.

Klau Library = Hebrew Union College – Jewish Institute of Religion: Dictionary Catalog of the Klau Library Cincinnati, Bde. I–XXXII, Boston 1964

KLEEFELD, LOTTE/ LECHNER, HILDEGARD: Die Elbinger Judentaufen vom Beginn der Kirchenbücher bis zum Jahre 1800, in: Weichselland 36 (1937), S. 16–19

KNETSCH, CARL: Goldschmidt-Friedstatt ein Apostat aus der Zeit des Dreißigjährigen Krieges, in: Jüdische Familienforschung 2 (1926), S. 154–158

KNIEWASSER, MANFRED: Die antijüdische Polemik des Petrus Alphonsi (getauft 1106) und des Abtes Petrus Venerabilis von Cluny († 1156), in: Kairos 22 (1980), S. 34–77

KOBER, ADOLF: Geschichte der Juden in Europa bis zum Beginn der Emanzipation, in: Judentum. Schicksal, Wesen und Gegenwart, hg. v. F. Böhm u. W. Dirks, Bd. I, Wiesbaden 1965, S. 121–254

KÖNIG, ANTON BALTHASAR: Annalen der Juden in den preußischen Staaten besonders in der Mark Brandenburg, Berlin 1790 (Nachdr. Köln 1912)

KOPP, ULRICH FRIEDRICH: Juden in Hessen, in: ders., Bruchstücke zur Erläuterung der Teutschen Geschichte und Rechte Bd. 1, Cassel 1799, S. 155–166

– Hessen=Casselische Juden=Versammlungen in politischer Hinsicht, in: ders., Bruchstücke zur Erläuterung der Teutschen Geschichte und Rechte Bd. 2, Cassel 1801, S. 157–188

KRACAUER, ISIDOR: Geschichte der Juden in Frankfurt am Main, Bd. I, Frankfurt a. M. 1925

KRAMER, GUSTAV: August Hermann Francke, ein Lebensbild, Bd. I, Halle a. S. 1880

KRAUSE, GERHARD: »Aller Heiden Trost« Haggai 2,7, in: Solange es »heute« heißt. Festgabe für Rudolf Hermann zum 70. Geburtstag. Überreicht von P. Althaus u. a., Berlin 1957, S. 170–178

KREMERS, HEINZ: Judenmission heute? Von der Judenmission zur brüderlichen Solidarität und zum ökumenischen Dialog, Neukirchen-Vluyn 1979

KREMERS, HEINZ u. a. (Hg.): Die Juden und Martin Luther – Martin Luther und die Juden. Geschichte Wirkungsgeschichte Herausforderung, Neukirchen-Vluyn 1985

KRIEG, MARTIN: Die Juden in der Stadt Minden bis zum Stadtreglement von 1723, in: WestfZs 93/2 (1937), S. 113–196

KUPISCH, KARL: Das Volk der Geschichte. Randbemerkungen zur Geschichte der Judenfrage, Berlin/Stuttgart 1960

LAMPARTER, EDUARD: Evangelische Kirche und Judentum. Ein Beitrag zu christlichem Verständnis von Judentum und Antisemitismus, o. O. u. J. (Vorwort 1928)

LAMPERT, F.: Durch Nacht zum Licht. Aus meiner Familiengeschichte, in: SaH 4 (1867), S. 191–202

LANDAUER, GEORG: Zur Geschichte der Judenrechtswissenschaft, in: ZGJD 2 (1930), S. 255–261

LASS, J.: Fortsetzung der Samlung einiger Husumischen Nachrichten ..., Flensburg 1750 (Nachdr. St. Peter-Ording 1981)

LEHMANN, DETLEF: Das Wort der Propheten in der Predigt der evangelischen Kirchen von Luther bis zum Beginn des 20. Jahrhunderts, Diss. Heidelberg 1963

LEHMANN, HARTMUT: Das Zeitalter des Absolutismus. Gottesgnadentum und Kriegsnot (Christentum und Gesellschaft 9), Stuttgart/Berlin/Köln/Mainz 1980

LERSNER, ACHILLES AUGUST VON: Der Weit=Berühmten Freyen Reichs=Wahl= und Handels=Stadt Franckfurt am Mayn Chronica, oder ..., o. O. 1706

– Nachgeholte, vermehrte und continuirte Chronica Der weitberühmten freyen Reichs= und Handels=Stadt Franckfurth am Mayn, Oder ..., Franckfurth am Mayn 1734

LEUTHOLD, OTTO F. J.: Vier Judentaufen aus Danzig, in: Danziger familiengeschichtliche Beiträge 2 (1934), S. 129–131

LIPENIUS, MARTIN: Bibliotheca Realis Theologica Omnium Materiarum et Titulorum, Bde. I + II, Francofurti ad Moenum 1685 (Nachdr. Hildesheim/New York 1973)

Löb, Abraham: Die Rechtsverhältnisse der Juden im ehemaligen Königreiche und der jetzigen Provinz Hannover, (Diss. Göttingen), Frankfurt/Main 1908

Markreich, Max: Die Beziehungen der Juden zur Freien Hansestadt Bremen von 1065–1848 (Schriften der Gesellschaft zur Förderung des Judentums 32), Frankfurt/Main 1928

Maurer, Wilhelm: Kirche und Synagoge. Motive und Formen der Auseinandersetzung der Kirche mit dem Judentum im Laufe der Geschichte, Stuttgart 1953
– Martin Butzer und die Judenfrage in Hessen, in: ders., Kirche und Geschichte. Gesammelte Aufsätze Bd. II, Göttingen 1970, S. 347–365

Mayer, Reinhold: Judentum und Christentum. Urpsrung, Geschichte, Aufgabe (CiW XVI, 6a/b), Aschaffenburg 1973

Meijer, Jacob: Hugo Grotius' Remonstrantie, in: JSocS 17 (1955), S. 91–104

Mevorah, Barouh: Christian Hebraists in the Post-Medieval Period, in: Immanuel 14 (1982), S. 114–123

Meyer, Philipp: Der obrigkeitliche Zwang in den deutschen evangelischen Landeskirchen des 16. bis 18. Jahrhunderts, in: ZGNKG 34/35 (1929/30), S. 278–314

Meyer, Ulrich: Zahlenalphabet bei J. S. Bach? – Zur antikabbalistischen Tradition im Luthertum, in: MuK 51 (1981), S. 15–19

Moller, Johannes: Cimbria Literata, sive Scriptorum Ducatus Utriusque Slesvicensis et Holsatici, Quibus et Alii Vicini Quidam Accensentur, Historia Literaria Tripartita, Bde. I–III, Havniae 1744

Moore, George Foot: Christian Writers on Judaism, in: HThR 14 (1921), S. 197–254

Moritzen, Niels-Peter: Gemeinsame Wurzeln der Juden- und Heidenmission, in: FüI 57 (1974), S. 26–33

Müller, Adolf: Zur Geschichte der Judenfrage in den rechtsrheinischen Besitzungen der Landgrafschaft Hessen-Darmstadt im 16., 17. und 18. Jahrhundert, Leipzig/Frankfurt a. M. 1937

Müller, Arnd: Geschichte der Juden in Nürnberg 1146–1945, Nürnberg 1968

Müller, Friedrich: Georg Nigrinus in seinen Streitschriften: »Jüdenfeind, Papistische Inquisition und Anticalvinismus«. Ein Beitrag zur Charakteristik des Luthertums am Ende des 16. Jahrhunderts, in: BHKG 12 (1941), S. 105–152

Müller, Gerhard: Christlich-jüdisches Religionsgespräch im Zeitalter der protestantischen Orthodoxie. Die Auseinandersetzung Johann Müllers mit Rabbi Isaak Trokis »Hizzuk Emuna«, in: Glaube Geist Geschichte. Festschrift für Ernst Benz zum 60. Geburtstage am 17. November 1967, hg. v. G. Müller u. W. Zeller, Leiden 1967, S. 513–524
– Protestantische Orthodoxie, in: KiSy Bd. I, [1968], S. 453–504
– Der Judenarzt im Urteil lutherisch-orthodoxer Theologen 1642–1644, in: Kalima na dini. Studien zu Missionswissenschaft, Religionswissenschaft, Afrikanistik. Ernst Dammann zum 65. Geburtstag, hg. v. H.-J. Greschat u. H. Jungraithmayr, Stuttgart 1969, S. 370–376
– Art. Antisemitismus VI. 16. und 17. Jahrhundert, in: TRE 3 (1978), S. 143–155

Müller, Walter W.: Hebräische und chaldäische Studien, in: Wilhelm Schickard 1592–1635. Astronom Geograph Orientalist Erfinder der Rechenmaschine, hg. v. F. Seck (Contubernium 25), Tübingen 1978, S. 49–108

Müller-Streisand, Rosemarie: Theologie und Kirchenpolitik bei Jakob Andreae bis zum Jahr 1568, in: BWKG 60/61 (1960/61), S. 224–395

Munk, Leo: Die Judenlandtage in Hessen-Kassel, in: MGWJ 41 (1897), S. 505–522
– Die Judenordnungen in Hessen-Kassel, in: Judaica. Festschrift zu Hermann Cohens Siebzigstem Geburtstage, Berlin 1912, S. 377–388

Mutius, Hans-Georg von: Die christlich-jüdische Zwangsdisputation zu Barcelona. Nach dem hebräischen Protokoll des Moses Nachmanides (Judentum und Umwelt 5), Frankfurt am Main/Bern 1982

Mutzenbecher, Johann Friedrich: Sebastian Edzardi, in: ZVHaG 5 (1866), S. 210–223

Nijenhuis, Willem: Bucer and the Jews, in: ders., Ecclesia Reformata. Studies on the Reformation (Kerkhistorische Bijdragen 3), Leiden 1972, S. 38–72

Nordmann, W.: Die Eschatologie des Ehepaares Petersen, ihre Entwicklung und Auflösung, in: Zeitschrift des Vereins für Kirchengeschichte der Provinz Sachsen und des Freistaates Anhalt 26 (1930), S. 83–108; 27 (1931), S. 1–19

NUC = The National Union Catalog. Pre-1956 Imprints, Vol. 1–754, London u. a. 1968–1981

OBERMAN, HEIKO A.: Wurzeln des Antisemitismus. Christenangst und Judenplage im Zeitalter von Humanismus und Reformation, 2., durchgesehene Aufl., Berlin 1983

OHLING [ohne Vorname]: Judentäuflinge in Aurich, in: Ostfriesische Sippenforschung (Beilage zur »Ostfriesischen Tageszeitung« vom 19. Februar 1938), S. 1

OSTERMAN, NATHAN: The Controversy over the Proposed Readmission of the Jews to England (1655), in: JSocS 3 (1941), S. 301–328

PARKES, JAMES: Early Christian Hebraists, in: SBBL 4 (1959/60), S. 51–58; 6 (1962/64), S. 11–28

Pastor Gottfried Thomas *Zeitmann,* ein Proselyt, in: Dibre Emeth oder Stimmen der Wahrheit 35 (1879), S. 33–41

PESCHECK, CHRISTIAN ADOLF: Handbuch der Geschichte von Zittau, Erster Theil, Zittau 1854

PFISTERER, RUDOLF: Zwischen Polemik und Apologetik. Anmerkungen zu Veröffentlichungen über Luthers Stellung zu den Juden, in: Tribüne 23 (1984), H. 92, S. 99–124

PHILIPP, WOLFGANG: Der Philosemitismus im geistesgeschichtlichen Feld. Bericht über eine neue Quelle und Orientierungsversuch, in: ZRGG 10 (1958), S. 220–230

– Spätbarock und frühe Aufklärung. Das Zeitalter des Philosemitismus, in: KiSy II [1970], S. 23–86

PICK [ohne Vorname]: Erinnerung an Philipp Jacob Spener, in: SaH 16 (1879), S. 169–172

PLITT, GUSTAV: Kurze Geschichte der lutherischen Mission in Vorträgen, Erlangen 1871

– Michael Havemann. Eine dankbare Erinnerung, in: SaH 9 (1872), S. 17–25

PODCZECK, OTTO: Die Arbeit am Alten Testament in Halle zur Zeit des Pietismus. Das Collegium Orientale theologicum A. H. Franckes, in: WZ(H).GS 7 (1958), S. 1059–1074

– Das Callenberg'sche Institutum Judaicum 1728–1791, in: LR 13 (1963), S. 542–544

POLIAKOV, LÉON: Geschichte des Antisemitismus. Bd. 2: Das Zeitalter der Verteufelung und des Ghettos, Worms 1978

POPKIN, RICHARD HENRY: The Marrano Theology of Isaac La Peyrère, in: Studi Internazionali di Filosofia 5 (1973), S. 97–126

– Rez. von »David Katz, Philo-Semitism and the Readmission of the Jews to England 1603–1655 . . .«, in: JHP 21 (1983), S. 568f.

– Menasseh ben Israel and Isaac La Peyrère II, in: StRos 18 (1984), S. 12–20

POZNANSKI, ADOLF: Schiloh. Ein Beitrag zur Geschichte der Messiaslehre. Erster Teil: Die Auslegung von Genesis 49,10 im Alterthume bis zum Ende des Mittelalters, Leipzig 1904 (mehr nicht erschienen)

PRIEBATSCH, FELIX: Die Judenpolitik des fürstlichen Absolutismus im 17. und 18. Jahrhundert, in: Forschungen und Versuche zur Geschichte des Mittelalters und der Neuzeit. Festschrift Dietrich Schäfer zum siebzigsten Geburtstag dargebracht von seinen Schülern, Jena 1915, S. 568–651

PULLAN, BRIAN: Rez. von »David Katz, Philo-Semitism and the Readmission of the Jews to England 1603–1655 . . .«, in: JSSt 27 (1982), S. 341f.

RANKIN, OLIVER SHAW: Jewish Religious Polemics of early and later centuries, a study of documents here rendered in English, Edinburgh 1956

REIHLEN, WOLFGANG: Wie vor einem Vierteljahrtausend in Leipzig ein Jude getauft wurde, in: FBl 36 (1938), Sp. 189f.

REILS, H.: Beiträge zur ältesten Geschichte der Juden in Hamburg, in: ZVHaG 2 (1847), S. 357–424

RENDTORFF, ROLF: Judenmission nach dem Holocaust, in: Fides pro mundi vita. Missionstheologie heute. Hans-Werner Gensichen zum 65. Geburtstag, hg. v. T. Sundermeier (MWF 14), Gütersloh 1980, S. 173–183

RENDTORFF, ROLF (Hg.): Arbeitsbuch Christen und Juden. Zur Studie des Rates der Evangelischen Kirche in Deutschland, Gütersloh 1979

RENGSTORF, KARL HEINRICH/ vonKORTZFLEISCH, SIEGFRIED (Hgg.): Kirche und Synagoge, Handbuch zur Geschichte von Christen und Juden, Bde. I–II, Stuttgart 1968/1970

REUTER, HEINZ: Die Juden im Vest Recklinghausen. Ihre gesellschaftlichen, wirtschaftlichen und politischen Verhältnisse, unter besonderer Berücksichtigung der Synagogengemeinde Recklinghausen, in: Vestische Zeitschrift 77/78 (1978/79), S. 19–156

REVENTLOW, HENNING GRAF: Hauptprobleme der Biblischen Theologie im 20. Jahrhundert (EdF 203), Darmstadt 1983

RIEMER, SIEGFRIED: Philosemitismus im deutschen evangelischen Kirchenlied des Barock (StDel 8), Stuttgart 1963

RINN, HEINRICH: Der Hamburger Judenfreund Esdras Edzard, in: Nathanael 2 (1886), S. 65–91

ROBINSON, IRA: Isaac de la Peyrère and the Recall of the Jews, in: JSocS 40 (1978), S. 117–130

RODENBERG, CARL/ PAULS, VOLQUART: Die Anfänge der Christian=Albrechts Universität Kiel (Quellen und Forschungen zur Geschichte Schleswig-Holsteins 31), Neumünster 1955

DE LE ROI, J. F. A.: Christian Gerson, der erste evangelische Prediger aus den bekehrten Juden, in: Dibre Emeth oder Stimmen der Wahrheit 35 (1879), S. 97–110.129–140

– Die evangelische Christenheit und die Juden unter dem Gesichtspunkte der Mission geschichtlich betrachtet, Bde. I–III, Karlsruhe und Leipzig 1884–1892

ROMMEL, CHRISTOPH VON: Geschichte von Hessen, Bde. I–IX, Marburg und Kassel (bzw. Cassel) 1820–1853

ROSENKRANZ, GERHARD: Die christliche Mission. Geschichte und Theologie, München 1977

ROSENTHAL, LUDWIG: Zur Geschichte der Juden im Gebiet der ehemaligen Grafschaft Hanau/ unter besonderer Berücksichtigung der Juden in Bergen bei Frankfurt am Main und der dortigen Vorfahren des Verfassers vom 17. und 19. Jahrhundert (Hanauer Geschichtsblätter 19), Hanau 1963

ROTH, ERNST: Hessische und Fuldaer Judenordnungen, in: Udim. Zeitschrift der Rabbinerkonferenz in der Bundesrepublik Deutschland 9/10 (1979/80), S. 97–118

ROTH-SCHOLTZ, FRIEDRICH: Vita et Consignatio Scriptorum D. Joh. Christophori Wagenseilii . . ., Nürnberg & Altdorf 1719

ROWAN, STEVEN W.: Ulrich Zasius and the Baptism of Jewish Children, in: SCJ 2 (oct. 1975), S. 3–25

– Luther, Bucer and Eck on the Jews, in: SCJ 16 (1985), S. 79–90

SACHAR, HOWARD M.: The Course of Modern Jewish History, London 1958

SACHSSE, EUGEN: Ursprung und Wesen des Pietismus, Wiesbaden 1884

Sammlung verschiedener Nachrichten zu einer Beschreibung des Kirchen- und Schulstaates im Herzogthum *Gotha,* Viertes Stück, Teil II, Gotha 1755

SCHAEFFER, ERNST: Luther und die Juden (Christentum und Judentum. Zwanglose Hefte zur Einführung der Christen in das Verständnis ihrer wechselseitigen Beziehungen V,1), Gütersloh 1917

SCHANNER, BRIGITTE: Flugschrift und Pasquill als Kampfmittel gegen die Juden. Ein Beitrag zur frühen Publizistik des 16. und 17. Jahrhunderts, Diss. Wien 1983

SCHMALL, MARTIN: Die Juden in Michelstadt, Michelstadt 1982

SCHMIDT, MARTIN: Judentum und Christentum im Pietismus des 17. und 18. Jahrhunderts, in: KiSy II, S. 87–125

SCHMIDTMAYER, ALFRED: Judenbekehrung im alten Bremen, in: Bremer Nachrichten vom 9. 9. 1933

SCHOEPS, HANS-JOACHIM: Philosemitismus im Barock. Religions- und geistesgeschichtliche Untersuchungen, Tübingen 1952

– Deutsche Geistesgeschichte der Neuzeit, Bd. II: Das Zeitalter des Barock, Mainz 1978

SCHOLDER, KLAUS: Ursprünge und Probleme der Bibelkritik im 17. Jahrhundert. Ein Beitrag zur Entstehung der historisch-kritischen Theologie (FGLP 10,33), München 1966

SCHOLEM, GERSHOM: Sabbatai Ṣevi. The Mystical Messiah 1626–1676 (Bollingen Series 93), Princeton, N. J. 1973

SCHREINER, STEFAN: Der Fall des Juden Ansteet – Zugleich ein Beispiel protestantischer Inquisition, in: Jud 37 (1981), S. 90–102

SCHRENK, GOTTLOB: Gottesreich und Bund im älteren Protestantismus vornehmlich bei Johannes Coccejus. Zugleich ein Beitrag zur Geschichte des Pietismus und der heilsgeschichtlichen Theologie (BFChTh.M 5), Gütersloh 1923

SCHRÖDER, HANS: Lexikon der Hamburgischen Schriftsteller bis zur Gegenwart, Bde. I–VII, Hamburg 1851–1879

SCHUBERT, KURT: Das christlich-jüdische Religionsgespräch im 12. und 13. Jahrhundert, in: Kairos 19 (1977), S. 161–186

SCHUDT, JOHANN JACOB: Jüdische Merckwürdigkeiten . . ., Theile I–IV, Franckfurt und Leipzig 1714–1718

SCHÜLING, HERMANN: Die Dissertationen und Habilitationsschriften der Universität Gießen 1650–1700. Bibliographie, München/New York/London/Paris 1982

SCHULTZE, KARL EGBERT: Die getaufte Jüdin Hanna spätere Pfarrfrau, in: DtRo 28 (1940), S. 137–139

SCHULZE, HANS: Beiträge zur Geschichte der jüdischen Gemeinde in Wolfenbüttel I, in: Braunschweigisches Jahrbuch 48 (1967), S. 23–61

SCULT, MEL: Millennial Expectations and Jewish Liberties. A Study of the Efforts to Convert the Jews in Britain, up to the Mid Nineteenth Century (Studies in Judaism in Modern Times 2), Leiden 1978

SIEBECK, HERMANN: Christoph Helwig (Helvicus) als Didaktiker (1605–1617), in: Die Universität Gießen 1607–1907. Festschrift zur dritten Jahrhundertfeier, hg. v. der Universität Gießen, Bd. II, Gießen 1907, S. 293–328

SIEBURG, DANKWART: Judentaufe in Borken 1591, in: Jahrbuch für den Schwalm-Eder-Kreis 8 (1982), S. 106

SIEGELE-WENSCHKEWITZ, LEONORE: Wurzeln des Antisemitismus in Luthers theologischem Antijudaismus, in: KREMERS (Hg.), S. 351–367

SMITH, DAVID CHARLES: Protestant Attitudes Towards Jewish Emancipation in Prussia, Yale University Ph.D 1971

STEIN, SALOMON: Geschichte der Juden in Schweinfurt, Frankfurt 1899

STEINER, GERHARD: Juden- und Heidentaufen im 18. Jahrhundert, in: Die Thüringer Sippe 2 (1936), S. 81–83.89–92; 3 (1937), S. 1–8.90–96

STEINMETZ, RUDOLF: Die Generalsuperintendenten in den Herzogtümern Bremen und Verden (Erste Hälfte), in: ZGNKG 10 (1905), S. 144–196

STEMMER, PETER: Weissagung und Kritik. Eine Studie zur Hermeneutik bei Hermann Samuel Reimarus (Veröffentlichung der Joachim-Jungius-Gesellschaft der Wissenschaften Hamburg 48), Göttingen 1983

STERN, ABRAHAM: Die Geschichte der Juden in Danzig, 2. Aufl., Danzig 1933

STERN, SELMA: Der preussische Staat und die Juden. I. Die Zeit des Großen Kurfürsten und Friedrichs I., 1. Darstellung + 2. Akten (SWALBI 7/1 + 7/2), Tübingen 1962

Josel von Rosheim. Befehlshaber der Judenschaft im Heiligen Römischen Reich Deutscher Nation, München 1959

STOCK, RICHARD WILHELM: Die Judenfrage durch fünf Jahrhunderte, Nürnberg 1939

STÖHR, MARTIN: Martin Luther und die Juden, in: Christen und Juden. Ihr Gegenüber vom Apostelkonzil bis heute, hg. v. W.-D. Marsch u. K. Thieme, Mainz/Göttingen 1961, S. 115–140

STRAUSS, HERBERT A.: Juden und Judenfeindschaft in der frühen Neuzeit, in: Antisemitismus. Von der Judenfeindschaft zum Holocaust, hg. v. H. A. Strauss u. N. Kampe, Frankfurt/New York 1985, S. 66–87

STRIEDER, FRIEDRICH WILHELM: Grundlage zu einer Hessischen Gelehrten und Schriftsteller Geschichte, Bde. I–XVIII, Cassel 1781–1811

TOON, PETER (Hg.): Puritans, the Millennium and the Future of Israel: Puritan Eschatology 1600 to 1660. A Collection of Essays, Cambridge/London 1970

TREUTLER [ohne Vorname]: Aus den ersten Anfängen der Judenfrage in Hamburg I–VI, in: Handel und Handwerk, Monatsschrift für die Hamburgische Wirtschaft 7 (1939), Nr. 3 (März), S. 25–27; Nr. 4 (April), S. 25–27; Nr. 5 (Mai), S. 25–27; Nr. 6 (Juni), S. 21–23; Nr. 7 (Juli), S. 17–19; Nr. 8 (August), S. 17–19

TREVOR-ROPER, HUGH REDWALD: Europe's Brief Flood Tide of Philo-Semitism, in: Horizon 3 (1960), No. 4, S. 100–103.124f.

UJE = The Universal Jewish Encyclopaedia in Ten Volumes. An Authorative and Popular Presentation of Jews and Judaism Since the Earliest Times, hg. v. I. Landman, 2. Aufl., Bde. I–X, New York 1948

VON UTHMANN, JOHANNES: Doppelgänger, du bleicher Geselle. Zur Pathologie des deutsch-jüdischen Verhältnisses, Stuttgart 1976

VALENTIN, HUGO: Judarnas Historia i Sverige, Stockholm 1924

VAN DEN BERG, J.: Joden en christenen in Nederland gedurende de zeventiende eeuw, Kampen 1969

– Eschatological Expectations concerning the Conversion of the Jews in the Netherlands during the Seventeenth Century, in: TOON [1970], S. 137–153

– Quaker and Chiliast: the ›contrary thoughts‹ of William Ames and Petrus Serrarius, in: Reformation, Conformity and Dissent. Essays in honour of Geoffrey Nuttall, hg. v. R. Buick Knox, London 1977, S. 180–198

WÄSCHKE [ohne Vorname]: Geschichte der Stadt Dessau, Dessau 1901

WAGNER, ALWIN: Zwei schöne Zeugnisse wahrer Liebe zu den Juden aus der besseren Zeit der lutherischen und reformirten Kirche, in: SaH 19 (1882), S. 5–21

WALCH, JOHANN GEORG: Bibliotheca theologica selecta Litterariis Annotationibus Instructa, Bde. I–IV, Ienae 1757–1765

WALLMANN, JOHANNES: Die Anfänge des Pietismus, in: JGP 4 (1977/78), S. 11–53

– Spener-Studien. Antwort auf Kurt Aland, in: ZThK 77 (1980), S. 69–105

– Pietismus und Chiliasmus. Zur Kontroverse um Philipp Jakob Speners »Hoffnung besserer Zeiten«, in: ZThK 78 (1981), S. 235–266

– Zwischen Reformation und Pietismus. Reich Gottes und Chiliasmus in der lutherischen Orthodoxie, in: Verifikationen. Festschrift für Gerhard Ebeling zum 70. Geburtstag, hg. v. E. Jüngel u. a., Tübingen 1982, S. 187–205

– Philipp Jakob Spener und die Anfänge des Pietismus (BHTh 42), 2., überarb. u. erw. Aufl., Tübingen 1986

– The Reception of Luther's Writings on the Jews from the Reformation to the End of the 19th Century, in: Lutheran Quarterly, New Series 1 (1987), S. 72–97

WATZ, KARL: Geschichte der jüdischen Gemeinde in Wetzlar von ihren Anfängen bis zur Mitte des 19. Jahrhunderts (1200–1850) (Mitteilungen des Wetzlarer Geschichtsvereins 22), Wetzlar 1966

W[EERTH, O.]: Eine Judentaufe in Detmold, in: Blätter für lippische Heimatkunde 4 (1903), S. 6f.

WEISSBERG, JOSEF: Johann Christof Wagenseils »Bericht/ Wie das Jüdisch-Teutsche zu lesen?«, in: Zeitschrift für deutsche Sprache 25 (1969), S. 154–168

WENTSCHER, ERICH: Judentaufen. Abschließende Betrachtung, in: ASf 13 (1936), S. 260–262.295–298.324–327

WESTMAN, KNUT B./ VON SICARD, HARALD: Geschichte der christlichen Mission, München 1962

WHALEY, JOACHIM: Religious Toleration and Social Change in Hamburg 1529–1819 (Cambridge Studies in Early Modern History), Cambridge 1985

[WIGAND, PAUL:] Beschwerden der Juden über gewaltsame Bekehrung zum Christenthum, in: Wetzlarer Beiträge für Geschichte und Rechtsaltertümer 3 (1851), S. 263–268

WILDESHAUSEN, JAKOB FRIEDRICH: Bibliotheca Disputationum Theologico-Politicarum in V. & N. Testamentum, sive Notitia . . ., 2. Aufl., Hamburgi 1710

WILL, GEORG ANDREAS: Nürnbergisches Gelehrten=Lexicon oder Beschreibung aller Nürnbergischen Gelehrten beyderlei Geschlechts . . ., Bde. I–IV, Nürnberg und Altdorf 1755–1758

WINCKELMANN, JOHANN JUST: Gründliche und warhafte Beschreibung der Fürstenthümer Hessen und Hersfeld, Bremen 1697

WOLF, ALBERT: Zwei auf Judentaufen bezügliche Medaillen, in: MGWJ 44 (1900), S. 539–541

WOLF, GERHARD PHILIPP: Osiander und die Juden im Kontext seiner Theologie, in: ZBKG 53 (1984), S. 49–77

WOLF, JOHANN CHRISTIAN: Bibliotheca Hebraea, Sive notitia tum auctorum hebr. cuiuscunque aetatis, tum Scriptorum . . ., Bde. I–IV, Hamburgi (& Lipsiae) 1715–1733

WOLF, JÜRGEN RAINER: Zwischen Hof und Stadt. Die Juden in der landgräflichen Residenzstadt des 18. Jahrhunderts, in: Juden als Darmstädter Bürger, hg. v. E. G. Franz, Darmstadt 1984, S. 50–79

WOLTERS, ERNST GEORG: Paul Felgenhauers Leben und Wirken, in: JGNKG 54 (1956), S. 63–84; 55 (1957), S. 54–95

WRZECIONKO, PAUL: Vernunft und Wahrheit im Denken der Sozinianer und der altprotestanti-schen Orthodoxie, in: NZSTh 14 (1972), S. 172–194

– Die Sozinianer und der Sozinianismus im Widerstreit der Beurteilungen, in: ders. (Hg.), Reformation und Frühaufklärung in Polen. Studien über den Sozinianismus und seinen Einfluß auf das westeuropäische Denken im 17. Jahrhundert (KO.M 14), Göttingen 1977, S. 244–272

WÜRFEL, ANDREAS: Historische Nachricht Von der Judengemeinde in dem Hofmarkt Fürth Unterhalb Nürnberg/ in zween Theilen, Frankfurt und Prag 1754

WUNDER, GERD: Die Bürger von Hall. Sozialgeschichte einer Reichsstadt 1216–1802 (Forschun-gen aus Württembergisch Franken 16), Sigmaringen 1980

YARDENI, MYRIAM: La Religion de La Peyrère et »Le Rappel des Juifs«, in: RHPhR 51 (1971), S. 243–259

ZELLER, WINFRIED: Die niederhessische Irenik. Zum Verständnis der Kirche in Hessen-Kassel von Moritz dem Gelehrten bis Wilhelm VI., in: JHKGV 18 (1967), S. 137–165

ZIEGRA, CHRISTIAN: Sammlung von Urkunden, theologischen und juristischen Bedenken . . . als Grundlage zur Hamburgischen Kirchenhistorie, Theile I–III, Hamburg 1764–1767

ZIEMER, MAX: Wenn man den Glauben wechselt, in: Nassovia 27 (1927), S. 3–7.17–20

ZIMMELS, B.: Zur Geschichte der Exegese über den Vers Gen 49,10, in: MWJ 17 (1890), S. 1–27.152–165.177–197.261–279; 18 (1892), S. 59–78; 20 (1894), S. 168–180

ZIMMERMANN, ERNST J.: Hanau Stadt und Land. Kulturgeschichte und Chronik einer fränkisch/ wetterauischen Stadt und ehemal. Grafschaft, 2., verm. Aufl., Hanau 1917

ZÖCKLER, OTTO: Der Dialog im Dienste der Apologetik [Sonderdruck aus der Zeitschrift »Beweis des Glaubens«], Gütersloh 1894

ZSCHAECK, FRITZ: Die Judenfrage in der genealogischen Literatur, in: Weltkampf. Die Judenfra-ge in Geschichte und Gegenwart, München 1942, S. 162–167

ZUNZ, LEOPOLD: Die synagogale Poesie des Mittelalters I, Frankfurt am Main 1920 (Nachdr. Hildesheim 1967)

Personenregister

Aaron, M. 103, 159
Ackermann, A. 173
Adam, J. 157, 169, 173
Adami, J. S. 155 f.
Adler, M. 81
Adrian, J. *41*, 42 f., 46 f.
Aland, K. 5, 124, 129, 131
Albrecht, G. *60 f.*, 62, 76−78, 81, 83, 148, 154, 177
Alfonsi, P. 46, 48
Alsted, J. H. 57 f., 60
Althaus, H.-L. 126, 131 f., 134
Alting, J. 156
Altmann, A. 143
Amalie Elisabeth, Landgräfin von Hessen-Kassel 166, 168 f.
Anckelmann, E. 110, 118
Andreae, J. 174−178
Ansteet 174−178
Aring, P.-G. 2 f., 111, 182−184
Arnd, J. 92 f.
Arnold, C. 94
Arnold, G. 100
Arnold, H. 157
Arnsberg, P. 165, 168
Aufgebauer, P. 65
Augustinus 113, 116
Avé-Lallement, F. C. B. 142 f.

Bäumer, R. 1, 50
Ballin, G. 161
Bamberger, N. B. 155
Barbeck, H. 156
Baron, S. W. 9 f., 46
Barth, H.-M. 16
Basnage, J. 107
Battenberg, F. 19 f., 165−168
Bauckham, R. 57
Baumann, A. 2−6, 108
Baumann/Mahn/Saebø 4 f., 107 f., 112, 125
Baumbach, J. B. *29 f.*, 65, 68, 92
Baur, G. A. L. 109
Beck, M. 104
Beckmann, J. C. 101, 156

Behrmann 109, 153
Bein, A. 5, 12, 141
Benz, E. 70
Berliner, A. 173 f.
Berthold, G. 161
Besold, C. *55*, 57−59
Beyreuther, E. 5, 126, 150
Bezel, C. 15, 91
Bidembach, F. 175
Bischoff, E. 67
Bischoff, M. *27*, 39, 45, 53
Blau, J. 70
Blaufuß, D. 107, 131
Bleibtreu, P. J. 138 f.
Blumenkranz, B. 46
Bock, F. W. 158
Bodenheimer, R. 50, 165 f.
Bollweg, H. 157
Bose, P. 160
Botsacc, J. 93, 103, 177 f.
Bowman, J. 13
Box, G. H. 67, 91
Brenz, S. F. 39, *41 f.*, 43−45, 46 f., 53, 68, 82, 152
Brightman, T. 58
Brosseder, J. 29, 50
Broughton, H. 174
Browe, P. 16, 20, 32, 81, 173, 179, 181
Brunner, H. 15, 166−168
Brunner, R. 15
Bubenheimer, U. 49
Bucer, M. 1, 20 f., 23, 25, 50 f., 57, 69
Buchenröder, M. 91, 95, 104
Buchholtz, A. 160 f.
Buchholtz, A. H. 100−102, 119, 154
Buhr, L. 105
Burckardt, C. G. 157
Buxtorf, J. 53, 67, 109, 166

Caesar, J. B. 23, 38, 54, 82, 179
Calixt, G. 34, *63−66*, 67−70, 82 f., 93, 100, 136, 148
Callenberg, J. H. 5 f., 99, 182
Calov, A. 23, 86, 112, 141

Ortsregister

(Weil die benutzten Quellen in den Anmerkungen immer nur mit Verfassernamen zitiert sind, andererseits aber auch die Erscheinungsorte der Quellen von Interesse sein könnten, wurden auch die Erscheinungsorte aus dem Quellenverzeichnis [S. 185–195] ins Ortsregister aufgenommen.)

Bibelstellenregister

Sachregister

Beiträge zur historischen Theologie

Herausgegeben von Johannes Wallmann

45 Hans D. Betz
Der Apostel und die sokratische Tradition
1972. IV, 157 Seiten. Broschur.

44 Manfred Hoffmann
*Erkenntnis und Verwirklichung der wahren
Theologie nach Erasmus von Rotterdam*
1972. XIV, 294 Seiten. Broschur. Leinen.

43 Ulrich Mauser
Gottesbild und Menschwerdung
1971. VII, 211 Seiten. Broschur. Leinen.

42 Johannes Wallmann
*Philipp Jakob Spener und die Anfänge
des Pietismus*
2. Aufl. 1986. XIII, 384 Seiten. Broschur.
Leinen.

41 Rolf Schäfer
Ritschl
1968. VIII, 220 Seiten. Broschur. Leinen.

40 Hans H. Schmid
Gerechtigkeit als Weltordnung
1968. VII, 203 Seiten. Broschur. Leinen.

39 Hans Frhr. von Campenhausen
Die Entstehung der christlichen Bibel
1968. VII, 393 Seiten. Leinen.

38 Siegfried Raeder
*Die Benutzung des masoretischen Textes
bei Luther in der Zeit zwischen der ersten
und zweiten Psalmenvorlesung (1515–1518)*
1967. VIII, 117 Seiten. Broschur.

37 Hans D. Betz
*Nachfolge und Nachahmung Jesu Christi
im Neuen Testament*
1967. VII, 237 Seiten. Broschur.

36 Martin Brecht
Die frühe Theologie des Johannes Brenz
1966. VIII, 331 Seiten. Leinen.

35 Karlmann Beyschlag
*Clemens Romanus und der
Frühkatholizismus*
1966. VII, 396 Seiten. Broschur. Leinen.

34 Wilhelm F. Kasch
Die Sozialphilosophie von Ernst Troeltsch
1963. IX, 283 Seiten. Broschur.

33 Gerhard Krause
*Studien zu Luthers Auslegung der Kleinen
Propheten*
1962. IX, 417 Seiten. Broschur. Leinen.

32 Thomas Bonhoeffer
*Die Gotteslehre des Thomas von Aquin als
Sprachproblem*
1961. III, 142 Seiten. Broschur. Leinen.

31 Siegfried Raeder
*Das Hebräische bei Luther, untersucht bis
zum Ende der ersten Psalmenvorlesung*
1961. VII, 406 Seiten. Broschur. Leinen.

30 Johannes Wallmann
*Der Theologiebegriff bei Johann Gerhard
und Georg Calixt*
1961. VII, 165 Seiten. Broschur.

29 Rolf Schäfer
*Christologie und Sittlichkeit in
Melanchthons frühen Loci*
1961. VIII, 171 Seiten. Broschur.

28 Wilfrid Werbeck
Jakobus Perez von Valencia
1959. 273 Seiten. Broschur.

27 Gerhard Koch
Die Auferstehung Jesu Christi
2. Aufl. 1965. V, 338 Seiten. Broschur.

25 Hartmut Gese
*Der Verfassungsentwurf des Ezechiel
(Kapitel 40–48) traditionsgeschichtlich
untersucht*
1957. VIII, 192 Seiten. Broschur.

22 Christoph Senft
Wahrhaftigkeit und Wahrheit
1956. XII, 171 Seiten. Broschur.

20 Heinz Kraft
Kaiser Konstantins religiöse Entwicklung
1955. X, 289 Seiten. Broschur.

18 Werner Jetter
Die Taufe beim jungen Luther
1954. X, 372 Seiten. Broschur.

17 Hans Conzelmann
Die Mitte der Zeit
6. Aufl. 1977. VIII, 242 Seiten. Leinen.

15 Karl Elliger
*Studien zum Habakuk-Kommentar vom
Toten Meer*
1953. XIII, 203 Seiten. Broschur.

14 Hans Frhr. von Campenhausen
*Kirchliches Amt und geistliche Vollmacht in
den ersten drei Jahrhunderten*
2. Aufl. 1963. X, 339 Seiten. Leinen.

J.C.B. Mohr (Paul Siebeck) Tübingen

DATE DUE

HIGHSMITH   #LO-45220